U0565930

明刑弼教

中国法律传统的基本精神

范忠信 著

山西出版传媒集团

山西人民出版社

图书在版编目（CIP）数据

明刑弼教：中国法律传统的基本精神／范忠信著.
太原：山西人民出版社，2024.11. -- ISBN 978-7-203
-13603-3

Ⅰ.D909.2

中国国家版本馆 CIP 数据核字第 2024BL8328 号

明刑弼教：中国法律传统的基本精神

著　　者：范忠信	
责任编辑：郭向南	
复　　审：高　雷	
终　　审：梁晋华	
装帧设计：孙健予	

出 版 者：山西出版传媒集团·山西人民出版社
地　　址：太原市建设南路 21 号
邮　　编：030012
发行营销：0351-4922220　4955996　4956039　4922127（传真）
天猫官网：https://sxrmcbs.tmall.com　电话：0351-4922159
E － mail：sxskcb@163.com　发行部
　　　　　sxskcb@126.com　总编室
网　　址：www.sxskcb.com

经 销 者：山西出版传媒集团·山西人民出版社
承 印 厂：山西出版传媒集团·山西人民印刷有限责任公司

开　　本：890mm×1240mm　　1/32
印　　张：13.75
字　　数：300 千字
版　　次：2024 年 11 月　第 1 版
印　　次：2024 年 11 月　第 1 次印刷
书　　号：ISBN 978-7-203-13603-3
定　　价：98.00 元

如有印装质量问题请与本社联系调换

自序暨修订说明

　　"中国法律传统的基本精神"，这种宏大题目，有些大而化之，写起来会力不从心。回想当年无知无畏，如今只能赧颜自哂。若是放在今天，我根本就不敢用这么大的题目，也不敢写那些宏大叙事章节。何为"法律传统"，何为"中国法律传统"，何为"精神"，何为"基本精神"，谁也不敢信心满满地下一个标准定义。但是，因为不敢果断下定义，就不该从这类视角进行观察和思考吗？好像又不然。学术研究，似乎不应有这样的禁令。想想人家孟德斯鸠，二百五十多年前，"论法的精神"那么宏大的题目都写了，我辈为何不能试试？见贤思齐嘛。当年就是这么想的，至于自己有没有那么大的功力，则没来得及考虑。

　　中国法制数千年进化的规律及中国传统法律文化的精神，是需要有人进行必要的宏观性、抽象性、解释性研究的，并不是大家都只能做微观性、具体性、考据性研究。两种法史研究，本来就应该是相互补充、相得益彰的。一般来说，后人特别是外行，要了解历史和传统，通常主要是借助史学研究的宏观结论来完成。这种宏观结论，可以是多层次的，有大、中、小宏观结论之分，有总、分、再分宏观结论之异。不管哪一层次的宏观结论，又都必须建立在严肃科学的微观研究基础之上，建立在对具体史实的坚实考证之上。而微观、具体考据研究的结果，作为更接近真实的史实，最后又只有纳入支撑宏观研究的判断、解释之依据（证据），才能更大限度和范围发挥其学术或科学作用。

因为有这样的认知，近四十年前，在老师引我踏入法史门槛时，我就不自量力、无知无畏地选择了宏观研究这一路径。因为考研选择的专业是"中国法律思想史"，本来就倾向于思想背景与成因、思想主旨与倾向、思想结构与体系、思想价值与影响、思想良窳与得失等宏观问题的分析思考，本来就偏重于思想文化史层面的分析思考。这一起始选择，决定了我四十年的学术研究的基本个性和风格。

本书就是这种学术个性和风格的典型体现，是我个人学术生涯初期的思考结晶。1980年9月初我进入西南政法大学开始攻读法学并爱上历史，1998年9月我自苏州大学调入中南政法学院晋升教授并献身法史教学研究事业，其间近二十年，我写了数十篇法律史论文。有的发表了，有的虽未发表但敝帚自珍。定居武汉后头两三年里，又写了若干篇，于是就心急火燎地效仿前贤，将其间所有论文分类结集为两本书交给两家书商出版。一本即本书《中国法律传统的基本精神》（山东人民出版社2000年版），另一本是《中西法文化的暗合与差异》（中国政法大学出版社2001年版）。前者是关于中国法律传统问题的研究心得集，后者是关于中西法律文化比较研究的心得结集。

本书共二十章，其全部内容大约可以分为以下三大部分。

第一部分，即第一至第五章，是关于中国传统法律文化的哲学基础、自然人文地理因素对中国法律传统的影响、小农经济生产方式对中国法律传统的影响、宗法社会组织模式对中国法律传统的影响、中国传统法律思想的价值属性等五个基础性问题的研究。这是我关于中国法律传统的形成基础、成长背景、价值特征方面初步探究的结晶，算是全书总论部分。

在这一部分里，我试图总结、概括、提炼中国法律传统的基础性、灵魂性、前提性特征与精神。首先，我认识到，中国传统哲学中的"则天""法自然""天人感应""参天地赞化育"之"天人关系"暨"人之使命"论，是中国传统法律文化的思想基础与根源，至少是正式宣称的、理想的基础或根源。此即本书第一章的中心结论。其次，我认识到，华夏民族所居的特殊自然、人文地理环境，特别是东亚大陆的地理封闭性、干旱大陆型精致农耕文明、国家举办大型水利工程之需、北方游牧民族生存方式之威胁等四个方面，形塑了中国法律传统的地理文化特征，这种特征的要害是集权、封闭、稳固、停滞、防御等属性。此即本书第二章的中心结论。再次，我认识到，华夏民族一开始即采行的小农经济生产方式，即一家一户男耕女织、依赖天时的简单再生产模式，影响和决定了中国法律传统的政治法律理想、国家政权体制、土地分配制度及财产继承等民事制度的"小农型"特征。此即本书第三章的中心结论。复次，我认识到，华夏民族内部的社会生活，自一开始即形成且延续最久的自我组织模式，就是以血缘姻缘为纽带的宗法型社会组织模式。这一模式的要害是，各种社会组织在骨子里都以血缘宗法组织形态为模板，以血缘宗法原则为灵魂或精神。这一社会组织母版形态决定了中国法律传统在国家基本体制和政治制度、司法体制和诉讼制度、民刑法律基本原则和制度等方面的基本特征。此即本书第四章的中心结论。最后，我认识到，中国传统法律思想，作为中国法律传统的上层建筑部分，有一种"伦理性"或"伦理型"宏观特征，即注重道德伦理作为法秩序核心的地位，注重法律为道德伦理服务的功能，注重以"三纲""五常""十义"等人伦准则为"法上之法"；轻视或贬低法律的社会生活规范体系地位，贬低法律应然的"理性"本质和属性。这是本书第五章的中心结论。

第二部分，即第六至第十七章，总共有十二章，包括中国古代关于法律与道德关系的理论、中国古代关于德刑轻重的争论、中国古代关于君权监督转移问题的理论、中国古代关于官民根本关系问题的理论、中国古代关于"法的作用"问题的理论、中国古代的贱讼法律观念、中国古代的"礼法""刑法"二元法体制、中华法系是儒家化还是法家化、中国古代法律的"重农抑商"传统、古代中国关于道德教化的法制及惯例（第六章至第十五章）等十个问题的总体概括性考察分析，以及关于明清市井小说所反映的民间法律观念、明清律典结构及私法在其中的地位（第十六章、第十七章）两个断代法文化微观特征问题的考察分析。

在这一部分，我试图分析、总结、阐发中国法律传统在12个具体方面的主要特征，试图透过这些特征来认识中国法律传统基本精神的各个侧面。经过初步考察分析，我发现，中国古代法律与道德关系的理论并不等于"德与刑""礼与法"关系的理论，其要害在于立法中应体现何种道德及司法中应否委屈法律以顾全道德的争论；古代中国的"德""礼"与"刑""法"间轻重缓急之争，更多是治国制民手段方略的"两手"之争，并不是规矩和价值层面的法律与道德关系之争；中国传统政治哲学在君权监督及转移问题上存在着一个痼疾性盲区，即从未虑及分权制衡式监督制约及超越世袭、禅让、政变、暴力革命的有正当程序的和平转移构思和制度设计；中国古代官民间根本关系的模板或灵魂，是君王官吏作"君亲师"与百姓作"臣子徒"两个三位一体的对应关系；中国古代"法的作用"理论，注重以严法"管人"而不是以良制"理事"；古代中国贱讼观念的背后逻辑，是恐惧诉讼过程招致不利后果，而不是从道德上鄙视诉讼行为本身；中国古代长期存续的法律秩序体制，是一种礼法、刑法二元并立且"以刑法辅佐礼法"的体制，曾有建构礼一元法或刑一元法体制的努力，但皆未真正成功；中华法系无论是从法典法规还是从法原则价值看都是儒家化，而不是所谓法家化；中国法律传统中一直存在一种"重农抑商"的原则或精神；为了实际贯彻落实对老百姓的道德教化，古代中国形成或创制了乡官掌教化、尊礼耆老、尊奖孝弟力田节烈、乡饮酒乡约等一系列具体实施、保障、促进道德教化的制度和惯例；明清市井小说、公案小说特别承载了"法律顺乎人情"的民间法律观念；私法或民商法在明清律典中比例极小，只是作为户婚、田土、钱债、继承等几个方面十余种特定犯罪之"罪与非罪"（界限）标准的必要说明或补充而已。

第三部分，即第十八至第二十章。这三章，是关于中国古代社会中后期即唐代以后中国法律思想的发展趋势、中国传统法律思想自古至近代的发展轨迹和规律、中国法制近代化过程中如何处理亲情亲伦相关法律问题等三个问题的宏观考察分析。

在这一部分，经过初步观察与思考，我大致发现，到中国古代社会中后期即唐代至清代这一时期，中国主流法律思想几乎处于凝固或定型状态，千年间思维僵硬、话语单一、主题局促、思想枯萎；自夏商周至清末四千年间中国法律思想经历了礼与法两度分离整合最后走向"中西会通"的曲折历程；在涉及亲伦的法律规范方面，中国法律近代化经历了从宗法伦理向市民伦理的历史巨变，这是一种灵魂更替之巨变。

对于本书的这些研究及结论，二三十年过后稍加回顾反省，我已经有了以下自觉：

一方面，我很庆幸，本书在视角、思路、方法方面，尚未发现有根本性、方向性的大错误；在具体分析、判断、结论方面，也没有发现典型的、显著的错误。就是说，总体上、宏观上、荦荦大端方面，没有出现颠覆性判断错误。这是我至今仍敢应山西人民出版社邀约对本书加以修订并同意再版的原因之一，这也是我至今仍引为自豪的。从二十多岁到四十刚出头，那时我的思想能力、学术能力都处在"青春期"，充满激情、幻想、联想、使命感，特别想效仿先贤先哲，敢想敢写，全无顾忌，不自量力而不自知。感谢改革开放开启的思想解放伟大时代，她解开了我们思想翅膀的捆绳，放飞了我们这一代人的梦想。今日回读本书的二十章三十万字，重温当时做出的这一系列学术结论，我仍常为那时的自己心无禁区、童言无忌、不畏权威而自豪，为我自己的联想跨越丰富、不忌片面浅薄、敢发惊人之语而自豪。尤其是，第二章第五节关于与长城基本重合的"400毫米等降雨量线"实际上也是华夏民族的"法制国防线"的判断，第八章关于君权监督与转移问题是传统中国政法学说的痼疾性盲区的判断，第十一章关于传统中国贱讼观念的内在逻辑是恐惧狱讼之害而非（从道德上）鄙视诉讼行为的判断，今天回想起来仍觉得有相当的独到性、开创性和启迪性。青春褪去之后，若今日重写这些题目，因没了学术激情，估计再也得不出那一系列貌似有些创见或新意的结论，行文间再也不会蕴含那混杂着奶香、汗臭、血气、荷尔蒙的青春气息。

另一方面，我不能不承认，本书也存在一些错误和不足。有些错误和不足，正是前一方面即所谓"青春气息"之不可分离的背面。二三十年后返躬自省，不能自讳。有几类明显的问题，必须自行坦白。

其一，将马克思、恩格斯分析欧洲社会发展史时所创的五个历史阶段论简单套用于中国法律史研究，动辄以"封建社会""封建主义""封建制度"为立论基础，今天看来是有些武断和片面的。因为马克思、恩格斯自己也从未将此一分析框架套用于印度和中国，他们对亚洲使用的是"亚细亚生产方式"的概括。

其二，对一些具体历史事实或知识有判断或陈述错误，如第一章第三节第（四）目中两处说古时律典之外没有单独存在的成文民事法规范、国家成文法中只有刑事法和官制法的判断，第一章第四节第（二）目中关于汉律于《九章律·兴律》之外没有关市之律的判断，第六章第二节第（一）目中关于法律允许"亲亲相隐"则为破坏国家法律秩序打开了方便之门、儒家曾主张"父要子死（亡），子不能不死（亡）"的判断等，都有一定的片面性或错误性，显系当时自己的历史知识储存不足或不准所致。

其三，有些学术联想在两端之间过于跳跃，未能以足够的逻辑演绎相连接。比如关于地理封闭性影响古代法典结构体例和国家政权体制，农耕文明模式影响国家政权模式和政治法律理想，组织兴办水利工程的需要、北方游牧民族生存方式等威胁影响或决定了中国法律传统的某些特征……这类联想虽然有些顿悟式的启迪性，但却缺乏适当的、足够的逻辑论证。

其四，有些判断或结论相对缺乏证据，以证据说话的科学态度不足。比如本书前五章关于地理环境、生产方式、社会组织对中国法律传统的某些具体精神、具体特征形成的影响之讨论，我的那些分析、推论、判断是相当缺乏证据的，有的勉强找到一二证据但其证明力是不够的。此外，关于君权制度化监督与和平转移之盲区的问题，关于贱讼本质上是恐讼而非鄙视诉讼的问题，关于明清市井文学反映的民间法律观念的问题，关于古代中国法律秩序实际上是礼法、刑法二元体制的问题等等，都缺乏足够的证据来证明。按理说，积累了足够的证据后再写这类文章，才算是真正的科学态度。

其五，在文句、文气、文风、文理等方面有不顺不畅、重复啰唆、语意不明等问题，在多个章节都有；特别是在原书的第六章关于法律与道德关系理论的总结分析，第十三章关于中华法系法家化论的驳议等，这方面问题最为严重，反映了当时在学术态度上心浮气躁、漫不经心、缺乏谨慎。

其六，在引文和注释方面的问题。不能不承认，有些引文未核查原文就直接从他人著述中转用，有些引文或证据出处之注释相当粗简疏漏，有的甚至注错了出处。此类问题尤其反映了当时学术态度相当不谨慎。

因为有上述六种问题，这次再版之前我大致花了三个月时间进行了一定修订。

关于第一类问题，我在修订中基本上没有改正，因为我不想改变原书的学术水平状态，不想通过后续加工来掩饰当年的学术幼稚。这种情形，原则上不加改动。

关于第二类问题，我也暂不改正，仅加"修订注"作必要说明。因为若按今日认知水平加以改正，显系对过去错误进行伪饰。不改但加注说明，以免读者误解，则更加实事求是。

关于第三类问题，原则上不加修订，因为修订也有伪饰之嫌。但我会在文中适当增加一些点明演绎、推论等逻辑关系的关联句，以便读者理解，或适当加"修订注"加以说明。

关于第四类问题，原则上也不加修订。因为一旦修订，也有伪饰之嫌。但如遗漏的是当时就众所周知的简单证据，则适当补充以便读者理解，因为这样补充并没有改变原书水准。

关于第五类问题，则毫不犹豫地加以修订。因为这样做既不会拔高原书学术水准，又可提高文字的合规性、通畅性、易懂性，更方便读者。

关于第六类问题，则毫不犹豫地订正补充，引文尽可能再行核对。但考虑到本书引文太多需要注释处太多，不宜让注释过于烦琐徒耗太多篇幅，也考虑到史学界一直行用的古籍简注体例，故在修订时我仍适当保留简注风格。总的原则是，尽量简洁，先秦典籍、历代正史、历代法典三类引用处均保持简注，不标明原书作者和朝代。其他典籍，均尽可能补充或完善作者、朝代、版本、卷次等信息。好多古籍，尽管已有近现代学人校注，出版社已出新式排印本，但我在注释时仍采旧式简注，以节省篇幅。

本书存在的一切问题，归根结底还是我基本功不足、不自量力所致。不明白自己只是一匹拉犁耕地的驽马，早早自告奋勇加入千里马赛道或骑兵厮杀的战场，于是乎所有成败、得失、毁誉只好自己默默接受和品味了。

回首来时路，我也已认识到：当年之所以踏上法律思想文化史宏观研究这条路，还有一个重要原因，就是没有正规地攻修过历史专业课程。高考第一志愿本来报的是武汉大学历史系，可惜表哥帮我改成了西南政法，所以失去了专修历史学的机会。从高考前短期恶补中国历史、世界历史开始，到本科期间攻修中国法制史、中国法律思想史、外国法制史、西方法律思想史，我获得的历史知识主要是那些粗线条的、宏观性的判断或结论；到了硕士、博士研究生期间，仍没有获得史学基础训练，特别是没有经过考古学、文字学、目录学、训诂学、金石学、音韵学方面的基本训练，因此我不敢也无力涉足考据性法史研究，于是又不知不觉地喜欢上利用新史实、新史料去巩固、修正或质疑、批驳那些宏观判断或结论的读书思考风格，不知不觉地疏远了微观性、考据性法史研究。我自知，这种宏观性研究，因为所需的基础性知识或基本证据太多太广了，所以犯错误被诟病的机会也就更多，对这一点必须有足够的心理准备。所以，本书虽然早在2007年就获得过首届"钱端升法学研究成果奖"一等奖，但我未敢自矜，因为我对于书中许多错误或不足还是有自知之明的。

感谢山西人民出版社错爱宽容，感谢责任编辑郭向南君全力推动再版并细心审订。没有他们，这本书早就被人们遗忘了。此外，还要感谢学生吴欢教授在复核注释时提供的帮助。

原书本没有序言或前言。在四分之一世纪后修订再版之际，我简略补充这篇文字，权作内容介绍及修订说明，权充自序。

2024年6月18日星期二
于杭州余杭凤凰山公园北麓参赞居

　　　　　　　　明刑弼教：中国法律传统的基本精神

目录

第一章 中国传统法律文化的哲学基础 /001

一、天与天道观 /001

二、人与人道观 /020

三、天人关系与人之使命 /027

本章结语 /031

第二章 自然人文地理与中国法律传统 /033

一、华夏文明生长土壤的四大特殊属性 /034

二、地理的封闭性与法传统的封闭性 /037

三、农耕文明与法律传统的农业型 /040

四、水利工程与中国法律传统 /049

五、"北方威胁"与中国法律传统 /052

六、孟德斯鸠地理环境决定论的一点省察 /057

本章结语　/059

第三章　小农经济生产方式与中国法律传统　/061

一、小农经济生产方式的三大基本因素　/062

二、从国家基本体制及其构思看　/065

三、从国家的民事法律来看　/070

四、从国家的行政及相关法规看　/075

本章结语　/083

第四章　宗法社会组织模式与中国法律传统　/086

一、宗法社会组织与宗法原则　/086

二、从国家的基本体制与行政看　/091

三、从诉讼制度和司法选择看　/096

四、从刑事罪条与刑事司法看　/103

五、从民事方面的规定看　/114

本章结语　/119

第五章　中国传统法律思想的伦理属性　/122

一、传统中国的法论主要谈了些什么？　/122

二、从法律思想的价值内容看伦理法精神　/125

三、从法律思想的技术层面看伦理法精神　/129

本章结语　/134

第六章　古代中国的法律与道德关系论　/135

引言：问题的产生　/135

一、立法与道德：法须合德，当合何种道德　/139

二、司法与道德：法律与道德冲突时该怎么办　/154

三、如何看待法德间必然矛盾及法之必然副作用　/175

余论：中西比较及我们今日的实践　/179

第七章　古代中国德刑轻重之争的真实含义　/182

一、重德重法两派的道德原则大致相同　/183

二、重德重法两派在策略手段上确有分歧　/185

三、德刑轻重之争的真实含义　/193

第八章　君权监督与转移：中国传统政治法律学说的一个盲点　/197

一、不谙"政道"的"为政在人"误区　/198

二、"马肝式问题"与革命权的丧失　/202

三、良制探讨的否定与"天赏天罚"的欺骗　/208

本章结语　/211

第九章　作君作亲作师：中国传统行政的性质与特色　/213

一、中国传统的"行政"概念　/213

二、中国传统行政的性质与特色　/214

三、"三作"的家长制本质及其肇因　/225

第十章　对中国古代"法作用论"的一点省察　/228

一、关于法之作用的基本判断　/229

二、"法"的局限性和副作用：古人的深虑　/237

三、反省后的一点初步结论　/240

第十一章　中国古代法观念中的贱讼逻辑　/241

一、中国的贱讼观念与传统　/241

二、贱讼的本质是害怕而非鄙视　/246

三、害怕的原因：三大问题及虑害逻辑　/251

结语：应有逻辑是什么　/254

第十二章　"礼法""刑法"二元体制与《论语》真诠　/255

一、"礼法"是社会生成之法律　/255

二、"礼法""刑法"有主次优劣轻重之分　/259

三、一元法缺憾与二元法重建之必要性　/264

四、建立新型的"礼法"体制　/270

本章结语　/272

第十三章　中华法系法家化驳议　/273

一、最能反映法系特征的是什么　/274

二、中国历代法典真的"法家化"了吗　/276

三、怎样才能叫作"法家化"　/297

余论　/301

第十四章　中国古代法的重农抑商传统及其成因　/302

一、以"困""辱"为中心的抑商古法　/303

二、"困"商的主要动因：物质上的"义利之辨"　/305

三、"辱"商的主要动因：伦理上的"义利之辨"　/308

四、小农经济有着与市场经济不同的"义""利"　/312

第十五章　中国古代道德教化法制惯例及其借鉴意义　/315

一、实施道德教化的传统法制及惯例　/315

二、伦理的法律强化及其借鉴意义　/337

第十六章　明清市井小说与民间法律观念　/344

一、国法即王法　/345

二、法律与天理　/347

三、法律与人情　/349

第十七章　明清律结构及私法在其中的地位　/360

一、明清律典的基本结构　/361

二、私法在明清律典中的地位　/367

本章结语　/374

第十八章　唐以后中国法律思想的定型化　/375

一、定型化后的正统法律思想概貌　/375

二、儒家法思想—统天下格局完全稳固且长期延续　/377

三、法律思想基本学说及命题的"固定套路化"　/ 379

四、定型时期中国法律思想发展的主要线索　/ 387

五、关于定型化原因的一点臆测　/ 388

第十九章　中国传统法律思想的发展轨迹　/ 389

一、从原始法观念到"礼法"观　/ 389

二、礼法分合的历程　/ 393

三、"取法泰西"与"中西会通"　/ 399

第二十章　伦理亲情与中国法律近代化　/ 406

一、从亲属之"爱"看传统与变革　/ 408

二、从亲属之"别"看传统与变革　/ 412

三、从亲属之"从"或"连"看传统与变革　/ 416

本章结语　/ 419

原版后记　/ 420

第一章

中国传统法律文化的哲学基础

中国传统法律文化有着独特的哲学基础。中华民族独有的哲学形态及体系决定了中国传统法律文化的主要特征，也影响了其历史发展进程。

中国传统法律文化的哲学基础，可以从中国传统的天道观、人道观、天人关系观等几个方面加以阐释。也就是说，中国传统哲学的核心——中国特有的天道观、人道观、天人关系观——决定了中国传统法律文化的内容和特色。

一、天与天道观

（一）天之本体

"天"是什么？在中国传统哲学中，"天"有多重含义。有大自然意义上的天，有神灵主宰意义上的天，有绝对精神意义上的天，有上帝和祖先居所意义上的天。"天"的多重含义，并非每一个时代都为人们所等量齐观地注意或重视。不同时代的社会思潮，会注重"天"的不同涵义；不同阶层的人，亦惯于从不同的意义上去诠释他自己认识的"天"。

1.自然之天

中国传统哲学中的"天",首先是自然之天。此种意义上的天,有自然现象和自然过程两重含义。《庄子·天下》引惠施云:"至大无外,谓之大一。"大一就是天。汉人王充《论衡》云:"夫天者,体也,与地同。天有列宿,地有宅舍,宅舍附地之体,列宿著天之形。"[①]魏人阮籍谓:"天地生于自然,万物生于天地。自然者无外,故天地名焉。"[②]晋人郭象曰:"天者,自然之谓也。"[③]这些都是在阐述自然之天。他们都是在说,天首先是一种自然存在或现象。

这种自然现象或存在的全部过程,有时也叫作天。孔子云:"天何言哉?四时行焉,百物生焉。"[④]孟子云:"莫之为而为者,天也;莫之致而致者,命也。"[⑤]《庄子》云:"知天之所为,知人之所为者,至矣。"[⑥]王充云:"天道当然,人事不能却也。"[⑦]郭象谓:"知天人之所为者,皆自然也。"[⑧]唐人柳宗元云:"生植与灾荒,皆天也。"[⑨]这些都是在阐释作为自然过程的天。《荀子》所谓"天行有常,不为尧存,不为桀亡"[⑩]也正是指此种自然过程之"天"。这种过程的规律即天道,体现天道的过程就是天。

在自然之天这种意义上讲,天与天道是一回事。自然之天,自有存在和规律,不以人的意志为转移,是为"天法""天则";人类只有尊

---

①《论衡·祀义》。
②《达庄论》,《阮籍集校注》,中州古籍出版社1991年版,第74—90页。
③《庄子注·大宗师》。
④《论语·阳货》。
⑤《孟子·万章上》。孟子又云:"若夫成功则天也。"此天即"命运之天"。命运之天实自然之天的另一面。
⑥《庄子·大宗师》。
⑦《论衡·变虚》。
⑧《庄子注·大宗师》。
⑨《柳宗元集》卷三一,《答刘禹锡天论书》。
⑩《荀子·天论》。

明刑弼教:中国法律传统的基本精神

重和顺应天和天道，信守"天则"，才能正常地生活；国家立法，必须充分地体现"天则"或"天秩"。

2.神灵主宰之天

中国传统哲学还以"天"为神灵，为有意志和人格的主宰（造物主）。《尚书·汤誓》云："有夏多罪，天命殛之。"《诗·商颂》云："天命玄鸟，降而生商。"二者均以天为神灵主宰或造物主。《墨子》更强调天的人格和意志属性："天必欲人之相爱相利，而不欲人之相恶相贼"，"天子为善，天能赏之；天子为暴，天能罚之"，"顺天意者，兼相爱交相利，必得赏；反天意者，别相恶交相贼，必得罚"。[①]在中国早期哲学中，天和神，天和帝，天和鬼，都曾是同义语，都是指有意志且至善的至高神灵及万物主宰。[②]

神灵主宰之天有喜怒哀乐，能通过其特有的方式对人类的行为进行评价和赏罚。这种赏罚，犹如世俗国家里的君王评价赏罚自己的臣民。人必须时时遵循天通过种种方式发布的号令。世间君王的法令赏罚，也常常假借"天命""天意""天罚"等名义发布和执行。

3.道理之天

在中国传统哲学中，有时还以"天"为宇宙间绝对真理的同义语。宋人程颢、程颐云："天者，理也"，"万物皆只是一个天理"，"夫天，专言之则道也"。[③]朱熹认为："天即理也"，"天之所以为天者，理而已。天非有此道理，不能为天"，"循理而行，便是天"。[④]

---

①《墨子》之《法仪》《天志中》《天志上》。
②《左传·昭公元年》，"神怒民叛"犹今言"天怒人怨"。《墨子·非命下》"上以事天鬼"，则"天""鬼"不分。《尚书·盘庚下》"肆上帝将复我高祖之德"，《诗·小雅》"不识不知，顺帝之则"，"上帝""帝"在此均指"天"。
③《河南程氏遗书》卷十一《明道先生语一》卷二，《周易程氏传·乾卦》。
④《论语集注·八佾》；《朱子语类》卷二十五。

明人王夫之言："理，天也。"①此皆以"天"为宇宙间绝对真理、善和美的体现。

天之本质既然如此，人当然必须效法之、循守之、服从之。法天向善符合人类本性，人必须追求绝对的真善美。人定法必须尽量符合天理，体现天之真善美。检验人定法的标准就是所谓"天理"，其实质是人类政治共同体的基本伦理。

4.天国之天

在中国传统哲学中，除了上述三种实质意义外，"天"还有一种形式意义。在大众哲学及民间宗教观念里，"天"常常仅指一个终极王国，一个至美至善境界。天是以上帝②为最高首脑的神圣王国。那里也有政府、文武官员、军队、法庭、监狱，甚至也有婚姻家庭。人世间特别有德行的人死后，可以进入这个王国③，得以享受天堂的无尽幸福。

中国早期宗教甚至认定，各大族的祖先们死后都会升居天上的王国，在那里监视和庇佑子孙。子孙必须通过不断地献祭来祈求祖先保佑，不可行不义之事惹祖先生气。祖先是天国的臣民，是我们和上帝之间的感情联络人。敬祖宗也等于敬天帝。祖宗也是神灵，所以中国传统哲学特别重视"敬祖宗"，特别注意"慎终追远"。不敬祖宗者，必惹祖宗发怒，进而惹天帝发怒，祸必及身。

正基于此，中国传统伦理和法律才特别强调敬祖重孝的原则，"尚孝"成为历代立法的精神特征。

---

① （明）王夫之：《张子正蒙注》卷三《诚明篇》。
② "上帝"概念自商周时代就有了，《诗经·大雅·皇矣》有"皇矣上帝，临下有赫；监视四方，求民之莫（瘼）"之句。后来的道、佛二教，实以玉皇大帝、如来佛为上帝。至基督教传入，才有西方意义上的"上帝"概念。——修订注。
③ 在佛教传入中国前，中国民间信仰中只有天国、人国两分。佛教传入后才有阴间或阴国、阴曹地府之观念。此后有天国、人国、阴国三分。此后人们的祖先多在阴国定居，并未到天国。阴国也有幸福，也能做官发财。

（二）天之道

中国传统哲学的"天道"观，一般说来有两方面的含义。何为"天道"？其一是指天或大自然的客观规律，即自然法则；其二是指天或神的意志，且是合乎道德的意志。有时人们注意区分两种含义而言天道，有时又合此二意而言天道。在不同学派、不同思想家的学说中，天道有不同的侧重点；这种侧重或偏向又与他们的"天本体论"紧密地联系在一起。

天之道，在古代中国哲学里应包括三个方面的主要含义，其一是阴阳之道，其二是五行之道，其三是仁道。

1. 阴阳之道

"一阴一阳之谓道"，这是《周易》对天道的高度概括。中国传统哲学认为，天地间的所有现象，所有存在，按其性质来讲，可以分为两类：阴和阳。如以自然物来说，天、日、山、火、男、牝为阳，地、月、川、水、女、牡为阴。以自然现象过程来说，春夏、晴暖为阳，秋冬、雨冷为阴；以自然物或现象的性质来说，刚、健、热、伸为阳，柔、顺、寒、屈为阴。以人类社会现象来说，君、父、夫为阳，臣、子、妻为阴，此乃从人类社会构成而言；贵、富、尊为阳，贱、穷、卑为阴，此乃从社会成员之社会属性而言。甚至，精神现象亦有阴阳属性之分，如善、仁、爱为阳，恶、戾、残为阴。[1]

阴阳是物质元素还是自然或社会的属性？即是说，它们到底是形而下之"器"（"气"），还是形而上的"道""理"？在不同的思想家那里有不同的回答。先秦时代的思想家似乎偏重其形而下义，如《庄子·则阳》云："阴阳者，气之大者也。"《管子·形势解》云："春

---

①张立文：《中国哲学范畴发展史（天道篇）》，中国人民大学出版社1988年版，第263、275页。

者，阳气始上，故万物生……秋者，阴气始下，故万物收。"《吕氏春秋·知分》云："凡人物者，阴阳之化也。"《淮南子·天文训》言："阴阳合和而万物生。"这都是把阴、阳看成两种物质元素。直至汉儒董仲舒似乎仍以阴阳为物质："阳，天气也；阴，地气也。"①

但到了宋明时代，人们似乎更偏重阴阳的属性或精神之义。张载谓："阴阳者，天之气也（亦可谓道）……一阴一阳不可以形器拘，故谓之道。"②朱熹云："天地间只有一个阴阳"，"包罗天地，也是这阴阳"。③陆九渊言："故太极判而为阴阳，阴阳即太极也。"④太极也就是道。那时候，即使同一思想家，有时以阴阳为形而下，有时又以阴阳为形而上，有时兼此二义。

无论是以阴阳为形而上之道（精神、属性），还是以其为形而下之器（气，物质元素），关于阴阳的以下一些规律性认识，则是中国传统文化中的规律性认知。这些规律性认知可以称作"阴阳之道"。

第一，阴阳相分、相反、相对待。中国传统哲学认为，阴阳是相互矛盾的，是矛盾的两个方面。《周易·说卦传》云"分阴分阳，迭用柔刚"即此意。董仲舒云："阴与阳，相反之物也"；"冬至之后，阴俯而西入，阳仰而东出，出入之处常相反也"；"阴适右，阳适左，适左者其道顺，适右者其道逆"。⑤二程认为："万物莫不有对：一阴一阳，一善一恶"，"有阴则有阳，有善则有恶，有是则有非"。⑥这都想阐明：阴阳是有分别的、相对立的两个因素；这种分别、对立不可做机械理解，只是放到特定的分析框架中，才有分别、对待。

---

① 《春秋繁露》卷十三，《人副天数》。
② 《张载集·语录中》；《张载集·横渠易说·系辞上》。
③ 《朱子语类》卷六十三、七十四。
④ 《陆九渊集》卷二十三，《大学春秋讲义》。
⑤ 《春秋繁露》卷十二，《天道无二》，《阴阳终始》。
⑥ 《河南程氏遗书》卷十一，卷十五。

第二，阴阳相须，互为消长，极而必反，互相转化。《国语·越语》载范蠡语："阳至而阴，阴至而阳。"《吕氏春秋·大乐》谓："阴阳变化，一上一下。"《礼记·昏义》谓："阴之与阳，相须而后成者也。"《黄帝内经》云："动复则静，阳极反阴。"[①]王弼云："阴之所求者阳也，阳之所求者阴也。"[②]这些都在阐明此意。作为矛盾的两个方面，阴离不开阳，阳也离不开阴；无阴则无阳，无阳则无阴。"阴之与阳，乃更相反，阳兴则阴衰，阴兴则阳衰"，"阳极者能生阴，阴极者能生阳。此两者相传，比若寒尽反热，热尽反寒，自然之术也"。[③]"阳长则阴消。"[④]矛盾的两个方面不可分离，互为消长，互相转化。

第三，阴阳不可割裂，阴中有阳，阳中有阴。《黄帝内经》云："日中至黄昏，天之阳，阳中之阴也"；"鸡鸣至平旦，天之阴，阴中之阳也。"[⑤]张载云："阴阳之精互藏其宅，则各得其所安。""天象者，阳中之阴；风霆者，阴中之阳。"[⑥]朱熹云："阳在阴中，阳逆行；阴在阳中，阴逆行。阳在阴中，阴在阳中，皆顺行。""阳中有阴，阴中有阳，错综无穷是也。""统言阴阳，只是两端，而阴中自分阴阳，阳中亦有阴阳。"[⑦]只有阴阳二者双向渗透，事物才和顺有序。

第四，阳尊阴卑。董仲舒的意见最有代表性，他认为："阳始出，物亦始出；阳方盛，物亦始盛；阳初衰，物亦初衰。……以此见之，贵阳而贱阴也。""天之志，常置阴（于）空处，稍取之以为助，故刑者

---

① 《黄帝内经·素问·六元正纪大论》。
② （魏）王弼：《周易略例·明象》，载《王弼集校释》，中华书局1980年版。
③ 王明：《太平经合校》之《乐怒吉凶诀》《守三实法》。
④ 《河南程氏遗书》卷十《明道先生语一》。
⑤ 《黄帝内经·素问·金匮真言论》。
⑥ （宋）张载：《正蒙·太和第一》。
⑦ （宋）朱熹：《易学启蒙》卷二《原卦画第二》；《朱子语类》卷九十四《周子之书·太极图》。

德之辅，阴者阳之助也。""阴道无所独行，其始也不得专起，其终也不得分功，有所兼之义。""是故阳常居实位而行于盛，阴常居空位而行于末。"①阴只能做阳的助手、配角。王弼云："阳贵而阴贱"，"位有尊卑，爻有阴阳。尊者，阳之所处；卑者，阴之所履也。故以尊为阳位，卑为阴位"。②这比董仲舒更进了一步。董氏以功能之异区分阴阳二者的尊卑，王弼似乎以阳尊阴卑是先天而定，与功用无关。

第五，阴阳和合化生万物。《墨子》云："阴阳之和，莫不有也。"③《庄子》云："至阴肃肃，至阳赫赫。……两者交通成和，而物生焉。"④《荀子》云："阴阳大化，风雨博施，万物各得其和以生"，"天地合而万物生，阴阳接而变化起"。⑤《淮南子》云："阴阳合和而万物生。"⑥《黄帝内经》云："阴阳者，天地之道也，万物之纲纪，变化之父母。"⑦晋人刘智云："阴阳对合，为群生父母。"⑧二程云："阴阳交感，男女配合，天地之常理也"，"缊缊，阴阳之感"，"天地阴阳之气相交而和，则万物生成"。⑨在古人心目中，阴阳调和论有两重含义：一是说只有阴阳交合（如男女交合般）才能化生万物；二是说只有阴阳调和（阴阳二者均不太盛或太衰，且保持阳尊阴卑之序）才能使世间任何事物和谐、正常。

第六，阴阳不调（或不和）则引起灾害。古人认为，阴阳二者若不能按前述秩序正常调和，则必引起人身灾祸，进而引起自然、社会、人

①《春秋繁露》之《阳尊阴卑》《天辨在人》《基义》《王道通三》。
②（魏）王弼：《周易注·屯》；《周易略例·辨位》。
③《墨子·辞过》。
④《庄子·田子方》。
⑤《荀子》之《天论》《礼论》。
⑥《淮南子·天文训》。
⑦《黄帝内经·素问·阴阳应象大论》。
⑧《全晋文》卷三十九，晋人刘智《论天》。
⑨《周易程氏传》卷四《归妹》，附卷《系辞下》；《河南程氏遗书》卷十五《伊川先生语一》。

身灾害。早在西周幽王时，周太史伯阳父就以阴阳不和解释地震："阳伏而不能出，阴迫而不能烝，于是有地震。今三川实震。是阳失其所而镇阴，阳失在阴，川源必塞。源塞，国必亡。"①春秋时著名大夫医和即以阴阳不调解释病因："阴淫寒疾，阳淫热疾。"②《庄子》用阴阳不和解释人之心理疾病："人大喜邪？毗于阳。大怒邪，毗于阴。阴阳并毗，四时不至，寒暑之和不成，其反伤人之形乎！"③《易传》认为："阴疑于阳必战，为其嫌于无阳也。"④扬雄《太玄经》认为："阴之不化，阳之不施，万物各唫（闭塞不通）"，"阴气章强，阳气潜退，万物将亡"。⑤《周髀算经》认为："阳绝阴彰，故不生万物。"⑥《太平经》认为："天失阴阳则乱其道，地失阴阳则乱其财，人失阴阳则绝其后，君臣失阴阳则道不理，五行四时失阴阳则为灾。"⑦这是对阴阳不调（和）之害的高度总结。此处所谓阴阳不和之灾害，应包括两种含义：一是不能生物或反而凋杀事物；二是事物之间不和谐、严重失序，引起痛苦不安。

第七，阴阳各有所司（各有功能），都不可缺。一般来说，阳主生，阴主杀；阳为主，阴为辅。阴阳呈现于四时之性或曰阴阳四时互辅。《管子》云："春者，阳气始上，故万物生；夏者，阳气毕上，故万物长；秋者，阴气始下，故万物收；冬者，阴气毕下，故万物藏。"⑧董仲舒云："阳，天之德；阴，天之刑也。阳气暖而阴气寒，阳气予而阴气夺，阳气仁而阴气戾，阳气宽而阴气急，阳气爱而阴气恶，阳气生

---

① 《国语·周语上》。
② 《左传·昭公元年》。
③ 《庄子·在宥》。
④ 《周易·坤卦》之"文言"。
⑤ （汉）扬雄：《太玄经》之《唫》《逃》。
⑥ 《周髀算经》卷上。
⑦ 《后汉书·襄楷传》注引《太平经》。
⑧ 《管子·形势解》。

而阴气杀。""天道之大者在阴阳。阳为德，阴为刑。刑主杀而德主生。是故阳常居大夏，而以生育养长为事；阴常居大冬，而积于空虚不用之处。……天使阳出布施于上而主岁功，使阴入伏于下而时出佐阳。阳不得阴之助，亦不能独成岁。"①王充认为："物生统于阳，物死系于阴。""阴气逆物而归，故谓之鬼；阳气导物而生，故谓之神。"②《黄帝内经》云："积阳为天，积阴为地。阴静阳躁，阳生阴长，阳杀阴藏，阳化气，阴成形。"③《太平经》认为："故有阳无阴，不能独生，治亦绝灭；有阴无阳，亦不能独生，治亦绝灭。有阴有阳而无和，不能传其类，亦绝灭。""天阳主生也，地阴主养也"，"天下凡事，皆一阴一阳乃能相生，乃能相养。一阳不施生，一阴并虚空，无可养也。一阴不受化，一阳无可施生统也。"④董仲舒认为："阳暖以生物，阴寒以成物，阳主生，阴主杀。""天者，万物之祖。万物非天不生，独阴不生，独阳不生，阴阳与天地相参然后生。""阴者阳之助。"⑤朱熹认为："乾者健也，阳之性也。坤者顺也，阴之性也。……阳先阴后，阳主义，阴主利。"⑥古人认为，阴阳二者这种各有所司、阳主阴辅的关系，正是宇宙间一切秩序的本质。

2.五行之道

五行，是中国传统哲学中所认定的五种各具不同属性的物质元素，以及一切自然、社会现象及人生现象的五种属性、品质、境界或状态。这五者分别是：金、木、水、火、土。

五行说产生于《尚书》时代，可能在夏代即已产生。《尚书·洪

---

① 《春秋繁露·王道通三》；《汉书·董仲舒传》引《贤良对策》之一。
② 《论衡·论死》。
③ 《黄帝内经·素问·阴阳应象大论》。
④ 《太平经合校》之《三合相通诀》《阙题》。
⑤ 《春秋繁露》之《阳尊阴卑》《顺命》《天辨在人》。
⑥ 《周易本义》卷一《上经》"乾卦""坤卦"。

范》即以水、火、木、金、土为五种物质或物质的五种功用。①周幽王时的史官史伯认为："和实生物，同则不继。……故先王以土与金、木、水、火杂，以成百物。"②此时的五行，已变成物质的五种基本元素。"和实"即调和五种元素以生成万物。后来，此五行被推广至自然和人类社会的各种事物的作用、性质、表现情态、秩序、演变等领域，产生了五才、五味、五色、五声、五臭、五祀、五气、五应、五官、五志、五谷、五体等等，甚至还产生了"五常"（仁义礼智信）、"五德（终始）"和"五运"之说。于是，人类所见之自然事物、道德现象、王朝更替等等，均可以用金、木、水、火、土五种元素或五种价值质因相生相克的性质加以解释。

中国传统哲学的五行观或五行论大概有以下几个主要方面。

第一，五行相生。董仲舒云："天有五行，木火土金水是也。木生火，火生土，土生金，金生水，水生木。"③这种"生"，在古人看来，大概有些像父母生子女那样：从一种事物中产生另一种事物。

第二，五行相克相胜。《白虎通》云："大地之性，众胜寡，故水胜火；精胜坚，故火胜金；刚胜柔，故金胜木；专胜散，故木胜土；实胜虚，故土胜水也。"④《黄帝内经》云："木得金而伐，火得水而灭，土得木而达，金得火而缺，水得土而绝，万物尽然，不可胜绝。"⑤

第三，五行无常胜。即是说，五行相克相胜是循环往复、无穷无尽的。《孙子·虚实篇》："故五行无常胜。"《墨子·经下》："五行毋

---

①"箕子乃言曰：我闻在昔，鲧堙洪水，汩陈其五行：……一曰水，二曰火，三曰木，四曰金，五曰土。"
②《国语·郑语》。
③《春秋繁露·五行之义》。
④《白虎通德论·五行》。
⑤《黄帝内经·素问·宝命全形论》。

常胜。"战国时阴阳家邹衍主张"终始五德，从所不胜"①。

第四，五行杂以生（成）百物。《国语·鲁语上》："及地之五行，所以生殖也。"《国语·郑语》："故先王以土与金、木、水、火杂，以成百物。"《左传》云："其生六气，用其五行，气为五味，发为五色，章为五声。"②

第五，五行不可相离，五者相资为用，不可或缺。《黄帝内经》云，五行生胜，"高者抑之，下者举之，化者应之，变者复之"；五行胜复，"胜至则复，无常数也，衰乃止耳。复已而胜，不复则害，此伤生也"。③就是说，五行中任何一者都不可过盛，也不可缺少。至盛时则物极必反，回复平衡。若不回复平衡则毁伤生物应有秩序。缺少任何一者，则循环回复之环断裂，亦害生物秩序。五者互相牵制，内部互补互调节，成一有机系统。

第六，五行与阴阳不可分离，二者相摩相交成物成秩序。《黄帝内经》云："夫五运阴阳者，天地之道也，万物之纲纪，变化之父母，生杀之本始。"④王安石云："北方阴极而生寒，寒生水；南方阳极而生热，热生火；故水润而火炎，水下而火上。""中央阴阳交而生湿，湿生土；土者阴阳冲气之所生也。"⑤朱熹认为："天地之所以生物者，不过乎阴阳五行，而五行实一阴阳也。""有阴阳则一变一合而五行具，然五行者，质具于地，而气行于天者也。以质而语其生之序，则曰水火木金土，而水木阳也，火金阴也。以气而语其行之序，则木火土金水，而木火阳也，金水阴也。又统而言之，则气阳而质阴也。""只是一个

①唐李善注《文选·魏都赋》引汉刘歆《七略》曰："邹子有终始五德，无所不胜，木德继之，金德次之。火德次之，水德次之。"
②《左传·昭公二十五年》。
③《黄帝内经·素问》之《气交变大论》《至真要大论》。
④《黄帝内经·素问·天元纪大论》。
⑤（宋）王安石：《临川先生文集》卷六十五，《洪范传》。

阴阳五行之气，滚在天地中，精英者为人，渣滓者为物。" "五行虽是质，他又有五行之气。……阴阳二气，截做这五个。不是阴阳外别有五行。"①此即《白虎通》所云"五行所以二阳三阴何？土尊，尊者配天；金木水火，阴阳自偶"②之意的引申。《宋史·五行志》云："天以阴阳五行化生万物，盈天地之间，无非五行之妙用。人得阴阳五行之气以为形，形生神知而五性动。"宋人周敦颐亦言："阳变阴合，而生水火木金土，五气顺布，四时行焉。"③阴阳与五行到底是什么关系？古人一般以为，言阴阳者，是言物质的基本元素、基本属性或道（精神）有两方面；言五行者，则是言构成世界万事万物（包括精神现象、人文现象）的五种主要（或基本）材料或价值质因。

第七，五行与四时的生杀属性。《吕氏春秋》认为：木为春之德，草木滋生，色尚青，方位尚东；木生火，火为夏之德，万物生长，日丽中天，色尚赤，方位尚南；金为秋之德，生物收成，日偏西，色尚白，方位尚西；水为冬之德，生物消杀，日落山，色尚黑，方位尚北。④董仲舒云："是故木居东方而主春气，火居南方而主夏气，金居西方而主秋气，水居北方而主冬气。是故木主生而金主杀，火主暑而水主寒。"⑤通过与四时（四季）生杀万物的联想，五行进一步与阴阳密切相联了。

第八，五行为人类社会所用，缺一不可。首先是从物质材料言，"水火者，百姓之求饮食也；金木者，百姓之所兴作也；土者，万物之所资生，是为人用。五行即五材也"⑥。进而从人类社会到文明现

---

①（宋）朱熹：《四书或问》卷二十六；《朱子全书》第十三册《太极图说解》；《朱子语类》卷十四《大学一》，卷一《理气上》。
②《白虎通德论·五行》。
③《周敦颐集》卷一《太极图说》。
④综《吕氏春秋》十二纪之意述之。
⑤《春秋繁露·五行之义》。
⑥（唐）孔颖达：《尚书正义》引《尚书大传·洪范》。

象言："万物盈于天地之间，而其为物最大且多者，有五（金木水火土）。……其用于人也，非此五物不能以为生，而阙其一不可。是以圣王重焉。夫所谓五物者，其见于天象也为五星，分位于地也为五方，行于四时也为五德，意于人也为五常，播于音律为五声，发于文章为五色。"[1]缺一星不成天，缺一方不成地，缺一声色不成音乐文采。特别是"五常"，缺一者，人类社会即无秩序可言，它是人类社会的基本关系原则暨社会成员个人的基本守则。

第九，五行体现着天或自然生就的顺逆尊卑秩序。董仲舒云："行者，行也。其行不同，故谓之五行。五行者五官也，比相生而间相胜也，故谓治。逆之则乱，顺之则治。"[2]《白虎通》云："五行者何谓也？谓金木水火土也。言行者，欲言为天行气之义也。地之承天，犹妻之事夫，臣之事君也。"[3]

3.生生之道（"仁道"）

阴阳之道，五行之道，都只解释了世间万事万物生灭变化的原因、表现、规律、背景、动力。阴阳是矛盾的两个方面，是世间最根本的矛盾所在，阴阳矛盾是世界变化的根本原因和动力。那么，世界上万事万物生灭变化的实质和目的是什么呢？中国传统哲学认为，是"生"，是"仁"。此亦天道之根本原则之一，或曰天之"生生之道"，即"仁道"。

《易传》曰："天地之大德曰生。"《墨子》云："且吾所以知天之爱民之厚者有矣，曰：以磨为日月星辰以昭道之；制为四时春秋冬夏以纪纲之；雷降雪霜雨露以长遂五谷麻丝，使民得而财利之；列为山川

---

[1]《新唐书·五行志序》。
[2]《春秋繁露·五行相生》。
[3]《白虎通德论·五行》。

溪谷，播赋百事以临司民之善否；为王公侯伯，使之赏贤而罚暴；赋金木鸟兽，从事乎五谷麻丝，以为民衣食之财。"[1]董仲舒云："天者，群物之祖也，故遍覆包函而无所殊，建日月风雨以和之，经阴阳寒暑以成之。""天地生万物以养人，故其可食者以养身体，其可威者以为容服。""天高其位而下其施。……高其位，所以为尊也；下其施，所以为仁也。……故位尊而施仁。""泛爱群生，不以喜怒赏罚，所以为仁也。""仁之美者在于天。天，仁也。天覆育万物，既化而生之，有养而成之，事功无已，终而复始，凡举归之以奉人。察于天之意，无穷极之仁也。"[2]二程云："生生则谓易，生生之用则神也。"[3]总之，天或自然的一切存在，运动变化之实质及目的为"生生"（创造生命、生机），为"仁"（爱抚生命，助成生命，为生命提供能源）。即便是秋冬之阴气肃杀，也不过是为了使生命更新，使生命成熟和经受考验，为更健康的生命汰除杂芜和干扰。[4]

（三）天之命

天之道，是天（或自然）客观展现的存在变化规律或原则，这些规律或原则，人类必须遵循，这是天道论的用意所在。在天道之外，尚有天命说。从广义上讲，天命（天意）是天道的一部分。但从狭义上讲，天命仅仅是天道运演中通过某种特有方式（如秩序、生机、祺祥、灾异）向人类社会表达的天的意志或命令。中国传统天命说的主要涵义正

---

①《墨子·天志中》。
②《汉书·董仲舒传》引《贤良对策》；《春秋繁露》之《服制象》《离合根》《王道通三》。
③《河南程氏遗书》卷十一，《明道先生语一》。
④此种关于天或天演具有仁善目的（实质）之论，也有人不同意。如《老子》云："天地不仁，以万物为刍狗。"还有王充云："天动不欲以生物，而物自生。……天道无为，故春不为生，夏不为长……"（《论衡·自然》）他们认为，天地及其运行本无目的。

在于此。①

　　中国传统的天命说大多是从天道推导而来。以下分别从天命、天命表达方式两个方面略加分析，以展现中国传统天命观的大致情形。

　　1.天的命令或天意

　　在中国传统哲学中，天命和天意大概主要有以下几条内容。这几条，被视为天的几条一般性命令。

　　第一，"天降下民，作之君，作之师"②，君权神授，王者通天地人。古人认为，人间有君王，乃天意。《尚书·多方》中有"天惟时求民主"，即天时常在考虑给人民寻求适合做君主的人。《尚书·梓材》："皇天既付中国民越厥疆土于先王。"《尚书·康诰》："天乃大命文王，殪戎殷，诞受厥命。"《墨子》云："夫明乎天下之所以乱者，生于无政长，是故选天下之贤可者立以为天子。"③董仲舒云："古之造文者，三画而连其中，谓之王。三画者，天地与人也。而连其中者，通其道也。取天地与人之中以为贯而参通之，非王者孰能当是？""唯天子受命于天，天下受命于天子。""天子父母事天而子蓄万民。"④授权君主管治百姓，这是天的最重要的命令。

　　第二，天欲人相爱相利，反对人类互相贼害。这是从"天地之大德曰生"之天道而推导出来的天命或天意。《墨子》云："天必欲人之相爱相利，而不欲人之相恶相贼也。"⑤这就是天意。董仲舒云："祭于天之意，无穷极之仁也。……天常以爱利为意，以养长为事。""天亲阳

_____

　　①"天命"还有一种涵义是"深不可知曰天，无可奈何曰命"，即不可预知无法抗拒的宿命。本文不及此。
　　②《孟子·梁惠王下》引《尚书》逸文。
　　③《墨子·尚同上》。
　　④《春秋繁露》之《王道通三》《为人者天》《郊祭》。
　　⑤《墨子·法仪》。

而疏阴，任德而不任刑也。"①天既以生生为目的，以仁为本质，当然会以德人利人为意，反对专任刑罚。

第三，天命人类尊尊亲亲，尊卑有序。这是从阴阳和五行的尊卑属性推导出的天意。董仲舒云："受命之君，天意所予也。故号为天子者，宜视天如父，事天以孝道也。号为诸侯者，宜谨视所候奉之天子也。号为大夫者，宜厚其忠信，敦其礼义，使善大于匹夫之义，是以化也。士者事也，民者瞑也。""仁义制度之数，尽取之天。天为君而覆露之，地为臣而持载之；阳为夫而生之，阴为妇而助之，春为父而生之，夏为子而养之。……王道之三纲，可求于天。"②

第四，天命君王教化人类，使其存善去恶。这是从阴阳五行交感而生人类的天道推引出的天意（命）。人禀阴阳五行之气而生，本性中虽包含善端，但也可能含有为恶之自然趋势。这是因为阴阳五行之气交感造人时不可能至纯无杂。因此，"性待教而为善，此谓之真天。天生民性，有善质，而未能善，于是为之立王以善之，此天意也。……王承天意以成民之性为任者也"③。从某种意义上讲，教民化民，是爱民养民的一种体现，亦体现天的生生之仁。

第五，天命人类及时惩恶除丑。此乃从天之阴阳五行有主杀伐之属性而推演出的天意。《尚书·甘誓》："有扈氏威侮五行，怠弃三正，天用剿绝其命。今予惟恭行天之罚。"《皋陶谟》："天讨有罪，五刑五用哉！"《汤誓》："有夏多罪，天命殛之。"《荀子》曰："才行反时者死无赦，夫是谓之天德。"④此种惩恶除暴，是为了护佑良民，维护社会正常秩序，犹秋冬肆其肃杀之气。

---

① 《春秋繁露》之《王道通三》《基义》。
② 《春秋繁露》之《深察名号》《基义》。
③ 《春秋繁露·深察名号》。
④ 《荀子·王制》。

除上述一般性、经常性（恒久有效）的"天命"（天意、天志）之外，古人还认为天也会有个别、具体、特定的命令。如通过符瑞、图谶等表达某种意志（实为造符瑞、图谶者之意志）。如云真龙天子所在处，有"天子气"；[①]通过灾异表示谴责君王，通过某种符瑞把王权转授予另一人，或云陨石上有文字表示天旨（如秦时有石上文字云"始皇死而地分"）。这种特殊天命常与政权转移之合法性问题有关。

2.天意的表达方式

天意或天命的表达方式，一般来说，就是祺祥和灾异。简言之，就是赏罚。赏罚有大小之分。即是说，祺祥有大有小，灾异也有大有小。就大者而言，国之将兴，必有祺祥；国之将亡，必有灾荒。国家政治清明，天就以风调雨顺、五谷丰登、六畜兴旺奖赏之；国家政治昏乱，天就以饥荒、地震、旱涝蝗灾、战乱等惩罚之。就小者而言，天若欲示表扬，必出祥瑞，如嘉禾、凤鸟、龙、麒麟等吉祥物出现，或天上飘下（或地里挖出）有上天嘉奖文字的帛带、石碑之类。天若欲示惩罚，则出不吉之物事，此即"国之将亡，必有妖孽"，如连体婴、三足牛、鲸出见、天雨石等等。古人特别注意的是灾异说，即特别注意天示谴惩之意。如董仲舒云："五行变至，当救之以德，施之天下则咎除。不救以德，不出三年，天当雨石。""凡灾异之本，尽生于国家之失。国家之失乃始萌芽，而天出灾害以谴告之。"[②]《白虎通》曰："天所以有灾变何？以谴告人君，觉悟其行。"[③]所以遇有灾荒、地震、妖怪之物出现，国君应发"罪己诏"，修德自省，改革政治等。此种"天谴告说"体现了在前民主时代人们竭力借天命之威对君主权力加以约束的良苦用心。

---

① 《汉书·高祖纪》。
② 《春秋繁露》之《五行变救》《必仁且知》。
③ 《白虎通德论·灾变》。

此为对国家或国君而言。对任何个人而言，天意也有特定表达，如墨子云："顺天意者，必得赏；反天意者，必得罚。"具体怎么赏罚？"爱人利人者，天必福之。恶人贼人者，天必祸之。"①具体得什么福祸？我们只能从圣王所得到的"立为天子，天下诸位皆宾事之"这种"天福"和暴王所得到的"失国家，身死为僇于天下，后世子孙毁之，至今不息"②即遗臭万年等"天祸"来推断了。对一般百姓来说，天福之，表现为升官发财、子孙满堂、长命健康等；天祸之，表现为身陷牢狱、断子绝孙、身多疾病等，此即上天对个人的"天谴"。

天意还可以通过"河出图、洛出书"之类的神秘方式表现。这种龙负神秘图形出于河（黄河）、神龟负神秘文书出于洛水的神话，也反映了古人希望直接通过天帝写在河图洛书上的文字图案获得天的意旨。这种表现本身无所谓祺祥灾异，但人们却常常以为它们能传载上帝的命令和法则，如"洪范九畴"之类。获河图洛书者，可以自认为获得上帝的真正任命书和治国大法。不过，这种委任状和神圣法律，似乎古今无一人真正获得过。秦末陈胜、吴广起义时，也曾在鱼腹里置"陈胜王"之帛书来装饰获授天命，但实际上大家都知道自己未获"上天"委任。

古代也有哲人还聪明地认识到，天意的真正表现不是祺祥灾异，而是民心向背。如春秋时随国大夫季梁云："夫民，神之主也。是以圣王先成民而后致力于神。"③虢国大夫史嚚亦云："吾闻之，国将兴，听于民；将亡，听于神。神，聪明正直而壹者也，依人而行。"④《尚书》云："天视自我民视，天听自我民听。天明威自我民明威。"⑤又曰：

---

① 《墨子·法仪》。
② 《墨子·法仪》。
③ 《左传·桓公六年》。
④ 《左传·庄公三十二年》。
⑤ 《孟子·万章上》引《泰誓》佚文。

"民之所欲，天必从之。"①既然天（帝）是依人民的意愿来表现天意（或以人民之共意为天意），那么整天通过郊祭祝祷之类仪式讨好天神就没有多大意义了。郑相子产讲："天道远，人道迩，非所及也。"②孔子也说："未能事人，焉能事鬼。""务民之义，敬鬼神而远之，可谓知矣。"③都是此意。既然天神是通过民众来视听或示威，那么争取民心就是在讨好上帝，为政以德就是在敬奉上帝；上帝亦必依据为政者的德行来决定是否支持某一君王或政权："皇天无亲，惟德是辅。"④"天命靡常。"⑤

二、人与人道观

中国传统哲学被公认为是格外重视人的哲学，可称"人本主义"哲学。这种人本主义哲学，以人（作为最高级物种整体）为宇宙的核心或灵魂，认为一切神灵都应该（且实际上）为人类服务。这种哲学倾向，与欧洲所谓人文主义（重视个性的解放、个人的价值和自由）、人道主义（重视生命的价值和意义）、人权主义（重视个体在社会生活中应得的权利和利益，特别重视保障个人自由和天赋权利）等等都有一定的区别。在中国传统哲学中，个体的人，常被淹没在整体（群体）之中，不强调其独立人格、地位和价值。

哲学的核心是人和外部世界的关系，天人关系一直是中国传统哲学的核心问题。中国古代思想家们很少单独讨论天道，其关于天道的讨

---

① 《左传·襄公三十一年》引《泰誓》佚文。
② 《左传·昭公十八年》。
③ 《论语》之《先进》《雍也》。
④ 《左传·僖公五年》引《周书》。
⑤ 《诗·大雅·文王》。

论大多是附带的，大多着眼于探讨人之道。把"应然的"人之道神化为天道，用天道来检讨批评人道，并致力于将现实社会改造得合乎天道，这一直是中国传统哲学的热门话题。因此，在介绍分析了中国传统的天道观后，我们应介绍分析传统中国的人道观暨天人关系观。特殊的天道观、人道观及天人关系观，正是中国传统法律文化的精神土壤。

（一）人之本质

1.人为天地之灵，人钟天地之神秀，天地之间人最贵

老子云："故道大，天大，地大，人亦大。域中有四大，而人居其一焉。"[①]《礼记》云："人者，其天地之德，阴阳之交，鬼神之会，五行之秀气也。""人者，天地之心也，五行之端也。"[②]据《孝经》载孔子亦有语："天地之性人最贵。"[③]荀子认为："水火有气而无生，草木有生而无知，禽兽有知而无义，人有气有生有知且有义，故最为天下贵也。"[④]董仲舒认为："天地人，万物之本也。天生之，地养之，人成之。""人受命于天，固超然异于群生。"[⑤]周敦颐认为："二气交感，化生万物。万物生生，而变化无穷焉，惟人也得其秀而最灵。"[⑥]邵雍认为："唯人兼乎万物，而为万物之灵。"[⑦]明人王阳明亦认为："人者，天地万物之心也。"[⑧]这都是以人类为天地间最神异的精华的凝结，是天地之心和灵魂，因而最尊贵。没有别的东西有高出于人之整体的本质（质料）和价值。

---

① 《老子·第二十五章》。
② 《礼记·礼运》。
③ 《孝经》转述孔子语，又见《汉书·董仲舒传》转述。
④ 《荀子·王制》。
⑤ 《春秋繁露·立元神》；《汉书·董仲舒传》。
⑥ 《周敦颐集》卷一《太极图说》。
⑦ （宋）邵雍：《皇极经世·观物外篇》。
⑧ （明）王阳明：《王文成公文集》卷六，《答季明德》。

2.人是天地间善和美的结晶，人本性善

天地阴阳五行之道，归根结底是仁道、善道。因此，天地阴阳五行交感而生的人类，即是此种善、美的承载者。"仁者，人也"，仁是人的本质。孟子云："无恻隐之心，非人也；无羞恶之心，非人也；无辞让之心，非人也；无是非之心，非人也。恻隐之心，仁之端也；羞恶之心，义之端也；辞让之心，礼之端也；是非之心，智之端也。人之有是四端也，犹其有四体也。""仁，人心也；义，人路也。舍其路而弗由，放其心而不知求，哀哉！"①董仲舒云："人受命于天，固超然异于群生。入有父子兄弟之亲，出有君臣上下之谊；会聚相遇，则有耆老长幼之施；粲然有事以相接，欢然有恩以相爱，此人所以贵也。"②朱熹云："天之生物……故人为最灵，而备有五常之性，禽兽则昏而不能备。"③戴震认为："人之神明出于心，纯懿中正，其明德与天地合矣。……是故人也者，天地至盛之征也。"④宋明理学在此一方面对人的本质释之最详。朱熹特别强调，天地间只是一个阴阳五行之气，滚在天地中，精英者为人，渣滓者为物，轻清者为天，重浊者为地。⑤"人之所以生，理与气合而已。……故发而为孝悌忠信、仁义礼智，皆理也。"⑥王阳明认为，"良知良能，愚夫愚妇与圣人同"，人自然生就的"此心"，如"无私欲之蔽，即是天理"。⑦宋明理学的此种人本质观，上继承孔孟性善说，下则影响中国社会近千年。在承认人的这种善本质之后，中国传统哲学还特别强调，善质若不加精心保养，必为外界不良之

---

① 《孟子》之《公孙丑上》《告子上》。
② 《汉书·董仲舒传》引"贤良对策"。
③ （宋）朱熹：《朱文公文集》卷五十九；《答余方叔》。
④ （清）戴震：《戴氏遗书·原善》。
⑤ 《朱子语类》卷十四《大学一》。
⑥ 《朱子语类》卷四《性理一》。
⑦ 《王文成公全书》，《传习录》中篇，《答顾东桥书》上篇。

物事所侵蚀（如宋明理学认为"物欲"之蔽最害善质）。故国家必设教化和刑罚帮助人们养善拒恶。

3.人是天的缩制品、副本，"人副天数"，天人合一

董仲舒云："唯人独能偶天地：人有三百六十节，偶天之数也；形体骨肉，偶地之厚也；上有耳目聪明，日月之象也；体有空窍脉理，川谷之象也；心有哀乐喜怒，神气之类也。观人之体，一何高物之甚而类于天也。""为人者天也。……天亦人之曾祖父也。此人之所以上类天也。人之形体，化天数而成；人之血气，化天志而仁；人之德行，化天理而义；……天之副在人；人之情性，有由天者矣。""以类合之，天人一也。"①朱熹云："故人物之生有精粗之不同。……惟人得其正，故是理通而无所塞；物得其偏，故是理塞而无所知。且如人头圆象天，足方象地；平正端直，以受其天地之正气。""天人本只一理"，"天即人，人即天"。②与这种以天和人在形体上及本质上双重类合的认知不同，更多的思想家只认为天人在本质上（即理、道上）相类相通。如孟子认为人之心性与天同质："尽其心者，知其性也。知其性，则知天矣。"③程灏以为："人与天地一物也"，"天人本无二，不必言合"。程颐云："道未始有天人之别，但在天则为天道，在地则为地道，在人则为人道。""道与性一也。……性之本谓之命，性之自然者谓之天。"④王阳明认为："天地万物本吾一体"，"盖天地万物与人原是一体"。⑤人与天的这种类合，决定了人可以接收天意、实践天意、仿天之秩序造就人类的理想社会秩序。

---

①《春秋繁露》之《人副天数》《为人者天》《阴阳义》。
②《朱子语类》卷四《性理一》，卷十七《大学四或问上》。
③《孟子·尽心上》。
④《河南程氏遗书》卷十一《明道先生语一》，卷六《二先生语六》，卷二十二《伊川先生语八上》，卷二十五《伊川先生语十一》。
⑤《王文成公全书》，《答聂文蔚》，《传习录》下。

（二）人之道

人类社会的根本法则、规律、道理是什么？中国传统哲学认为，就是应天、顺天、法天，亦即顺从天道、体现天道、实践天道。或者说，人之道，就是天之道在人类社会生活中的体现。

古人认为，为顺从和实践天道，不得不在以下三方面确立人之道。

1.法自然，不可逆天；无为而治，不必追求胜天，不必刻意追求有所作为

老子主张："人法地，地法天，天法道，道法自然。"[①]庄子主张，"依乎天理，因其固然"，"齐物我"。[②]这种主张，简译之，就是效法自然，主张无为，反对有为。以前人们总以为这只是老庄学派的主张。其实，这是中国传统哲学的最大共识之一，只不过在不同的学派那里程度有所不同而已。道家把法自然、无为绝对化，其他各家则未必。《诗经》云："不识不知，顺帝之则。"《周易》亦云："黄帝尧舜垂衣裳而天下治。"[③]即主张效法自然之无为。孔子称赞尧帝："大哉尧之为君也！巍巍乎，唯天为大，唯尧则之。"他认为尧是"则天"而治的典范。具体"则"（效法）天的什么呢？"为政以德，譬如北辰，居其所而众星共之。"[④]北辰之喻，正是后世所谓"垂拱而天下治"的起源，正是主张无为而治。则天的关键是效法天之无为。舜帝就是则天的典范，"无为而治者，其舜也与"！《墨子》也主张，"以天志为法而顺帝之则"[⑤]，亦即法自然。甚至通常被视为最主张尚人力造作、有作为的法家也主张："守成理，因自然……因道全法。"[⑥]这种"无为"或"法自

①《道德经》第二十五章。
②《庄子·养生主》。
③《诗·大雅·皇矣》，《周易·系辞传下》。
④《论语·为政》。
⑤《墨子·明鬼中》。
⑥《韩非子·大体》。

然"思想，一直影响中国政治，直到清末。不过，道家主张的是绝对无为，儒家主张的则是"无为而治天下"，"不下席而天下治"，二者还是有差别的。[1]王充的概括也许能反映古代正统哲学之"法自然无为"论之真意："则天而行，不作功邀名，无为之化自成。……故无为之为大矣。本不求功，故其功立；本不求名，故其名成"，"无心于为而物自化，无意于生而物自成。"[2]这种观念反映在法律和司法上，就是法律务求简约，不必追求周详完备或科学化，最好是干脆不要法律，"无刑""无讼"，司法中尽量贱讼、息讼、抑讼，息事宁人。不以彻底辨明事实事理是非为司法之目的，以为维护合乎伦常的宁静生活才是司法之目的。

2.法天之秩序，亲亲尊尊

中国传统哲学认为，天地自然的阴阳五行之道，其根本涵义或实质是伦常之道。自然的阴阳秩序、五行秩序，实为亲亲尊尊、尊卑有等的秩序。人类应效法此种秩序，成就人道。子产认为："夫礼，天之经也，地之义也，民之行也，天地之经而民实则之。……为君臣上下，以则地义；为夫妇内外，以经二物（阴阳）；为父子兄弟姑姊甥舅昏媾姻亚，以象天明。"[3]董仲舒云："王道之三纲，可求于天"，"为人主者法天之行"，"为人臣者法地之道"；"君臣父子夫妇之义，皆取诸阴阳之道：君为阳，臣为阴；父为阳，子为阴；夫为阳，妻为阴。阴道无所独行，其始也不能专起，其终也不得分功，有所兼之义"。[4]"仁义制度之数，尽取诸天。""丈夫虽贱皆为阳，妇人虽贵皆为阴。""天有五行……木生火，火生土，土生金，金生水，水生木，此其父子也。

---

① 《孔子家语·始诛》。
② 《论衡·自然》。
③ 《左传·昭公二十五年》。
④ 《春秋繁露》之《基义》《离合根》。

木居左，金居右，火居前，水居后，土居中央，此其父子之序，相受而布。……火乐木而养以阳，水克金而丧以阴，土之事天竭其忠，故五行者，乃孝子忠臣之行也。""阳者君父是也，故人主南面以阳为位也。"①扬雄认为："夫玄也者，天道也，地道也，人道也，兼三道而天名之，君臣父子夫妇之道"，"阴以知臣，阳以知辟，君臣之道，万世不易。"②王弼认为："阴求于阳，民思其主之时也。"③《太平经》认为："君为父，象天；臣为母，象地；民为子，象和。"④这些把天地秩序伦理化的思想，是中国传统哲学中的主要成分之一，是中国传统哲学的主要特色之一。汉人陆贾之语可为此种思想的高度概括："天生万物，地以养之，圣人成之。……于是先圣乃仰观天文，俯察地理，图画乾坤以定人道，民始开悟，知有父子之亲、君臣之义、夫妇之道、长幼之序。于是百官立，王道乃生。"⑤人之道就是这样从对天道的体悟中"定"出来的。归根结底，天人之道，都是纲常之道，"三纲五常，天理民彝之大节而治道之本根也"，"礼者天理之节文，人事之仪则"。⑥这种人伦化的天道，不过是古人理想中的人道的翻版。

3.法天之生杀仁威、德刑并用

天道既以"生生"或"仁"为本，又以秋冬肃杀来辅助生生（阴者阳之助），则人之道必效法之，当生杀并用（赏罚并用、德刑并用）。《国语·周语》："天道赏善而罚淫。"意即人当法此以为治道。《管子·形势解》："故春夏生长，秋冬收藏，四时之节也；赏赐刑罚，主之节也。"董仲舒云："故圣人法天而立道，亦溥爱而亡私，布德施仁

---

①《春秋繁露》之《基义》《阳尊阴卑》《五行之义》《天辩在人》。
②《太玄经》之《太玄图》《常》。
③《周易注·屯》。
④王明：《太平经合校·三合相通诀》，中华书局1979年版。
⑤（汉）陆贾：《新语·道基》。
⑥《朱子大全》之《延和奏札》《答曾择之》。

以厚之，设谊立礼以导之。"①"察天之意，无穷极之仁也。人之受命于天也，取仁于天而仁也。""阳，天之德；阴，天之刑。……阳气爱而阴气恶，阳气生而阴气杀。……天之好仁而近，恶戾之变而远，大德而小刑之意也。""天出阳为暖以生之，地出阴为清以成之。不暖不生，不清不成。然而计其多少之分，则暖暑居百而清寒居一，德教之与刑罚犹此也。故圣人多其爱而少其严，厚其德而简其刑，以此配天。""天之道，春暖以生，夏暑以养，秋清以杀，冬寒以藏。……圣人副天之所以为政，故以庆副暖而当春，以赏副暑而当夏，以罚副清而当秋，以刑副寒而当冬。庆赏罚刑，异事而同功，皆五者之所以成德也。庆赏罚刑与春夏秋冬以类相应也，如合符。""庆赏罚刑有不行于其正处，《春秋》讥之。"②班固云："圣人治天下必有刑罚何？所以佐德助治，顺天之度也。……五刑者，五常之鞭策也。"③唐人孔颖达云："制礼者贵左以象阳，贵右以法阴；又因阳时而行赏，因阴时而行罚也。"④这种法天之阴阳生杀以为德刑、德刑并用、大德小刑的思想，一直是中国传统法律思想的主流，清末犹然。而顺阴阳生杀之季节时令以行赏罚的观念，亦影响直至清末。"赏以春夏，刑以秋冬"，成为中国法律传统的一种思维定势。

三、天人关系与人之使命

（一）人类当以参天地赞化育为使命

前节所言"人与人道观"，实际上同时也是在讨论天人关系。所谓

---

① 《汉书·董仲舒传》引《贤良对策》。
② 《春秋繁露》之《王道通三》《基义》《四时之副》。
③ 《白虎通德论·五刑》。
④ 《礼记注疏·礼运》。

"人之本质"说，实际上是在讨论天与人在本体论上的根本关系；所谓"人之道"说，实际上是在讲天与人在认识论、实践论上的根本关系。不过，仅从此二者讨论天人关系还是不够的，所以古代思想家们进而又从"人之使命"的角度进一步讨论了天人关系。

中国传统哲学认为，既然人是天地阴阳五行之精华的凝结，是天之仁善美价值的凝结，天生人类的目的是体现仁善美、成就仁善美，那么，人的使命就只能是尽人类之所能助天地之仁，即《中庸》所谓"参天地，赞化育"。

《中庸》云："唯天下至诚，为能尽其性；能尽其性，则能尽人之性；能尽人之性，则能尽物之性。能尽物之性，则可以赞天地之化育；可以赞天地之化育，则可以与天地参矣。"这就是说，天地万物之本质本性就是诚，亦即仁，人的本质本性亦是如此。真正体悟和践行此种本质本性的人，则可以助天地之生生盛举，便可以与天整合为一。这是儒家的人生理想，亦是儒家认为人之使命所在。《中庸》又云："唯天下至诚，为能经纶天下之大经，立天下之大本，知天地之化育。""诚则形，形则著，著则明，明则动，动则变，变则化。唯天下至诚为能化。"此种"化"，就是赞天地之化，包括赞人类社会生活秩序向合乎天道方向之变"化"。荀子云："天有其时，地有其材，人有其治，夫是谓之能参。""天地生君子，君子理天地。君子者，天地之参也。"[1]荀子所谓"与天地参"与《中庸》虽稍有异，其意在于天地提供的自然条件下积极有为，积极利用自然以成就人事，但仍有积极参与和赞助天地变化之意。这与更多人参与自然、赞助天演、同和天德的思想，与《易传》"应乎天而时行""顺乎天而应人""财成天地之道，辅相天

---

[1]《荀子》之《天论》《王制》。

地之宜""通天下之志，成天下之务""与天地合其德，与日月合其明，与四时合其序，与鬼神合其吉凶"[1]等主张基本一致。朱熹云："儒者于此既有以得于心之本然矣，则其内外精粗自不容有纤毫造作轻重之私焉，是以因其自然之理而成自然之功，则有以参天地，赞化育，而幽明巨细无一物之遗也。"[2]这里所讲的似乎只是"君子""大人""儒者"的使命，其实不然。在中国传统哲学中，他们的使命实际上就是全人类的使命，是每个人努力的方向。虽不一定能人人达此境界，完成此使命，但小百姓只要跟着大人、君子，效法他们，听从教诲，那么就等于他们以自己微不足道之力赞天地之化育耳。

（二）人类当以体现和成就"理""道"为使命

《大学》云："大学之道，在明明德，在亲民，在止于至善。"大学之道，即人之修身之道；修身之道，即齐家治国平天下之道。"明明德"，即《易传·象传》所谓"自昭明德"。中国传统哲学认为，天地生人，既以善、仁之本质赋予人，让人体载仁、善即"道"或"理"，则人的主要使命就是使自身这一本质发扬光大。《易传·说卦》云："和顺于道德而理于义，穷理尽性以至于命。"《易传·系辞上传》云："成性存存，道义之门。"好好地体认天赋之"道"，保养此内质，使其发扬光大，有助于天地演化和人类和谐，实为人之根本使命。这种"道""理"，无处不在，"道不远人"，远人者则"不可以为道"。这种道，"费而隐。夫妇之愚，可以与知焉；及其至也，虽圣人亦有所不知焉。夫妇之不肖，可以能行焉；及其至也，虽圣人亦有所不能焉。……君子之道，造端乎夫妇；及其至也，察乎天地"[3]。这里所言

---

① 《易传》之《象传·大有》《象传·革卦》《象传·泰卦》《文言传》。
② 《朱文公文集》卷十七，《读大纪》。
③ 《礼记·中庸》。

之"道"，当然不仅是指修身原则和方法，更重要是指人的本质。

这种"道"，到宋明理学中就变成了"理"。其所指仍是"天理"，即人的本质（性）："心包万理，万理具于一心，不能存得心，不能穷得理"；"若尽心云者，则格物穷理，廓然贯通，而有以极夫心之所具之理也。""仁者，本心之全德。……心之全德，莫非天理，而亦不能不坏于人欲。故为仁者，必有以胜私欲而复于礼，则事皆天理。……日月克之，不以为难，则私欲净尽，天理流行，而仁不可胜用矣。"[①]宋明理学所言"格物致知"，实即"即物而穷理"。但这并不是要人们去考察物理，而只是要人们紧密联系身边事物去反省体悟人类之所以为人类之根本道理，反省体悟天赋予人类的"理"。"盖人心之灵，莫不有知；而天下之物，莫不有理。惟于理有未穷，故其知也有不尽也。是以大学始教，必使学者即凡天下之物，莫不因其已知之理而益穷之，以求至乎其极。至于用力之久，而一旦豁然贯通焉，则众物之表里精粗无不到，而吾心之全体大用无不明矣。"[②]朱子以"体认理"为人之使命之说，似乎比"与天地参"之学说更加消极，更缺乏积极参与天地运动的精神，最后必至于以为人之使命只在于"存天理，灭人欲"，在于"守住心中之贼"，在于克制一切欲望而已。程颐认为，人最后只是"理"的一个工具："故有杀身成仁者，只是成就一个是（'理'）而已。"[③]只要体现"理"，人的生命是无关紧要的，可以舍生取义。而其牺牲生命健康所成就之"义""理"，往往只是扼杀人的个性、自由的纲常伦理。

---

① 《朱子语类》卷九《学三》；《朱子文集·观心说》，《论语章句·颜渊》。
② 《四书章句·大学章句·格物传补》。
③ 《河南程氏遗书》卷十五《伊川先生语一》。

明刑弼教：中国法律传统的基本精神

（三）实现人之使命的途径和方法

基于上述天道观、人道观、天人关系暨人之使命观，中国传统哲学也设计了实现人之使命的各种方法和途径。

中国传统哲学所设计的实现人之使命的途径大致可以分为两大类：一是个人的途径，一是社会的途径。

个人的途径，即每一个人为完成自己的使命所不能不采取的途径。这就是儒家一贯倡导的修身齐家之道等。孔子讲"克己复礼"，节制欲望；孟子讲"养心莫善于寡欲"，"求放心"；《大学》讲"格物致知，正心诚意""修身齐家"；朱熹讲"存天理，灭人欲"，其实都是讲此一途径的。他们都认为，只要个人克制物欲、私欲，成全道和义，就实现了"理"，即尽了人对天的一份责任，至少是一个良好的起点。孔子甚至认为修身就是"为政"。

社会的途径，即作为人类共同体的社会为实现人类的使命所应采取的方法、途径。这就正式进入政治法律的实践领域了。比如，"贤人之治""道德教化""礼乐之治""亲亲尊尊""敬祖睦族""德刑并用""君权至上""重义轻利""贱讼息讼"等等，都是中国传统政治哲学所认知的为实现人类参天地、赞化育之使命而不得不采行的途径。

本章结语

中国传统法律观念和法律制度，都是上述哲学观念在法律领域的应用或外化。可以说，上述哲学观念，是中国传统法律文化的基础和灵魂。我们如果想全面深入地理解中国传统法律文化，就得首先认识中国传统哲学中的天道观、人道观，特别应认识中国传统哲学中的天人关系观。不理解这些，我们就会常常误解中国传统法律文化。其中最大的误解，莫过于以中国古代之事比拟西方法律传统中的特定制度，或以西方哲学观念为基础去论中国传统法律文化之优劣短长。哲学基础的差异是文化基因的差异，是不可以混淆的。由以上分析我们也可以看到，在今日中国的政治法律文化中，仍有传统哲学基础的某些遗留成分在起作用。要正确认识传统与现代的关系，就不可能不认真地去理解中国传统法律文化的哲学基础。

第二章

自然人文地理与中国法律传统

　　中国法律传统很早就与西方、印度、伊斯兰法律传统分道扬镳，形成了自己独有的民族风格。这些年里，我在进行中西法律文化比较时，常常发现一个规律，这就是：在中西法律传统之间，似乎很难找到共同的热议话题；即使有个别勉强算是共同话题，但谈论的角度、提出的命题又大不一样。除非你只进行更深层、宏观、抽象的法哲学比较研究，否则一般的比较研究简直就无法进行。越是想就具体话题进行比较，你就会越失望。总的感觉是，各自的话语系统、符号系统、基本判断太不一样了，或许语境也不一样。

　　这种不一样，正如生长在南国的棕榈树与生长在北国的红松树的差别一样，虽然同名为树，但根、茎、枝、叶的结构都是两码事。对于这种巨大区别，我们无法找到别的解释，最后只能归结为由生存环境的差异所决定。不同的气候、土壤之大环境决定了不同物种的形成和存续。这些特有物种，其各自特有的根、茎、叶，都是各自不同地域里不同的日照、水分、土质、空气质素共同影响的结果。中国法律传统与西方法律传统的差异，似乎跟这种不同水土气候下的植物之差异一样。

一、华夏文明生长土壤的四大特殊属性

中国传统法律文化，就是东亚大陆这块与外界相对隔绝的土地上长出的文化"植物"，是这块大陆上独有的文化气候、文化土壤的结晶。

什么是文化意义上的气候和土壤？

一种法律传统，归根结底是一个相对独立地域的人群共享的法律制度和观念之传承系统。当其形成内在体系并自然延续复制之时，就可以说形成了某种可"传"之"统"，即形成了具有独特特征、风格的文化体系。这种法律传统的形成，是文化意义上的气候和土壤交互作用的结果。那么，养成中国法律传统这棵大树的气候和土壤到底是什么呢？

法律传统是上层建筑。决定这种上层建筑的，当然首先是经济基础。但是，我们又不能简单地以为只有生产关系和生产力才决定法律传统的特色。我们必须看到，上层建筑的其他方面对法律传统也有重要影响。

本着这样一些基本认识，我考察发现，构成中国传统法律文化之生成气候和土壤的不外乎三种东西：一是东亚大陆特殊的地域气候或自然环境，二是小农经济的生产方式，三是宗法社会组织。这三者交互影响，综合地决定了中国法律传统的性质和特色。

在本章里，我想先就东亚地理气候对中国法律传统的影响做一点初步的、宏观的探讨。由于篇幅的原因，关于小农经济、宗法组织对中国法传统的影响，我打算到下面两章去专门讨论。

东亚大陆自古以来就是地球上的一个相对独立的地理单元，其自然环境非常特殊。东临浩瀚的太平洋，好不容易走到海边的人们不得不望而却步，"望洋兴叹"。[1]西有巨大的戈壁沙漠，再往远处就是摩

---

[1]《庄子·秋水》中的河伯"望洋兴叹"，也许反映了华夏先民对东部天然屏障的无奈。

天的雪山，多为无人地带、生命禁区。北有寒冷多风的荒原或冻土，无法农耕，望之令人心灰意冷。南方是多山地带，崇山峻岭，猛兽出没，多乌烟瘴气，每南行一步都不得不"辟荆拓莽"或"筚路蓝缕，以启山林"。①

这样一种天然屏障之内的环境，是一个相对独立的文明生成存续环境。这个以黄河流域进而以黄河、长江两流域为中心的震旦古盆地，就如整个人类文明大花园里的一个"单门独院"，一个孤僻山村。这一特殊文明生长圈有以下特征：

一是封闭性。四周基本上没有什么较大规模或较高层次的人类文明圈与之接壤及显性竞争，它与圈外基本上没有较明显的文明交流。在这一文明圈外，是东夷、西戎、南蛮、北狄，都被视为野蛮人，与西夷之间，只有他们来"向化"和我们对其施行"王化"的关系，没有什么平等互助的文化交流。这一圈内生长的一切文明，基本上是圈内人自己的作品，较少有外来文化因素。

二是四季分明，季节与农业关系紧密，"季节（候）农业"很突出。虽土地相对丰富，气候相对温和，宜于人们定居耕作以谋生存，但由于气候的季节变化较大、不同地域的土质差异较大，所以我们的农业一开始就必须是精耕细作讲求经验技术的农业。这一生存方式，特别需要"望天吃饭""靠天收成"，特别需要讲求顺天应时，讲求规律和章法。

三是水旱灾害频发。②主要活动场域的土地，一开始就有干旱化、沙漠化倾向，迫使其间的农业很早就基本定型为"水利农业"，迫使国家

---

①《史记·货殖列传》《汉书·地理志》。
②英国著名汉学家李约瑟据中国史书统计，中国每六年就有一次农业失败，每十二年有一次大饥荒。在过去的二千二百多年间，中国共计有一千六百多次大水灾、一千三百多次大旱灾，因此西方人曾把中国称为"灾荒之国"。转引自傅筑夫《中国古代经济史概论》，中国社会科学出版社1981年版，第111页。

成为大规模水利工程的组织者，迫使国家不得不采取实质上的土地王有制以保证公共工程的兴起和维系。

四是北方威胁一直是这一文明圈不得不面对的最显著威胁。这既包括气候的威胁，也包括游牧民族的威胁。北来或西北来的寒流或干燥的风暴，不断蚕食华夏先民的生活区域，使地表沙漠化、戈壁化，不适农耕；北方擅长骑射且有掠夺天性的游牧民族不断南下掠夺农业果实，两者都是华夏先民的最大忧患。

这四者，总结起来就是：（1）四周地理屏障显著；（2）农耕生活格外依赖季候；（3）水利农业要求国家承担公共职能；（4）与游牧民族的矛盾显著。这四大因素，构成了中华文明尤其是政治法律文明的生成土壤或背景。

法国史学家谢和耐说："中国文明显得似乎与一种发达的农业类型有关，而这种农业又几乎完全局限于平原与河谷地。在汉地或已被汉化的地区，大山从未被开发过，并且始终是另一类居民的领域。"当农业和畜牧业在世界上其他地区结合起来之时，"东亚却是世界上在牧民界与耕农界之间作出明确分界的唯一地区"。[1]谢氏对"中国文明"特征的这一认识是相当准确的，他特别注意到了华夏文明在波及范围方面的封闭或局限、纯粹农耕文明属性、与游牧民族的对立这三大特征，同时他也注意到了"中国文明"中对公共工程的特殊关注。[2]

这样的自然暨人文地理环境，或者说这样的文明成长背景，对中国传统政治法律文化有什么样的关键影响或决定意义呢？

这是一个相当复杂的问题。对二者内在联系的任何大胆推论，都有主观臆测、牵强附会的嫌疑，但我们又不能不努力做出这种推论，以求

---

[1] 谢和耐：《中国社会史》，耿昇译，江苏人民出版社1995年版，第27页。
[2] 谢和耐：《中国社会史》，耿昇译，江苏人民出版社1995年版，第28页。

对中国法文化基因的形成原因有所认识。我们可以分别从以上四种环境因素出发，分析地理因素对法律传统的影响，即分别分析这四种因素在中国法律传统中留下的印记。

二、地理的封闭性与法传统的封闭性

中国政治法律传统的封闭性[①]，在政治法律观念、政治法律制度乃至其他许多文化形态及符号中都有所体现。

（一）重视华夷之防

在中国传统政治观念中，华夷之辨及防是最为强烈的观念之一。华夷之防，从政治法律角度看，是捍卫政治法律制度的"纯种"之争。我们的典章制度文化，被认为是最好的；只容许其他民族文化圈的人来学习我们的，不许我们学习他们的。孔子说，"夷狄入中国，则中国之"[②]，就是要尽力让并入中国版图的其他民族接受我们的典章制度，不容许他们在"王化"所及地域内保留自己的制度文明。早期征服一个四夷酋邦时，常常实行"人夷其宗庙，而火焚其彝器，子孙为隶，下夷于民"[③]的基本策略。消灭宗庙彝器，旨在消灭异种政治法律制度，强迫异族接受我们的典章制度，这就叫作"用夏变夷"。孟子说："吾闻用夏变夷者，未闻变于夷者也。"[④]我们的文化最害怕的就是"变于夷"，就是我们接受或采纳"夷狄"的文化或典制，他认为这是莫大的罪恶。直到清末，"用夷变夏"仍旧是用以攻击改革者的一个莫大罪名。我们

---

①关于"封闭性"的具体涵义，参见张中秋：《中西法律文化比较研究》，南京大学出版社1999年版，第185页。
②《论语·为政》。
③《国语·周语》。
④《孟子·滕文公上》。

的文化，要时时防止"蛮夷猾夏"①，强调"内诸夏而外夷狄"②，强调"非我族类，其心必异"③，强调"不与夷狄执中国"④，强调"贵中国贱夷狄"⑤，把华夷之防视为与男女大防一样的东西，其封闭性是不言自明的。华夷之防达到极端，就是所谓"德以柔中国，刑以威四夷"⑥，政治法律制度就是为加固这种文化封闭之堤防而设立的，刑罚是用来打击夷狄（包括打击同族内文化叛贼式"夷狄"）的。

（二）法典的封闭体例与观念

中国古代国家的法典体例上是封闭的，这可能是受到了中国地理封闭性的影响。

首先，从法典体例来看，自最早成文法典《法经》的六篇体例，到我们唐代的《唐律》的十二篇体例，再到明清律的七律二十门体例，历代法典都没有一种开放的体例，只是封闭的体例。每一法典制定之时，都以为其篇名已经能够概括世间一切情况，都不曾设想它会因时代变化而有体例变动或篇章增删的必要，都设想创制一劳永逸、垂范百世的不变之法。《法经》为何把起总则作用的"具律"放在法典的末尾？这实际上是认为"盗""贼""网""捕""杂"五篇已能概括世间所有犯罪，"具律"放在法典最后做一个断后或收尾而已。后来的律典虽然把"名例律"放到了律首，但仍假定其分则各篇已经包罗万象。每个王朝，基本法典制成后，都特别强调正文不能修改，顶多允许通过"令""科""格""式""例""诏"等对法典加以补充。特别是明清两代，把以前按犯罪种类而命名的法典篇名改为按官衙职责分工的

---

① 《尚书·尧典》。
② 《春秋公羊传·成公十五年》。
③ 《左传·成公四年》。
④ 《春秋公羊传·僖公二十一年》。
⑤ 《陆九渊集》卷二十三，《大学春秋讲义》。
⑥ 《左传·僖公二十五年》。

吏、户、礼、兵、刑、工六律，其中的编纂构思和逻辑大约是：所有的犯罪不过是侵犯了六部所管理的事务秩序而已，六部业务范围就可以概括一切犯罪，六部业务所及范围之外无有犯罪。

从法典编纂观念来看，几乎每朝每代都认为本朝法典尽善尽美，是"一成不变"的成法，自认为法典已穷尽真理，如秦始皇就认为自己所立之法，可以"经纬天下"，当"永为仪则"；①《唐律疏议》就认为唐律已经完美无缺，"今之典宪，前圣规模，章程靡失，鸿纤备举"；②《大清律》中有"折衷往制，垂宪万年"③，都自我感觉极好。这种认知，不仅否定了因时变迁，甚至也否定了向其他法律文明学习。

此外，从"化外人"观念也可以看到封闭性，自唐律至清律关于"化外人犯罪"的规定，也体现了我们的政治法律文化的封闭性。"化外人"的概念本身体现了"王化"区域及文化的排它性或蔑视异己的属性，体现了对异域文化及人民的不尊重。这一规定的封闭性，自唐至清一直在恶化。唐律规定"诸化外人，同类自相犯者，各依本俗法；异类相犯者，以法律论"④，虽然体现了华夏文化中心主义，虽然有排它性，但尚尊重"化外人"的"本俗法"（各民族习惯法），且只是一般地看待"化外人"。到清律则规定为"凡化外（来降）人犯罪者，并依律拟断"⑤（"来降"二字为原官方注解），这就把"化外人"限制为"来降"人，不再考虑外族人进入"王化"地域的其他情形，或是对其他异族人视而不见，此种封闭心态可想而知。更有甚者，清律不再允许"依本俗法"处理来中国的"化外"同族人之间伤害、盗窃、损害赔偿等案

①《史记·秦始皇本纪》。
②《唐律疏议·名例》。
③《四库全书总目·唐律疏议提要》。
④《唐律疏议·名例六》。
⑤《大清律·名例律》。

件，要求一切均依《大清律》处理。这更显示对"用夷变夏"恐惧加深了，或是"用夏变夷"的观念强化了。

（三）国家机构设置的封闭性

中国传统政治机构的设置也体现了某种封闭性，比如，古代国家机构尚"六"这个数，暗含着一种时空封闭的观念。从《周礼》六官，到汉代的尚书六曹，到唐代以后的尚书六部，还有"六典"，实际上都好像是从古代中国人封闭性的时空观念引申过来的。古代中国人所认识的六面空间——天、地、东、西、南、北，实际上是一个封闭的盒式空间。所谓"秦王扫六合"不过就是睥睨天下的君王自以为打扫干净了这个巨大的六面盒。这个六面之盒的封闭观，反映在国家典制上就是"天地春夏秋冬"六官，就是以为这六官可以满足一切行政职能需要。此外，基本不设外交机构，也说明了这一封闭性。自《周礼》六官到明清的六部，历代国家机构系统中，实际上都没有正规地设立过类似于"外交部"的机构。虽然秋官司寇之下设有"掌大宾之礼""掌邦国宾客之礼籍"之大行人、小行人等官，但其职务并不是办理国际交往，而是办理诸侯国、附属国朝觐天子的有关礼仪事务的。即使到了清末在列强的压迫下，极为不易地设立了实际上的外交部，仍用的是封闭性、排外性十足的名字——"总理各国事务衙门"。其实，这仍旧假定这一机构是中央王朝的"大小行人"去办理各诸侯国的进贡事务。这种要命的封闭性，几乎到了冥顽不灵的地步。

三、农耕文明与法律传统的农业型

中国传统政治法律文明有着非常典型的农业型特征。[1]这些特征与东

---

[1] 谢和耐：《中国社会史》，耿昇译，江苏人民出版社1995年版，第27页。

亚大陆的季候农业、以农立国有着内在的联系。

（一）国家产生时即有农耕型政权特征

中国历史传说中最早的君主炎帝和黄帝，就是以"农师"著称的；最早的政权，似乎就是一个督导耕作的政权。炎帝被视为太阳神，黄帝被视为土地神，太阳和土地是农业的最基本条件。炎帝以"教民农作"而著称，被尊为"神农氏"。[①]黄帝轩辕氏也以教民耕种著称，"治五气，艺五种，抚万民"，"时播百谷草木，淳化鸟兽虫蛾，旁罗日月星辰水波土石金玉"；[②]他的夫人嫘祖也以教导人民养蚕织布而著称。[③]从此以后，国家机器的教农、劝农、督农属性，似乎一直不曾稍变。甚至，国家的政权机关，有时也是按农业的季候特性而分类设立的。从《周礼》六官开始，天官、地官、春官、夏官、秋官、冬官，即吏、户、礼、兵、刑、工六大机构，一直是中国国家政权的显著框架。按农业所崇所需的条件、农业的季候来划分和设定中央机构，这在全世界似乎也是仅见的。天官代表太阳、气候，地官代表水源和土壤，"春、夏、秋、冬"四官分别代表不同季节的不同农事。这一设置表明，在中国早期的观念中，国家政治法律制度及事务，不过就像农家耕种田地一样。"赏以春夏，刑以秋冬"，不过正与"春生夏长，秋收冬藏"的四季农活主题相呼应。国家还专设各类劝农教农的"农师""农官"，不胜枚举。《左传》记载帝挚（少昊）时以"九扈为九农正，扈民无淫者也"，自颛顼以来"为民师而命以民事"，这里的"民事"即"农事"，而"农正""民师"即"农官""农师"。[④]从《周礼》看，早期

---

①《白虎通·号》。
②《史记·五帝本纪》。
③《路史·后纪五》。
④《左传·昭公十七年》。

地方行政官员们的主要职责一般都是"教民稼穑，趋其耕耨"。①就是最高统治者，也不忘自己的"教农官"身份，从周武王开始，直到清末，国家宪法性"五礼"之一的"吉礼"大典，也就是天子及王（皇）后每年春天做一次非常隆重的"亲自耕种""亲自养蚕"的礼仪表演，以劝导天下男妇勤耕勤织。②

（二）农耕文明土壤与农耕型政治法律理想

中国传统的政治法律理想的农业型，可以从更多方面来看，最有代表性的应该是农业型的"太平治世"憧憬。比如春秋战国时期诸子百家争鸣，虽貌似水火不容，但其农业型政治法律理想却出奇一致。儒家的政治理想是"五亩之宅树之以桑""鸡豚狗彘之畜无失其时""百亩之田勿夺其时"，大家都过上不饥不寒的生活。③不饥不寒的前提，是大家都有"恒产"即土地房屋，有了"恒产"就有了"恒心"，最后都不想争夺权益，不想诉讼，最后就达到"无刑""无讼"的境界。法家的政治理想是"农战"立国，"国之所以兴者，农战也"，"圣人知治国之要，令民归心于农；归心于农，则民朴而可正也"，"惟圣人之治国，作壹，抟之于农而已矣"。④总之，法家认为，对内唯有农业，对外唯有战争，这是最好的治国景象；大家说的做的都是农耕和打仗，这就是理想的政治状态。国家的一切赏罚唯以农战之功过为标准，一切法律都为保障农战而立。墨家认为，"农事缓则贫，贫且乱政之本"⑤，农业是国家安定之本。甚至最厌恶政治的道家，其政治理想实际上也是一种农业生活理想。"小国寡民，使有什伯之器而不用，使民重死而不远徙……

---

①《周礼·地官司徒下》。
②《礼记·王制》。
③《孟子·梁惠王上》。
④《商君书·农战》。
⑤《墨子·非儒下》。

鸡犬之声相闻，民至老死不相往来"①，这仍是一幅典型的小农经济田园的乐图。

（三）农耕型文明与政治法律的"应天顺时"取向

我们的政治法律传统重视"法自然""法天""畏天"，重视"天人感应"，这一倾向也许首先出于农业生活经验和思维，是凭着这些经验和思维的自然推论；至于对自然规律和威力的敬畏也许仅在其次。《礼记·月令》把农业活动的时令宜忌与国家政治的时令宜忌直接类比是最有代表性的。如孟春之月行亲耕大典，同时"不可以称兵"；仲春之月，当天地"安萌芽，养幼少"之时，应该"命有司省囹圄，去桎梏，毋肆掠，止狱讼"；孟夏之月，靡草死、麦秋至之时，应"断薄刑，决小罪，出轻系"，把轻刑犯人早日放出来以利农耕；仲夏之月，天气炎热，所以要"挺重囚，益其食"，即改善重罪囚犯的监禁条件；孟秋之月，"凉风至，白露降，寒蝉鸣，用始行戮"，天开始汰杀植物了，我们才可以"戮有罪，严断刑"；仲秋之月，农业收割开始，秋风开始肃杀，故可以"申严百刑，斩杀必当，毋或枉桡"；孟冬之月，趣狱刑，无留罪。这样根据农业的时令决定国家在不同季节的政治法律主要任务，在全球文明史上似乎是罕见的，但在中国形成了一个明确而牢固的传统。自汉代开始，即形成了"春夏缓刑，秋冬治狱"的"宪法性"惯例。我们从史书中可以看到，皇帝经常于春夏时发诏书，禁止官吏受理、审断案件及拘系当事人，或督促各级地方官府尽量赦宥轻罪囚犯。如汉文帝元年春正月下诏，以方春当作，令赦宥"民谪作县官"（即有期徒刑）者出狱归家。②后汉章帝元和二年下诏："方春生养，万物莩甲，宜助萌阳，以育时物。其令有司，罪非殊死且勿案验，及吏人

---

① 《老子》第八十章。
② 《汉书·文帝纪》。

条书相告不得听受，冀以息事宁人，敬奉天气。立秋如故。"①唐《狱官令》规定，从立春至秋分，不得奏决死刑。《唐律·断狱》规定："诸立春以后，秋分以前决死刑者，徒一年。"明清两代的"热审""秋审""朝审"制度更体现了此种传统。"热审"行于小满后的热季，以应《礼记·月令》孟夏断薄刑、出轻系之意；"朝审""秋审"行于立秋以后，以应《月令》孟秋"用始行戮""严断刑"之意。

至于这种季候法制的理论基础，《管子·四时》即有"德始于春，长于夏；刑始于秋，流于冬"之说似可为嚆矢。后来，思想家董仲舒把这种农业季候与政治宜忌密切相关论发挥到了极致："春气爱，秋气严，夏气乐，冬气哀"②，"天有四时，王有四政；四政若四时，通类也，天人所同有也。庆为春，赏为夏，罚为秋，刑为冬。庆赏刑罚之不可不具也，如春夏秋冬之不可不备也。"③"春者天之所以生也，仁者君之所以爱也；夏者天之所以长也，德者君之所以养也；霜者天之所以杀也，刑者君之所以罚也。"正因如此，王者必须"承天意以从事"，"大德而小刑"。④这得到后世认同，"法天立道""阴阳刑德""四时行刑"的政治法律传统从理论构想到具体制度都逐步走向完备。自汉至清末，还形成了"日变修德、月变省刑"的惯例法，即主张在天象有明显不寻常变化时，国家应立即考虑增加德政、减少刑杀，以示接受上天之责斥，以取悦上天。今日我们在重温这些理论、重览这种制度之时，明显感到是在听取一个老农的经验和安排：什么季节适宜做什么农活，天变了农事安排也要变。

---

① 《后汉书·和帝纪》。
② 《汉书·董仲舒传》。
③ 《春秋繁露·四时之副》。
④ 《春秋繁露·阳尊阴卑》。

（四）农耕生活方式决定了历代法制相对粗简单纯

孟德斯鸠认为："法律和各民族的谋生方式有着非常密切的关系。一个从事商业与航海的民族比一个只满足于耕种土地的民族所需要的法典，范围要广得多。从事农业的民族比那些以牧畜为生的民族所需要的法典，内容要多得多。从事畜牧的民族比以狩猎为生的民族所需要的法典，内容那就更多了。"[①]这一论断，对于中国法律传统来说，甚相吻合。

相对于以工商航海立国的民族而言，作为典型的农耕民族，华夏法律传统中的法典，是相当简单的。

首先，民商事法律相对匮乏，刑事法律几乎对付一切生活。在五千年中华法律史上，除了刑典中极少数以刑罚惩处民事违约或侵权的条文外，还没有看到一例由国家制定的以民事手段解决民事问题的单行法律规范。[②]从《法经》到《大清律》，其实都是刑法典，其中甚至一条单独的民法条文都找不到。律典中虽有关于田土、户婚、钱债、继承、侵权等方面某些犯罪的刑事处罚规定，但却几乎没有关于这些方面民事事务应遵守的民事规则之正面规定。[③]国家没有正式制定民商事法则，甚至也没有采取正式方式认可民商事法则。民商事规则存在于礼或习俗中，根本无须进入法典。从这个意义上讲，可以说中国法传统中几乎没有正式的私法。

其次，法律体系单调，许多部门法缺乏。中国传统社会的法律，严格说来只有二者，一是刑事法，二是官制法。[④]前者包括少数附带的刑事程序规定，后者包括少数附带的行政办事程序规定。除此之外，可以说

---

① （法）孟德斯鸠：《论法的精神》上册，商务印书馆1961年版，第284页。

② 这一看法不够严谨和全面。其实，自秦汉开始，历代所谓《田令》《佃令》《户令》《金布令》《水令》《关市令》《户婚令》等单行法令，直到清代的《户部则例》，虽然以今日标准看更多属于单行行政法规，但不能排除其中有相当的民事法、商事法内容。——修订注。

③ 参见拙文《明清律结构及私法在其中的地位》，《现代法学》2000年第4期。

④ 这种看法也有片面性。仅就国家制定法、成文法而言，还有民事性、行政性单行法规，如《户婚令》《田令》《佃令》《水令》《关市令》《金布令》等。也就是说，在国家制定法之外，实际上还有其他部门法。——修订注。

没有单独的民法、商法、行政法、诉讼法规范。这里我们可以与古罗马比较一下。这些非刑事、行政的法律部门在古罗马《国法大全》中都早已有了单独的、巨幅的卷章。（如《查士丁尼法典》第2—8卷为私法，第9卷为刑法，第10—12卷为行政法。《法学阶梯》第1卷为关于民事主体的人法，第2、3卷为物法，第4卷为诉讼法。）而这些，在我国直到《大清律》还没有。所以，我们的传统法律体系，从其调整的社会关系的范围来讲，甚至不能叫作一个调整社会各方面关系的共同法则体系，而只是调整一部分社会关系的法则体系，且基本限于刑事手段的调整。[1]

再次，在我们的法律传统中，调整社会关系的法定方式相对简单，主要就是用刑而已。解决契约纠纷、债务纠纷、婚姻纠纷、继承纠纷、侵权损害纠纷等等问题，一律通过惩治有过错者的方式完成。法律似乎并没有设计其他调整方式，如民事的、行政的调整方式。我们的诉讼，基本上没有什么请求确认权利、请求解除关系、请求保护利益、请求消除妨害、请求撤销非法婚姻、请求赔偿损害等诉讼，只有自认为受害的人向官老爷（父母官）哭诉，请求为他作主、严惩恶徒的诉讼。至于诉讼结果，法官对于认定有错之人，当然大刑伺候。这就是法定的调整关系的主要方式。至于排除妨害、消除影响、返还原物、赔偿损失、恢复原状、确认权利、撤销关系等等，只是刑罚调整的附带结果，并不是独立的调整方式，也不能单独作为诉讼请求。

（五）安土重迁的农耕性格决定了"忌变"法律传统

相对于以游牧、狩猎、渔业、工商航海为主的文明而言，农耕文明是最重稳定的文明，有着最强的因循守旧性格，最缺乏冒险和探索的精神。文化史学者陈正祥先生曾统计，在中国地名中，使用频率最高的汉

---

[1]张中秋：《中西法律文化比较研究》，南京大学出版社1999年版，第91页，第107页。

字是"安""定""平""顺"，也许正是这种重稳定、尚因循之民族精神的反映。①农耕民族的安土重迁、重经验、重因循的性格，在中国古代政治法律传统中也充分地体现了出来。

首先是中国法律传统中"忌变法"的性格。商鞅变法时，社会上一般人的观念是"圣人不易民而教，智者不变法而治"，"利不百不变法，功不十不易器"，"法古无过，循礼无邪"；②王安石变法之时，占统治地位的观念是"祖宗之法不可变"。③这种观念，当然是农耕生产方式的产物。农耕文明也许最忌轻易改作，因为轻易改作常常会导致颗粒无收。儒家思想最典型地反映了这种忌改作的文明性格。孔子的最典型政治主张就是"仍旧贯"④，是"率由旧章"，是"居敬行简"⑤、"无为而治"⑥，这都是反对继体为政者改革旧法创制新法。他认为守旧法勿改制，就跟"三年无改于父之道"⑦一样，是国家政治上的"孝子之行"。孟子认为："为政不因先王之道，可谓智乎？""遵先王之法而过者，未之有也。"⑧荀子认为，王者之制，贵在"复古"，"道不过三代，法不二后王"⑨，"百王之无变，足以为道贯"⑩。在这样的思想指导下，中国历代变法极为艰难，变法者受到的攻击非难非常人所能承受，变法者常成为牺牲品，动辄身首异处。

其次，就中国历代法典而言，中国法传统的因循守旧性格也有充分体现。自《法经》六篇，到秦律，到汉《九章律》，到魏新律十八章，

①陈正祥：《中国文化地理》，生活·读书·新知三联书店1983年版。
②《商君书·更法》。
③《司马温公文集·司马温公行状》。
④《论语·先进》。
⑤《论语·雍也》。
⑥《论语·卫灵公》。
⑦《论语·学而》。
⑧《孟子·离娄上》。
⑨《荀子·王制》。
⑩《荀子·天论》。

到晋律二十篇，直到近古的明清律，其间陈陈相因，甚少关键改革。其中汉承秦制、宋承唐制、清承明制，几乎是简单抄袭。萧何作《九章律》，全文照抄《法经》六篇。虽增加了户、兴、厩三篇，但"具律"（总则）仍不改动位置，于是不伦不类地放在前五篇和后三篇之间。直到魏新律十八篇才把它改为"刑名"，终于放到律首。[①]将总则放置于律首这么一项极简单的体例改革，从《法经》（约前430）到《魏律》（229），约花了600年时间才改过来，可见因循之甚、变法之艰！至于《宋刑统》抄《唐律疏议》就更不必说了，连疏议一块儿抄；《大清律》抄《大明律》，连夹注文字也一块儿抄，就更不必说了。每一王朝的法典正式颁布后，皇帝均明令不得再行修改。《大明律》颁布后，明太祖下令子孙必须世代沿袭，不得损益，如群臣有稍议更改，即坐以变乱祖制之罪，甚至要求做到"一字不得改易"[②]。因此，终明之世，二百余年间，《大明律》没有修改过。清时，刑事特别法性质的法令即"例"（条例、定例）可以"三年一大修，五年一小修"，但正式法典即《大清律》正文却自乾隆五年（1740）以后160余年不作一字之修改。这里面虽有追求法典连续性、稳定性的考虑，但我觉得更多地出于因循守旧之观念。

再次，中国古代法律常特别限制人民迁徙。管仲治齐，力使"农之子恒为农，工之子恒为工，商之子恒为商"，旨在令人民世守其业，永不迁徙，要求人民"处工就官府，处商就市井，处农就田野"。[③]商鞅治秦，特别打击"游食之民"，制法"使民无得擅徙"[④]，以"令民归心

---

① 《晋书·刑法志》。
② 《明史·刑法志一》，《明太祖实录》卷八十二。
③ 《国语·齐语》。
④ 《商君书·垦令》。

　　　　　明刑弼教：中国法律传统的基本精神

于农"①为法之宗旨。孟子主张立法使人民"死徙无出乡，乡里同井，出入相友，守望相助，疾病相扶持"②。历代之法，似乎莫不体现了这种宗旨。如唐律规定，农民怠惰使田畴荒芜者，要受笞三十以上至杖八十之刑；"浮浪他所"者也要处徒、笞、杖之刑。③《大清律》规定：欺隐田粮、脱漏版籍者，荒芜田地者，均应受笞杖之刑。④

四、水利工程与中国法律传统

水旱灾害频繁，特别是黄河的洪水泛滥，以及黄河在洪水、枯水季节之间的巨大落差所必然引发的水资源争夺，决定了华夏民族迫切需要"一个最好坐落于上游的中央集权，又有威望动员所有的资源，也能指挥有关的人众，才可以在黄河的经常威胁之下，给予应有的安全"⑤。

这就引出了政府水利工程职能对中国政治法律传统的影响这一问题。

对于中国传统社会的文明模式及其发展阶段，马克思和恩格斯并没有用欧洲式原始社会、奴隶社会、封建社会之类的社会发展阶段论去解释，他们单独称之为"亚细亚生产方式"。亚细亚生产方式的特征，就是土地国有制下的自然经济、高度的中央集权及国家以主持大型水利工程和防御工程为主要职能等。马克思说："在东方，由于文明程度太低，幅员太大，不能产生自愿的联合，因而需要中央集权的政府进行干预。所以亚洲的一切政府都不能不执行一种经济职能，即举办公共工程的职能。这种用人工方法提高土壤肥沃程度的设施靠中央政府管理，中

① 《商君书·农战》。
② 《孟子·滕文公上》。
③ 《唐律·户婚中》，《唐律·捕亡》。
④ 《大清律·户律》。
⑤ （美）黄仁宇：《中国大历史》，生活·读书·新知三联书店1997年版，第22页。

央政府如果忽略灌溉或排水，这种设施立刻就会废置，这就可以说明一件否则无法解释的事实，即大片先前耕种得很好的地区现在都荒芜不毛。"[1]恩格斯说，在实行亚细亚生产方式的东方国家，"政府总共只有三个部门：财政（掠夺本国）、军事（掠夺本国和外国）和公共工程（管理再生产）"[2]。中国传统的政治法律文化，似乎正体现着这样的"公共工程"特征。

（一）国家以组织水利等公共工程为主要职能之一

古代中国的国家政权，一开始似乎就以组织水利等大型公共工程为主要职能之一。从大禹治水到历代治理黄河，君主或国家均充当水利工程的组织者或资助者。从《周礼》的记载看，"冬官司空"作为国家的"六官"之一，是国家专设的负责水利等公共工程的官员。这一官员，历代王朝都一直保留。汉时曾将司空崇为国家"三公"之一，但不直接负责公共工程，另设将作少府负责各类工程修建，设水衡都尉掌管水利设施。魏晋南北朝时期基本沿袭此制。西魏北周时又直接按《周礼》设六官，冬官大司空为最高工程长官。隋唐时，尚书省设吏、户、礼、兵、刑、工六部，工部掌管水利土木工程及管理工匠等。此外还有都水监掌管水利设施等。明清时期，工部与其他五部上升为直接隶属皇帝的机关，另设有专门负责维修管理江河湖海水利工程设施的各种官署，如河道总督等，其职责是"掌治河渠，以时疏浚堤防，综其政令"[3]。此外，每逢水患关头，皇帝屡屡派重臣为钦差，督治黄河等水利工程。皇帝也常把自己当成水利工程总指挥，明清两代皇帝多次亲临黄河水利工程现场，如乾隆帝六次南巡，就有五次视察黄河督察治水工程。[4]西人有

---

①《马克思恩格斯选集》，第1卷，人民出版社2012年版，第850—851页。
②《马克思恩格斯全集》，人民出版社1973年版，第28卷，第260—263页。
③《清史稿·职官志三》。
④《清史稿·高宗纪三》。

称中国古代政权为"治水政权"者，认为这种属性深深地影响了政治和法制。

（二）有关水利工程的法律规范丰富

中国法律传统中，关于水利工程的法典或其他法律文件相当丰富。早在秦律中，即有与水利工程相关的《工律》《徭律》《司空律》等；《云梦秦简》中有规范工程兴造的《兴律》。在汉《九章律》中，即有与水利工程有关的《兴律》。此后，从曹魏新律十八章，到隋唐律，都保留了《兴擅》或《兴律》《擅兴》《兴缮》等专篇（章）。明清两代律典，有《工律》，其中有《营造》《河防》二卷。除正律之外，历代尚有许多关于水利工程的单行法令，如《云梦秦简》中有秦代的《兴徭令》，汉代有《水令》，两者都有《营缮令》《工作令》《禁土令》，唐有《营缮令》，宋有《农田水利法》，清有《工部则例》等。在一个以水利农业为主的农业国度，这种涉及公共工程特别是水利工程的法律，其重要性是可想而知的。可以说，这类法律重于关于经济活动的法律，如汉律九章有《兴律》而无关市之律。[1]此外，中国最早的"国际条约"似乎也与水利有关。公元前651年，齐桓公在葵丘会盟诸侯，达成五条协定，其中有一条即是"无曲防"。朱熹解释说："无曲防，不得曲为堤防，壅泉激水，以专小利，病邻国也。"[2]这就是"国际条约"要求各国兴修水利工程时不得以邻为壑。

（三）治水公共工程与徭役使用及相关刑罪

中国古代的徭役繁重，主要用在治水等公共工程场合，如秦时修郑国渠、凿鸿沟、通汨罗江，动辄役众数万数十万。[3]南朝梁武帝时于钟离

---

① 此语有误，张家山汉简中即发现了汉代的《□（关）市律》。——修订注
② 《孟子集注·告子章句下》。
③ 《秦会要》卷十七，《食货·水利》。

山起浮山堰，役众二十万。①隋炀帝时，曾"发河北诸郡百余万众，引沁水南达于（黄）河，北通涿郡"②。在古代司法中，常以服役于水利工程为有期徒刑的执行方式之一，秦汉两代常发"罪徒"或"刑人"修治水利工程。此外，历代法律对逃避征役者处罚甚重。如秦律，被征徭役，届期不到者，轻则罚金，重则斩。在历代法律打击的重点中，有"乏徭稽留""诈冒复除""征人巧诈避役"等等逃避工程徭役的犯罪行为。

五、"北方威胁"与中国法律传统

"北方威胁"，在华夏文明成长的历史大背景中，既包括异族政治军事威胁，也包括与北方寒冷气流相关的威胁。这种威胁在中国政治法律传统中比较显著的体现，可能有以下几个方面。

（一）"南面而王，北面称臣"的政治观念

在中国政治传统中，凡为君王者都号称"南面而王"。为什么一定要"南面而王"，而不能说"北面而王"呢？其中缘由，古人试图解释。汉代儒生说："天道好生恶杀，好赏恶罚，故使阳居于实而宣德施，阴藏于虚而为阳佐辅。……故王者南面而听天下，背阴向阳，前德而后刑也。"③这大概是说，北方之气为阴气，是刑杀之气，南方之气为阳气，是德生之气。面南而王，就是向着阳气，表示崇尚德政，抑制刑杀。事实上，中国传统的政治治理空间一般是自北向南推进的，是逐渐"面南"征服落后部落的，对北方基本上只有被动防御的份。南人对我们中原政权"北面称臣"是常有之事，中原政权在弱势时对北方游牧民

---

① 《梁书·康绚传》。
② 《隋书·食货志》。
③ 《盐铁论·论灾》引文学语。

明刑弼教：中国法律传统的基本精神

族屈服甚至称臣也是常见的，如后晋高祖石敬瑭对契丹称"儿皇帝"，南宋高宗对金人称"侄皇帝"。即使在华夏民族内部南北两个或多个政权分立时期，一般也是北方自居正统正朔，南方向北方称臣。所以，"北面"表示臣服，"南面"表示征服，是华夏民族不约而同的心底的潜意识。因此，面南面北的象征含义并不仅仅来自阴阳学说本身，更来自数千年历史中对"南"和"北"的无数自然的、人事的经验。

（二）北阴南阳、阳德阴刑的政治观念

据阴阳五行学说，北方代表阴，南方代表阳；北方之气为刑杀之气，南方之气为庆赏之气。因此，主刑杀的监狱常设于宫城或治城北门之外或西门之外，发遣囚徒一般出北门而不出南门，这大致是古时的惯例。这种观念或许源于先民对秋冬凛冽北风的痛苦体验。那刺骨的北风不正是有刑杀一般的威风么？它扫过的结果是草木枯死，不正像刑杀么？且秋冬北风或西北风强盛，万物凋零，似是以阴气为主；春夏东南风盛，万物复苏并生长，似是以阳气为主。所以人们很自然地以春夏为生养庆赏之季节，以秋冬为刑杀之季节。根据《白虎通》所释的阴阳五行说，"水，位在北方。北方者，阴气在黄泉之下"，"火，在南方。南方者，阳在上，万物垂枝"；"南方主长养，苦者所以长养也，犹五味须苦可以养也"，"北方，水，万物所幽藏也；又水者受垢浊，故臭腐朽也"。[①]这种神学自然法式的理解决定了华夏政治法律传统中的崇南忌北观念。

（三）都府官城的北门禁忌及其观念

中国政治文化中似乎还有北城门禁忌。著名文化地理学家陈正祥先生说："有不少的城，北边不开城门；安徽省的凤阳县城，即为一

---

① 《白虎通义·京师》。

例。……中华民族的主要外患，长期以来来自北方，人民大众在心理上，随时要提防北方，最好是不开城门。这种潜伏的、下意识心理威胁，逐渐演变成为风水式的观念。"①这种观念其实也体现在北城门的命名及守护神选任上。唐长安城的北门起先叫玄武门，明南京城的北门叫玄武门，清北京皇城的北门也叫玄武门[后来因避康熙（玄烨）之名讳改为神武门]，守门之神即是"玄武"。玄武是水神，是龟蛇合一体，可能有特别巨大的震慑力。北方为阴，属水，故以水神镇之。同时，北方之色属黑，故玄武又为黑色之象征，黑色为肃杀哀丧之色，为刑罚之色。玄武神、黑色、水，都给人一种肃杀之感。可以说，玄武神在中国古文化的四方之神（左青龙、右白虎、前朱雀、后玄武）中神秘肃杀之属性最强，以其镇守北门，反映了先民将最神秘而有特殊威力的图腾分派到最危险的地方去镇守，以阻挡来自北方阴邪的朴素愿望。此外，对北方的畏忌还体现在以"北"为"败"的同义语上。"三战三北""败北""逐北"等语，或许正好是先民忌北心理的反映，败于北方或自北败退的痛苦经验，造就了这些词的特定含义。

（四）北方正统（正朔）观亦与忌北有关

中国政治传统向以建都北方为正统，以建都南方为偏安。凡建都北方者，类多强大；建都南方者，类多柔弱。凡统一的王朝均建都北方（除明太祖时期都城一度在南方外）。建都北方，一是旨在坚守文明的发祥地或祖宗的发迹地，二是旨在震慑北方游牧民族，易于组织北方边疆防御。明成祖执意迁都北京，袁世凯执意要在北京就职总统，新中国建都北京而不袭都南京，或许都有上述因素的作用。孟德斯鸠曾论及亚洲大帝国建都的规律："对一个大国的君主来说，正确地为他的帝国选

---

① 陈正祥：《中国文化地理》，生活·读书·新知三联书店1983年版，第80页。

择首都是一件重要的事。如果他把首都设在南方，就有失去北方的危险；如果他定都于北方，他就会容易地保有南方。"①这里讲的与中国历代帝国建都情形极为相合。

（五）长城在中国政治法律传统上的特殊意义

长城，从某种意义上讲，是华夏民族或华夏农耕文明的北边屏障或共同自卫线，是华夏民族潜意识中希望堵死北边、不设北门的心理的结晶。在秦始皇修长城之前，秦、赵、燕三国都已在各自的北部边疆修筑了长城；秦始皇将三国长城连接起来，完成了西起临洮东至辽东的万里长城。当秦、赵、燕三国互相攻伐之时，特别是当燕、赵面临"虎狼之秦"的威胁之时，他们并没有在相互的国境上修似边墙的长城之打算，但却不约而同地在北部边境对着共同的敌人——匈奴——修筑起特别耗费人力物力的长城。这实际上表明，文化的同宗同类感高过了政治军事上的威胁感。因此，长城是华夏农耕文明与北方游牧文明的分界线。这一分界线或人工屏障表明，我们整个民族若要安全地长久生存，就要堵死北方之门。忌北之甚，乃至于此。

著名历史学者黄仁宇说："中国的农民和塞外的牧人连亘了两千年的斗争纪录，回顾起来，欣喜的成分少，仇恨的成分多。"为防止游牧民族掠夺，"即使在国防上也要中央集权"，需要把华夏民族的力量整合起来，于是修筑了长城。长城这一华夏共同的国防线，大致与15英寸等雨线相吻合。②其实，这一条线也是农耕生产方式与游牧生产方式的自然疆界。直到明代，朝廷还在长城故址上修筑长城，称为"边墙"或"边城"，"这条边墙的所给予中国人的，是民族的心理安全感超过

---

① （法）孟德斯鸠：《论法的精神》上册，商务印书馆1961年版，第279页。
② 黄仁宇：《中国大历史》，生活·读书·新知三联书店1997年版，第25—26页。

了实际的防御价值"。①甚至北方游牧民族入主中原建立政权，基本安稳后，也要修筑长城，如鲜卑族拓跋部征服华北建立北魏政权后，也修筑长城来对付北边的游牧民族——柔然。可见修长城不以民族血统为分际，而以生产生活方式为分际。

长城所代表的这条文明防护线（或曰华夏文化的"国防线"），也深深地烙印在中国古代法制中。一般说来，华夏的或中原的法制，并不打算强加于这条"防线"以外已经归入中国版图的异族人民。中原政权一般都会承认那些民族原有习惯法的效力，或干脆根据各族原有的习惯法订立专用来约束该族的法令。如清朝专为北边地区的蒙古族订立了《蒙古律例》，后修订为《理藩院则例》；为青海地区的蒙古族、藏族杂居地区的人订立了《西宁青海番夷成例》（简称"番例"）；为西藏地区藏族订立了《钦定西藏章程》，后修订为《西藏通制》；为新疆地区的维吾尔族、哈萨克族等信奉伊斯兰教的人订立了《回疆则例》。②这些管理少数民族地区的法规，几乎完全脱胎于其习惯，且多为与当地王公商议后经皇帝确认颁布。这些关于"番夷"的法律，其适用范围差不多正以400毫米等降水线为界。或者可以说，这些法律帮助我们划清了农耕区法制与游牧区法制的边界，造就了法制上的"长城"。我们从这些"番例"性法律的内容看，也可以发现很多与中原农耕区法制大不一样。例如，这些法律广泛采用罚赎制，即普遍允许以牲口等财物赎罪，甚至杀人等死罪也可以用羊马等牲口收赎。这些法律还广泛采用"入誓"（宣誓）作为获取证据的方式，还特别尊重王公贵族的许多习惯权益等。对于已正式并入中国版图的游牧民族人民，一般也不以中华礼乐

①陈正祥：《中国文化地理》，生活·读书·新知三联书店1983年版，第163页。
②张晋藩：《清律研究》，法律出版社1992年版，第147—148页。郑秦、郑定主编：《中国法制史教程》，法律出版社1998年版，第253—254页。

文明之法制强加于人，而仍用其习惯法统治之。这种法制上的"边墙"（长城）之隐义，是我们不能不特别重视的。中央政权为其制定法律，虽然表达了"夷狄入中国则中国之"的追求，但法律的内容仍是"番夷成例"。这一历史现象，显然表现了两种文明之法制界限的不可逾越性：但求安抚羁縻"番夷"，不管"番例"如何违反"纲常"；"番例"只能在"番夷"中使用，不得越界用于汉族等中原人民。这，就是坚守法制上"长城"的具体意图。

六、孟德斯鸠地理环境决定论的一点省察

一百多年前，天才的孟德斯鸠在《论法的精神》中就法律与地理环境的关系做了相当出色的分析。他就中国的地理环境与中国风俗和法律之间的关系所做的论断，有些是相当切中要害的、相当准确的，当然也有些是牵强的、臆断的。

就准确的一方面而言，他的几点见解给我们启发不少，比如他说中国由于人口繁衍迅速，土地不足，所以特别需要防止奢侈，所以需要有节俭的法律。[①]又如他认为，因"气候的物理原因曾经对道德发生了有力的影响"的缘故，中国政府的腐败受到比西方国家更大的制约。[②]他关于中国的典章制度来自中国政府不得不特别注意督促人民劳动，保障小农生产的"管理家政"的需要的论断，[③]也很有见地。他关于中国需要以立法促进人口繁殖是因为饥馑消灭人口的速度比人口自然增长的速度还要

---

① （法）孟德斯鸠：《论法的精神》上册，商务印书馆1961年版，第102页。
② （法）孟德斯鸠：《论法的精神》上册，商务印书馆1961年版，第128页。
③ （法）孟德斯鸠：《论法的精神》上册，商务印书馆1961年版，第129页。

快的论断①更可称睿见。

但是，另一方面，我们也要看到，他的有些论断与事实不符。比如他认为，炎热地带的人民懒惰、无品德、好冲动，又易于倾向奴隶性的服从，不会去考虑未来，因此，中国的法律不得不残酷苛刻，以迫使人民劳动，并且只考虑眼下迫使人们履行生活义务。②这种说法似与实际不符。其实，中国算不上典型的炎热国度，古代中国法与西方国家比也并不更残苛。又如，他认为因为气候火热造成的女子易衰老，所以一妻制的法律不适合亚洲的气候，这实际上是认为亚洲的气候使它更适合多妻制。③这种看法也是相当武断的。再如，他认为中国的立法者把宗教、法律、风俗、礼仪都混在一起，认为这与中华民族崇尚礼教的精神相适应。④这种论断也是站不住脚的。因为中国的法律与宗教、风俗、礼仪的界限还是相当明确的，古代中国崇尚礼教只是外表，实质上是以伦理去教导督促人们，使他们在各种不同关系中习惯于服从、依附，实质是剥夺个人自由和独立人格。因此，在撰写本章的时候，我发现，西方人由于雾里看花，不真正了解中国，所以并不能真正看清中国的地理气候、民族精神与法律传统的关系。这些工作，也许只能留待我们自己来做。

可是，当我们中国人自己来讨论地理环境与法律传统的内在关系时，有时又有身在庐山之中不识其真面目的局限。于是，在讨论过程中，我们很难真正站在全球文明的角度进行观察和比较，很难真正做到居高临下、高屋建瓴，很容易牵强附会或因果倒置。所以，本章的讨论，只能算是在克服这些局限的方面所做的一点粗浅的努力。

---

① （法）孟德斯鸠：《论法的精神》上册，商务印书馆1961年版，第117页。
② （法）孟德斯鸠：《论法的精神》上册，商务印书馆1961年版，第232页、282页。
③ （法）孟德斯鸠：《论法的精神》上册，商务印书馆1961年版，第260页。
④ （法）孟德斯鸠：《论法的精神》上册，商务印书馆1961年版，第308—317页。

本章结语

在本章的分析里，我把中国特殊的地理因素分为四个方面。这种划分是否妥当，这是见仁见智的事。在这四个方面中，既有自然地理因素，又有人文地理因素。如第一个方面主要是自然地理因素；第二、三两个方面是以人文地理因素为主，但也有自然地理因素；第四个方面则两者并存。这些因素影响法律传统的程度和范围到底有多大，都是不可以轻易论证的事。特别应补充指出的是：我们列举的中国法律传统的某些特征，并不只是某一两个地理因素影响的结果，可能是许多因素（包括非地理因素）综合影响的结果。我把它列在某一地理因素之下，只不过表明我认为这一因素对中国法律传统有比较明显的影响而已，这并不等于排除别的因素。此外，我们不能只看到地理因素对法传统的影响，也应看到法律的反作用，特别是法律对人文地理因素的反作用——法律传统可能反过来加重某些人文地理特征。

在进行了上述四个方面的初步分析以后，如果有读者问我：对中国政治法律传统影响最大的是什么地理因素？我敢以两个字回答：农业！这是一个人文地理因素。

我国的农业，自古就是大陆型的干旱型农业，是需要灌溉工程的农业，是四季分明气候下的农业，是与周边民族的游牧、渔猎、狩猎生活方式，甚至包括刀耕火种的原始农业生存方式都有着明显界限的精致农业。这一因素贯穿了一切地理因素，也贯穿了下两章我们要讨论的小农经济的生产方式和宗法型社会组织形态。

在这些人文地理因素背后的纯自然地理因素是什么？就是地理环境封闭，土壤适宜农耕，气候相对干旱（此点仅就华夏文明的早期中心地区而言），以及自然灾害多、四季变化分明等等。这些自然因素共同决定了中国传统农业一开始就不同于世界上其他地区其他民族的农业。这些地理因素共同造就了中华民族有自己特色的农业。这些特色自然而然地要体现在政治法律之中。至于这种特定地理环境是不是必然决定中国古代只能有我们看到的那种中国特色农业，这是难以简单回答的。正如生物学上有遗传变异一样，一个民族特定生存方式的形成，除了受地理环境影响以外，可能还有其他偶然性因素的作用。

第三章

小农经济生产方式与中国法律传统

在上一章里，我已指出，东亚大陆特殊的自然和人文地理环境、小农经济的生产方式、宗法性社会组织形态等三大因素，共同构成了中国传统法律文化形成与存续的基本条件，构成了这一传统的"气候"和"土壤"。关于第一个因素即自然、人文地理环境与中国法律传统的联系，在那里我已经做了相当粗略的试述。虽有牵强附会之嫌，但为了大致描述特征，探讨特征之原由，又不能不如此。有些立论，姑作假设，将来有时间再"小心求证"。

在本章里，我要继续讨论第二个因素即小农经济对中国法律传统的影响。

小农经济或小农制经济，是中国传统社会数千年中的主导性经济形态。上自《尚书》《诗经》所描述的夏商周时代，下至清末巨变之前，四千多年间，小农制经济一直是中国社会里物质资料生产的主要方式。大规模的奴隶制农业生产或大规模的雇佣劳动制的农场经营，在中国似乎都未正式存在过。即使局部地区短期内有过这样的生产方式，但都不占重要地位。

一、小农经济生产方式的三大基本因素

小农经济生产方式的特征，从生产力方面看，是低级简单的生产力水平长期延续。自春秋末期铁制农具出现到清末洋器传入，两千多年间，中国的农具是没有什么明显变化的，单件的、单用途的、直接由人手执或借助畜力使用的农具，一直是最主要的生产工具。组合的、多用途的农具，特别是可以叫作"机器"的农具，在两千多年里似乎没有出现过，即使有个别地方曾出现过一二，但也未能推广。除了少数借助风力、水力等自然力的工具（如风磨、水车等）外，不借助人畜之力而使用的农具更是闻所未闻。将清末民国时期乃至新中国初期广大农村仍在使用的主要农具（如铁制的刀、镰、斧、锄、铲、耙、锹、镐、镢等，木制的水车、耙、风扇、秒、连枷、耱、耧等），拿来与博物馆中陈列的春秋战国时期的农具相比较，你会发现几千年间变化很小。与落后的生产工具相应，小农制经济下的生产技术也是极其低下的。从观察天气、识别土质土宜、选择良种、栽种及除草施肥等农业技术而言，自春秋战国至清末民国初，也没有什么明显的进化。农夫个人生产中摸索积累的经验知识，口传心授乃至手把手地教给儿孙，就是小农经济生产中农业技术的获得、存在及传承的主要方式。两千多年后的农夫不比两千多年前的农夫的生产技术高多少，其耕获的亩产量也不比两千多年前高多少。[①]

小农经济在生产关系方面的特征，是三大因素的结合。首先是地主土地所有制为主、自耕农土地私有制为辅的土地所有制，其次是皇帝为

[①]据我父亲回忆，民国时期我家自耕田产量大致为每亩380斤左右。而这个产量，与《汉书·食货志》载战国时李悝在魏国做"尽地力之教"即农业改革时所获亩产量"岁收亩一石半"相去不远。一石半，约180斤。两千年间，谷物亩产量不过从180斤增加到380斤。

代表的地主阶级对农民（包括自耕农、佃农、雇农）的压迫剥削关系及农民对地主的人身依附关系，再次是以赋税、徭役、地租、高利贷、雇资、自备粮及少量出售、家庭副业产品交换等多种形式呈现的产品分配形式。

小农经济下的土地所有制，是名义上的土地国有或王有制下的土地私有制。名义上虽然"溥天之下，莫非王土"[①]"封略之内，何非君土"[②]，但自秦"改帝王之制，除井田，民得买卖"[③]之后，实际上的土地私有制已经形成。这种土地私有制的成分，主要是二者，一是通过赏赐、掠夺、巧取、买卖、开垦等方式形成的地主（包括一般地主、商人地主、官僚地主）土地私有制，二是通过国家颁授、自垦、继承分割、买卖、军功或其他奖赏等方式形成的自耕农土地私有制。

小农经济下的生产组织方式是小农生产经营方式，生产关系是农民与地主阶级之间的剥削与被剥削关系（包括一定程度的人身依附关系）。首先，从经营方式看，不管是大地主的大土地私有制，还是中小地主的土地私有制，或者个体自耕农的小土地私有制，不管土地面积大小，其生产经营方式都是一样的，都是一家一户的小农小块土地经营。大中地主的土地，一般是以租佃方式交给许许多多的农家单户耕种；小地主和富农的土地，或租佃耕种，或雇农耕种。大规模的奴隶制农业生产及雇佣劳动制的农业生产经营方式在中国古代基本上未成为正式农业经营方式。自耕农、佃农乃至雇农的生产活动，几乎都是以个体家庭为生产单位，男耕女织，自给自足。[④]父家长就是生产单位的"总经理"，其他家庭成员既是家庭拥有或租借的土地等生产资料的"股东"，又是家长管束指挥下的劳工。他们与家长的关系基本上也是人身依附关系。

---

①《诗经·小雅·北山》。
②《左传·昭公七年》。
③《汉书·食货志上》。
④傅筑夫：《中国古代经济史概论》，中国社会科学出版社1981年版，第90—94页。

可以说，"户"（或"烟户"）既是亲属组织，又是经济单位。其次，从不同社会成员在生产中的地位及相互关系来看，在这种生产组织和运行方式之下，人身依附关系是一切社会关系中的核心关系：一家一户的小农要么依附地主（佃农、雇农的情形），要么依附国家（自耕农的情形）；中小地主常常依附大地主；整个地主阶级依附国家或皇帝，他们都有向其依附的对象无偿交纳一部分收获物的义务，以换取保护或耕种机会。严格地说，佃农、雇农常常没有真正的独立人格和人身自由，甚至也没有自主解除那难以忍受的压迫剥削之"契约"的权利。

小农经济下的产品分配形式，主要是由国家赋税和地主地租双重形式体现的剥削关系。自耕农将收获物的相当一部分（如汉初三十税一）以赋税的名义交给国家，有时还以谷物、货币交给国家来抵充法定的徭役。或者可以说，服徭役也是向国家交纳赋税的形态之一，不过以力役交纳而已，可视为"力役地租"。佃农一般是向地主交纳佃租，其数额常常高出自耕农应向国家交纳赋税的数倍，这种情况下土地税、人口税等一般由地主向国家纳付；有时佃农既向地主交佃租，又向国家交纳土地税、人口税等。雇农则系纯粹向地主"卖工夫"者，一切种获物全归地主，仅取得一定工价养家糊口，一切赋税全由地主向国家交纳。无论是佃农还是雇农，丁徭（即按人头规定的徭役）似乎都是自己向国家供服或以钱物代纳。

小农制经济是一种非常落后、非常脆弱的经济。关于它的落后性，马克思说："这种生产方式是以土地及其他生产资料的分散为前提的。它既排斥生产资料的积聚，也排斥协作，排斥同一生产过程内部的分工，排斥社会对自然的统治和支配，排斥社会生产力的自由发展。"[①]这

---

① 《资本论》人民出版社1975年版第1卷，第830页。

种落后，简言之就是生产规模过小，生产单位小而分散，扩大再生产几乎不可能，没有分工协作，即排斥"劳动的社会形式"。[①]由这种原始落后性所决定，这种生产方式的基础是十分脆弱的。马克思说："小生产者是保持还是丧失生产条件，则取决于无数偶然的事故。而每一次这样的事故或丧失，都意味着贫困化，使高利贷寄生虫得以乘虚而入。对小农民来说，只要死一头母牛，他就不能按原有的规模重新开始他的再生产。这样，他就坠入高利贷者的摆布之中。而一旦落到这种地方，他就永远不能翻身。"[②]

　　这就是小农经济的生产方式。这种生产方式，作为经济基础，深深地决定或影响了中国数千年间的上层建筑，中国的政治法律传统当然是它影响下的产物，带有它的烙印。

　　以下我们从国家基本体制、民事、行政三个方面去分析小农生产方式对中国政治法律传统的影响。

二、从国家基本体制及其构思看

　　中国传统政治中的国家基本体制，是一种小农制的国家体制。国家虽大，人口虽多，但骨子里还是一个自给自足的小农家庭的构架。

（一）小农经济的社会理想与政治理想

　　作为传统中国政治社会体制之精神支柱的，是以儒家思想为主体的社会理想与政治理想。这种理想，骨子里是以小农经济为蓝本的，也是以小农经济长期延续为终极目标的。孟子认为："天下之本在国，国之

---

①《资本论》人民出版社1975年版第3卷，第910页。
②《资本论》人民出版社1975年版第3卷，第678页。

本在家，家之本在身。"①《大学》言"君子不出家而成教于国"。这就是认为，国家的基本政治原则与小农家庭的原则一样，可以用治家原则来设计政治、治理国家。小农家庭的小康和睦，已经孕育了国家的富足安定。孔子认为，有国家者，不患寡而患不均，不患贫而患不安，盖均无贫、和无寡、安无倾。②他的"均平"理想，是普遍建成小康农家，保证家家自给自足，消灭暴富和贫困。这种理想影响中国政治几千年。孟子的政治理想是："五亩之宅，树墙下以桑，匹妇蚕之，则老者足以衣帛矣；五母鸡，二母彘，无失其时，老者足以无失肉矣；百亩之田，匹夫耕之，八口之家，足以无饥矣。""黎民不饥不寒，然而不王者，未之有也。"③在他看来，这种一家一户小农耕织、不饥不寒的社会状态就是最理想的政治状态，就是"王道"的实现。

这种政治理想，也体现在中国的历代法制特别是土地制度中。孟子所追忆的周代"方里而井，井九百亩，其中为公田，八家皆私百亩，同养公田"的井田制，就是一种典型的小农经济的制度（或理想）。后来王莽当政时实行的王田制，也体现了这一社会和政治理想。自北魏到隋唐实施了近四百年的均田制也体现了这样的政治和社会理想。历代农民起义，也体现着这样的政治理想。如唐末王仙芝起义，自称"天补平均大将军"，黄巢起义，自称"冲天太保均平大将军"④，都体现了要建立小农经济理想秩序的愿望。又如北宋王小波起义，以"吾疾贫富不均，今为汝均之"为理想。⑤钟相、杨么起义，以"等贵贱，均贫富"⑥为政治理想。明末李自成起义，以"均田免粮"为理想。所谓"闯王来了

①《孟子·离娄上》
②《论语·季氏》。
③《孟子·梁惠王上》。
④《资治通鉴》卷二五二。
⑤《续资治通鉴》卷十六。
⑥（宋）徐梦莘：《三朝北盟会编》卷一百三十七。

　　　　　　　明刑弼教：中国法律传统的基本精神

不纳粮"①的憧憬，其实就体现了一家一户、男耕女织、自给自足、不求扩大再生产、无所谓社会公共福利事业建设（公共建设客观上需要赋税）的小农愿望。至于太平天国的《天朝田亩制度》，更是典型小农理想的典型叙述。"凡天下田，天下人同耕"，"……有田同耕，有饭同食……无处不均匀，无人不饱暖。""凡分田，照人口，不论男妇，算其家人口多寡，人多则多分，人少则少分。""凡天下，树墙下以桑，凡妇蚕织缝衣裳。凡天下，每家五母鸡，二母彘，无失其时。"看来，无论是所谓奴隶主贵族阶级的代言人，还是封建地主阶级的代言人，或者农民革命的代言人，在小农经济式的政治和社会理想上都是出奇一致的。

（二）国家被视为帝王家之产业

在传统中国，国家被视为帝王挣得的"产业"，正如土地、牧畜、房屋等作为小农的"家业"一样。

秦始皇以天下为"家业"，企图"二世三世至于万世，传之无穷"。②汉高祖以天下为自己"提三尺剑"挣来的"家业"，他对父亲说："始大人常以臣无赖，不能治产业，不如仲（哥哥）力。今某之业所就孰与仲多？"③这是小农志得意满心态的表露。黄宗羲说：后世君主们"视天下为莫大之产业"，"传之子孙，受享无穷"。兴兵起事，天下涂炭，以博此产业，视为为子孙创业；天下既定，刻剥百姓以供淫乐，视为产业之花息。黄宗羲由此得出结论："为天下之大害者，君而已矣。"④其实，正是小农经济性质的君主专制制度，方可数千年为祸如此。在这样的定位之下，国家的法律才要把皇帝比拟为父母，把天下百姓都比拟为子孙，把对皇帝的"忠"看作对父母"孝"的自然延

---

① （明）张岱：《石匮书后集》卷六三，《盗贼列传》。
② 《史记·秦始皇本纪》。
③ 《史记·高祖本纪》。
④ 《明夷待访录·原君》。

伸。《唐律疏议》宣布："王者……作兆庶之父母。为子为臣，惟忠惟孝。"[1]国家的一切制度设置，都是按皇帝一家一姓私产管理的模式设计的，皇帝的父母为太上皇、太后，岳父为国丈，正妻及众妾为皇后及妃嫔，伯叔子弟为诸侯王，都是国家官员，食国家俸禄（及封赏），封官委职与家庭成员之间分享产业、获得花息合而为一，此正是典型的小农经济构思。而其他任何意欲扩大生产规模、使农业生产变成社会劳动、不断扩大再生产的农业经营者，应该不会无休无止地这样做。

（三）国家政治体制的小农设计模型

在传统中国政治理念中，皇帝既是上天的儿子，又是天下共同的父亲和大家长。所有臣民都是皇帝的儿子。至于其中有一部分人被委以官职，则其角色犹如家里的兄长，是帮助家长看管部分家业的。自《周礼》以来，有所谓天、地、春、夏、秋、冬"六官"之设置，其逻辑正如小农家庭在不同季节安排不同农活。"国之大事，在祀与戎"[2]，神灵和祖先祭祀、土地和收获物保卫，是国家和小农人家的共同大事。和平年代，国家所重者主要有二：一曰农耕，一曰读书。一方面尽可能鼓励农耕，一方面崇奖读书科举。这正如一个小农家庭"耕读传家"。国家的人事任用，一定要明确定性为皇帝恩赐，正如小农家庭依据子孙表现给予不同"好处"一般。国家礼聘硕学鸿儒教导皇位继承人，正如小农聘塾师教子弟一般。

（四）国家政治仪式的小农属性

每逢国家承平，民生殷实，可称小康之时，帝王们就立即动念头要封泰山、禅梁父，祭告皇天后土，其实也就是要通过这类仪式把农业丰收、家业兴旺的好消息报告给远在天国的"父母"，这正如小农每逢

---

① 《唐律疏议·名例一》。
② 《左传·成公十三年》。

丰收必祭告祖先一样。每逢大的自然灾害使民不聊生之时，皇帝常会玩"罪己诏"的把戏。这种仪式的对象，理论上是天父，而不是万民。这是向天父认错悔过，反省自己没管好家业，没照顾好子弟，以至干犯父怒。此外，皇帝、皇后每年一度的"亲耕""亲蚕"仪式，正如小农家长向子孙们示范耕织，教率子孙妇妾勤劳耕织、不得游惰一样。国家一年一度的尊三老、敬五更的大礼，也正如小农家长在家中向子孙妇妾们示范敬老养老、教导子孙孝顺一般。

（五）分封食租税体制中的小农原则

中国传统政治的根本原则之一是"封建"，即使在秦"废封建立郡县"之后仍是如此。秦以前的封建，是正式的"封邦建国"，诸侯是封地及其人民的真正主宰。汉以后仍有"封邦建国"，直至清代、太平天国仍有"封王侯"之制度，只不过对封地没有任何实际行政权，仅食租税而已。这种把国家的土地人民租税分割给子弟、同宗、姻亲、功臣的做法，正是小农向成年子弟分割田土、房产、耕牛、农具的做法。而不断分割田产家业正是小农经济长期持续的典型原因之一。[1]周初封建，"其兄弟之国者十有五人，姬姓之国者四十人，皆举亲也"[2]。汉初，尽封子弟宗室为王。为防止异姓封王，刘邦曾宰白马为誓："非刘氏而王者，天下共击之。"[3]秦始皇时，有人以"今陛下有海内，而子弟为匹夫"为理由劝秦始皇分封子弟，被其拒绝，但这种理由是中国封建社会小农的一般观念。就舜为何要分封恶弟象，孟子解释："仁人之于弟也，不藏怒焉，不宿怨焉，亲爱之而已矣。亲之欲其贵也，爱之欲其富也。……身为天子，弟为匹夫，可谓之亲爱乎？"[4]这更加明显地阐述了

---

① 傅筑夫：《中国封建社会经济史概论》，中国社会科学出版社1981年版，第89页。
② 《左传·昭公二十八年》。
③ 《史记·高祖本纪》。
④ 《孟子·万章上》。

帝王必须分封子弟的理由，这是一个典型的小农制理由：为父为兄的当了天子，富有四海，岂能不让子弟们分点肥、沾点光呢？这正是小农家庭中的同财共产观念的体现。正如人们对一个富裕的小农说："你仓满桶满，你弟弟外出讨饭，这哪像做哥哥的。这么狠心！"孟子还说，君主争得天下，实际上最终是为了尊亲养亲："孝子之至，莫大乎尊亲；尊亲之至，莫大乎以天下养。"[①]按照他的逻辑，国家就是君主用来养亲的家业或本钱。这种观念，同样是小农观念的反映。国家成为皇帝老子与子弟分享的家业，成为尊亲养亲的本钱。在个体小农心目中，栉风沐雨、精打细算、辛劳一生创下的家业，除了尊亲养亲、造福子孙以外，真想不出还有别的什么更高尚的作用。

三、从国家的民事法律来看

一般认为，中国古代没有西方意义上单独的民事法规范，关于民事活动的规则要么存在于礼或习俗中，要么存在于户令、田令、关市令之类的行政规定中，要么依附于刑事条文而存在。这些民事法规范受到小农经济生产方式的强烈影响，许多民事规范正是为维护小农经济的生产方式或基本经济秩序而存在的。

（一）颁授土地、抑制兼并以保证小农经济延续

国家通过授田、抑制土地买卖来缔造和保障一家一户个体农民小块土地经营的基本经济秩序，保证小农经营条件得以长期延续。

早自井田制实施时起，国家即通过法律和国家行政手段制造小农经济单位，以实现孟子所谓的"制民恒产"的理想，防止其他经济（经

---

① 《孟子·万章上》。

营）形式出现。"方里而井，井九百亩，其中为公田，八家皆私百亩，同养公田，公事毕然后敢治私"[①]。这是关于国家（政府）向农民授予小块田地使其安家立业的最早追忆。当时的百亩，大约为今天的三十亩。[②]农民除了以共耕公田的方式交纳力役地租外，就是一家一户为生产单位经营那百亩私田。为了保证这种秩序不被破坏，国家禁止土地买卖，此即"田里不鬻"。[③]自秦商鞅变法"除井田，开阡陌，使民得买卖"后，土地私有制虽有发展，但历代仍常直接或间接努力复辟井田制，赐授公田或出借公田给百姓以重建小农经济。如汉宣帝时，曾多次"假郡国贫民田"，"假公田、贷种食"。[④]王莽时直接恢复井田制，不许买卖土地。[⑤]后汉章帝时曾"令郡国募人无田欲徙它界就肥饶者恣听之，到所在赐给公田"。[⑥]

自北魏开始，经北齐、北周，直至隋唐两代，中国实行了长达四五百年的均田制，国家正式按户按丁授予田地，每人几十亩不等，每户百亩左右。所授田地被国家分为两份：一份是家世其业永不归还国家的，称为桑田、世业田或永业田；另一份是人丁终生使用，身老免赋税时或死亡后须归还国家的，称为露田、口分田等。这些田，都严格限制买卖。如北魏时露田不得买卖，桑田（世业田）也只能"卖其盈"，即只能出卖家口减少后多出来的面积；"不得卖其分"[⑦]，即不得出卖按家口应有的永业田份额。唐代仍坚持此种限制，世业田、口分田均不许自

---

①《孟子·滕文公上》。

②《韩诗外传》卷四谓："广一步，长百步，为一亩"。《汉书·食货志》谓"六尺为步，步百为亩"。古尺小于今尺，一步六尺，不过今天三尺多而已；古时所谓七尺男儿，不过今之五尺多高的男子而已。以此估算，古时百亩，不过今之三十亩左右。傅筑夫先生说汉时百亩"不足今七十市亩"（《中国古代经济史概论》，第93页），不知何所据。

③《礼记·王制》。

④《汉书·宣帝纪》。

⑤《汉书·王莽传》。

⑥《后汉书·章帝纪》。

⑦《魏书·食货志》。

由出卖。世业田仅许在"徙乡及贫无以葬"时出卖，口分田仅许在"自狭乡徙宽乡"①及"卖充宅及碾硙、邸店之类"时出卖。唐律严厉打击"卖口分田"的犯罪行为："诸卖口分田，一亩笞十，二十亩加一等，罪止杖一百，地还本主，财没不追。"②《大清律》规定：凡典卖田宅，即使典期已满，依惯例不得赎回时，只要田主仍欲赎回，则仍可按原价赎回，典主不得拒绝，违者笞四十。③这些制度，都旨在维护小农生产秩序，保证小农经营的基本条件不致丧失。或者可以说，土地（只要是不许出卖的部分）不是私产，而是国家无息借贷给小农家庭的基本经营本钱。这是保证小农生产延续，阻止小农经济秩序颓败的一种制度安排。

（二）诸子均分继承制为小农经济提供了保障

诸子平分财产的继承制度抑制了大规模土地所有制和经营制，使私人占有经营的土地不断分割，使小农经营的延续成为必然，为小农经济创造了前提。

诸子平分财产的继承制度，似乎是与土地私有制同时开始实行的。自商鞅变法，废井田，允许土地买卖时起，即有"民有二男以上不分异者倍其赋"之法。④不许成年兄弟同居，虽是为了增加国家税户，但也使土地等生产资料不断因分家析产而分割成更小规模，使农民的生产经营只能成为小块土地上的个体经营。唐律规定："诸相冒合户者，徒二年。……即于法应别立户而不听别，应合户而不听合者，主司杖一百。"此法亦与商鞅之法同旨，要在使民户不断拆散为小家庭，使土地分割为小块经营地。关于土地等家产分割，唐律特别规定："即同居应分（财），不均平者，计所侵，坐赃论减三等。"唐户令规定："应

①《新唐书·食货志》。
②《唐律疏议·户婚上》。
③《大清律·户律·田宅》。
④《史记·商君列传》。

分田宅及财物者，兄弟均分。"①《大清律·户律》规定："若同居尊长应分家财，不均平者，罪亦如之。"这都特别强调诸子或兄弟在分家时应均分家产，不得有轻重厚薄之分，就是为了保证人人都有进行小农经营的机会，旨在实现耕者有其田，防止土地集中。本来，百姓私人家产如何向子弟分割，完全是私人之事，官府无权干涉，但在我们的法律传统中，根本不承认父祖家长有通过遗嘱做不平均分割的权利。这就不断地造就了小农经济的前提，杜绝了农业生产向大规模社会协作劳动或社会化经营发展的可能性。

（三）关于小农经营规模的国家引导和规制

国家直接引导小农的小规模经营，直接规定了小规模生产的标准。在中国传统政治中，政治设计者从不做大规模农业经营的设想，法律也从不引导大规模农业经营，而是引导小规模经营。孟子主张"明君制民之产，必使仰足以事父母，俯足以畜妻子，乐岁终身饱，凶年免于死亡"，要求国家使"黎民不饥不寒"就可以了。②这一目标本身就是一个极低水平的小农经营的目标，只需保证每家每户有田地、无苛税，就可以满足。因此，每家有"五亩之宅树之以桑"，"百亩之田无夺其时"，或每家养"五母鸡，二母彘"就可以了。汉时，有地方官即本此古意，强令百姓"口（每人）种一树榆、百本薤（山菜）、五十本葱、一畦韭，家二母彘、五鸡"③。北朝西魏，曾颁《六条诏书》，其中第三条规定：每年春耕时，地方官必须"戒敕部民，无问少长，但能持农器者，皆令就田，垦发以时。……单劣之户及无牛之家，劝令有无相通"④。国家还主动立法帮小民解决小农经营中存在的劳动力和耕牛不足

---

①《唐律疏议·户婚上》。
②《孟子·梁惠王上》。
③《汉书·循吏传·龚遂》。
④《周书·苏绰传》。

问题。唐朝有田令规定："户内永业田，每亩课植桑五十根以上，榆、枣各十根以上。土地不宜者，任依乡法。"①国家立法直接规定小农家庭小型经营具体种植经济作物的数量，深恐小农不会营生，其引导督促小农经营可谓无微不至。

（四）禁止别籍异财，以保证小农经济目标实现

传统中国法制还禁止父母在世时兄弟别籍异财、分家析产，以保证小农经济的经营目标实现。

自唐律至清律，都明文规定"祖父母父母在而子孙别籍异财"为犯罪。这似乎与前述强令分家析产、分割田产而使农业经营规模不能不变小之规律相矛盾。但是，我们要注意到，小农经济的目的，正如孟子所言，是要使"五十者可以衣帛"，"七十者可以食肉"，"颁白者不负戴于道路"。②而要达到这一点，当然要使小农家庭中老年人的赡养无后顾之忧。为了防止因成年子孙分家析产而致年高父祖赡养无着，所以干脆规定：祖父母父母在世时，子孙即使成年或已结婚，也不许分家析产。唐律甚至规定，祖父母父母主动令子孙别籍异财，也要受到"徒二年"之处罚。③清律则取消了此种规定，允许父祖同意下的子孙别籍异财。当然，这种不许别籍异财的规定更多是出于伦理的考虑，因为在父母丧期内也不得别籍异财。但为保证小农经济的养老目的实现，不能不视为禁止别籍异财等法律规定的原由之一。

---

①《唐律疏议·户婚中》。
②《孟子·梁惠王上》。
③《唐律疏议·户婚上》。

四、从国家的行政及相关法规看

中国旧制下的国家行政活动及相关法规，亦常以保证小农经济的生产方式为基本宗旨。具体来说，主要体现在打击占田过限、打击豪强兼并土地、严禁脱漏户口逃避赋税徭役、严禁怠于耕作荒闲土地等方面。

（一）打击占田过限，抑制土地兼并

为了保证小农不易失掉田产，国家除限制土地买卖以外，还常规定了占田的限制。打击占田过限者，目的在于抑制土地兼并。管子认为，"欲调高下，分并财，散积聚"即抑制兼并，必先自"轻重之家"始，也就是应该先剥夺豪强大户的余田余财交给贫民。[①]孟子认为，"夫仁政必自经界始"[②]，也就是从丈量土地，以防土地侵占保障耕者有其田、制止豪强兼并土地开始。西汉武帝时，为缓解"富者田连阡陌，贫者无立锥之地"的严重土地兼并危机，董仲舒建议"限民名田，以澹（赡）不足，塞并兼之路"；[③]汉哀帝时，接受师丹、孔光等人建议，下诏限田，列侯以下至吏民占田均不得过三十顷。[④]王莽时，下令限田："其男口不盈八而田过一井（九百亩）者，分余田予九族邻里乡党。"[⑤]西晋时实行更明确的"占田制"："男子一人占田七十亩，女子三十亩"，"其官品第一至第九，各以贵贱占田，品第一者占五十顷……第九品十顷。"[⑥]北魏时实行均田制，同时规定："不足者得买所不足……亦不得买过所足。"[⑦]这就是禁止占田过限。唐代亦有占田限制，"王者制法，农田百

---

① 《管子·轻重甲》。
② 《孟子·滕文公上》。
③ 《汉书·食货志上》。
④ 《汉书·食货志上》。
⑤ 《汉书·王莽传》。
⑥ 《晋书·食货志》。
⑦ 《魏书·食货志》。

亩，其官人永业（田）准品"，唐律明文规定打击占田过限："诸占田过限者，一亩笞十，十亩加一等……罪止徒一年。"[1]

（二）限制官吏占田，抑制土地兼并

官吏利用权势巧取豪夺贫民田地，是土地兼并的主要形式之一。历代法律都注意打击官吏非法占田。唐律规定："诸在官侵夺私田者，一亩以下杖六十，三亩加一等……罪止徒二年。"[2]《大清律》规定："凡有司官吏不得于现任处所置买田宅，违者笞五十，解任，田宅入官。"[3]打击官吏兼并土地，有利于保障小农生产。

（三）迁徙豪富，抑制土地兼并

自秦朝起，迁徙豪富就成为抑制土地兼并的一大手段。秦始皇二十六年（前221）徙天下豪富十二万户于咸阳。[4]这可能也有腾出他们在各地所占的土地交给无地少地农民耕种的用意。汉高祖时，曾强徙六国王裔、豪族、大家及齐国的田氏、楚国的昭氏屈氏景氏怀氏等五大族十余万人到关中。[5]汉武帝时，曾"徙郡国豪杰，及訾三百万以上于茂陵"[6]，其用意可能与秦始皇略同。豪强大户被强制迁徙，其带不走的土地很可能是由国家没收、象征性收购后交给（或卖给）无地少地的农民。

（四）重农抑商，抑制兼并，辱商贵农

中国古代历朝统治者都认为，商业是小农经济秩序的最大威胁。所以，历代法律都厉行"抑商"国策。

第一是重征商税，寓禁于征。商鞅变法，"事末利及怠而贫者举以

---

①《唐律疏议·户婚中》。
②《唐律疏议·户婚中》。
③《大清律·户律·田宅》。
④《史记·秦始皇本纪》。
⑤《汉书·高帝纪》。
⑥《汉书·武帝纪》。

为收孥"①，直接将商人（事末利者）征为奴隶。商鞅还主张"不农之征必多，市利之租必重"②，用重税打击商业。汉时对商人征双倍的人头税，"贾人倍算"；又以"算缗""告缗"等方式重征商贾，使"商贾中家以上大率破"。③重征商税，旨在阻止商业发展。

第二是禁止商人为官。汉初明令："贾人皆不得名田为吏，犯者以律论"，"市井子孙不得仕宦为吏"。④北魏时定律：工商皂隶，不染清流。⑤唐《选举令》规定："身与同居大功以上亲，自执工商家专其业者不得仕。"⑥直到明清仍禁止三代以内工商子弟参加科举。

第三是直接以贾人为犯罪者，遣送边疆。秦时曾发贾人以谪遣戍⑦，汉武帝时"发七科谪"中有"贾人"一科。⑧这种强制迁徙，主要是为了抑制商人兼并土地。

第四是限制商贾占田。如汉高祖时即下令"贾人不得名田"，汉武帝时亦下令"贾人有市籍，及家属，皆无得名田，以便农；敢犯令，没入田货"⑨。

第五是从车马服饰方面对商人进行羞辱。如汉律明定："贾人不得衣丝乘车"，"贾人毋得衣锦绣……乘骑马"。⑩晋律规定："侩卖者皆当着巾白帖额，题所侩卖者及姓名，一足着白履，一足着黑履。"⑪此类

---

① 《史记·商君列传》。
② 《商君书·外内》。
③ 《史记·平准书》。
④ 《汉书·哀帝纪》，《史记·平准书》。
⑤ 《魏书·孝文帝纪》。
⑥ 《唐律疏议·诈伪》引。
⑦ 《史记·秦始皇本纪》。
⑧ 《汉书·武帝纪》。
⑨ 《汉书·食货志》。
⑩ 《汉书·高帝纪下》。
⑪ 《太平御览》卷八二八，《资产部八·驵侩》。

规定直到明清仍有。[1]

法律对商人如此刻薄的目的，正如商鞅所云，是要体现"农尊而商卑"，是要使"农恶商"，要"令民归心于农"，[2]是要保证小农生产秩序不被商业的邪恶力量瓦解，让商业对农民没什么吸引力，驱"工商游食之民"回归小农生产，阻止商贾兼并土地使农民破产。孟德斯鸠说："有些国家，由于特殊理由，需要有节俭法律。由于气候的影响，人口可能极多，而且在另一方面生计可能很不稳定，所以最好使人民普遍经营农业。对于这些国家，奢侈是危险的事；节俭的法律应当是很严格的。"[3]这里讲的似乎就是中国的情形。在中国的自给自足经济形态下，商业正代表奢侈，商业使人怠于务农，所以抑商固农是法律的必然选择。

（五）严防赋役不均侵刻小农

在古代中国，苛税重役是使小农破产的重要原因之一。因此，中国古代法律相当注重赋役均平、保护小农。唐律规定，"非法而擅赋敛，及以法赋而擅加益"者，即使官吏将得到的钱财全部"入官"（归公），也要"计所擅（赋敛的数量）坐赃论"；若擅赋敛所得"入私"，即以（官吏受财）枉法论，可以处刑至"加役流"（减死一等之刑）。按唐令，凡差科赋役，"先富强，后贫弱；先多丁，后少丁"；又规定老弱残疾应免赋役者不得隐瞒不报，违者应受笞杖之刑。[4]明《大诰》规定：官吏在乡间横征暴敛，侵刻小农者，许民间高年有德耆民率精壮捉拿赴京审判。[5]《大清律》规定：凡征赋役，应依法确定上、中、

---

[1]参见拙文《中国古代法中的重农抑商传统及其成因》，《中国人民大学学报》1996年第5期。
[2]《商君书·农战》。
[3]（法）孟德斯鸠：《论法的精神》上册，商务印书馆1961年版，第102页。
[4]《唐律疏议·户婚中》。
[5]《大诰续编·民拿下乡官吏第十八》。

下户等之差，依次征取。"若放富差贫，挪移作弊者，许被害贫民赴控该上司……当该官吏各杖一百。"又规定："凡丁夫杂匠差遣不均平者"，主管官吏应受笞杖之刑。①这种关于赋役"先富强，后贫弱"之类的规定，旨在保护贫弱小农不因苛税重役而动辄破产。

（六）打击怠惰耕作放任田地荒芜者

为保障小农生产秩序存续，中国历代法律还特别注意打击占有田地任其荒芜而不耕作者，也惩罚放任农田荒芜而不督责农民耕种的官吏。唐律规定，部内田畴荒芜达到十分之一以上的，官吏要受到笞三十至徒一年的刑罚。不仅里正等乡官要受罚，连州县长官、佐职官员也要受罚。除罚官员外，也要罚户主（地主或农民）。"户主犯者，亦计所荒芜五分论，一分笞三十，一分加一等"，即一户田地荒芜五分之一以上即受处罚。②《大清律》规定：凡里长部内已入籍纳粮当差田地无故荒芜，及应课种桑麻之类而不种者，面积达十分之一以上即应受刑事处罚。州县长官、佐官减二等处罚。任田地荒芜的民户亦应受笞杖之刑。③此外，该律还规定，其还乡复业人民，丁力少而旧田多者，听从尽力耕种，报官入籍，计田纳粮当差。若多余占田而荒芜者，应受笞杖之刑，其田入官（田轩没入官府）。这种立法，显然旨在"地尽其利"，使更多的人获得进行小农生产经营的基本条件，防止有人多占田地任其荒芜侵占了贫民的生产条件。

（七）打击僧道游食，抑制寺观侵夺农业

中国古代统治者大都认为，寺观是小农生产的一大威胁，因此，历代（除极少数佞道佞佛时期外）法律都注重防止滥度僧道，防止寺观

---

①《大清律·户律·户役》。
②《唐律疏议·户婚中》。
③《大清律·户律·田宅》。

兼并土地，制止寺观争夺农业劳动力及生产资料，以保护小农经济。首先，法律打击私度僧道。北魏时，曾立《僧制》47条，明定：年常度僧，依限大州一百人，中州五十人，小州二十人。超过指标限制，滥批准民人为僧道或将品行恶劣有犯罪前科者度为僧道者要受到严厉制裁，刺史为首，以违旨论，太守县令纲僚节级连坐。①唐时，天下寺观数有定额，每个寺观僧道人员有定额。唐律规定：诸私入道及度之者，杖一百。即监临之官，私辄度人者，一人杖一百，二人加一等。②《大清律》规定：私创庵院寺观者杖一百；未得度牒私自剃度僧尼收纳道士女冠者，杖八十。③这些法律都旨在打击通过僧道途径逃避税役及寺观势力与国家争夺农业劳动力的行径。其次，法律限制僧道人员或寺观占田。北魏时，禁止僧道营财占田。④北宋时，禁寺观市田。⑤明建文帝时，曾限僧道田，人无过十亩，余以均给贫。⑥再次，国家直接通过行政强制驱使僧道归农。如北周武帝时，曾罢沙门道士，并令还俗，令僧尼三百万人皆复军民，还归编户。⑦唐会昌年间曾下令驱天下僧尼二十六万五千人还俗。⑧

（八）奖孝悌力田，惩游惰，维护小农经济秩序

小农经济秩序最重要的保障是两者：一是作为生产组织的家庭和睦团结、同舟共济，家长有权威，子弟妇妾服从安排；二是每一个生产者（劳动力）都勤劳肯干，不懒惰。中国古代统治者非常明白这一点，因此国家法律和政令都特别注意奖励孝悌力田之人。

---

① 《魏书·释老志》。
② 《唐律疏议·户婚上》。
③ 《大清律·户律·户役》。
④ 《魏书·释老志》。
⑤ 《续资治通鉴》卷三十六，《宋纪·仁宗》。
⑥ 《明史·虞谦传》。
⑦ 《周书》卷五，《武帝纪上》。
⑧ 《唐会要》卷八十四，《户口数·杂录》。

商鞅变法，明令"戮力本业，耕织致粟帛多者复其身"，又令"民有余粮，使民以粟出官爵"。[1]这是通过免赋役、以粮买官爵等方式鼓励小农勤耕勤织。西汉惠帝高后时，曾下令"举民孝弟力田复其身"[2]，又于各郡国"置孝弟力田二千石者一人"[3]，这就是以减免税役、封官爵的办法来奖励在家中特别孝顺父祖、勤劳种田的农民。

汉文帝时，还曾"以户口率置孝弟、力田常员，令各率其意以导民焉"。[4]这就是在乡间评选出特别孝弟力田的农民，委任为乡官（其官称就是"孝弟""力田"），负责督导人民行孝道及耕作。汉代经常赏赐孝弟力田者，自汉文帝到哀帝，几乎每年都有"赏赐""劳赐""加赐"孝弟力田的记录，有时一年赏赐两三次。汉代还直接立法允许举荐孝弟力田者到京师任官吏。如宣帝地节四年诏郡国举孝弟有行义闻于乡里者各一人听候任用。[5]此种制度惯例一直延续到明清。明代允许农民纳粟买官，得至从六品；[6]清雍正帝时曾令各州县推举榜样老农，赐予顶戴，以示尊奖。[7]

除此之外，国家法律还严厉打击不孝不睦之行径，以不孝顺父祖为重罪，以维护家长对小农生产经营的绝对权威（此点在下一章即"宗法社会组织模式与中国法律传统"中再详论）。

法律又特别注意打击游手好闲怠惰耕作之人。如商鞅变法，直接将"怠而贫者"收为奴隶（"举以为收孥"）。汉时，地方长官"劝人生业，为制科令……其剽轻游恣者，皆役以田桑，严设科罚"[8]。北朝西魏

---

① 《史记·商君列传》，《商君书·靳令》。
② 《汉书·惠帝纪》。
③ 《汉书·高后纪》。
④ 《汉书·文帝纪》。
⑤ 《汉书·宣帝纪》。
⑥ 《明史·食货志二》。
⑦ 曹贯一：《中国农业经济史》，中国社会科学出版社1989年版，第813页。
⑧ 《后汉书·循吏传·仇览》。

时，颁有《六条诏书》，其中规定："若有游手怠惰，早归晚出、好逸恶劳、不勤事业者，则正长牒名郡县，令长随事加罚，罪一劝百。"①唐时，唐律严厉打击"浮浪他所"逃避农作、逃避赋役的行为，重者至徒三年。②元时，曾颁《农桑之制》十四条，规定每五十户立一社，社长有责任督责惩戒众人。其有不敬父兄及凶恶者，上报官府惩处，"仍大书其所犯于门"，重者罚其代充本社夫役。③元成宗时曾颁布律令："力田者有赏，游惰者有罚。"这些法律制度及其施行，对于维护小农经济的经营秩序而言是极为重要的。在生产力落后的情况下，小农稍一怠惰就会破产，就会连国家的税粮都交不了。孟德斯鸠说：在中国，因为人口急增土地不足，因而需要政府极大地注意，时时刻刻关心维护人民生计的问题，要使人民不害怕收获物为他人夺走，要迫使人民辛勤耕作，"所以这个政府与其说是管理民政，毋宁说是管理家政"。④惩罚怠惰耕织者就是"管理家政"的典型体现。

（九）生产资料方面的扶贫与农贷制度

为了帮助小农生产，中国古代还有对小农家庭进行生产资料扶助的扶贫及农贷制度。如汉代，"徙民屯田，皆与犁牛"，"贫民有田业而匮乏不能自农者，贷种粮"；凡募民屯田之地，常"赐与田宅什器，假与犁牛种食"。这种借贷，多为无息，如"边郡受牛者勿收责""所振贷种食勿收责"。⑤晋时也有借贷耕牛之制，不过要利息："分种牛三万五千头，以付二州将吏士庶，使及春耕。谷登之后，（每）头责二百斛。"⑥宋王安石变法，曾行"青苗法"，实为国家将各地常平仓、

---

①《周书·苏绰传》。
②《唐律疏议·捕亡》。
③《元典章·户部·农桑》《元史·食货志一》。
④（法）孟德斯鸠：《论法的精神》上册，商务印书馆1961年版，第129页。
⑤《汉书·昭帝纪》《汉书·平帝纪》《后汉书·和帝纪》。
⑥《晋书·食货志》。

广惠仓中存粮（或此粮出售所得款）作为本钱于农民春耕时或夏秋间青黄不接时放贷给农民，农民在收成后偿还本钱并加二分利息。[①]此法的直接作用是于青黄不接时帮助农民获得生产本钱，如贷给青苗，故曰"青苗法"。这种生产资料扶助性的扶贫与农贷制度，是国家直接参与农家小农经营的重要标志。

本章结语

以上从国家基本体制及构思、国家的民事制度、国家的行政及相关法制三个方面讨论了中国传统法律文化与中国社会的经济生活形态——小农经济之间的内在联系。通过上面的论述我们可以看到：中国传统社会的政治法律制度及行政措施，均典型地体现了三者：第一是坚持小农的观念、小农的设计构思、小农的原则；第二是致力于构建小农经济的基础；第三是致力于保障或维护小农经济的外部条件。这三者充分地体现于古代法制中，因此我们可以说中国传统法律文化是小农经济的法律文化。

关于第一个方面，本章的第一节已经向读者阐释了中国传统的政治体制与政治构思的小农属性。在小农经济的影响下，中国的政治理想、政治构思超不出小农的框框。一切体制构思均以一个小农家庭为蓝本，以家为国之本，以五亩之宅、百亩之田、五母鸡、二母猪之类的规模去设计极其简易的政治（所谓"居敬行简"）和法制，以"黎民不饥不寒"的极低经济水平为"王道"的实现，以财富的均平享有、利益均沾为政治的极则（所以有诸子平分制、分封诸侯制、均田制等）。

---

① 《宋史·食货志上四》《宋会要辑稿·食货四》。

关于第二个方面，即法律和施政致力于构建小农经济的基础，主要体现在第二节关于授田（制民恒产）并抑制买卖、诸子平分财产的继承制度，维持小农经营规模，及第三节关于打击占田过限、打击商贾对土地进行商业式经营等方面。把土地分割成小块，以家有其地、人有其地为原则，以相当小的种植规模为理想模式，只能将农业限制为小农经营型，只能将经营单位限制为家庭。当然，我们说抑制土地兼并客观上保护了小农经济的延续，但绝不可以反过来说如果不抑制土地兼并就会出现其他的经济形态。地主豪强、富商大贾大量兼并土地，并不等于必然会导致土地经营规模的扩大和经营方式的进步。[①]所以不能说打击兼并抑制了小农经济向其他更高级的经济形式转化。

关于第三个方面，即保护小农经济的外部环境，本章的第三节主要阐述了中国古代法制与行政在这一方面的作为。应该说，这里列举出来的只是一部分，还有许多法制及措施没有列举出来。或者说，有些法制骨子里就是为了保护小农经济，只是我还没有看出它们与小农经济的内在关联。

在对上述三方面进行初步总结后，我感到，中国传统政治法律制度、体制中的小农经济烙印，对法律传统的影响之深是无法估量的。"小农经济"犹如一张网，犹如如来佛的手掌，把我们民族在政治法律方面的思维力、想象力、创造力统统限制在其内。我们的先人在讨论政治法律问题、设计政治法律制度时，怎么也超不出这个圈圈。这就是生产方式落后造成的局限。这种局限，犹如农夫设想皇帝一定是用金扁担

---

①傅筑夫先生认为，中国历代虽然都因土地兼并而形成数量巨大甚至跨州越县的大地产，但从未有也不可能有对土地进行投资、以租地经营农业的农业企业家。即土地虽然在不断地集中，而经营单位则在不断地分散；并且土地越集中，丧失土地的农民越多，农民愈贫困，则土地经营单位便愈分散，愈缩小。《中国古代经济史概论》，中国社会科学出版社1983年版，第72页。

挑水吃、皇帝皇后煎大饼送包公出巡一样。

这种局限性对中国政治法律传统的影响是正面的还是负面的？尽管对过去的历史很难做什么价值褒贬，但我还是认为负面影响是主要的，因为它限制了我们的政治法律的进化，使我们的政治法律几乎也像单门独院的一家一户的小农经营的结晶，是以简单再生产的方式在过去几千年中不断重复。虽有时小有进化，但没有发生质的变化。从国家体制、运作方式到法典结构、立法原则、法规内容等，都有简单再生产不断"轮回"的基本特征。

至于我在本章里列举的种种原则、体制、构思、制度等，到底是在小农经济的生产方式影响下产生的，还是它们反过来决定了小农经济？这一问题不好回答。这是一个鸡生蛋蛋生鸡的问题。应该说，大致上是先有小农经济，然后有种种小农经济型的政治法律构思与制度，最后这些政治法律构思和制度又强化、延续了小农经济。

第四章

宗法社会组织模式与中国法律传统

本章我们继续前两章的讨论，进一步分析中国法律传统生成和存续的气候、土壤。

前两章我们分别讨论了中国法律传统之气候、土壤的两大因素——地理环境和小农生产方式对中国法律传统的影响，本章我们讨论第三大因素——宗法社会组织对中国法律传统的影响。

一、宗法社会组织与宗法原则

单个的人必须组成一定的团体才能生存。人之生不能无群，人类"力不若牛，走不若马"，而牛马终为人类所役使，这到底凭的是啥呢？凭的是人能结成团体，"人能群，彼不能群也"。没有"群"，人类就不能超越其他动物，就不能生存和发展。"群"是人和动物的区别。

这个"群"就是广义上的社会。复数的个人以一定的方式结合成比较稳定的生活群体，就是社会。这里说的"生活"，包括多方面。人们为政治生活而结成的团体，是政治社会，如政党、国家等；人们为经济生活而组成的团体，为经济社会，如农场、工厂、公司等；为宗教生活或精神生活而结成的团体，是宗教社会，如教会；为文化生活而结成的团体，是文化社会，如学会、学校、研究机构、艺术团体等；为社会共同福利和人道事业而结成的团体，是福利社会，如慈善组织、和平组织、环保组织等；甚至血缘姻缘亲属们为亲情的目的而结成的团体，也可以叫作"亲属社会"。

人为什么与动物不一样，能够结成自己的社会？靠的是啥？荀子认为，靠的是"分"："人何以能群？曰分；分何以能行？曰义。……人之生不能无群，群而无分则争。"[①] "分"就是名分、身份及相应的权利义务，"义"就是礼义伦常。荀子认为，人类之所以能结成社会，靠的就是以礼义伦常为内容的贵贱、尊卑、长幼名分义务得到明确和履行。荀子的这些观点对我们认识社会的实质有很大的启发。

个人组成社会，犹如一堆散珠子要串成一串。串珠子要有一条线，个人组成社会需要有一个基本的原则或准绳。这个原则或准绳，就是确定不同成员在团体中的地位及权利义务的基本规定。

任何一个民族，在人们结成各种不同的社会时，所凭借或遵循的原则，并非只有一个。一般说来，不同性质的社会有不同的原则。但是，无论如何，总有一种社会成为其他社会的蓝本或摹本，总有一种原则成为其他一切原则的指南。我们不妨将此二者称为"母社会"和"母原则"。

我认为，宗法社会（形态）就是中国古代一切社会组织形态的"母社会"形态；宗法伦理原则就是中国古代一切社会原则的"母原则"。这正如市民社会是欧洲文化传统中的"母社会"、市民伦理原则是其一

---

①《荀子·礼论》。

切社会原则的"母原则"一样。

什么是宗法社会？宗法社会就是以宗法伦理为原则结成的社会团体。

什么是宗法伦理原则？这要从对"宗法制"的认识开始。所谓宗法制，就是自西周时期创立的根据亲属关系的长幼、嫡庶、远近亲疏来决定政治上不同的地位或权利义务（尊卑），实现国家政治机器与王公贵族的家族组织结构合一的制度。简单地说，就是以宗为法或以宗子为法。周初，为了解决国家及其下属的每一级政治体（诸侯封国、卿大夫食邑封邑等）中的统治权力及身份地位的继承问题，周统治者总结了夏商两代的教训，并在此基础上确立了嫡长子继承制，即以嫡妻（正妻）所生的长子继承权力和爵位。确立这一制度以后，紧接着要确定的是：其他未直接继承父辈权力和爵位的兄弟们如何安排？他们在国家和下级政治体中应有什么样的地位？国家应如何控制下级的政治体（诸侯国、卿大夫食邑封邑）？这就产生了大宗小宗相区分，大宗继承王侯、大夫之位，以及大宗率小宗、小宗服从大宗（以大宗为法）的制度。周王为周族之王，自称天子，奉祀周族的始祖，是全族即全国的大宗，由嫡长子继承王位。其余兄弟和诸子则分封为诸侯，对天子是小宗，在其封国为大宗。在诸侯国，也是由诸侯的嫡长子继位为大宗，其余诸子被封为卿或大夫；其余诸子对诸侯是小宗，在其封邑则为大宗，其职位也由嫡长子继承。卿大夫的众子则成为士，士对于卿大夫而言是小宗，在其家里又是大宗。士的嫡长子继承士之位，其余诸子则为庶人。庶人家里有宗族组织，嫡长子自然承袭族长职权，是大宗，其余是小宗。如此层层分封继承，以世袭嫡长子为宗子，为祭祀共同祖先的主持人、掌法人，由此种宗族内部的名分或权义关系引申为大宗率小宗、小宗率群弟即中央与地方的领导和隶从关系，或者说以宗族内部的此种家法关系为蓝本建立起国家政治隶属关系。由国家到士庶的家，政治组织与亲属组织浑然无间。即使与王族没有同宗关系的其他贵族，也通过联姻，成为甥舅，分封为诸侯，同样纳入宗法关系网。他们共同统治着宗法网之外的人们，即与统治宗族无任何血缘或姻亲关系的人们。不过，事实上，主动"归附"王族而又未与王族结成婚姻的宗族应该是很少的，真正在宗法网外的宗族和个人只能是被征服地区的宗族和百姓。但是，被征服者宗族内部的关系也会受政治家族宗法制的影响，也很快会形成他们的宗法网系，宗法制成为他们家族内家政的管理模式。同时他们既已降附为统治家族的"子民"，则心目中自然以统治家族为大宗，以自己为小宗。

这样一来，宗法制就成了贯穿中国古代每一层级、每一种类的社会（团体）的"标准制式"。国家政治统治网系成功地换算为宗族生活网系。于是，国家的维系和统治章法就当然应是宗族章法。这种宗族章法，就是宗法伦理原则。

由此可知，宗法伦理原则，是中国古代一切社会组织的最大精神纽带。宗法伦理原则是在周代宗法制形成过程中逐渐形成和完善起来的，其核心内容是"亲亲""尊尊"。

"亲亲""尊尊"原则的核心内容就是对于亲属（特别是尊亲属）的敬爱亲爱义务和对于长上的敬从义务。这两个义务，可以概括为"仁"和"义"。"为仁者，爱亲之谓仁"[1]，"仁者人也，亲亲为大，义者宜也，尊贤为大"[2]。"仁"的核心是爱亲，"义"的核心是"敬长"。这两者是天下共同的至高美德，是人的良知良能，"孩提之童，无不知爱其亲者；及其长也，无不知敬其兄也。亲亲，仁也；敬长，义也。无他，达之天下也"[3]。这样说来，一切伦理原则或美德标准都来

---

①《国语·晋语一》。
②《礼记·中庸》。
③《孟子·尽心上》。

自家内。"亲亲"来自对父母的本能的爱，"尊尊"（敬长）来自对兄长的尊敬。亲属伦理和政治伦理浑然合一：一方面，"亲亲"的"仁"或血缘伦理必须贯穿政治，把一切当"亲"的人都像爱亲属一样爱，此即"老吾老以及人之老，幼吾幼以及人之幼""亲亲而仁民，仁民而爱物"[①]。把纯粹的亲情关系推展向政治。另一方面，"尊尊"的"义"或政治伦理又比拟于亲情。敬长，尊敬服从尊贵的人，本来是纯粹的政治伦理要求，但又被比拟为亲属伦理。把敬从官长这样的政治义务说成是弟弟敬从兄长这样的亲情关系的自然延伸。也就是说，在儒家看来，敬长实质还是"亲亲"。"人人亲其亲，长其长，而天下平。"[②]若每个人能做到孝亲敬长，就履行了对国家政治的一切义务。

在"亲亲""尊尊"二原则中，"亲亲"是第一位的，是更核心的，"尊尊"从属于"亲亲"。儒家主张，寓"亲亲"于"尊尊"之中，宗法政治就彻底形成了。对一切在伦理生活、政治生活中地位名分高于自己的人，若能"亲亲"其里，"尊尊"其表，移孝作忠，移悌作敬，在家孝悌，在国不犯上作乱，则家国合一、伦理政治合一的秩序彻底完成，政治组织与社会组织的合一彻底完成。

这样的社会组织框架和原则，作为一个事实存在，在过去数千年中深深地影响了中国法律传统，决定了中国法律传统的性格与特征。另一方面，作为为政治服务的工具，中国法律传统一直以维护宗法社会组织及原则为使命，精心设计合乎宗法原则的体制，严厉打击有害宗法体制及相关原则的任何行径。以下我想从四个方面来探讨宗法社会组织形态与中国法律传统的关系。

---

① 《孟子》之《梁惠王上》《尽心上》。
② 《孟子·离娄上》。

二、从国家的基本体制与行政看

古代中国的国家基本构成思路或体制原则就是宗法制，这集中体现在以下几个方面。

（一）国的家化，君的父化

在中国传统政治哲学中，国被定位为家。《礼记·礼运》说："故圣人耐以天下为一家，以中国为一人者，非意之也。必知其情，辟于其义，明于其利，达于其患，然后能为之。……何谓人义？父慈子孝、兄良弟悌、夫义妇听、长惠幼顺、君仁臣忠。"这就是说，只要使人民明于宗法伦理的"十义"并履行"十义"，就可以建成"天下一家"的政治格局，就可以完成国家家庭化。在这样的国家格局里，天子、诸侯就是百姓的直系尊亲属，"天子作民父母，以为天下王"①，"乐只君子，民之父母"②，"天子父母事天而子孙蓄万民"③。他们是天下万民或诸侯国民共同的父亲，他们对百姓应当"爱民如子""若保赤子"。④他们的行政，应当是"为民父母行政"。"为民父母行政"的关键是"子育"人民，让士农工商各得其所，而"率兽食人"的暴君则正违背了"为民父母"之天职。⑤这种君父一体、家国一体的原则被正式写进了法典。《唐律疏议》宣布："王者居宸极之至尊，奉上天之宝命，同二仪之覆载，作兆庶之父母。为子为臣，惟忠惟孝。"⑥法律把对君父的义务定为百姓的最高、最重要义务，把对君父的侵害视为"伤天害理"般的

---

① 《尚书·洪范》。
② 《诗经·小雅·南有嘉鱼》。
③ 《春秋繁露·郊祭》。
④ 《尚书·康诰》。
⑤ 《孟子·梁惠王上》，《公孙丑上》。
⑥ 《唐律疏议·名例一》。

严重犯罪。

（二）官民关系的"父子格局"

中国古代，人们竭力将官民关系解释为一种政治性的"父子关系"。官吏被定位为"父母官"。虽然在以君为父的"天下一家"的格局中，官吏仅仅是人民应当像敬兄长一样敬从的对象，顶多是一种政治性的兄长。但是，大约基于"长兄如父"的原理，在远离君主的地方，官吏当然被视为君主的代表或化身，因而成了"父母官"，而不是"兄长官"。父母官对百姓的义务就是"哺乳"："县令为人父母，只合倍加哺乳，岂可自致（百姓）疮痍？"①在法律上，官吏也得到了对父母一般的特别保护，自唐律至清律均明确规定：杀本属府主、刺史、县令及吏卒杀本部五品以上官长者，为"不义"重罪，列入"十恶"，相当于谋杀期亲尊长之罪，刑罚远重于常人间杀伤罪。

（三）其他一切社会关系的宗法化

除政治关系宗法化之外，中国法律传统还将许多非政治的、非血缘的关系宗法化。比如教育上的师生关系，即被视为一种"准父子关系"，"师父"与"弟子"间的伦理原则，几乎全等于父子伦理原则。一日为师，终身为父。法律也正式肯定了这种"准父子关系"。如，从唐律到清律，均以"杀现受业师"为"不义"之重罪，列入"十恶"，处刑远重于常人间杀伤罪，近于谋杀父母之罪，常赦所不原。即使仅仅是"殴伤现受业师"，也要"加凡人二等"。②又如江湖社会中的关系，一般也尽力按血缘关系的框架去构建。"堂主""龙头"等一般被尊为"师父""大哥""师伯（叔）"，成员们都是以"义结金兰"即拜把兄弟的方式结合起来的。法律虽未正式肯定这种关系，但这种关系肯定

---

① （宋）王溥：《五代会要》卷九，《定赃》。
②《唐律疏议·斗讼二》。

也参与了传统法律的宗法伦理属性之强化。

非血缘关系宗法化最为典型的例子是宗教关系的宗法化。宗教关系本来是最远离政治又竭力摆脱血缘关系阴影的一类社会关系，但中国古代法律明确将其定位为宗法关系或"准血缘关系"。如唐律以寺观中的主持之类人员为三纲①，有着类似父母的地位（三纲之名本身即有点"君父"之意味）。唐律规定：一般僧道人员侵犯师父或三纲，与凡人侵害伯叔父母同罪。寺观的部曲奴婢侵犯三纲，则与部曲奴婢侵害主人的期亲（近亲属）同罪。两者都重于一般人之间侵害之罪刑。反过来，三纲、师等侵犯弟子（一般僧道），仅仅与常人侵害兄弟之子同罪；他们侵害寺观中的部曲奴婢，仅与俗间主人侵害部曲奴婢同罪或与主人的期亲侵害部曲奴婢同罪。两者处刑均轻于一般人之间的侵害罪。②唐律还规定，寺观部曲奴婢与寺观中一般道士女冠僧尼的关系，等同于一般部曲奴婢与主人的缌麻以上亲属（较近亲属）的关系。③如此繁琐的规定，使本来主张"无父无君"的宗教几乎没有任何"出家"的特征了。寺观里准父子关系的叔侄关系就是中国传统法律过于宗法化的典型标志之一。

（四）为宗法化服务的其他行政制度

贯穿宗法原则或为宗法化服务的行政制度，在中国传统法律文化中数不胜数。通过以下几个例子可以略见一斑。

第一是分封制和推恩制。宗法制的最基本原则就是亲属之间的"亲爱"。孟子说："仁人之于弟也，不藏怒焉，不宿怨焉，亲爱之而已矣。亲之欲其贵也，爱之欲其富也。"他认为，舜把他那个品行丑恶、作恶多端的弟弟分封到有庳为封君，是"富贵之也"。如果不这样做，

①观寺三纲指佛道寺观中的三种负责人，即道观中的上座、观主、监斋和佛寺中的上座、寺主、都维那。

②《唐律疏议·名例六》。

③《唐律疏议·名例六》。

舜就有问题了："身为天子，弟为匹夫，可谓之亲爱乎？"①亲属之爱的最重要表现之一就是亲属间"有福同享"或"泽及亲戚"，有财产则大家"同财共利"。分封制正是这种宗法原则的体现。周初封建，"立七十一国，姬姓独居五十三人焉；周之子孙，苟不狂惑者，莫不为天下之显诸侯"②。汉时，亦实行封建，不过诸侯权力比周时小一些。汉武帝时，曾实行"推恩令"，令诸侯得以其封地裂封其子弟。③所谓"推恩"，就是使爱推广（展）出去，即"泽及亲戚""有财共享"之意。当然，分封制还有另一种用意，即拱卫王室、共保家业。周初封建，旨在"封建亲戚以蕃屏周"④，是为了"镇抚不靖，翼戴王室"⑤。天下江山是我们家族的共同产业，绝不容异姓人等觊觎。把自家的子弟分封到各地，各镇一方，以共保中央、共保江山家业。所以秦统一六国后，博士淳于越建议始皇分封子弟，理由是："臣闻殷周之王千余岁，封子弟功臣，自为枝辅。今陛下有海内，而子弟为匹夫，卒有田常、六卿之臣（注：指篡国夺江山者），无辅拂，何以相救哉？"⑥因此，刘邦才要在去世前与功臣们杀白马盟誓："非刘氏而王者，天下共击之！"这些言行、制度的用意，无非是以天下江山为家族的共同财产，应共同分享，也应共同捍卫，不容他人篡夺。

第二是恩荫制，或曰荣荫制。在中国古代政治中，"一人得道，鸡犬升天"是法律制度的实际原则之一，一人有功有官，则封妻荫子，泽及子弟，甚至世世子孙受益。如秦时有"葆子"之法，汉时有"任子令"。汉"任子令"规定："吏二千石以上视事满三年，得任同产（兄

---

① 《孟子·万章上》。
② 《荀子·儒效》。
③ 《汉书》卷十四，《诸侯王表第二》。
④ 《左传·僖公二十四年》。
⑤ （清）严杰：《春秋列国疆域表后叙》，《经义丛钞》卷二。
⑥ 《史记·秦始皇本纪》。

弟）若（或）子一人为郎。"①清代仍有"荫监"之法，规定满汉官员一定品级以上，军官战死者，均可以荫子弟一人入国子监或获得监生身份，食七、八品官俸。经考试后，可委以官职。不过，历代直接恩荫任官的不多，主要是恩荫获爵禄。如清代的"推封制"，即给现任官员的父母、妻子封以一定爵位或赐予一定俸禄。推封的范围，一品至三品官可以推封至曾祖父母，四品至七品官可以推封至祖父母，八品以下官仅可推封至父母。②恩荫制是"亲亲""尊尊"原则的典型体现，正是"亲之欲其贵，爱之欲其富""有福同享"原则的典型体现。此种使亲属连带尊贵富裕起来的法律制度，正是为了勉励天下百姓"亲亲""尊尊"。

第三是养老制。汉代曾有"养老令"，汉文帝时，常于岁首给高龄老人赐粮食酒肉衣絮，令地方官亲自致送各家，其宗旨在于"佐天下子孙孝其亲"。③汉代还有所谓"王杖制度"，即国家赐给高年老人一种鸠杖，"比于节"（比同皇帝授命之信符），百姓见之须格外尊敬，官吏见之也不得怠慢。"有敢征召、侵辱者，比大逆不道。"④关于此制，《后汉书·礼仪制》中有详细记述。此外，自三代至唐代有所谓"养老大礼"。这种大礼，就是国家选几个德高望重的老人为榜样，代表天下老人接受皇帝的礼敬仪式。天子父事三老，兄事五更，亲自切肉赠献并执杯敬酒，又"独拜于屏"。⑤这样的仪式，目的是"所以教诸侯之悌也"，是为了教化万民"遂发咏焉，退修之以孝养也；反登歌清庙……

---

① 《汉书》卷十一，颜师古注引《汉仪注》。
② 《清史稿》卷一〇八，卷一一〇。
③ 《汉书·文帝纪》。
④ 《武威新出土王杖诏令册》，载甘肃省博物馆编《汉简研究文集》，甘肃人民出版社1984年版，第34—60页。
⑤ 《通典》卷二十，《职官二·三老五更》。

言父子君臣长幼之道"。[1]可以说，各种各样的敬老养老表演，都是朝廷开设的宗法伦理教育或"亲亲""尊尊"教育的政治公开课。

与此相关的还有另一种养老法，即免役养老法。《礼记·王制》："八十者，一子不从政（征）；九十者，其家不从政。"这样允许高年老人留一子或全家不服徭役以养老的制度，不管周代是否真的执行过，后世经常仿行此制是无疑的。如晋代有与《礼记》上述内容完全相同的律令。[2]又如唐代有"侍丁免役"之制："男子七十五以上，妇人七十以上，中男一人为侍。""诸年八十及笃疾，给侍一人；九十，二人；百岁，五人。""侍丁免役，惟输调及租。"[3]国家以免役鼓励、帮助百姓养老，亦以之督促其履行宗法义务。

三、从诉讼制度和司法选择看

宗法制原则或宗旨贯彻于中国古代诉讼制度及司法体制的情形甚多，我们可以从以下几个方面去分析。

（一）宏观司法诉讼体制构思上的宗法性

在传统司法体制中，"父母官"兼理司法，他们对"子民"的审判，一开始就被定位为家长对不肖子孙的惩戒。所谓"刑罚不可弛于国，犹鞭扑不可废于家"[4]。法律因此也被定位为家长的手杖或鞭子。小民诉讼，一开始就自定位为"请老爷为小的作主"。在审判程序中，不管原告、被告、证人，都是跪着听讯，视同子辈。当事人称法官为"老

---

①《通典》卷六十七，《礼·养老》。
②《晋书》卷五十，《列传第二十》庾纯传。
③《唐律疏议·名例三》疏议；《新唐书·食货志一》。
④《唐律疏议·进律疏表》。

父台""老公祖""青天父母"，法官则动辄斥当事人为"贼子""逆子"。在审讯中，动辄"大刑伺候"，一如在家中家长动辄对子孙"动用家法"（棍杖）。案件判决中，司法官常常超越当事人诉请，越俎代庖地帮助当事人解决诉讼请求以外的婚配、分产、赡养、立嗣、入学等问题，[①]博取"为民父母"之美名。

（二）荫庇减刑制度

荫庇减刑制度典型地体现了宗法制的"亲亲""尊尊"原则。从《周礼》的"八辟丽邦法"开始，对官僚、贵族、功臣及其亲属在法律上予以减免刑罚的优待几乎成了中国法律传统中的"宪法性"原则。汉代即依《周礼》有议亲、议贤、议贵之惯例，曹魏时将"八议"正式入律，此后直至明清成为绝对不可删改之制。以唐为例。唐代八议、上请、例减、赎等优待，不仅适用于官贵本人，还适用于官贵的亲属。如议亲，覆盖皇帝、太皇太后、皇太后、皇后很远的亲属，有罪先"议"，减罪一等。如上请，是皇太子妃大功以上亲属、八议之人的期亲以上亲属等有罪上请圣裁，一般可减罪一等。如例减，是应上请之人的祖父母、父母、兄弟、姊妹、妻、子孙等犯流罪以下时照例减一等处罚。又如赎，即应议、请、减之人及其祖父母父母、妻、子孙等犯流罪以下，听出铜赎刑。这四层保护网，层层扩大，后一网包住了前一网，一人常常可受两三层网之保护，使官贵及其亲属受到无微不至的法上特权优待。这种制度的立意，一是显示朝廷在法律上"亲"当亲者，"尊"当尊者；二是要让所有的亲贵官宦能推恩于自己的亲属，通过刑罚上的荫庇减免，体现"亲亲"原则，体现使亲属连带受福受利的原则，实现"亲之欲其贵"。犯罪上的荫庇减免刑罚与任官上的荫庇获官

---

①参见拙文《中华法系的亲伦精神》，《南京大学法律评论》1999年春季号。

爵，方式不同，性质完全一样，都是为了让亲属"沾光"，以此体现"亲亲"。

（三）亲属相保与株连制度

相保与株连制度也是从"亲亲"原则引申出来的。"爱亲之谓仁"，由此一方面可以推出荣荫恩荫制度，另一方面也可以推出相保与株连制度。既然"爱亲"，那就当然有义务保证制止亲属犯罪，这种保证就是"亲属相保"；如果未能防范和阻止亲属犯罪，当然是失职，应当负连带的刑事责任，这就是"亲属连坐"。或者说，"一荣俱荣""封妻荫子"的另一面必然是"一损俱损""株连亲戚"，"亲亲"伦理逻辑必然要求如此，荣福连带必然也要求责祸连带。管仲治齐、商鞅治秦，都实行什伍相保连坐之法，其核心是亲属相保连坐，其外围才是邻里乡党相保连坐。西汉时，对官吏的相保株连尤其严厉，有"光禄大夫以下至郎中保父母同产之令"。[①]汉律，凡被论以"大逆不道"之罪者，皆腰斩，"父母妻子同产无少长皆弃市"[②]，又有"大逆无道要（腰）斩"，"家属从坐"及祖父母、孙之律[③]。唐律规定，犯"谋反"及"谋大逆"者，皆斩，父子年十六以上皆绞，父子年十五以下及母女、妻妾、祖孙、兄弟、姊妹全部没入官府为奴，其资财田宅奴仆全部没入官府，伯叔父、兄弟之子皆流三千里。[④]这种严厉的株连法，在号称"宽平"的唐律中尚且不免，其他时代可想而知。明清律的株连比唐律更严酷。法律设计这样严酷制度的目的，无非如法家所言："重刑连

---

①《汉书·元帝纪》。
②《汉书·晁错传》。
③《晋书·刑法志》记载，曹魏新律"又改（汉）贼律，但以言语及犯宗庙园陵，谓之大逆无道。要斩。家属从坐，不及祖父母、孙"。此乃魏新律改汉律减轻从坐。据此可知，在汉律中，犯大逆无道者，家属从坐，及祖父母和孙子女。
④《唐律疏议·贼盗一》。

其罪，则民不敢试"①，或如有人所言"所以累其心使重犯法也"。让每一个犯重罪的人事先都不能不想一想：一人犯罪，满门连坐，害及亲戚，于心何忍。这实际上是从另一个侧面贯彻"亲亲"原则：你要真爱亲属，就别犯罪。你犯谋反大逆之罪，实际上等于借国家的刀杀自己的双亲和其他亲属。

（四）存留养亲承祀制度

存留养亲、存留承祀之制源于何时？据现有史料看，大约始于北魏。北魏的《法例律》规定：犯死罪，若父母祖父母年老，更无成人子孙，又无期亲者，应上报皇帝圣裁。皇帝一般准许罪囚留家养亲，亲终之后再执行死刑。流罪也是如此。②唐律规定的留养制度更加完善。"诸犯死罪非十恶，而祖父母父母老疾应侍，家无期亲成丁者，上请"，一般是先给予留养待遇。亲终后再决死，但大多改为流刑。犯流罪者，权留养亲，若家有进丁及亲终期年者，则从流。犯徒（罪）应役而家无兼丁者，可以将徒刑折成杖刑，决杖后释放归家。③清律关于死罪留养的规定大致与唐律相同，但徒流罪的留养一律改为杖一百，余罪收赎，存留养亲，手续更为简便。④在清代，除存留养亲外，似乎还有对死刑犯存留承祀的制度。清代秋审，结果为四种：一是情实，处决死刑，二是缓决，三是可矜，四是留养承祀。雍正十一年（1733），增列夫殴妻致死，并无故杀别情者，果系父母已故、家无承祀之人时，可以奏请皇帝许其存留承祀之定例。⑤

留养承祀制度，是清律贯彻"亲亲""尊尊"宗法制原则的典型

---

① 《商君书·赏刑》。
② 《魏书》卷七下《高祖纪下》，卷一一一。
③ 《唐律疏议·名例三》。
④ 《大清律·名例律》。
⑤ 《大清律·名例律》"存留养亲"条附例。"留养承祀"语又见同条后附第九条例文（乾隆十三年例），又见《清史稿·刑法志三》。

产物。为了教导和帮助百姓实现孝养尊亲属，国法竟不惜降格以求，轻处重罪犯，听任刑与罪不相适应，可见对国家而言，督促人民"亲亲""养亲"之目的大于刑罚报应犯罪之目的；使百姓人家香火能一脉相承不断传续，也大于对罪犯个人人身的报惩制裁。儒家认为"无后"为最大不孝，是对祖先的最大伤害，因此允许承祀乃是为了助民"全孝"，使其实现对父祖的最大的"孝"之责任。所以，清律特别强调，留养承祀的待遇只能给那些实际上能孝养父母之人。"在他省获罪，审系（无业）游荡他乡远离父母者，即属忘亲不孝之人，虽与例相符，不准留养"，"凡曾经忤逆犯案及素习匪类、为父母所摈逐者，虽遇亲老丁单，概不准留养。"①所以，留养承祀不是给罪犯的人道待遇，而主要是给其家族的宗法伦理照顾。②

（五）"亲亲相为隐"

"亲亲相为隐"的法律原则及相关制度，最能反映"亲亲""尊尊"伦理的实质。"为亲者讳""为尊者讳"，以掩饰亲者、尊者之罪过的方式表达对亲者、尊者的无原则且有害公共秩序的"爱"和"敬"，这是宗法伦理原则支配政治法律的极端的法例。当然，"亲亲相隐"制度也是为了与"一损俱损，一荣俱荣"的宗法原则相适应，承认人们通过隐匿亲属危害国家之犯罪来保护自己及家族利益的某种正当性。首次将儒家"父子相隐"的原则转化为法律的是汉宣帝地节四年（前66）"亲亲得相首匿"诏令。③此后历代法律都坚守此制，而且得相容隐的亲属范围不断扩大。汉宣帝时仅允许父母子女、祖孙、夫妻之间相隐，到唐代扩大至非同居的大功以上亲属及夫之兄弟、兄弟妻、外祖

---

① 《大清律·名例律》"存留养亲"条附定例。
② 金代曾以"官与养济"之办法取代"存留养亲"之制。见《金史》卷五《海陵纪》。
③ 《汉书·宣帝纪》。

父母外孙、孙之妇以及同居的无服亲属。到明清时，除此之外还增加了岳父母女婿。到《大清新刑律》，容隐面更扩至列入五服九图的所有亲属。[1]作为宗法伦理暨法律原则，"亲亲相为隐"主要强调的是卑幼对尊长的隐匿义务，以卑幼告发尊长或证言尊长有罪为犯罪。相反，近亲尊长告发乃至诬告卑幼均无罪；仅稍远尊亲属告发卑幼有罪，但罪刑也远轻于同等级亲属关系中的卑幼告尊长。这事实上把宗族内的尊卑贵贱长幼原则及"贱事贵，卑事尊，少事长"的伦理义务变成了国家法律原则和义务，以国家强制力保证宗法伦理义务的实现。

（六）复仇原则与制度

复仇观念和惯例是原始社会"血亲复仇"习惯的孑遗，任何民族在形成国家初期都不可避免。但在中国历史上，复仇观念根深蒂固而且影响久远，成为过去几千年中困惑立法和司法的一大因素，这又是其他民族所不及的。直到清末，这一问题在立法司法上也并未彻底解决。究其因，显然是由于它已与宗法伦理原则紧密结合而不可分，是由于它已是国家政治原则不可分割的一部分。"孝"被视为"忠"的源泉，"忠孝"被视为国家首要的政治原则，因此要禁止人们通过"手刃父仇"的方式表达"父之仇不共戴天"，表达自己对父祖的"至孝"，就不可能了。

在中国法律史上，立法对复仇一般采取禁止态度；即使许可，也是严格加以限制的。据《周礼·秋官司寇》载：周时有制，"凡报仇雠者，书于士，杀之无罪"。这仅是对"盗贼军乡邑及家人"即明火执仗进行烧杀抢之人而言。对于其他情形，不得复仇，"凡杀人而义者……令勿仇，仇之则死"[2]。秦汉时，立法特别禁止私斗，不许复仇。曹魏

---

①参见拙文《中外法律传统中的"亲亲相隐"》，《中国社会科学》1997年第3期。
②《周礼·地官司徒·调人》。

初，曾有"敢有私复仇者皆族之"的诏令。①但在制定《新律十八章》时，又规定："贼斗杀人，以劾而亡，许依古义，听子弟得追杀之。会赦及过误相杀，不得报仇。"②唐律一般不允许复仇："诸祖父母父母为人所殴击，子孙即殴击之……折伤者，减凡斗折伤三等；至死者，依常律。"③这即是说：防卫父母时殴死行凶人，仍要处以绞、斩之刑。由此可知，唐律不允许任何复仇，但未出人命时可以减轻处罚。明清律名义上禁复仇，实际上对复仇给予宽待。如《大清律》规定："若祖父母父母为人所杀。而子孙（不告官）擅杀行凶人者，杖六十。其即时杀死者，勿论。"④这是禁止擅杀即禁止复仇之条文，但实质上包含了有限允许复仇之意。凡为孝子者，谁会为避六十杖之痛而放弃复仇的伦理责任？

中国古代司法中一般都是宽宥复仇行为的。郭成伟先生主编的《中华法案大辞典》收录了历代复仇案四十个左右，自两汉的薛况复仇案、陈公思复仇案、緱玉复仇案、赵娥复仇案到民国年间的施剑翘复仇案，一般均是得到"减死一等"的宽宥，有的甚至根本什么刑罚都不给。仅有东汉时齐孝子复仇杀人案、唐时张瑝张琇兄弟复仇杀人案等三个案件中未予宽宥，即判处复仇之孝子死刑。⑤但值得注意的是，这几个不宽宥复仇者的案子在史书中是作为司法黑暗的案例来记载的。

中国古代的立法和司法对复仇的态度，反映了中国法律传统对宗法伦理的高度认同和贯彻。国家为了维护"亲亲尊尊"的宗法伦理秩序，竟不惜局部地牺牲国家治安秩序。国家本来可以以百姓应该诉诸公权力

---

①《三国志·魏志·文帝纪》。
②《晋书·刑法志》。
③《唐律疏议·斗讼下》。
④《大清律·刑律·斗殴下》。
⑤郭成伟主编《中华法案大辞典》，中国国际广播出版社1992年版。

明刑弼教：中国法律传统的基本精神

或应该通过正常司法手段来伸张公道达到复仇目的为由禁止一切复仇，并在司法上严厉惩阻复仇，但它实际上并没有这样做。

四、从刑事罪条与刑事司法看

中国法律传统的宗法性尤其体现在刑事犯罪的规定方面。无论是罪名的设定还是刑罚的设定，中国古代法律都显然受到宗法社会原则的重大影响，也处处以捍卫宗法伦理或宗法组织秩序为使命。

关于这一方面的影响和特征，我们可以从总的刑事法律原则和具体刑罪规定两个方面去看。

（一）刑事法律原则方面

中国古代刑事立法和司法原则中，最能反映宗法伦理者有二：一是"君亲无将，将而必诛"原则，二是准五服以制罪原则。

1. "君亲无将，将而必诛"

国家立法设刑的首要目的，就是要保障君主、父母的绝对权威，因此，一切有损君父权威的行为，都是刑法的打击重点。企图加害君父人身的行为，尤为万罪之首，所以法律要格外严申打击之意。"君亲无将，将而必诛"的原则就是这一立法取向的反映。自《春秋公羊传》提出此一原则后，历代统治者皆奉为圭臬，使之成为刑事法的灵魂。

"君亲无将，将而必诛"一语始见于《春秋公羊传·庄公三十二年》。南宋裴骃《史记集解》引注曰："将，谓逆乱也。"[1]唐李贤注曰："将者，将为弑逆之事也。"[2]《唐律疏议》注曰："谓将有逆心而

---

① 《史记·刘敬叔孙通传》裴注。
② 《后汉书·樊宏传》李贤注。

害于君父者，则必诛之。"①其大意是说：对君主、双亲是绝对不可以有加害之心的；只要有加害之心，则一定要加以诛罚。

历代刑法中虽然不一定有关于这一原则的直接文字表述，但其中所有重罪条款几乎都是这一原则的直接或间接体现。自汉代起，即以"大逆不道""谋反""谋叛""大不敬""不孝"等直接侵害君、父权威或其人身的行为为最重犯罪，处以极端严酷之刑，其中侵害皇帝者动辄株连三族、五族、九族。自北齐律起，确立了常赦不原的"重罪十条"，相沿至清末。在这"十恶"中，直接或间接侵犯君主地位或人身的有"谋反""谋大逆""谋叛""大不敬"四条；侵害父家长或尊亲属地位或人身的有"恶逆""不孝""不睦"三条。另有关于侵害身份类似君父的官长、师、夫之地位人身的"不义"一条。可以说，"十恶"中总共有八条是"君亲无将，将而必诛"原则的法条化。也就是说，这一原则应用于刑典中有两大意义扩展，使其影响力远远超出字面含义：第一，刑法特别保护的对象不仅限于法律上的"君"和血缘上的"亲"，而且扩大至所有从伦理上、道义上讲应有类似于君、亲身份的人（如祖父母父母以外的其他血亲尊亲属、官长、老师、丈夫）；第二，刑法上理解的"将"不仅仅限于人身加害，而且扩大至所有的侵害（包括对名誉、地位、权威的侵害）。

有了这两大扩展，于是历代刑典中所规定的犯罪条款（如唐律共502条，其中罪名之条有445条），几乎有半数是"君亲无将"原则的体现，是为了直接或间接地保障君父及类似君父之人的宗法伦理地位或权威的，以此维护作为国家统治秩序之基础的"亲亲""尊尊"宗法秩序。保护君权、父权是中国传统刑律的首要目的，因此"君亲无将"作

---

① 《唐律疏议·名例一》疏议。

　　　　　　　明刑弼教：中国法律传统的基本精神

为中国古代刑律暗含的首要原则，是没有什么疑义的。进一步说，在中国古代司法中，也充分贯彻了此一原则。即使立法上并无明文规定，司法官完全可以"原父子之情，立君臣之义以权之"，只要认为动机是为了维护君父，则百般开脱；只要认定是侵害君父，则"志恶而合于法者诛"。可以说，这一原则也是刑事司法的重要原则之一。

2.准五服以制罪

准五服以制罪，是中国传统刑事法律的又一重要原则。作为立法原则，它体现为在立法确定有关亲属相犯行为的罪名刑等时，根据亲属关系的亲疏、尊卑做出区别规定；作为司法原则，它表现为司法官在审判时常常以伦理的是非取代案件事实上的是非。

准五服以制罪原则的正式提出始于晋律。《晋书·刑法志》谓晋律比前代刑律有重大改进的地方之一即是"峻礼教之防，准五服以制罪"，即根据五等丧服（斩衰、齐衰、大功、小功、缌麻）所标志的亲属关系之亲疏远近、尊卑贵贱差异来决定亲属相犯案件中的罪名成立与否及罪责轻重，以此来强化礼教即宗法伦理的堤防，捍卫宗法伦理秩序。此后，中国历代刑律和司法都贯彻这一原则。唐律关于侵犯五服内不同亲等的亲属之不同罪责的规定繁琐透顶，如卑幼殴击尊亲属而未折伤时，殴缌麻尊亲属徒一年，殴小功尊亲属徒一年半，殴大功尊亲属徒二年，殴齐衰尊亲属（如伯叔父母等）徒三年，殴斩衰尊亲属（父祖等）斩。反过来，尊长殴击卑幼而未折伤时，均无罪；折伤时，殴伤缌麻卑幼减常人罪一等，殴伤小功卑幼减常人罪二等，殴伤大功卑幼减常人罪三等，殴伤齐衰卑幼（如弟妹、兄弟之子孙、外孙）者无罪，殴伤斩衰卑幼（如子、孙等）更不论罪。总之，在人身伤害情形中，尊亲属犯卑亲属，亲属关系越近（服制越重），则罪刑越轻；卑亲属犯尊亲属，亲属关系越近，则罪刑越重。在亲属相奸情形中，不论尊卑，唯论亲属关系远近，服制越近者罪责越重。在亲属相盗情形中，则正好与亲属相奸情形相反，亲属关系越近则罪责越轻。这些繁琐的规定，充分体现了"爱有差等"的原则，体现了"亲亲""尊尊"的原则。宋代，曾将皇帝关于断决亲属相犯的诏敕合编为《五服敕》，有人还编有《五服相犯法纂》。元代，始将所有亲属关系服制等级示意图（五服图）附于《元典章·礼部》，以方便法官司法时参照查核。明清两代律典更将《本宗九族五服正图》《妻为夫族服图》《妾为家长族服图》《出嫁女为本宗降服图》《外亲服图》《妻亲服图》《三父八母服图》等七个关于五服的示意图列于律首，通照全律，以便法官司法时参照。

准五服以制罪也充分体现在司法中。"凡听五刑之讼，必原父子之亲，立君臣之义以权之；意论轻重之序，慎测浅深之量以别之。"[1]在中国传统司法中，所谓"原心论罪"，大多是根据宗法伦理上的身份、义务来判断罪责的有无和大小。所以"原心论罪"又被称为"原情论罪"。"原"什么"情"？主要就是"原"（分析、推究）每一个人在君臣父子夫妇兄弟等伦理关系中的名分义务的"轻重之序"。这就是准五服以制罪。明人海瑞的做法就是典型代表："凡讼之可疑者，与其屈兄，宁屈其弟；与其屈叔伯，宁屈其侄。……以存体也。"[2]"体"就是宗法伦理秩序。明代有位官员在谈其办案经验时更明确地阐明了准五服以制罪（司法）的原则："曾见尊长与卑幼讼，官亦分曲直用刑，此乃愚不可及。不知（法律规定）卑幼讼尊长，尊长准自首，卑幼则问干名犯义。遇有此等，即（便）尊长万分不是，亦宜宽恕；即（便）言语触官亦不宜用刑。（如若因此用刑）人终以为因卑幼而刑尊长也，大关伦

---

①《礼记·王制》。
②《海瑞集·告示·示府县状不受理》。

理之教。"①只要是亲属之间的讼案，首先讲求尊卑名分，不可先问曲直。"万分不是"的尊长也要宽恕，从伦理上讲，错的首先是卑幼。这种"伦理之教"就是宗法伦理。清人徐栋说：（审理诉讼案件时）"凡事关宗族亲谊，必须（先）问明是何称呼，系何服制。"②司法不是先调查事实、分清是非，而是先弄清谁尊谁卑，先弄清伦理上的名分，这正是准五服以制罪。

国家立法和司法以当事人在家庭或宗族中的地位为最重要考虑，甚至作为罪责有无和轻重的首要标准，以伦理之是非取代事实之曲直，这对于捍卫宗法秩序而言确实是关怀备至。在这里，国家的立法和司法似乎给人一种深度介入"家务事"的婆婆妈妈的感觉，好像公共秩序还不如人家的家内秩序重要。其实，在宗法政治之下，貌似家内秩序的宗法秩序就是公共政治秩序的重要部分，"家务事"就是"国事"的一部分。不懂这一点，我们简直没法理解为何要准五服以制罪。

（二）具体刑罪规定方面

在具体犯罪与刑罚的规定方面，传统中国刑律维护宗法秩序、捍卫宗法伦理原则可谓无微不至。维护宗法秩序，关键在于维护君权、父权、夫权。三权之中，君权是引伸父权并加以美化的政治权，不是家族或亲属圈内的权威；夫权是由父权扩展而来的家长权之一部分；父权是三者中真正的核心，是宗法秩序中最主要的权威。所以，我们在本节先撇开"政治化的父权"——君权不谈，仅以唐律和清律关于维护父权、夫权的刑罪规定为例，说明传统刑律是如何不遗余力地维护宗法秩序的。我们仅从四个主题去认识：

　　①《牧民政要·慎打》。有人注为明代吕坤《实政录·刑戒》"三莫轻打"条，查其文并无此语。
　　②（清）徐栋：《牧令书辑要·刑名上》。

1.严惩对父、夫、兄等尊亲属的人身侵害

对父权的最大侵犯莫过于直接对父、夫、兄等行使或分享家长权之人进行人身侵害。唐律和清律规定了许多罪名，如：（1）谋杀期亲尊长、外祖父母、夫、夫之祖父母父母；（2）谋杀缌麻以上尊长；（3）妻妾谋杀故夫之祖父母父母；（4）妻妾殴或伤夫；（5）殴或伤缌麻、小功、大功兄姊；（6）殴或伤缌麻、小功、大功尊亲属；（7）殴或伤兄姊；（8）殴或伤伯叔父母、姑、外祖父母；（9）殴祖父母父母；（10）过失杀或伤祖父母父母；（11）妻妾殴或伤或过失杀夫之祖父母父母；（12）妻妾殴或伤或殴死故夫之祖父母父母；（13）殴伤继父；（14）妻妾殴或殴死夫之期亲以下缌麻以上尊长。

关于这十四条罪，我们应特别注意以下几点：第一，它们的保护对象基本上是三类人，即父母祖父母及与其同等的其他尊亲属、夫、兄姊。这三类人的核心是父，其他都不过是父身份的延伸，他们的权威来自父权。第二，对祖父母父母、伯叔父母、姑、兄姊、外祖父母、夫、夫之祖父母父母，只要有谋杀之"谋"，不管是否付诸实行，均构成"恶逆""不睦"之重罪，处以绞斩之极刑。甚至妻妾只要有谋杀故夫之祖父母父母之"谋"，就要流二千里。第三，对上述尊亲属，包括妻妾对故夫之尊亲属，只要有殴打行为，即使没有任何破损折伤，也构成犯罪，要处以刑罚。其中殴祖父母父母、伯叔父、姑、兄姊、外祖父母、夫、夫之祖父母父母者构成"恶逆"或"不睦"重罪，最重处斩刑，最轻处徒刑二年半。若殴伤或殴死，刑罚又大大加重，重至绞斩。第四，对于尊亲属，即使是过失伤之或杀之，也要处以重刑，如过失杀祖父母父母者流三千里，过失杀兄姊、伯叔父母者徒三年，仅过失伤者，也多处徒刑。第五，若上述尊亲属谋杀、殴、殴伤、殴死相应的卑亲属，大多数并无罪责，如尊亲属对卑亲属基本上没有"殴"罪，只有折伤才构成犯罪。即使少量有罪责者，也比卑幼犯尊长之罪责大大减轻。比如期亲尊长、外祖父母、夫、夫之祖父母父母谋杀卑幼，各依故杀罪减二等。祖父母父母殴杀子孙仅徒一年半，以刃杀者徒二年；故杀者，徒二年半。殴子孙之妇令废疾者仅杖一百。[①]

以上内容说明：法律的目的是要确定保护尊卑亲属之间极其严重的不平等，也就是要把尊长的权威强调到极端，把卑幼压抑到极端，以维护宗法秩序，以保证卑幼绝对地服从尊长，以杜绝违反"亲亲尊尊"原则的行径。即使不一定能保证每个人内心真正"亲其亲，长其长"，但至少也要保证外表上对尊长不敢侵害。

2.严惩对尊亲属权威的侵犯行为

告言、骂詈尊亲属，都是对家长权（或广义上父权）的侵犯，是对宗法秩序的侵犯，故历代刑律均加以严厉打击。唐律和清律均规定了以下罪名：（1）告祖父母父母；（2）告或诬告期亲尊长、外祖父母、夫、夫之祖父母父母；（3）告或诬告大功、小功、缌麻尊长；（4）詈祖父母父母；（5）妻妾詈夫之祖父母父母；（6）妻妾詈故夫之祖父母父母；（7）妻妾詈夫之期亲以下缌麻以上尊长；（8）詈兄姊；（9）詈伯叔父母、姑、外祖父母。

以上九类犯罪的共同特征是：从宗法伦理的眼光看，对尊亲属构成人格、尊严或权威上的损害。第一，告言，就是将尊亲属告到官府，以尊亲属为被告，企图借官府之手惩罚尊亲属。这当然是对尊长地位和权威的一种损害。不管你所告之事是实是虚，你胆敢告发尊长，本身就说明有"无亲之心"，有"悖逆不孝""犯上作乱"之心，所以要严惩。如是诬告，要比常人间诬告加重惩罚。为了保护尊亲属，法律规定卑幼

---

①以上所列刑罚幅度均以唐律为准，清律略有变化。因篇幅所限，不赘述亦不赘注。

告发尊亲属时，如尊亲属的犯罪事实属实，也视同尊亲属自首处理，对胆敢告发尊长的卑幼则严惩不贷。当然，父母祖父母犯谋反谋叛谋大逆等国事重罪时，子孙可以告发而不受罚。反过来，尊长对子孙（包括子孙、外孙、子孙之妇妾）及自己的妾，即使诬告以死罪，也不罚。[①]第二，骂詈，就是辱骂，犹如今天说的侮辱诽谤。但古代法律所打击的，肯定比今天范围要大。就卑幼对尊长而言，任何出言不逊都是骂詈，都是对尊长权威的侵害。法律没有尊长骂詈卑幼之条，只有卑幼骂詈尊长之罪。这与其他亲属相犯情形不一样。在其他亲属间侵害情形中，也或多或少有尊长侵害卑幼的罪名，唯独此条没有对应。关于这两类犯罪的规定说明中国传统法律在保护尊亲属权威、维护宗法伦理秩序方面极为细致周到。

3.严惩对尊亲属的不敬或疏忽态度

为了维护宗法伦理，捍卫宗法秩序，中国传统法律还格外注重打击对尊亲属的不恭敬或疏忽态度。在这一方面，唐律和清律重点打击的行为包括：（1）子孙违反教令；（2）供养有阙；（3）父母祖父母被人殴击，子孙进行救护时误伤父祖；（4）尊长为人所杀而与凶犯私和；（5）匿父母及夫丧；（6）府号官称犯父祖名讳；（7）父母死诈言余丧不解官守丧；（8）诈言祖父母父母及夫死；（9）居丧生子；（10）居丧嫁娶；（11）祖父母父母被囚禁期间嫁娶、作乐；（12）居丧作乐；（13）居丧主婚；（14）居丧奸；（15）冒哀求仕；（16）居丧别籍异财；（17）委亲之（赴）官；（18）丧制未除释服从吉。

这十八条罪名，总结而言是要惩罚对祖父母父母大等尊亲属的不恭敬或疏忽态度。供养有阙、委亲之官二者类似于今天的遗弃罪，要惩

---

① 《唐律疏议·斗讼四》。

罚的是不好好赡养父母或抛弃父母而外出做官的行为。防护父祖时误伤父祖，要惩戒的是对父祖生命健康的疏忽。为子为孙，不容许在救护父祖时出差错误伤父祖，这种"误"本身就有悖"亲亲""尊尊"之伦理。尊长为人杀而私和条，就是要惩罚子孙的忘仇忘痛之心。父祖是子孙的天，天被人所杀你竟不矢志报仇，而是私自与杀人犯谈和息讼甚至贪求财利，这说明没有孝亲之心，对父祖死于非命并不痛心，当然要重惩。府号官称犯父祖名讳条是要打击对父祖名字有不恭敬态度，认为身为孝子就不能容忍所任职务称谓包含父祖的名讳而任人在自己面前天天称呼。诈言祖父母父母死是要惩戒对父母生死这一重大事情的儿戏态度。父母尚健在就诈言已死，岂非诅咒父母？所以要严加打击。冒哀求仕及父母死诈言余丧不解官守丧也是要打击"忘亲之心"。在父母丧期的大痛时刻，你竟然还敢贪恋权位，假称仅是其他亲属之丧，不辞职丁忧，当然必须打击。居丧嫁娶、主婚、作乐、奸、生子、释服从吉、别籍异财等等，也是要打击在父祖丧期无哀痛表现之人。在父母丧期即应悲痛欲绝之际，你竟然还在那里寻欢作乐（包括跟妻子同房）、贪心财利，可见没有哀痛之心，即没有孝亲之心，故要打击。父母被囚禁而嫁娶、作乐要打击的也是无哀痛之心。父母被囚（犯罪被囚禁），本是痛心之事，若有嫁娶作乐者，也说明没有孝亲之心，故要打击。

4.其他维护宗法秩序的罪刑规定

宗法秩序不能仅仅靠剥夺卑幼的自由和利益去维护，尊长也必须遵守一些伦理义务。传统伦理强调"父慈子孝，兄友弟恭，夫和妻顺，姑义妇听"，认为尊卑亲属之间的义务应是双向的，而不是单向的。虽然双方间义务很不对等，但总算没有完全否认尊亲属的伦理义务，因而法律也肯定尊长有相应的法律义务，违者要加以打击。法律认为，尊亲属应履行对卑幼亲属的"慈""友""和"等伦理义务也是维护宗法秩序所不可缺少的，尊长滥用尊长权威伤害卑幼也是对宗法伦理秩序的破坏。在这一方面，中国传统法律主要打击以下行径：（1）亲属相奸，主要是尊亲属奸卑亲属；（2）亲属相盗；（3）略卖亲属，主要是尊亲属略卖卑幼；（4）殴、伤、杀卑亲属；（5）告卑亲属。

亲属相奸之罪，中国历代刑典定为"内乱"重罪，常赦不原。男女大防是宗法伦理秩序的重要防线之一，宗族或亲属圈内部的男女大防尤为宗法秩序的关键。历代法律关于亲属相奸的刑条，跟其他亲属相犯情形不一样，不区分尊犯卑还是卑犯尊，都一体处以极重刑罚。如唐律规定：卑幼奸父祖妾、伯叔母、姑等尊亲属，其罪责与尊长奸姊妹、子孙之妇、兄弟之女的罪责等重，都是处以绞刑。清律规定略同。此时不区分尊卑，平等处刑，主要是基于"淫禁"，即任何尊长都没有滥用权势奸淫卑幼的特权。如给予尊长减罚优待，无疑是鼓励其为"禽兽行"。这对宗法伦理秩序危害尤大。

亲属相盗之罪，历代法律也只区别亲属关系远近加以不同处罚，不分尊卑。亲属关系越近，盗窃罪责越轻。唐律规定：盗缌麻、小功亲属财物者，减凡人盗窃罪一等；盗大功亲属财物减二等，盗期亲者减三等。在这里，期亲尊长（伯叔父母、姑等）盗卑幼财物与尊长盗卑幼财物平等处刑。这样规定是基于尊长没有盗窃卑幼特权的认识。既不思尊长名分义务而为鸡狗之事，当然就不应给予任何优待。同时，亲属关系越近，越有共财的义务，故盗窃之罪责相对较轻。

在其他亲属相犯情形里（如殴、罝、告、杀、伤）区分尊卑，重责卑幼而轻责尊长，但在亲属相奸、相盗情形里平等责罚，不分尊卑，个中原因何在？我认为关键的原因在于：前者可以视为尊长在伦理和法理上对卑幼之管理权、教育权的"过当"使用；因"过当"而造成的犯罪，当然要减轻责任，这旨在维护尊长权威。至于后者，无论是伦理还是法理，都绝对不会承认尊长有对卑幼进行性和财侵犯的正当权利，决不承认此时有尊长"正当权利"被"过当"使用的可能性，反之认为尊长负有保护卑幼贞洁及财物的更大义务。不加重责罚你的"禽兽行""鸡狗行"就够了，岂能考虑减责？如果减责，就有害宗法伦理。

关于"略卖"（强卖）亲属或"和卖"（不强谓之"和"）亲属，法律只规定了尊长略卖、和卖期亲以下卑幼（弟妹、子孙、兄弟之子孙、外孙、子孙之妇、从父弟妹）之罪，均要按斗杀之罪的刑等加以处罚，徒三年或一年半。这比常人犯略卖罪处绞刑或流三千里的处罚要轻得多。但毕竟也对尊长滥用权势伤害卑幼利益的这种行为加以处罚，这也是为了保护家族和睦进而保护整个宗法秩序。

关于殴、伤、杀卑亲属，法律上尽管有比常人间犯此类罪行减轻处罚的优待，但毕竟还是要加以打击，这也是为了防止尊长滥用其法定权势而过分侵害卑幼利益。除父母祖父母伤害卑幼的情形外，法律允许卑幼对其他尊亲属的侵犯行为加以告发以求自卫："期亲以下，缌麻以上，或侵夺财物，或殴打其身，得自理诉。"不过，对于尊长的其他侵犯，卑幼还是不能告发："非缘侵犯，不得别告余事。"[1]

关于告发卑亲属之罪，这是我们从前通常忽视的。我们一般只注意旧律惩罚卑幼告发尊长，不知旧律还惩罚尊长告发卑幼。唐律和清律均规定：告缌麻小功卑幼，虽得实，杖八十；大功以上，递减一等。诬告者亦加重处罚。[2]这一规定较好地贯彻了"亲亲相隐"原则，即认为尊长也有为卑幼隐罪的伦理义务，尊长为卑幼隐罪也是维护宗法秩序所必需的。在这里，亲属关系越近，告发及诬告卑幼之罪责越轻，这可能也是

①《唐律疏议·斗讼四》。
②《唐律疏议·斗讼四》，《大清律·刑律·诉讼》。

考虑到尊长使用正当管教权威不幸"过当"时应予以宽大处理。

五、从民事方面的规定看

中国传统社会的成文法中几乎没有正式成体系的民法规范，因为古时一切民事事宜最后都可归结为刑罪，都可以刑事解决。但是，应当说，这些法条中的"假定""处理"部分，以及这些法条或其注释所引据的"礼""经"有关内容，实实在在是解决民事问题的规范。从这个意义上讲，民事法律规范在中国法传统中是存在的。

中国传统法律关于民事问题的规范，更注意从细微的角度维护宗法伦理秩序，捍卫宗法社会组织结构，防止对它的任何细小破坏。这可以从以下几个方面来分析。

（一）关于立嫡与继承问题

立嫡与继承问题，是宗法秩序中的首要问题。宗法宗法，首先就是要确立宗子，确立家族主祭人、执法人，确定权力继承者，以保障"亲亲""尊尊"的秩序不致紊乱。历代法律特别打击"立嫡违法"行为。依礼法，有嫡立嫡，无嫡立长，父辈身份爵号、权力权利的第一继承人只许是嫡妻所生的儿子（长子为先）。如嫡妻年五十以上无子，方可立妾所生之子为嫡子，定为继承人。如果正妻有子却因爱憎之故先立妾所生之子为嫡子，就是违法，就乱了宗法伦常。唐律规定徒一年，清律规定杖八十。

与此相关，法律还特别防止不是正嫡者通过弄虚作假承袭父祖的爵位。唐律规定："非正嫡（子孙）不应袭爵而诈承袭者，徒二年；非子孙而诈承袭者，从诈假官法（流二千里）。"[①]这就是说，依法应立为嫡

---

①《唐律疏议·诈伪》。

　　　　　明刑弼教：中国法律传统的基本精神

子的人可以承袭父祖的公、侯、伯、子、男等爵位权力及其他政治或宗法权力，其他不应立嫡的子孙不得承袭，外人更不得诈袭。

为了防止宗族利益"外流"，旧律还特别打击收养异姓人为子孙扰乱宗族宗法秩序者。唐律规定："养异姓男者，徒一年"，"养杂户男为子孙者，徒一年半。"①清律规定："乞养异姓义子以乱宗族者，杖六十。"至于收养遗弃小儿，"听从其姓"，但不得以无子为由立为嗣子。无子者，可以立同宗昭穆（辈分）相当者为嗣子，不得尊卑失序。②

（二）关于财产管理及分割

合乎"亲亲""尊尊"原则的家产管理及分割秩序，是宗法家庭和睦的重要保障之一，也是宗法秩序的一部分。中国传统法律相当注意维护此一秩序。除了刑事法条中特别打击"同居卑幼将人盗己家财物"的行为之外，在民事方面还特别禁止"同居卑幼私擅用财"和"祖父母父母在而子孙别籍异财"的行为。唐律规定同居卑幼私擅用财，罪刑重至杖一百。这主要是基于"同居之内，必有尊长；尊长既在，子孙无所自专"③的伦理，认为尊长对家产的管理权是家长权威不可分割的一部分。关于打击"别籍异财"之条，旧律一方面旨在打击子孙分家析产而危及对父祖的赡养，另一方面也旨在打击子孙对父祖统一管理家产权威的侵犯。至于唐律规定祖父母父母命令子孙别籍，也要处罚父母祖父母（而令其别财无罪），则匪夷所思。这可能是出于保护宗法家庭的完整性，不让家庭分裂太快而危及宗法秩序之考虑。也就是说，至少保持两代同堂，才具备在家庭内实践尊卑贵贱长幼等之伦理原则的基本条件。

---

①《唐律疏议·户婚上》。
②《大清律·户律·户役》。
③《唐律疏议·户婚上》。

（三）关于亲子关系

由于浓厚的宗法伦常之影响，中国传统法律不承认亲子关系能合法地解除。即使在收养、出家等情形中，仍不允许把血缘亲子关系转化为法律上的常人关系。旧律不允许父祖以子孙"妄继人后"，不许将子孙送给同宗以外的人收养为子孙。这就是不承认父祖有主动解除法律上亲子关系的权利。唐律规定："以子孙妄继人后者，徒二年。"[1]清律规定："以子孙与异姓人为嗣者，杖六十。"[2]即使贫苦无告也不得卖子孙，卖者视同斗杀之罪。[3]这等于宣告，即使是尊长，也无权逃避抚养教育子孙的宗法义务。对于子孙而言，即使被同宗收养或因战乱灾荒流浪被人收养，也不得解除对亲生父母的宗法伦理义务。虽然他对于亲生父母家族的服制（守丧义务）降了一格（等），但他侵犯亲生父母祖父母的罪责丝毫没有减轻。他对于亲生父母若有殴、告、詈、伤、杀、过失杀伤等行为，跟未被人收养的子孙罪责完全一样，并不依常人相犯情形来处理。这就是说他虽出养于他人之家，但对本生父祖的宗法伦理义务并未减轻（所减轻者仅仅是服丧义务，所免除者仅仅是赡养义务）。这表明，法律不承认其能合法解除宗法性的亲子关系。此外，子孙亦不得以出家为名解除对父母的全部宗法伦理义务。清律规定："凡僧尼道士女冠并令拜父母，祭祀祖先，丧服等第皆与常人同。违者，杖一百，还俗。"[4]这无异于宣布出家人不能出宗法伦常之"法网"，不得解除亲子关系，不允许以宗教教义为由破坏宗法伦常，否定"亲亲""尊尊"。父子关系是一切宗法关系的基础，对它的动摇，与动摇君臣之纲一样，可能动摇国本，故法律要重点防范。

---

① 《唐律疏议·户婚上》。
② 《大清律·户律·户役》。
③ 《唐律疏议·贼盗四》。
④ 《大清律·礼律·仪制》。

（四）关于婚姻和夫妻关系

中国旧律关于婚姻的规定，尤其以宗法秩序为依归，尤其以干涉家内事为原则。

关于结婚，旧律一直禁止同姓为婚。禁止同姓为婚，有出于优生学的考虑，但更多是出于宗法秩序的考虑。同姓为婚，一般是与同族或同姓旁族之人结婚，极易导致宗族内尊卑长幼秩序的紊乱，甚至可能客观上鼓励宗族内部奸淫内乱，对宗法秩序损害是极大的。关键是，同姓相婚所生的孩子在宗法关系网上的名分是混乱不清的，他的父族、母族可能重合，是一个宗族，那么他对父族、母族不同的名分义务就无法确定，不便履行。关键是，万一夫妇发生严重矛盾或离异，就会导致同族同宗内部关系破裂。这些都直接或间接威胁宗法伦理秩序。除此之外，法律还禁止"卑幼自娶妻"，这是要保障父祖的主婚权，防止卑幼以私情而不顾宗法秩序利益擅自决定婚姻大事。在宗法伦理中，婚姻是"合二姓之好，上以祀宗庙，下以继后世"的宗族大事，不是个人私事，法律必须保障婚姻的此一性质。所以，除卑幼擅自婚嫁之外所有的违法婚姻，都只主要追究主婚人和媒人的罪责，对结婚男女反而不追究或从轻追究。

关于离婚，旧律的规定也是以宗法原则为准。仅从单方面要求离婚而言，离不离，首先看是否有宗法或家族利益上的离婚理由，个人情感不是理由。如"七出三不去"之法即是典型。七条离婚理由（一无子、二淫佚、三不事舅姑、四多言、五盗窃、六妒忌、七恶疾）中，除盗窃和恶疾两条外，其余五条几乎全部是宗法家族利益上的理由，尤以无子、不事舅姑二条为典型。你既不能完成生子传香火、赡养公婆的任务，那么就要换人。淫佚、多言、妒忌三条主要是防止妻子在宗族内淫乱、离间宗族团结、不配合丈夫纳妾等有害宗法家族秩序的行为。所谓"三不去"即三条不许离婚的理由，第一条（为公婆服过三年丧）

就是宗法性的：她为宗族尽了义务，不能离。第二条（娶时贱后富贵）也有宗法伦理属性：她为家族的兴旺做过贡献，经历过艰苦创业，也不能离。最能体现宗法原则的是关于义绝离婚的规定。唐律规定："诸犯义绝者离之，违者徒一年。"清律规定："犯义绝应离而不离者杖八十。"①义绝主要是指夫妻双方家族之间道义关系已绝，如丈夫殴妻之祖父母父母及杀妻之外祖父母、伯叔父母、兄弟、姑、姊妹及与妻母奸，如妻子殴詈夫之祖父母、杀伤夫之外祖父母、伯叔父母、兄弟、姑、姊妹及欲害夫，或与夫之缌麻以上亲属通奸，如夫妻双方的前述近亲属之间互相残杀等。凡此种种，均为义绝。在此种情况下，必须离婚，即使小两口还感情很深，也必须离婚，不离就是违法。这纯粹是以宗法或家族利益来判断。维持这种有义绝情形的不和谐婚姻，显然并不利于宗族利益，离婚反而更有利于宗族。当然，中国旧律在任何时候也是允许两愿离婚的，两愿离婚不需要上面所说的任何理由。②

关于妻妾地位名分问题，中国旧法也特别注意，禁止有妻更娶、以妻为妾、以妾为妻，以保证宗法秩序不乱。有妻更娶，违反一夫一妇之制，使"两嫡（贵）不能相事"，其家必乱；以妻为妾，以妾为妻，就是打乱了家内的贵贱尊卑秩序，"亏夫妇之正道，黩人伦之彝则，颠倒冠履，紊乱礼经"，当然要严厉制止。唐律规定犯之者徒一年至二年。清律规定杖一百或杖九十。③用今人眼光看，丈夫重谁轻谁、亲谁疏谁是纯粹的个人私事或家内事，国家何须干涉？但在宗法伦理之下，妻妾尊卑秩序是宗法秩序的重要部分，妻妾失序有可能危及宗法秩序乃至国家秩序。

---

①《唐律疏议·户婚下》《大清律·户律·婚姻》。
②《唐律疏议·户婚下》："若夫妻不相安谐而和离者，不坐。"又见《大清律》"出妻"条。
③《唐律疏议·户婚下》《大清律·户律·婚姻》。

关于夫妻关系，中国旧法虽屡屡据儒家经典宣布"妻者，齐也""一与之齐，终身不改""合体同尊卑"等原则，但事实上，法律并未在任何地方实际赋予妻与夫平等的权利地位。在人身关系上，妻侵犯丈夫，动辄处以重刑，而夫侵犯妻，刑罚比常人相犯减轻。如妻告发夫为"不睦"重罪，夫即使诬告妻也能减轻处罚。"妻虽非卑幼，义与期亲卑幼同。"[①]后世更明确"妇人以夫为天"，妇女更无独立人格。在财产关系方面，除离婚时妻可能带走部分婚前财产之外，妻在家内是没有财产权利的，财产全由丈夫控制。这样一种夫尊妻卑的夫妇关系，正是宗法秩序的基础："夫妇有义而后父子有亲，父子有亲而后君臣有正。故曰：昏（婚）礼者，礼之本也。"[②]

本章结语

本章里，我用了较大的篇幅讨论了宗法社会组织与中国法律传统之间的关系。在讨论这一问题时，我注重的是社会组织原则，而不仅仅是社会组织形式。宗法社会组织，是中华民族自古以来结成生活群体的主要组织形式或基本形式，我们民族历史上的"社会"，无论是政治社会、经济社会、宗教社会，还是文化社会、福利社会，都或多或少像是宗法家庭的扩大或变种，都在主动比附宗法家庭模式。这样一种社会组织基本模式，深刻地影响了中国法律传统，使我们的法律传统充满了宗法性。但是，这种社会组织模式是如何具体地影响法律传统的？当然不是模式本身直接去影响，而只能是模式背后的原则去影响。就是说，宗

---

① 《唐律疏议·斗讼四》。
② 《礼记·昏义》。

法组织原则渗入法律的各主要方面，在那里起主导作用。法律涉及或规范某一类社会关系，我们就可以把这一关系中的人们看成一个社会或群体。法律在调整这一社会关系或管理这一群体时主要应用了宗法的原则，我们就可以说这个群体或社会有了宗法社会组织的属性。所以在本章里，我并没有直接去论证以父家长制为蓝本的宗法社会组织模式如何直接影响或感染了中国传统社会中的其他社会组织，而是主要分析了宗法社会组织的精神纽带"亲亲""尊尊"原则对法律所调整的其他社会关系的影响或决定性作用。

与前两章一样，本章仍没有办法把作为中国法律传统生成和存续的气候土壤的宗法社会组织对法律传统的影响或决定意义，与中国传统法律为维护各种社会关系中的宗法原则所做的各种努力这两者区分开来加以分析。前者是讲宗法土壤所结宗法性法律之果，后者则是讲法律的宗法性规定反过来又成为社会关系或组织形态的宗法性之因。这样一来，贯彻宗法精神的法律规范既是果又是因。这样一种因—果兼因—果的关系，也许正是中国古代宗法社会土壤与法律传统实际关系的写照。但我倾向于这样的判断：父家长制的宗法家庭（家族）大致在国家法律形成之前已经基本形成，它的原则在国家与法律形成过程中被不断总结完善，渗透到国家法律的每个角落，使国家法律具有宗法属性；反过来，为了维护这样一种基本的社会组织模式，法律也不断地以宗法原则武装自己，去打击破坏宗法组织原则和秩序的行径，这又强化了作为政治法律土壤的各类社会组织的宗法属性。

最后必须再强调的是："亲亲尊尊"，作为宗法社会组织的根本原则，实际上是家事与国政合一的原则，是家庭与社会通行的原则。不可将"亲亲""尊尊"割裂开来。在家内，以"亲亲"为主，推及"尊尊"；在家庭之外的一切社会组织形态中，以"尊尊"为主，释以

"亲亲"。就是说，在家里，最好的"亲亲"，就是以"亲而长"者为"尊"，敬之养之服从之；在家外，最好的"尊尊"就是以"尊者"为父兄，以敬爱的方式尊崇之。只有先在家里做到"亲亲敬兄"，才能在社会做到尊君敬官。我们不能说"亲亲"仅仅是家（亲属）伦理原则，不能说"尊尊"仅仅是政治伦理原则。应该说，"亲亲尊尊"作为一个整体起初仅仅是家内的组织原则，后来又作为一个整体推广为国家政治的原则。认识到这一点，才能认识中国法律传统的宗法属性。

至于中国社会组织先天就有的宗法性或宗法模式是如何肇始的，终极原因何在，这是另一个需要深入研究的问题，本章暂且不论。

第五章

中国传统法律思想的伦理属性

一、传统中国的法论主要谈了些什么？

法律是人类为自己的政治社会生活需要而建立的强制性的规范体系，它是"社会"这架大机器的结构图和运行规则，旨在维护公共秩序或建立一种有序状态。自古至今，中国人关于法律的思想相当丰富，也颇有特色。由于思想家们所处的时代不同及其地位的差异，因而对于"什么是合理的公共秩序（或有序状态）"看法不一：有人赞成奴隶制秩序，有人赞成封建制秩序，有人赞成郡县制、官僚制与地主制结合的秩序，有人赞成无君无政小国寡民的秩序，有人赞成商人政治的秩序。因"秩序观"差异，才有了各种法律思想；在每一类法律思想中，又因为思想家个人对一些法律原则或具体制度的见仁见智，于是有了古今形形色色的法律观点、主张。我曾将历代贤哲的主要法律言论收集起来，编辑成书①，分为六大类。

第一类：论法理。所谓法理，主要指关于法的起源、性质、构成、

---

① 邢贲思主编《中国思想宝库》，中国广播电视出版社1990年版。书中的"法律卷"是我主持编选的，本章原为我为"法律卷"撰写的前言，现增删而成。

作用、目的、形式和渊源问题，以及法律与道德、宗教、经济、政治、社会、军事、文化等的关系问题之探讨。在这些问题中，中国人讨论最多的是法律与政治的关系，或者干脆说是刑罚与政治的关系、刑罚手段对政治的作用，于是有了"德主刑辅""礼刑并用""大德小刑""先德后刑"之类主张。其次是法律与道德的关系，即礼与刑的关系，这就是人们常说的"出乎礼者，入乎刑"，"礼之所去，刑之所取"。此外，关于法律的作用，人们讲得也比较多，如说法律可以"定分止争""禁暴正乱"等。其他问题人们谈得很少，即便偶尔涉及，也不是从法理的角度来谈，而常常是从别的角度去讨论，也未曾深入下去。说中国古代法学不发达，主要就是从法理学说的薄弱这一方面来讲的。

第二类：论罪与罪责。这一类是属于刑法方面的思想言论。什么行为是犯罪？特定犯罪行为罪责多重？什么情况下应株连？什么情况下可以赦免？在立法上和司法上应给什么人特权？这一类里既有刑法问题，也有刑事诉讼法问题。前人关于"十恶""八议""官当""赎罪""赦免""复仇应否受罚""亲亲相隐""连坐""族诛"等等问题的讨论，统统可以归入此类。

第三类：论刑罚。这一类也是刑法问题，前人关于肉刑存废、刑制改革、监狱改革等问题的言论都可归入此类。

第四类：论律令。这是立法问题，前人关于法贵简易、律令形式优劣、不同形式的法律规范的效力大小等问题的言论都可归入此类。

第五类：论法教。这主要是关于法律教育和宣传问题的言论，似乎无法划入某一部门法学范围，故单独列为一类。也许把古人关于法律公布宣传、法学教育等的言论称为"法教"并不一定合适，但本类所收入的另一部分内容，即前人的止讼、息讼、戒讼、贱讼论说等，称之为"法教"则是相当妥帖的。旧时的"法教"的最大目标就是止讼，不像我们今日法律教育的目标是使人们懂法知法用法以捍卫自己的合法权益。能使人虽不懂法但知畏法，"法教"目的即已达到。

第六类：论司法。前人关于司法官员在司法过程中应有的态度、原则、方法等的言论，基本上属于刑事诉讼法和司法道德伦理的范围。在这方面，人们讲得最多的是"原心论罪"问题，即依据法律之外的道德原则在个案中对成文的法律做修正，这实际上是法官立法。其次，任法去私的问题人们也讲得较多，这就是强调司法官员要出于公心，不要徇私情，不要渎职。此外，"理大罪、赦小过"的问题人们也讲得较多，这如同提倡司法应抓大案要案对较轻的犯罪免予刑事处分一般，古今之旨都是在提高司法效率，并避免刻薄不仁的形象。古人还常倡言"明慎折狱"，就是要司法官们认认真真，千万不能马虎，因为动辄就是人命关天的事。这一类关于司法原则的思想，是相当丰富的，仅次于"德主刑辅"思想。其实它就是这一法理观念在司法领域的运用。

中国法律思想史几乎是一部伦理思想史，法学基本上是伦理学的一个分支。中国法律思想几乎贯彻了"伦理至上""伦理即法"的精神。因此，杨景凡、俞荣根先生说中国古代以儒家伦理为指南的法律学说是"伦理法"学说[①]，是相当恰当的。具体来说，就是贯彻了血缘宗法伦理（而不是市民伦理或宗教伦理等）的精神。因此，中国古代法律思想无论从形式上还是从内容上看，都体现了这一根本特征。这一特征甚至或多或少为近现代中国法律变革所继承。

---

①杨景凡、俞荣根：《论孔子》，西南政法学院1984年印行，123页以下。

二、从法律思想的价值内容看伦理法精神

从中国法律思想的内容来看，可以看出它至少从以下几个方面体现了伦理法精神。

（一）家本位观念成为法律思想的基础

传统的血缘宗法伦理，对每个社会成员在家庭中的地位、权利、义务都有基本界定，这成为人们在立法、司法诸方面衡量罪与非罪、罪刑轻重等的根本尺度，它被当成法外之法、法上之法。因此，"孝"这一宗法伦理的基本原则，成为一切法律问题的最后准则（"忠"只不过是它的延伸）。

在立法理论上，许多人倡言"三纲五常"法律化，这在汉武帝以后即实现了，至唐代更加完善。朱熹的话最有代表性："盖三纲五常，天理民彝之大节而治道之本根也。故圣人以治之为之教，以明之为之刑。"[①]在他看来，礼、乐、刑、政只不过是"三纲五常"这些"法上之法"的具体化、条文化。自汉代开始到唐代完全形成的所谓"十恶"或"重罪十条"，就充分地体现了这种家本位伦理或血缘宗法伦理的精神。"十恶"中，"恶逆""不孝""不睦""内乱"等几乎完全旨在维护家本位伦理。"不义"罪中的后一半即"闻夫丧匿不举哀，若作乐，释服从吉及改嫁"也很明显是旨在维护宗法家庭秩序。十种"最严重"的犯罪中竟有四条半直接维护伦理，这显然是家本位观念为法律思想之基础的直接体现。

在司法方面，直接主张以在家中的尊卑长幼贵贱名分作为定罪量刑根据者也不乏其人。如认为告发祖父母、父母，是"干名犯义"，违

---

①《朱文公文集》卷十四，《戊申延和奏札》。

背伦常，应处以极刑；父祖伤害子孙则不过是管教过当，子孙伤害父母则"十恶不赦"。最为典型的是海瑞，他主张"凡讼之可疑者，与其屈兄，宁屈其弟；与其屈叔伯，宁屈其侄"①。于是，卑幼在家庭中天然的低下地位移到了法律领域，此即所谓"天底下无不是的父母""长幼相争，总是幼的不是"。于是在司法中，为子为弟为侄为孙者天然地处于一种有罪或罪责较重的不利地位。古时所谓"原情定罪"正是"原父子之情"，实际上即依据家庭中的尊卑长幼之伦理来定罪量刑。

（二）"皇权至上"成为法律思想的最高原则

君亲无将，将而必诛。这一"道理"被古时谈法律的人无数次论证。其实，这只不过是把"家"本位伦理扩大到了"国"而已，是它的自然引申。家国同构，家是国的缩影，国是家的放大。国家中的一切关系，如家庭中的关系一样简单："君父"与"臣子"（"子民"）关系而已。治国关键在于"移孝作忠"，一切适用于家的伦理原则在被移作法律的基本原则后，都适用于君臣民之间。君主被思想家们论证为天然的最高家长、最高立法者、最高司法官、最高道德准则（法上之法）的掌握者，即所谓"口含天宪""为天下万姓父母""作之君、作之师、作之亲"等。于是"非天子不议礼、不制度、不考文"②，"礼乐征伐自天子出"③。当世君主的诏令是最高法律，此即汉人杜周所云"前主所是著为律，后主所是疏为令，当时为是，何古之法乎"④，亦即明人所谓"天子居至尊之位，操可致之权，赏罚予夺，得以自专"⑤。为维护皇帝的至上权威，思想家们反复论证"君权神授"，并贯彻在法律中，一切

---

①《海瑞集·条例·兴革条例》。
②《礼记·中庸》。
③《论语·季氏》。
④《汉书·杜周传》。
⑤《明太祖实录》卷一二九。

对皇帝权威有所威胁的言行都被视为亵渎神明，被定为最严重的犯罪。"十恶"中"谋反""谋大逆""谋叛""大不敬""不义"（半条）等四条半，都是专门用以严惩直接或间接损害皇帝至高尊严之言行的，可见"皇权至上"观念对于封建法律及法思想的重要影响。《唐律疏议》云："王者居宸极之至尊，奉上天之宝命，同二仪之覆载，作兆庶之父母。为子为臣，惟忠惟孝。乃敢包藏凶慝，将起逆心，规反天常，悖逆人理……"①这，就是把"侵犯君威"视为最严重犯罪的理论依据。

在常赦所不原的"十恶"大罪中，侵害父辈权威或家伦理之犯罪四条半，侵害君主权威之罪四条半（其中"不义"一条，二者各半），只剩"不道"一条带有惩罚"极不人道"罪行（杀一家非死罪三人及肢解人）的性质。可见封建法律及其观念的焦点所在。

（三）"明刑弼教"是一切法律活动的基本指导思想

在古代中国思想家们那里，法律并没有独立的地位和价值，只有作为道德教化的辅助手段时才有必要。如汉代郑昌说："立法明刑者，非以为治，救衰乱之起也。"②清人顾炎武说："法制禁令，王者之所不废，而非所以为治也，其本在正人心、厚风俗而已。"③清人纪昀说："刑为盛世所不废，而亦盛世所不尚。"④这些说法，都典型地反映了这一观念。无论是先秦儒家、法家还是他们的后继者，都只不过把法律当作"术"（法家称"法术"，儒家称"辅教之术"），从未将其放到治国之道那种较高的位置。所谓"德主刑辅""大德小刑""崇德贱刑"正是这一观念的写照。

"明刑弼教"体现于立法活动中，就是尽量把"三纲""五常""十

---

① 《唐律疏议·名例一》。
② 《汉书·刑法志》。
③ （清）顾炎武：《日知录·法制》。
④ （清）纪昀：《四库全书总目提要·政法类·法令之属》按语。

义"等血缘宗法伦理变成法律条文，强制人们遵行。此即朱熹所说的"以治之为之教，以明之为之刑"。

"明刑弼教"体现于司法活动中，就是"礼去刑取""出礼入刑""春秋决狱""原心论罪"或"原情论罪"等等。注重这一原则，就使得司法官员的决狱过程一方面变成一种"原心"即推究、评价人们行为的动机是否合乎道德的过程，另一方面成为一种"原情"即以伦理道德原则去评判特定案件的情节轻重、罪行大小的过程。这种推究、评价、评判，最后落实在赏（赦免）罚（处刑）上，无疑会起到捍卫并弘扬伦理道德的作用，此即封建司法活动的最终目的，这就是"弼教"。从古时的司法案例来看，法官们所"原"之"心"，就是血缘宗法伦理要求的孝心、慈心、忠心、悌心、顺心等，只要动机合乎这些道德，则为"志善"，"志善而违于法者免"；相反为"志恶"，"志恶而合于法者诛"。[1]这就是"出礼入刑"。其所"原"之"情"，主要就是"原父子之情、立君臣之义以权之"[2]，就是考察案件中的原、被告在宗法伦理中的地位，弄清尊卑长幼上下贵贱之情，并按此"情"去定罪量刑，以"罪同异论"[3]为贵。

"明刑弼教"还体现于中国先哲们关于贤人与法律二者孰轻孰重的选择上。"有治人，无治法"，是绝大多数思想家的一致主张。既然法律只是一种治术，那么"操术之人"的作用当然更为重要、更为根本。谁能操"明刑"术去"弼"德教呢？当然只有贤人，即有德之人。因此，造就有德之人远比立法、司法更为重要，这就是中国法律学说不发达而贤人政治论十分发达的原因。

---

① 《盐铁论·刑德》。
② 《礼记·王制》。
③ 《春秋繁露·精华》。

因为要"明刑弼教",古人还在立法、司法问题上特别强调"重义轻利"。这是"明刑弼教"的又一表现或应用。在立法上,人们反对把民事利益问题列入法律,又主张立法以贱抑工商;在司法上,主张物质利益的得失服从于伦理关系的是非,伦理关系优于财产关系。所谓"义",即纲常之"义"。司法上以"义"为重,即弘扬德教,即以"刑"为"德术"教育百姓。

三、从法律思想的技术层面看伦理法精神

从技术层面看,中国法律思想也有典型特征,这些特征也或多或少地体现了伦理法精神和风格。

(一)罚(刑)论重于法论

法是由强制性规范和惩罚手段二者构成的。在中国法律传统中,惩罚手段就是"刑"。强调"刑",甚至把"刑"当成法的全部,是中国法律思想的典型特征之一。《管子·心术上》:"杀戮禁诛之谓法。"《尚书·吕刑》:"惟作五虐之刑曰法。"《释名》:"法,逼也,莫不欲纵其志,逼正使有所限也","律,累也,累人心使不得放肆也。"《慎子》:"惨而不可不行者,法也。"《说文》:"法,刑也。"《盐铁论·刑德》:"法者,刑罚也。""法者,所以督奸"。宋人杨万里说:"法不用则为法,法用之则为刑;刑民不犯则为法,民犯之则为刑。"[1]明人丘濬说:"法者罚之体,罚者法之用,其实一而已矣。"[2]这些观念就是"以刑为法"的明证。不过,在另一些人那里,

---

[1]《诚斋集·刑礼论》。
[2]《大学衍义补》卷一百。

法似乎还包括"赏",如《韩非子·二柄》："二柄者,刑德也……杀戮之谓刑,庆赏之谓德。"而操此二柄,即是他所说的"以法治国"。《淮南子》："六律者,生之与杀也,赏之与罚也,予之与夺也。"明人方孝孺说:"治天下有法,庆赏刑诛之谓也。"①这些法定义中虽有"赏",但它是空的,因为古时从不会赏仅仅合法的行为,因为那就如法家所讥是"赏不盗"。因此,司法中所谓"赏"不过就是赦宥。于是,赏刑二者中实质上能落实的还只是刑,归根到底还是以刑为法。至于对法的重要成分即法律规范的本质、构成、要素、分类、形式、价值判断及改进,人们很少讨论、研究。于是,在古代中国几千年中,几乎谈不上有什么刑法理论、民法理论、诉讼法理论、行政法理论、商事法理论等。

(二)用(工具)论重于本体论

中国法律思想偏重于谈论法之用途,很少讨论法律这种特定规范本身的构成、规律。关于法之用途(作用)的言论,几乎是古时法思想的全部。不管是讲到法的起源、形式、性质、目的,还是讲到法与道德、政治、经济、文化等的关系,或者讲到司法原则、方法问题,几乎都是以法的用途为出发点无意延伸出来的。如古人讲法律有"正名定分"的作用②,这才无意中涉及法的起源及立法问题;古人讲法有"规矩、绳墨、权衡"作用③,这才无意中涉及法的性质问题;古人讲法有"明刑弼教"作用④,这才无意中涉及法与道德、政治的关系问题;古人讲法有"禁暴止乱""救世"的作用⑤,这又无意中涉及法律与政治、社会的关

---

①《逊志斋集·深虑论五》。
②如《商君书·定分》:"圣人必为置法令……所以定名分也。"《盐铁论·后刑》:"刑所以正名。"
③如《商君书·修权》:"法者,国之权衡也。"
④如《汉书·刑法志》:"德须威而久立……作刑以明威。"
⑤如《周礼·秋官司寇》:"刑乱国用重典。"陈子昂《伯玉文集·请措刑科》:"圣人诛凶殄逆,济人宁乱,必资刑杀","凶乱既灭,则必顺人施化。"

系问题；古人讲到法律有"统一思想、消灭异端"的作用①，这又不期而然地涉及法与文化（含思想和学术）的关系问题。一句话，所有的人，只有在讲作用、用途时心中才有法，没有人去谈"法之体"这种比较形而上的东西，没有兴趣。法规范本身的内容、构成，其产生程序、纠误程序、变更程序，它与上层建筑和意识形态其他部分的内在关系和外在关系，都是法之"本体论"所要谈论的问题，是完全可以独立去研究、讨论的。而且也只有这样的研究和讨论，才会产生真正的法学，国家的立法才会日益完善。

正因为"以用代体"的观念在作怪，所以才有"法者，所以兴功惧暴也""法者，上之所以一民使下也""法者，天下之仪也，所以决疑而明是非也，百姓所以悬命也"②之类"以用为体"的模糊法定义。正如用"它是用来切菜、砍柴的"一语来回答"什么是刀"的问题一样。

（三）艺术论重于科学论

法律是一门科学，但在使用这门科学时也需要艺术。科学是没有感情的理智，所以法律特别怕情感的干扰；司法需要艺术，但绝对忌讳凭主观好恶超越法律为裁判。道德就是艺术，中国传统既然把司法当成捍卫、弘扬道德的工作，以法为德、以刑为德，就势必对法律的科学性尽量排斥，并把法律当成艺术。法律这门科学的确定性、普遍性、一致性、客观性，几千年来一直被人们顽强地排斥；人们追求的更多是具体性、个别性、主观性、变通性、差异性的法律，这正好是作为艺术的道德的属性。于是，几千年来，立法理论和司法理论都充满非科学论即艺术论的精神。

---

①如《墨子·尚同上》："上之所是，必皆是之；上之所非，必皆非之。……上立此以为赏罚。"
②《管子》之《七臣七主》《任法》《禁藏》。

立法方面，特别强调"法顺人情"，如汉代晁错说："法令……合于人情而后行之。"①《文子·上义》说："法生于义，义生于众适，众适合于人心。"宋人张耒说："立法……常至于沮而不行者何也？是其立法非人情之故也。"②明人薛瑄说："法者，因天理，顺人情，而为之防范禁制。"③这样过分强调"顺人情"的结果只会是两者：一方面，正律势必十分笼统、原则、简易，因为要给司法者留有余地，要方便"法官造法"；另一方面，正律以外的法律形式十分繁杂。旧时的令、敕、诏、谕、制、科、比、格、式、例等都是因应具体的、特殊的、个别的案件的特殊需要而产生的，其篇幅常常百倍乃至千万倍于正律。如汉初正律自"约法三章"到萧何九章，都相当简单，但所谓"决事比"即判例法泛滥成灾，如宣帝时仅"死罪决事比万三千四百七十二事，文书盈于几阁，典者不能遍睹"。萧何《九章律》以后几十年时间，到武帝时为止，附增的法令翻了好几倍，"大辟之刑千有余条，律令烦多，百有余万言"，"明习者不知所由"。④这就是过分强调因案制宜、因人制宜即强调不同案件不同立法、不同处置的恶果。直到唐律，才想出了点制止的办法："诸制敕断罪，不为永格者，不得引为后比。"⑤但实际作用似乎不大，直到清末，法令繁多、法律形式杂乱的情况仍有增无减。

在司法方面，同样充满非科学论的精神，所谓原心论罪、原情论罪，正是反对法的普遍性、一致性、严格性。因为人们的动机是千差万

---

①《汉书》本传。
②（宋）张耒：《张右史文集·悯刑论下》，转引自杨鸿烈《中国法律思想史》下册。《张耒集》（上、下）收录有《悯刑论》，中华书局1990年版，下册，610—611页。——修订注。
③（明）薛瑄：《要语》，原引自杨鸿烈《中国法律思想史》下册。黄振萍编《薛文清文献辑刊》（上海交通大学出版社2021年版）第18册收有《薛文清公要语》（内篇一卷，外篇一卷）。——修订注。
④《汉书·刑法志》。
⑤《唐律疏义·断狱》。

132　　　　明刑弼教：中国法律传统的基本精神

别的，案情也是千差万别的，过分强调将动机和情节的伦理评判作为定罪量刑的主要依据，这实际上等于废弃了统一的法律，而任由每一个司法者依据伦理原则针对每个具体案件造法。道德原则是笼统的、模糊的，各人可以做各人的理解和解释，于是"罪同异论"："所欲活则傅生议，所欲陷则予死比"，"高下在心"，"任意上下其手，出入人罪"。[①]艺术性是得到强调了，可是法律的根本特征即一致性丧失殆尽了。在这方面朱熹的主张最为典型。他认为："未有无弊之法，其要只在得人。"[②]他要求司法官处理每个案件都要做到"使义理所存，纤悉毕照"，每个案件都要达到"上合法意，下慰民情"，要"常屈以申恩，而不使执法之意有以胜其好生之德"，要"常行于法之外"。[③]这代表了古时思想家们对司法的一般看法。

从法律思想的技术层面看，有上述三个伦理法特点。刑以辅德，刑期于无刑，以此为原则，当然要特别注重刑、罚的功用及使用问题。刑罚怎么用，用哪些，被看成实现伦理教化的关键问题之一，故而多论刑，少论法。因为出礼入刑、礼去刑取，真正的法律的前两个要素（假定、处理）在德礼之中，那么就更没有必要单独讨论了，而只须探讨其在礼外的第三要素"制裁"了。此其一。其二，法律的作用，说一千，道一万，归根结底是维护伦理秩序，因此实实在在应该考虑的只是法用在哪、怎么用，而无须去讨论那些比较虚的法理问题。讨论那些虚问题，至少看不出对维护伦理、辅助德教有什么直接作用。其三，伦理法本身就是艺术，要贯彻伦理法精神，就得坚决反对严格执法，反对一刀切，反对一切损害伦理的机械性执法。久而久之，司法被当成一种纯粹

---

①《汉书·刑法志》。
②《朱子语类·论治道》。
③《朱文公文集》之《己酉拟上封事》《州县官牒》《杂著·大禹谟》。

的经验（艺术）性的过程。口传心授、家世其业、讲究法律的概念和逻辑解释的法吏，甚至远不如仅饱读诗书而不懂法条的书生，似乎后者才是法知识的载体。作为科学或规律的法律是不怎么被人们关心的，"经义决狱"成了中国法律史上的一大特有现象。

本章结语

中国传统法律思想的伦理属性问题，是一个极其值得研究的复杂问题，本章仅仅提出了一个粗略的思路，做了一点初步的概括。我们讨论这一问题，实质是要研究：中国法律思想为何不能主要是关于法律这门科学的思想，为何只能在伦理道德的范围内打圈圈，为何不能探讨法律的一般理论和各部门法的问题，为何把一切法律问题都归结为人的道德问题而不是归结为法律科学的完善或进步问题？我们应当特别探究中国法律思想这种特殊偏好的土壤。本章里，我们当然无法完成这些任务，但由上文的分析我们可以初步判断：中国法律思想的这种属性是由小农经济的生产方式决定的。小农的小规模经营方式、重经验重因循的保守性格、不需要技术更新以扩大再生产的观念，小农社会的封闭的自给自足的生活方式，不流动的社会对社会成员个人品德的格外重视等，共同决定了中国法律思想传统的浓厚伦理属性。

第六章

古代中国的法律与道德关系论

引言：问题的产生

法律与道德的关系，是任何一个步入文明门槛的民族都不能不立即回答的问题，是法理学乃至整个法学的核心问题。对于这个问题，古代中国人一直在不自觉地思考它、回答它。这些思考和回答之深刻，至今都令人惊讶。

在已有的法学著述中，德主刑辅、先德后刑、大德小刑、先礼后刑、崇德（礼）贱刑等都被漫不经心地当成古代中国人关于法律与道德关系问题的思想的全部或大部，从未深究。那些著述给我们的印象是，似乎除了那几个简单命题之外，历代贤哲们再未深入思考过此一重大法学问题。

这是误解。在我看来，这些命题非但不是古人关于法律与道德关系之观点的全部或大部分，甚至与这个问题没有直接关系。

所谓法律与道德的关系，指的是法律规范与道德规范这两种不同性质的社会规范之间的关系。更具体地说，就是两种规范在其各自的产生与运用过程中怎样相互区别、相互影响。这样深刻的问题，当然不是"德主刑辅"等几个命题所能简单回答的。况且，在古人那里，"德""礼"主要是指政治中的"德礼教化"手段、方法，"刑"主要是指刑罚威慑的手段、方法。在上述命题中尤其如此。因此，这些命题所回答的只是一个统治术的选择问题：在不同的历史背景下，统治者应优先使用牧师的一手还是刽子手的一手？这显然与两种规范间的关系不是一回事。

法律与道德这两种规范怎样相互区别、相互影响，这个问题实际上有两重含义。一是两者应该怎样相互区别、相互影响，二是两者实际上怎样相互区别和影响。一是应然，一是实然。古代中国人主要是从应然的角度来回答这一问题的。

什么是法律？什么是道德？古人心中当然不会有我们今天这样的科学概念——包括假定、指导、制裁三个要素的以国家强制力为后盾的行为规范（法律），以及仅包括假定和指导两要素的只由社会舆论为后盾的行为规范（道德）。古代中国人是很难想象有一种国家强制力不得插手其中的社会规范的。出礼入刑，道德败坏则刑之，这是他们的一贯观念。也就是说，我们的祖先根本没有我们今天意义上的"法律"与"道德"这两个概念。但是，如果说他们根本不区分此二者，说他们没有将二者区分开来看的观念，那又厚诬古人了。在他们心中，关于应该怎么做人、怎么处世，特别是应怎么对待与自己有不同关系的他人，自尧舜禹以来就形成了种种原则，被叫作"德"或"礼"。其虽然也有国家强制力做其后盾，但违犯了不一定要受刑罚。违犯而不受刑又有两种情形：一是当被违犯的只是很具体、很琐碎的、较次要的"礼""德"时，不必大刑加焉，可以宽宥；二是这种"礼""德"早已具体化为法

　　　　明刑弼教：中国法律传统的基本精神

律条文，违犯之实际上已先行触犯很具体的法律，因而不以违反道德去论罚。他们心目中具有这些性质和特征的"德"或"礼"与我们今天所说的"道德"概念接近。因此，我们说古代中国人虽无自觉的"道德"观念，但有自发的"道德"观念。同样，他们心目中虽无严格的"法律"概念，但他们的"刑""法""律""宪"等综合起来，与今天意义上的"法律"概念接近，故可说他们早已有了自发的"法律"观念。这里将要论述的，当然是这种意义上的"法律"和"道德"之间的关系。

在很久以前，法律与道德浑然一体，原本无所谓法律与道德的关系问题。直到西周，所有规则、仪式、礼俗都浑然一体，被称为"礼"；它的背后是"刑"，仅仅是保障"礼"实现的工具、手段，不是独立的规范。在这种情形下也无所谓真正的法律与道德关系问题。例如《尚书》记载，当时应该"速由（用）文王（所）作（刑）罚，刑兹无赦"的"元恶大憝"，不过就是"不孝不友"：儿子对父亲不孝顺使父伤心，弟弟对兄长不恭敬、不听兄长的话等等。[①]"孝""友"都是当时比较模糊的道德规范，是做人的原则。违反其要受刑罚，但具体要受什么样的刑罚并不固定、不清楚，也就是罪与罚并不直接联系在一起（这是区分法律与道德的关键），并不一一对应。禹讨伐有苗氏宣布他们的罪行不过是"昏迷不恭，侮慢自贤，反道败德，君子在野，小人在位"[②]等等，这也只是很空洞、模糊的罪行，跟后世法典中的具体罪名不可同日而语，而且其不跟特定的刑种刑度一一对应。还有《尚书·伊训》中的那个"三风十愆"："侮圣言，逆忠直，远耆德，比顽童"，即当时的"不正之风"，也只可说是违反了某些宏观的、模糊的原则，却都要"制官刑"相"儆"（"制官刑，儆于有位"）。这些都说明，在那

---

① 《尚书·康诰》。
② 《尚书·大禹谟》。

时违犯道德（姑且这么称呼吧）就是犯罪，就是违犯法律（姑且叫法律）。法律与道德浑然无间，是一个混沌整体。在这时，仍没有什么法律与道德的关系问题。

只有当法律开始从以前的那个混沌整体即"礼"（无以名之，姑且沿袭"礼"这个名称）中部分分离出来①的时候，也就是到了第一个惩罚某些合乎道德的行为的规定出现且是首次把这些行为与具体的、特定的刑罚联系在一起的时候，即法律（三要素齐备）与道德开始出现矛盾的时候，二者的关系问题才应运而生，人们才在事实的痛苦压迫下开始思索法律与道德的关系问题。这一分离或矛盾开始的标志，应是"法""律"等概念以区别于"刑"的形式出现。从"元恶大憝，矧惟不孝不友"②到"王者之政莫急于盗贼"③，这一显著变化应是上述转折的忠实记载。最严重的犯罪，从违反"孝""友"这两种"家道德"之行为转变为触犯"国道德"或王者尊严的行为④，这说明有一种新的判断标准、一种新的价值尺度正在产生，它与过去的标准有了明显的不同。这个标准、尺度就是法律。从这时开始，有了两套评定是非善恶的标准。两套标准虽然绝大部分地方一致，但有小部分不一致，也就是有不同的价值取向。

以下我将以法律为中心，从法律的产生过程（立法）和运用过程（司法）去总结反省中国历代圣哲关于法律应怎样区别于道德、应怎样受道德约束、影响、渗透的各种观点。

---

① 当然不是完全分离，事实上或许不可能完全分离。
② 《尚书·康诰》。
③ 《晋书·刑法志》引李悝《法经》意。
④ 且"盗贼"有时是合乎道德的，如劫富济贫、杀贪官污吏之类。

一、立法与道德：法须合德，当合何种道德

法律应该符合道德，这是古代中国人的共识。但是，应该符合什么样的道德，人们就有了分歧。

立法应符合道德，道德应是法律的法律，法律应是道德的实现，古代中国人很早即有此种见解。《管子》主张"宪律制度必法道""法出于礼"，这大概是最早将从前那个混沌的规范体一分为二："宪律制度"即法律，"道"即道德。这是最早的"礼"①"法"并提。"法道"，就是以道德为法、为准则。商鞅说："圣人有必信之性，又有使天下不得不信之法。所谓义者：为人臣忠，为人子孝，少长有礼，男女有别……此乃有法之常也。"②"义"即道德，它是法律真正得以实施时的常态，这无疑是说法律就是道德的实现或具体化。墨子也主张将他所倡导的那些道德原则（即他称之为"天志"的兼相爱、交相利等）注入人定法："子墨子之有天之意也……将以度天下之王公大人为刑政也。……观其刑政，顺天之意，谓之善刑政；反天之意，谓之不善刑政。"③道德原则（"天志"）成了检验一切人定法善恶的标准。孟子说："上无道揆也，下无法守也；朝不信道，工不信度；君子犯义，小人犯刑，国之所存者幸也。"④这里所谓的"道""义"，即上位的人们所掌握的道德原则，"法""度""刑"即下位的人们所应遵守的人定法律。前者是后者的指南、准则，后者是前者的具体实现。所谓"道揆"，即"以道揆（统率）法"。明人方孝孺更明确地揭示了这

---

①这时的"礼"跟从前的混沌一体的"礼"当然不能视为一回事。
②《商君书·画策》。
③《墨子·天志中》。
④《孟子·离娄上》。

一关系,他说:"古之人既行仁义之政矣,以为未足以尽天下之变,于是推仁义而寓之于法,使吾之法行而仁义亦阴行其中。"①这与商鞅所说的"此乃有法之常也"②如出一辙:法律中饱含道德,法之实施即道德实现。此外,古人关于法律须合乎"天理人情"的观点无疑也是在重申法律必须符合道德,如明人薛瑄说:"法者,因天理顺人情而为之防范禁制也。"③清人陈启泰、冯汝骙等说法律应该做到"悉准诸天理人情"④。所谓"天理人情",实际上不过是"三纲五常十义"那一套封建道德。古人常以"何其不德"来批评人定法,从未见有人以"何其不法"去批评某种道德,这都说明他们认为道德是比法律更崇高、更根本、更应依据或遵守的东西。

立法应符合什么样的道德?自很早的时候起,人们的意见就有了分歧。这种分歧,可以从两个不同的角度去看,也就是说有两类不同的分歧。一方面是新旧道德的分歧,另一方面是高低道德的分歧。

(一)新旧道德的分歧

新旧道德的分歧,指的是战国时期兴盛起来的国家主义道德和古已有之的血缘主义道德的分歧。按观点的不同,可以分为新旧两派。

1.血缘主义道德与法律

一派崇尚血缘主义,重视家庭关系远胜于重视国家关系,重视亲属伦理远胜于重视政治伦理。自周公至孔孟及其追随者代表这一倾向。

《尚书·康诰》载,周公曾教导诸侯:"元恶大憝,矧惟(要算)

---

① 《逊志斋集·杂著·深虑论六》。
② 《商君书·画策》:"所谓义者,为人臣忠,为人子孝,少长有礼,男女有别。非其义也,饿不苟食,死不苟生。此乃有法之常也。"
③ (明)薛瑄:《要语》。原引自杨鸿烈《中国法律思想史》下册。黄振萍编《薛文清文献辑刊》(上海交通大学出版社2021年版)第18册收有《薛文清公要语》(内篇一卷,外篇一卷)。——修订注。
④ 《清末筹备立宪档案史料》,中华书局1979年版,第859、867页。

明刑弼教:中国法律传统的基本精神

不孝不友。子弗祗服厥父事（儿子不孝顺父亲），大伤厥考（其父）心；于父不能字（爱）厥（其）子，乃疾（厌恶）厥子；于弟弗念天显（天威），乃弗克恭厥兄（对其兄不恭敬）；兄亦不念鞠子（稚子，即其弟）哀（可怜），大不友于弟。惟吊（至）兹……乃其速由文王作罚，刑兹无赦。"在他看来，最大的罪恶就是血缘主义道德的沦丧，因此必须用法律手段严厉打击蔑弃宗法亲属伦理者。在他的心目中，法律的最大职责就是维持家庭的和谐，保证血缘宗法伦理义务的实现。此外，"礼不下庶人，刑不上大夫"①，是周公以来屡受倡导的一个道德和法律原则。这一原则的背后同样是血缘主义：自天子、诸侯至卿大夫，都是宗室贵族、皇亲国戚，在"国"这个"大家庭"里，他们都是血缘亲属或姻亲；不把那些常用于庶民身上的否定人格、使人颜面扫地的司法程序和刑罚加诸他们（而是用独有的体面的程序和刑罚去处理），这完全是"亲亲"原则的合乎逻辑的推论。

孔子赞成复仇这种合乎血缘主义道德的非法行为。"父之仇，弗与共戴天，兄弟之仇不反兵"②，他主张人们勇于为父祖兄弟复仇。他并未十分顾忌这种复仇行为给国家治安秩序带来的巨大威胁。他还曾特别赞扬"弃忠全孝"舍弃国家政治伦理顾全宗法血缘伦理的战场逃兵。鲁国有位士兵，借口"家有老父，身（我）（如果）死莫（无人）能（赡）养也"，临阵脱逃不愿为国君效命，孔子"以为孝，举而上之"③，认为这名兵士是值得推崇的道德典范。至于倡导此种逃避臣民责任"舍国全家"的行为会带来什么样的政治危害，孔子似乎并不在意。孔子还曾赞扬亲属相互隐匿犯罪的行为："子为父隐，父为子隐，直在其中。"④

---

①始出《礼记·曲礼》。
②《礼记·檀弓》。
③《韩非子·五蠹》。
④《论语·子路》。

至于那些被隐匿的罪行（当然可能包括杀人、放火、强奸之类）对政治法律秩序构成多大威胁，对被害人造成多大痛苦等，他似乎并未特别在意。无疑，他的要求，就是国家法律应服从宗法血缘伦理原则。

孟子也是如此。通过"舜窃父而逃"的假设，孟子表达了同样的主张。他认为，作为天子的舜，面对犯杀人罪的父亲，应不惜抛弃法律、放纵罪犯，把父亲从监狱里窃出来，然后躲到海边去侍奉，以尽到一个孝子的道德责任。[①]宗法伦理道德（血缘主义道德）与国家法律秩序在他心中孰轻孰重，一看便知。

后世的追随者们继承了周公、孔孟遗志。他们不断依据血缘主义道德批评历代法律，竭力将这些道德灌输进法律。在他们的努力下，中国的法律越来越血缘伦理化，即"礼法结合"不断加深渐至"礼法合一"。最典型的例子是，"亲属容隐"和"刑不上大夫"的血缘主义道德原则，自汉至清一直是法律上的神圣制度。前者如"亲亲得相首匿"之律，"干名犯义"之律；后者如八议、请、减、官当、除名等制度。

2.国家主义道德与法律

另一派以周公、孔子以来血缘主义道德叛逆者的面目出现。他们崇尚国家主义，重视国家关系远胜于重视家庭关系，重视政治伦理远胜于重视血缘伦理。管仲、商鞅、慎到、申不害、韩非及其追随者们就是这一派的代表。

管仲主张"君臣上下贵贱皆从法"[②]。这明显与周公以来"刑有等级""刑不上大夫"等血缘主义道德原则相对抗。他主张"不为惠于法之内"[③]，"不为亲戚危社稷"[④]，这无疑又与儒家"亲亲相隐"的血缘

---

① 《孟子·尽心上》。
② 《管子·任法》。
③ 《管子·明法》。
④ 《管子·法法》。

主义道德原则公然对抗，与只注意自家亲属之安全体面、轻视国家法律秩序的倾向形同冰炭水火。在管子看来，"社稷亲于戚"[①]，国家比自己亲属更可亲、更重要。这无疑是国家主义道德论者的宣言。他们主张，法律和司法必须贯彻或遵循这种新型道德。

商鞅也强烈反对"亲亲相隐"的旧道德。他主张的"至治"（最理想的政治）状况是："夫妻交友不能相为弃恶盖非，而不害于亲（不应囿于亲属关系而不告发犯罪）"，"民人不能相为隐"。[②]这就是鼓励人们积极参与"告奸"，即使亲属犯罪也积极相互检举揭发，服务于国家的法律秩序。他把旧道德赞赏的"孝弟""仁义""非兵""羞战"等行为视为危害国家安全的"病虫害"——"六虱"[③]。他认为，倡导这些血缘主义伦理只会损害国家主义伦理，只会使人们丧失对国家的责任感，只会使人顾家不顾国。在这种立法思想指导下，商鞅制定了一系列被儒家认为是"反道败德"的法律："令民为什伍而相牧司连坐"，"不告奸者要（腰）斩，告奸者与斩敌首同赏，匿奸者与降敌同罚"，"民有二男以上不分异者倍其赋"，"刑无等级，自卿相将军以至大夫庶人，有不从王命犯上制者，罪死无赦"，等等。[④]这些都体现了向血缘主义道德挑战的决然态度。

慎到比商鞅更坚决。为了保障法律实施，"骨肉可刑，亲戚可灭，至法不可阙也"！[⑤]这里字字铿锵，表明了舍家全国、国家至上、法律至上的坚定决心。他认为"法虽不善，犹愈于无法"[⑥]。这里所谓"不善"，就是不合血缘主义道德标准。法家主张的法律制度，在血缘主义

①《管子·法法》。
②《商君书·禁使》。
③《商君书·去强》。
④《史记·商君列传》和《商君书·赏刑》。
⑤（清）钱熙祚：《守山阁丛书·子部》辑引《慎子》佚文。
⑥《慎子·威德》。

道德捍卫者儒家看来，当然都是"恶法"。慎到认为，恶法也比无法好。

韩非也屡屡反对以血缘主义旧道德评价人们的行为，威胁国家主义的法律秩序。当时，很多危害国家秩序的行为都为旧道德所赞誉。例如，"畏死难，降北（动辄投降逃跑）之民也，而世尊之曰贵生之士；学道立方（创立政治学说蛊惑民众），离法之民也，而世尊之曰文学之士；游居厚养，牟（谋）食之民也，而世尊之曰辩智之士；行剑攻杀，暴憿之民也，而世尊之曰磏（砺）勇之士；活贼匿奸，当死之民也，而世尊之曰任誉（侠）之士。此六者，世之所誉也"。这六种人及其行为，是对国家法律尊严和秩序的威胁，但却为旧道德所赞誉。相反，另有对国家政治法律秩序大有裨益的六种人及其行为，却为旧道德所鄙视。如"赴险殉诚，死节之民也，而世少（贬）之曰失计之民（傻瓜）；寡闻从令，全法之民也，而世少之曰朴陋之民……重命畏事，尊上之民也，而世少之曰怯慑之民也；挫贼遏奸（主动告奸），明上（使在上者耳聪目明）之民也，而世少之曰谄谀之民也"。这六种悖反现象，韩非子称之为"六反"[1]，是"毁誉（道德评价）赏罚（法律评价）之所加相与悖缪"[2]，这是非常可怕的。他主张尽快立法对那些被旧道德赞誉而实际上有害国家的"奸伪无益"行为加以严惩，主张通过法律消除那些血缘主义旧道德标准并建立与法律评价一致的国家主义新道德标准，争取达到"誉辅其赏，毁随其罚""誉赏同轨，非罚俱行"[3]的法律和道德一致状态。正是从这种意义上，韩非才说："圣人为法（于）国者，必逆于世，而顺于道德。"[4]所谓"逆于世"，就是逆于血缘主义旧道德，逆于当时的世俗评价；而"顺于道德"，无疑就是服从和贯彻国

---

①以上引文均出自《韩非子·六反》。
②《韩非子·五蠹》。
③《韩非子·五蠹》和同书《八经》篇。
④《韩非子·劫奸弑臣》。

家和法律至上①、贬低宗法血缘主义伦理的国家主义新道德。他还特别强调，必须通过法律向百姓灌输国家主义新道德："明主之治国也，无书简之文，以法为教；无先王之语，以吏为师。"②"以法为教"，就是以法律作为道德教化的教材和教义，使人们的道德观念（是非善恶观念）完全统一于法律。在他看来，"先王之语""书简之文"，如诗、书、礼、易、春秋之类，都是旧的血缘主义道德之载体或教科书，故主张坚决加以禁绝。他的主张，实际上是想使本已从原始混沌一体裂分为二的法律与道德重新统一于国家主义，以实现新的合一。

法家的根本主张是：立法必须符合国家主义道德，要通过立法建构起新的道德体系和秩序，通过司法惩治那些虽合乎旧道德但违反新道德的行为，以此快速改造人们的道德观念。此即管仲所憧憬的境界——"藏于官则为法，施于国则成俗"③，就是法律与道德标准在国家主义原则下重新合一。按此理想，世上只应有一套行为评价标准，决不应有两套。这套标准，在官府里叫法律，灌输并实施于百姓就成了全社会公认的道德风俗。商鞅也主张坚持国家主义立法、司法，以重建道德秩序："天下行之，至德复立"④，也就是要使法律和道德重新统一于国家主义原则之下，即所谓"以法为教"。

对于法家及其追随者们来说，宗法血缘伦理秩序被破坏，远远没有国家政治秩序被破坏那么可怕。在他们心中，"王者之政莫急于盗贼"，而不是"元恶大憝矧惟不孝不友"。这就是新旧道德的分水岭，两派的法律思想也正自此分道扬镳。

---

①此处的"法律至上"，慎勿从近世西方法学意义上去理解。
②《韩非子·五蠹》。
③《管子·立政》。
④《商君书·开塞》。

（二）高低道德之分歧

立法所应努力符合的道德，到底是哪个层次的道德，是君子的道德，还是小人（众人）的道德？也就是说，立法应该符合较高标准的道德，还是较低标准的道德？这是古代中国思想家们之间又一重大分歧之所在。

在古代中国，无论是崇尚血缘主义道德的儒家及其追随者，还是崇尚国家主义道德的法家及其后继者，似乎不约而同存在着一个共同思想倾向，即对普通人提出了难以企及的很高道德要求。

1.以君子道德苛求众人的儒法共同理想

儒家及其追随者们主张"人皆可以为尧舜"①，主张"制礼乐……以教民平好恶而反（返）人道之正"②，实际上就是要求通过道德教化和法律督迫，使民众努力放弃个人的自然好恶，争取达到圣贤君子的道德境界。他们要求国家努力"驱小人入于君子之途"，决不能"推君子而入于小人之域"。他们认为，"独任刑法"型的法律有严重局限性，"法能杀不孝者，而不能使人为孔曾之行；能刑盗者，而不能使人为伯夷之廉"③。在他们看来，最好的法律，就是能够使普通人都变成像孔伋、曾参、伯夷、叔齐那样高尚君子的法律。这种主张，骨子里就是要以少数君子的道德造诣为标准制定法律去苛求普通人。荀子主张国家应该德教和法制并用，要使小民百姓都达到"不待合符节、别契券而信，不待探筹投钩而公，不待衡石称县（悬）而平"④的高尚境界，其实也是要求把仅是少数君子才能践行的道德标准变成普通人的行为规则。

事实上，以圣贤道德标准为众人的法律规范，是儒家及其追随者

---

① 《孟子·告子下》。
② 《礼记·乐记》。
③ 《盐铁论·申韩》引贤良文学语。又见于《淮南子·泰族训》《文子·上义》。
④ 《荀子·君道》。

们的共同主张。这种主张不断影响着国家立法和司法实践。百姓在日常家庭生活及社会生活中的些小过错，动辄被法律厘定为"不孝""不友""不敬""不义""不道""非礼"之类犯罪并给予刑惩。这类苛求普通百姓的法和刑，常被标榜为"义刑义杀"。这就是儒家式立法、执法、司法的一般特征。所谓"以礼入法""礼法结合"的过程，实际上就是将贤人、君子的道德标准转化为法律去苛求普通大众这一立法价值取向不断深化的过程。

这种以君子标准苛求小人之立法价值取向，号称"礼法合一"的唐律就是贯彻之典型。唐律中"犯父祖名讳""居丧嫁娶作乐""冒哀求仕""委亲之官""别籍异财""违反教令"等罪名，正是这一价值取向深化的典型。在汉以前，若能做到不犯父祖名讳、居丧不嫁娶作乐、父母亡故能立即归家服丧三年、父母年高不外出做官、父母在世不分家析产，以及绝对服从父母命令（如舜之事瞽叟）等等，都可以算是了不起的高尚德行，都要被时人高度赞誉，凡能做到者都被视为大德君子。但是到了唐代，这种崇高德行竟成了普通官吏、学子乃至百姓的法定义务。由此可知，"礼之所去，刑之所取""出于礼而入于刑"，不仅是先秦儒家及其后继者的主张，更是传统中国几千年立法、司法的真实发展趋势。那些防微杜渐、纤悉备至的"礼"，正是以圣贤、君子的高尚德行为标准的；以国家暴力对众人苛以守"礼"义务，实际上就是在创制和实施"强众人为君子圣贤之行"的法律。

不止儒家的"礼治"主张如此，法家的"法治"主张其实也是如此。

表面上看，法家并未主张以圣贤、君子道德苛求老百姓。按他们话语的表面逻辑，即使是圣贤君子或大人先生们，只要能像小民百姓一样守法就可以了，至于他们是否遵守古礼中的道德规范则无关紧要。但法家学说的内在逻辑并非如此。法家的"法治"理想是"使大邪不生、细过不失"①，或曰"小过不生、大罪不至"②，或曰"重者不至、轻者不来"③，就是要消灭所有大大小小的犯罪和违法。为了实现这一理想，法家主张制定和实施十分苛刻、烦琐、严酷的法律，主张苛责小民百姓不贷其锱铢之过。"弃灰于道者断其手"的"商君之法"④，以及《法经》所载"窥宫者膑、拾遗者刖"之李悝刑法⑤，就是标准超高之苛法的典型。

2.对高标立法苛责大众之倾向的反省

这种欲以超高道德为法律标准苛求普通大众、"强众人所难"的立法和司法倾向，很早就为有识之士所警惕，他们很早就对此提出了尖锐批评。

《管子》主张："明主度量人力之所能而后使焉，故令于人之所能行则令行。"他批评当时各诸侯国的立法，"乱主不量人力，令于人之所不能为，故其令废"。法律为何形同虚设？原因就在于"强人所难"："夫令出而废，事举而败，此强不能之罪也。故曰：毋强不能"。⑥所谓"度量人力之所能"，就是主张立法要看看普通人能否做得到；所谓"令于人之所能行"，就是主张立法要以常人（中等人）的道德为标准。否则就必然搞出"强人所难"即绝大多数人做不到的法律，这种法律势必成为一纸空文。《管子》又说："求多者其得寡，禁多者其止寡，令多者其行寡。求而不得，其威日损；禁而不止，其刑罚侮；令而不行，则下陵上。"⑦即是说，法律过分道德化，若将君子之德变为

---

①《商君书·开塞》。
②《韩非子·内储说上》。
③《商君书·赏刑》。
④《汉书·五行志》，《史记·李斯列传》。
⑤（明）董说：《七国考》引汉人桓谭《新论》述《法经》。
⑥《管子·形势解》。
⑦《管子·法法》。

众人法定义务，那就是"多求""多禁""多令"，结果必定因为无法实施而损害其权威和尊严。

《文子》也认为，立法不可持超高道德标准。"治世之职易守也，其事易为也，其礼易行也，其责易偿也。……故高不可及者不以为人量，行不可逮者不以为国俗。……故国治，可与愚（者）守也，而军旅可以法同也；不待古之英隽（俊）之人而人自足者，因其所有而并重之。末世之法，高为量而（行）不及也，重为罚而罚不胜也，危为其难而诛不敢也。民困于三责，则饰智而诈上，犯邪而行危，虽严刑不能禁其奸。"①这里所说的"职""事""责""礼"，其实就是广义上的行为规范或法律。行为规范必须平易近人，不能强人所难。如果以众人不能达到的要求为法律，人们就必然动辄犯法，且会因害怕刑罚而千方百计欺骗上司。这样下去，势必防不胜防，罚不胜罚。只有制定不苛求于人、理大罪赦小过的法律，大家才能遵守且乐于遵守，于是国家大治不一定要通过圣贤实现，甚至愚者执政也可以办到。

汉代荀悦也曾指出这种弊端："教初必简，刑始必略。……未可以备（而备），谓之虚教；未可以密（而密），谓之峻刑。虚教伤化，峻刑害民，君子弗由也。设必违之教，不量民力之未能，是招民于恶，故谓之伤化；设必犯之法，不度民情之不堪，是陷民于罪也，故谓之害民。"②这一论断，可谓是对"强人所难"之立法一针见血的批评。由于在正统思想家们心中，"法"就是"礼与刑"，于是他们主张的行为规范实为众人难以尽守的"必违之礼"和"必犯之法"，是"民情"所"不堪"的立法，是故意给老百姓设陷阱的立法。

---

① 《文子·下德》。
② 《申鉴·时事》。

"法苛难行"①，这是很多有识之士的一般共识。但到底什么叫作"苛"？很多人一般只注意到了"秦法繁如秋荼，而网密于凝脂"②式的"苛"，而忽视了儒家及其后继者所倡导的另一种"苛"。强迫普通百姓都为夷、齐、曾、史之行，以"高不可及""行不可逮"者为众人之法，其实是另一种苛法。与前一种"苛"给人以严酷、残忍、刻薄的印象不同，后一种"苛"甚至可以给人"爱民如子""恨铁不成钢"的印象。这正如一位父亲以超高尚德行苛求儿女，口口声声说"我是劝你学好，要你更成器，是为了你好"一般。儿女也常相信是如此。正因如此，人们常深受其害而不觉其为"苛"。

　　人们还常会有一个错觉，似乎儒家及其后继者们对众人的苛求只是道德上的，而非法律上的；法家及其后继者的苛求只是法律上的，而非道德上的。这种错觉，我们必须加以纠正。

　　在"出礼入刑"的原则下，儒家及其后继者们对人们的苛求，已经不仅仅在道德领域，实已进入法律领域。唐律的全面道德化规范就是例证，包括"不应得为者笞五十"等"道德口袋罪"。同样，在"细过不失"的原则下，法家及其后继者对人们的苛求，也早已进入了道德领域——国家主义道德领域。"过"在当时只是一个道德概念，绝没有今日法律中表示犯法（罪）之主观因素之含义。在法家心中，"过"是指一种独立于"重罪""轻罪""小罪"的"不良行为"（即"小过"），实际只是道德上的不当行为。这种道德上的不良行为，也不可宽宥，必须处以刑罚，这当然是以毫无"细过"的"圣贤"道德标准作为法律去苛求广大百姓。所以，在法家那"刻薄寡恩""反道败德"的面貌背后，我们必须看到他们自己崇尚的一套国家主义道德。我们不必

----

① 《文子·上仁》。
② 《盐铁论·刑德》。

　　　　　　　明刑弼教：中国法律传统的基本精神

因袭正统思想家们对法家的评价，继续说他们是只要法律不要道德。因为他们刻意反对血缘主义道德，所以才给人如此印象。不过，即使如此，法家与血缘主义道德间的脐带并未完全割断，也不可能一刀两断。

　　3."一以中人为准"的良善立法标准

　　国家立法不能只以少数贤人君子的道德水平为标准，在达成这一共识之后必然进而要问：立法到底该以什么样的道德水准为众人行为标准呢？

　　商鞅说："不待法令绳墨而无不正者，千万之一也。圣人以千万治天下。故夫智者而后能知之，不可以为法，（因为）民不尽智；贤者而后能行之，不可以为法，民不尽贤。"[①]他认为，好君王不应依据"千万之一"（千万人中才能找出一个）的君子道德标准去立法治民，而应以"千万"（成千上万寻常大众）之道德标准作为立法的依据。只有少数智者贤者才能达到的标准，绝不能作为众人的法律。这个"千万"，就是指一般的人，指上不及夷齐曾孔，下不至盗跖桀纣的绝大多数人。以他们的道德水平为标准去立法，才算是平易近人的立法。这也就是韩非子所言"不恃人之为吾善也，而用其不得为非也"[②]。"为善"是对君子的较高要求，"不得为非"是一般人都能做到的。

　　对于这个"千万"标准，清人吴铤有更明确的解释。他主张："立法（应）一以中人为准。"他总结先贤的立法经验后发现，"古之立法，第论其大者，而损益调剂属人，而不以著之于律。……先王严以待天下之君子，宽以待天下之小人，故立法一以中人为准"。可惜这种经验被时人忘却，"今之法不论其为何人，而一与君子之法待之。君子不得于什一而中人与小人者什九。强天下之中人小人而俱为君子，是犹

---

　　①《商君书·定分》。
　　②《韩非子·显学》。

（欲）盲者而知黑白之情、聋而欲清浊之声，必不可得矣。刑一人，天下孰不可刑？天下无不可刑之人，而人（人）皆有可刑之法（罪）。从而诛之，是残也；且有不可胜诛……犯法者多，不能不有所纵舍；多纵舍则法不必（不能违法必究）。诛不必，则法弛而民玩，而法之所及者无几矣。"①吴铤的这些睿见，就立法应依据多高道德标准的问题，给我们以相当深刻的启发。

对"强天下之中人小人而俱为君子"之高苛立法的反省，或多或少影响了历代王朝的立法。自汉以后，历代王朝立法大多刻意标榜"约法省刑""禁网疏阔""理大罪赦小过"等等，无疑是受了这种反省思潮的影响。

至于"中人"（众人）道德水准具体当如何厘定？古人也有思考。一般认为，绝大多数人的寻常好恶，便是"中人"道德的标志。《文子》说："先王之制，因民之性而为之节文"，"因民之所喜以劝善，因民之所恶以禁奸"。②就是说，绝大多数人的好恶，就是所谓"中人"道德标准，就应该成为立法标准。《管子》所言"人主之所以令则行禁则止者，必令于民之所好而禁于民之所恶"③，也是这个意思。北宋人张耒说得更直白："立法……常至于沮（阻）而不行者，何也？是其立法非人之情故也。何谓非人之情？夫天下之所共恶者而时轻（罚）之，天下之所共恕（容忍）者而时重（罚）之，不当恕（宽宥）而强为之仁，不必恶而过为之罚。凡此者，天下之情所不安也。"④他所说的"天下之情""众人之情"，就是"中人"的道德选择。不符合一般人好恶取舍

①（清）吴曾祺：《涵芬楼古今文钞》录清人吴铤《因时论》。
②《文子》之《自然》《上义》。
③《管子·形势解》。
④（宋）张耒：《张右史文集·悯刑论下》，转引自杨鸿烈《中国法律思想史》下册。中华书局1990年版《张耒集》下册610—611页收有《悯刑论》。原书将张耒之名误为"张丰"而未觉察，甚愧——修订注。

的立法，就是不合人情。

于是，人们会进一步追问："中人"的好恶取舍，到底是什么呢？绝大多数人到底具体好什么恶什么呢？古代有识之士对此也有深入思考和简明回答。汉人晁错说："臣闻三王臣主俱贤，故合谋相辅，计安天下，莫不本于人情……人情莫不欲安，三王扶而不危也；人情莫不欲逸，三王节其力而不尽也。其为法令也，合于人情而后行之。……情之所恶不以强人，情之所欲不以禁民。是以天下乐其政、归其德。"[①]晁错所言，明确诠释了"中人"好恶的一般内容，就是对安全、安逸、幸福的向往。中人（众人）所共恶的，当然不可立法强迫众人去做，例如强迫人们告奸特别是告发亲属之类。"中人"所共好的，当然不可立法禁止人们去做，例如众人都好拾遗，就不应该制定"拾遗者刑"的法律。

4. "中人"立法标准观的域外知音

关于法律与道德间的这种关系，近现代西方法学家也曾有近似的思考和判断。19世纪德国著名法学家乔治·耶利内克（Goerge Jellinek，1851–1911）有言："法律是最低限度的伦理规范（a minimun ethics）。"道德可分为两个层次，即"最低限度的伦理规范"和"伦理的奢侈（an ethical luxury）"；"法律是道德的一部分，亦是维持社会秩序不可少的一部分。"[②]庞德认为，耶利内克此语是关于法律与道德之间本质上一致之关系的最好说明。西人此种观点，与吾国先贤关于"立法应以中人道德为准"的见解惊人相似。

依耶利内克和庞德之见，"最低限度的伦理规范"，就是维持社会秩序所必不可少的道德标准，如不杀人、不放火、不强奸、不盗窃、不

---

①《汉书·晁错传》。
②转引自Roscoe Pound, Law and Moral. Harvard 1978, P.103.【陈林林译庞德《法律与道德》（中国政法大学出版社2003年版，第147页），此处译文表述略有不同。——修订注。】

抢劫之类。在此之上，就是较高层次的道德（"伦理的奢侈"），虽为社会所崇尚，但并非必不可少。例如，主动施舍、无偿从事公益劳动、献身社会之类。前者如家庭中的油、盐、柴、米和炊具一般必不可少；后者则如花瓶、油画、高档家具及其他奢侈品等可有可无。应该把前者变成法律，因为这是"最低限度"的道德，一般人都能做到；但不应把后者变成法律，因为大多数人做不到。可以制定"惩罚盗窃"的法律，这仍在"中人"道德标准以内；但绝不可以有惩罚"拾遗不归还"的法律，因为那对普通大众来说是"高不可及""行不可逮"的。那是"伦理的奢侈"层次的行为要求，绝大多数人无法达到那么高的水准。

二、司法与道德：法律与道德冲突时该怎么办

在司法过程中，如何处理法律与道德的冲突？当法律规定与道德评判相冲突，或者道德评价与法律评价显著不同时，处理具体案件的执法或司法者该怎么办？是优先依法还是优先依德？在这一方面，古人大致主要有两类不同主张。

（一）重德派主张：德重于法，二者冲突时应屈法全德

绝大多数古代思想家认为，法律只不过是基本道德的具体条文化；法律的目的，在于辅佐道德的实现。故道德是"本""纲""体"，法律不过是"末""目""用"。或者说，道德是法律的法律，是法律之母，比法律更有权威性。当二者在某一具体案件适用上发生冲突时，当然不能"舍本逐末"，当然宁可牺牲法律也要成全道德。

1. "原心论罪"：屈法全德的总原则

"原心论罪"是重德轻法、屈法全德主张的总概括。这个"心"，

有时又称为"情"或"本"，指的是人的行为动机；"原"就是推究、依据；"原心""原情"或"原本"，就是"自道德评价出发"而不是仅从法律评价出发。古代中国的思想家们大多主张，任何个人的行为，只要动机是道德的，那么即使违反法律、有害社会，也应依据道德减轻或免除其刑罚。反之，如果动机不道德，即便行为本身看起来不犯法，看起来也没怎么危害社会，仍应给予刑惩。这叫作"律贵诛心"。

这一原则，据说自西周时代就开始形成了。《礼记·王制》载，周公的定罪量刑原则就是："凡听五刑之讼，必原父子之亲、立君臣之义以权之。意论轻重之序，慎测浅深之量以别之。"看来，"父子之亲""君臣之义"等道德原则，早在那时就成了决定有罪与否及刑罚轻重的根本标准。汉人董仲舒对这一原则做了进一步发挥，提出了著名的"春秋决狱"主张："《春秋》之听狱也，必本其事而原其志，志邪者不待成，首恶者罪特重，本直者其论轻"，"罪同异论，其本殊也"。[①]《盐铁论》更将这一原则的内容详细化和具体化："《春秋》之治狱，论心定罪。志善而违于法者免，志恶而合于法者诛。"[②]

所谓"志邪者不待成""志恶而合于法者诛"，实际上是主张对合法但违德的行为加以惩罚，也就是主张仅依道德标准去定罪量刑。"志邪""志恶"完全是道德评价，不是法律评价。本着这一原则，当然可以惩罚"动机犯""思想犯"。这一原则的重心，在于惩罚违背宗法血缘伦理的思想动机，而不是惩罚客观上有害社会治安的行为。

2.执法和司法应特别"原"什么"心"

君为臣纲、父为子纲、夫为妻纲，父慈子孝、君礼臣忠、夫和妻顺、兄友弟恭、姑义妇听等，是中国古代正统道德的一般原则。凡动机

---

① 《春秋繁露·精华》。
② 《盐铁论·刑德》。

符合这些道德原则的行为，即使从具体刑事法标准看构成了违法，仍有可能被减免处罚。相反，凡动机违背这些道德的行为，即使符合当时的法律规定，也有可能被处以刑罚。这就是说，执法和司法通常所"原"之"心"，就是具体案件当事人行为具体体现的子孙孝敬父祖之心（"孝"心）、父祖慈爱子孙之心（"慈"心）、妻妾服从丈夫之心（"顺"心）、弟弟恭顺兄长之心（"悌"心）等。

子孙出于"孝"道，包庇隐匿父祖之犯罪，或为隐匿父祖犯下其他罪行，常常不受法律追究。同样，父祖隐匿子孙的犯罪，兄弟之间相互隐匿，甚至奴仆为主人隐匿，虽然都有害于法律秩序，但因其符合"慈""友""悌""忠"之道德，司法中也常受到宽宥。例如，如有人为隐匿犯罪在逃的父祖而耽误了公务，其贻误公务之罪常能受到宽赦；如有人为帮父祖开脱罪责而伪造官方文书或盗官府印信，其罪也常可免予刑罚。法律与道德在这种情形下的冲突，自汉代开始便以委屈法律的方式获得解决：法律公然规定"亲亲得相首匿"，公然为破坏自己的尊严和秩序开了方便之门。①甚至不主动隐匿父祖犯罪（告发父祖或证明其有罪者），虽功在国家，仍不免于"干名犯义"之刑责。其所干犯之"名"和"义"就是"三纲五常""十义"之类的道德原则。

子孙出于"孝"心为父祖复仇，弟出于爱敬兄长之心（"悌"）为兄复仇，朋友之间出于"侠义"代为报仇雪耻，奴仆妻妾出于忠主忠夫之心而为之复仇，等等。这些虽然都危害国家治安秩序，但都常常受到司法官的宽宥。法律虽然屡屡禁止复仇，但司法官却屡屡依据道德对复仇杀人者加以宽宥。

父祖殴伤或杀害子孙，主人殴伤或杀害奴仆，丈夫殴伤或杀害妻

---

①这一判断是不准确的。应该说，自汉代开始法律允许"亲亲相隐"，实际上旨在维护更高法（礼法）的尊严，旨在建构更合乎宗法血缘主义道德的法律秩序。——修订注。

明刑弼教：中国法律传统的基本精神

子、师傅杀害其徒弟，只要他们的最初动机是合乎道德的，例如是出于"教训""督教""管控"之类的"好心"，那么虽然其行为已然构成法律上的伤害罪或杀人之罪，仍可以得到宽免。例如，如果父祖在责罚犯错子孙时因激愤而犯了伤害或杀害之罪，但因出于"望子成龙"之心而不是恶意，司法中甚至常常连法定的减等处罚都可以减免。又如，丈夫杀死犯淫的妻子，虽然构成杀人罪，但法官首先想到的就是如何为之开脱罪责；因为丈夫的"恶淫之心"即保护门楣荣光之心是合乎道德的。对这类杀人犯、伤害犯动辄法外施仁，几乎成了古代中国司法的通例。自唐律开始，历代刑律都有"以理杀人"和"非理杀人"之区分，是很值得注意的。"以理"即动机和目的正当；"非理"即动机和目的不正当且手段残忍。此处的"理"。就是"情理""道理"或伦理。实际上，这是立法公然授权法官以道德评价取代法律评价。

子孙卑幼犯罪如系受尊长指使或威逼，如出于系"孝""悌""忠"之类动机，如系不忍也不敢违抗尊长旨意，常常也能受到司法官的宽宥。因为这出于"事父母几谏，见志不从，又敬不违"①、"子之事亲也，三谏而不听，则号泣而随之"②、"父要子亡，子不得不亡"③之类合乎道德的动机。古代中国的道德理论，从未授权卑幼对尊长指令（教令）加以理性分析判断然后有选择地服从，从来几乎都是要求子孙卑幼绝对服从尊长。在这种情形下，道德评价也战胜了法律评价。

以上列举的是"原心论罪"即道德评价压倒法律评价的四种具体情形。在此四种情形下，执法和司法者们用以解决法律与道德冲突的办

---

①《论语·里仁》。
②《礼记·曲礼下》。
③"君要臣死，臣不得不死；父要子亡，子不得不亡"，是古代中国社会广为流传的道德命题，常出于小说、戏曲中忠臣孝子之口，但自孔子、孟子到朱熹、王阳明等正统思想家言论中找不到类似语句。古史中与此意最为近似的是《史记·李斯列传》中公子扶苏"父而赐子死，尚安复请"之语。——修订注。

法，都是屈法律而全道德，都是以道德为更重要更根本的依据。

3.复仇案件处理中的屈法全德

古代中国司法中遵循道德评价高于法律评价的原则，最典型地体现在汉代几件亲属复仇案件的处理上。

西汉成哀二帝时，丞相薛宣因不孝罪被皇帝近臣博士官申咸弹劾。其子薛况为保护父亲，乃雇刺客杨明刺伤申咸。事下有司，就如何处理此案，朝臣们意见有分歧。御史中丞等人认为，薛况及刺客共同故意杀人，都应处死刑。因为汉律规定"刱戮近臣"为"大不敬"，罪应"弃市"。主管司法的廷尉看法相反。廷尉认为："春秋之义，原心定罪。原（薛）况以父见谤发忿怒。……无它大恶……爵减完为城旦。"①即主张，依道德动机评价，应对薛况减轻处罚，处以有期徒刑并附加降低爵位。结果是廷尉的意见占了上风。从此案可以看出，对行为动机的道德评价，严重地影响着当时的司法。"高干子弟"薛况为保护父亲的名誉地位，雇凶伤害父亲的政敌，竟被视为"无它大恶"；因为其行为动机合乎"孝"道德，依法应得罪刑评价竟被一笔勾销。②

东汉灵帝光和二年（179），酒泉女子赵娥为父报仇，手刃杀父仇人李寿。复仇完成后，她割下死者头颅，到官府投案自首。此案当如何处理？如依汉律，构成杀人罪，应处极刑。赵娥自己也抱必死之心，"乞就刑戮，陨身朝市，肃明王法"。审理案件的官员被赵娥的高尚德行所感动，不想对如此孝女定罪量刑，再三示意可放赵娥逃走，甚至准备随后自弃乌纱印信辞职走人。然而孝女赵娥并不领情："枉法逃死，非妾本心；今仇已雪，死则妾分；乞得归法，以全国体！"一副大义凛然、

---

①《汉书·薛宣传》。
②原书关于薛况复仇案之事实及判决的评价，有明显错讹，必须更正，并深致歉意。——修订注。

英勇就义的架势，无可奈何的法官最后只得命人强行将其车载送回。①堂堂法官，竟在法庭上怂恿罪犯逃跑，甚至宁可弃官不做也要庇护罪犯，而且自认理直气壮、问心无愧。在此案中，法官显然是用道德评价取代了法律评价，把法律上的杀人犯视为道德上的英雄。可以说，"孝"道德才是此案法官所依据的真正法律，禁止复仇杀人的法律早已被他抛到了一边。

东汉光武帝时，有个叫郅恽的小吏，受朋友临终嘱托，为朋友复仇，亲手杀死了害死朋友父亲的人，然后坦然投案自首。县令感其侠义，不愿拘捕郅恽。郅恽大义凛然："为友复仇，吏（郅恽自称）之私也；奉法不阿，君之义也。亏君以生，非臣节也。"说罢，他立即主动往监狱跑。其时，县令正脱鞋洗脚，情急无状，光着脚去追赶，一直赶到监狱，力劝郅恽回家。郅恽仍不肯走，县令急中生智，拔刀自刺，以死逼迫："子不从我出，敢以死明心！"郅恽无奈，只得服从。②今人简直难以想象，这竟是发生在法官和罪犯之间的事——法官竟不惜以自杀来胁迫动机合德的罪犯逃避审判，并表达自己对舍身为友复仇者的由衷敬佩。可以说，法律关于此案罪刑的规定，早已被他抛到九霄云外了。更何况，郅恽所实践的道德，只不过是"友""信"之德，这只是"五伦"之末的道德，并不算十分重要。

更有登峰造极者。东汉人桥玄为齐国相时，境内有孝子为父复仇杀人被捕。桥玄极其同情那位孝子，正设法为其开脱罪责。当此之际，县令路芝机械执法，竟很快将孝子判处死刑并执行了。作为上司，桥玄追悔莫及，深责自己对不起孝子，于是令人将路芝缚来，"笞杀以谢孝子

<hr />

① 《后汉书·列女传》，皇甫谧《列女传》。赵娥，汉酒泉郡禄福县人，赵君安（一作赵安）女，庞子夏之妻。《三国志》记为"淯母娥"，《后汉书》记为"庞淯母，字娥"，皇甫谧《列女传》记为"庞娥亲"。
② 《后汉书·郅恽传》。

冤魂"①。时值乱世，朝廷也许允许县令判决死罪并便宜执行，路芝顶多是未待上司复核批准擅自执行死刑而已。桥玄竟根据自己的道德判断，将依法审判或顶多有越权嫌疑的下级（县令路芝）定成死罪并直接杖杀。这在今人看来简直难以想象，但在古人眼中就是一个"屈法全德"的公正司法故事。

4.亲属相隐中的屈法全德

关于亲属间相互隐匿犯罪的行为，道德评价和法律评价一向是冲突的。孔子、孟子曾就如何解决这种冲突发表过涉法主张。对于"其父攘羊，而子证之"即子女揭发父亲犯罪的行为，孔子是坚决反对的。他主张"子为父隐，父为子隐，直在其中"②，为亲属隐匿犯罪的违法行为，被孔子视为合乎道德。"隐罪"这种欺骗行为，被视为伦理上的"直"。维护父子间的伦理关系至关重要，个人对国家的治安法律义务就显然无关紧要了。通过"舜窃父而逃"那个假设案件，孟子主张舜应视对父亲行"孝"为最神圣义务，不惜"视弃天下如敝屣"（辞去天子一职）去劫狱并隐匿犯了杀人罪的父亲。这实际上是主张，当"孝亲"与"护法"两大义务相冲突时，视国家法律如破鞋，随时加以抛弃。孔孟的这种主张深深地影响了后人。

在汉之前，"亲亲相隐"并未成为正式法律制度；自商鞅变法至汉昭帝时，法律一般禁止"民人相为隐"。所以，"亲亲相隐"行为虽为道德所赞赏，但为一般法律所禁止。法律与道德的冲突，在那时应该是客观存在的。自汉宣帝时起，"亲亲得相首匿"成了法律，法律明定亲属相互隐匿犯罪可免于刑责，自此近亲属间相互包庇隐匿犯罪成了合法

①《太平御览》卷四八一引谢承《后汉书》曰："桥玄迁齐国相。郡有孝子为父报雠，系临淄狱。玄愍其至孝，欲上谳减罪。县令路芝酷烈苛暴，因杀之。惧玄收录，佩印绶欲走。玄自以为深负孝子，捕得芝，束缚籍械以还，笞杀以谢孝子冤魂。"——修订时补。

②《论语·子路》。

行为，这样一来个中法律和道德的冲突似乎就不存在了。不过，事实并非全然如此。在较近亲属间相互隐匿犯罪的行为合法化后，仅有较远亲属关系者之间相互隐匿犯罪还是非法的。如唐律规定，大功以上亲属可以相隐，以及部曲奴婢可为主隐。至于小功、缌麻等级的亲属，无服亲属及朋友、师徒、上下级之间，其相互隐匿犯罪的行为仍是非法的，只不过可以减轻处罚。但是，由于这种隐匿仍符合"为尊者隐""为亲者隐"的"亲亲""尊尊"道德，所以这类案件在司法中仍常被减免全部处罚，以体现"法外施仁"。也就是说，法官的道德评价，有时仍高于法律评价。

最后必须补充一点：以上所说的屈法律而依道德判案，指的是依法外道德。前文曾说过，法律是最低限度的道德。如仅依最低限度的道德，那就不存在什么司法中的法德冲突，就不存在舍谁取谁的问题。只有当考虑依据"道德的奢侈"部分来审判时，只有当考虑"法外施仁（恩）"时，才有在法律和道德冲突中"屈法全德"之事。

（二）重法派主张：应严守成法，法重于德，不应法外施恩

另一派思想家主张法律重于道德，这一部分人可称为重法派。他们认为，既然法律本身是道德的条文化，至少是最低限度道德的条文化，那么严格依法处理案件本身就已经体现了道德；不必在法律之外再强调什么道德或人情，不应使法外道德干扰司法审判。他们认为，如果在个别案件上法官为了满足道德人情的要求而委屈法律，就等于废除了统一的、普遍的法律，使法的统一性、严肃性不复存在，也就等于使法官可以在司法实践中任意立法。这时候，虽然在个别案件上依照了道德，合乎了人情，但却可能是以更大的不道德为代价的：同罪异罚，高下由心，奸官猾吏得以顺利地徇私枉法，老百姓不再相信成文的法律。他们认为，这种代价比貌似不合道德人情的判决更为可怕。

这一类观点，古人是从以下四个方面去表述的。

1.决不可屈法而依法外道德

在审理案件时，法律的标准是至高无上的。执法者只应依从法律，决不可借口法律不合道德人情或尚不完善而委弃之，决不允许以法外道德作为审判标准。这是以先秦法家为代表的一部分思想家的观点。这种观点也多少影响了后世。

管子是这种主张的发仞者。所谓"君臣上下贵贱皆从法"，"不淫意于法之外，不为惠于法之内也，动无非法"①，都是主张不可委弃成文法律的明确规定，而依法外仁义道德标准来定罪论刑，主张一切事都要严格依法而行。

商鞅把法外道德评价称为"私议"："释法而任私议，此国之所以乱也。"因为"私议"是人各有异的，没有统一标准，当然容易引起混乱。他主张，法立则私议不行，"法已定矣，不以善言害法"。这也是主张禁止道德评价干预司法。他主张"壹教"："所谓壹教者，博闻、辩慧、信廉、礼乐、修行、群党任誉清浊，不可以富贵，不可以评刑，不可以独立私议以陈其上。"这就是要求，要将道德和法律的评价标准统一起来，在法庭上只应使用已将最低道德融入法律的唯一标准，不得以法外道德作为决定功罪赏罚的标准。他认为，如果"贵之不待其有功，诛之不待其有罪"（即后世董仲舒所谓"志恶而合于法者诛"），如果仅以道德是非善恶决定赏和罚，那将危害无穷："此其势正使污吏有资，而成其奸险；小人有资，而施其巧诈。"因此，他干脆主张"使吏非法无以守"，这样才能使他们"虽巧不得为奸"。②

慎到认为，"法者，所以齐天下之大动、至公大定（正）之制

---

① 《管子》之《任法》《明法》。
② 《商君书》之《修权》《靳令》《赏刑》《慎法》。

也"，法是用来统一人们的行为和价值观的。他认为，法律与道德必须高度统一，"智者不得越法而肆谋，辩者不得越法而肆议，士不得背法而有名，臣不得背法而有功。我喜可抑，我愤可窒，我法不可离也；骨肉可刑，亲戚可灭，至法不可阙也"①。这里所倡，有些"唯法是从""法律至上"的意涵！他反对"越法肆议""背法有名""背法有功"，就是反对依道德去评论是非、决定赏罚，反对依道德标准去非议立法和司法。所谓"喜""愤"，正是依法外道德而发出的评价或情感。他希望法官们做到：即使自己从内心道德感情上同情被告，但只要被告的行为确系违法，那就必须硬着心肠去依法判决；即使自己从内心道德感情上厌恶被告，但只要被告的行为没有违法，也必须抑制自己的私愤，拒绝法外施刑。

韩非子指出，执法和司法者若"斫削于绳（法）之内"，"断割于法之外"，那就是国家的灾难，是"危道"。若以道德评价干预司法，就等于法不信于民。"法不信则君行危"，就会损害国家长远利益。他认为，执法和司法者应该"不以私累己，寄治乱于法术，属轻重于权衡……不引绳之外，不推绳之内；不急法之外，不缓法之内；守成理，因自然，祸福生乎道法而不出乎爱恶，荣辱之责在乎己而不在乎人"②。只有这样，才能算是"全大体"及顾全法律秩序之大局，才不至于仅在个别案件的道德评价上斤斤计较而因小失大。

法家此类主张也影响了后世。西晋法学家刘颂继承了法家的这种"严格法主义"。他主张："立格为限，使主者守（律）文，死生以之，不敢错（措）思于成制之外"，"律法断罪，皆当以法律令正文；

---

① （清）钱熙祚：《守山阁丛书·子部》辑引《慎子》佚文。
② 《韩非子·大体》。

若无正文，依附名例断之；其正文、名例所不及，皆勿论。"[①]这就是要求司法者至死不渝地严格依照正式法律条文办事，不得越过成文法规定向道德评价妥协，不得假借道德之名行徇私枉法之实。即使是"志恶而合于法者"，也不得凭借道德评价而法外施刑。这种主张，已接近18世纪西方"罪刑法定主义"学说了。

重法派思想家们的主张，其实可以归结为一点：强调法的统一性、一致性、严肃性。他们认为，如果允许个别人在个别案件上不依成文法律而依道德处断，哪怕仅仅是允许他们以迎合更高道德评价为由曲解和委屈法律，那也就等于允许他们在庄严的法律上打开了一个缺口，法律之"千里长堤"将溃于这一个"蚁穴"。

2.严惩旧道德赞誉的非法行为，奖励旧道德非议的合法行为，通过立法司法使国家主义新道德深入人心

"赏者有诽""罚者有誉"，在重视法律尊严的人们看来，是很令人头痛的事。如果被法庭判处有罪的人反被舆论赞誉为"君子"或英雄，被朝廷奖赏的人却被舆论贬为"小人"或叛徒，那么国家法律秩序就乱套了。这种情形，正是道德与法律标准不统一所致。所以，重法派的思想家们才反复呼吁要"一教""以法为教"，要"誉赏同轨，非罚俱行"。也就是主张，使道德标准统一于法律，通过法律建立起一个国家至上、法律至上的新道德体系。

中国古代司法实践中，最易出现"赏者有诽""罚者有誉"即道德与法律评价悖反现象的，主要是三类情形：一是复仇，二是相隐，三是临阵脱逃。重法派思想家们分别明确提出了自己的主张。

对于复仇行为，重法派（国家主义者）是主张严惩的。韩非子认

---

① 《晋书·刑法志》。

明刑弼教：中国法律传统的基本精神

为，"行剑攻杀"的"暴憿之民"，是"奸伪无益"之民，应予严惩："今兄弟被侵必攻者，廉也；知友被辱而随仇（随友复仇）者，贞也。（他的）贞廉之行成，而君上之法犯矣！"犯法者必诛，不管世俗道德怎么赞誉他，都不可心慈手软。如果不这样做，后果就不堪设想："儒以文乱法，侠以武犯禁，而人主兼而礼之，此所以乱也。夫离法者罪，而诸先生以文学取；犯法者诛，而群侠以私剑养。故法之所非，君之所取；吏之所诛，上之所养也。法趣（法与舆论所取）上下四相反也，而无所定，虽十黄帝不能治也。"①尹文子也曾借复仇之事批评了这种德法悖反现象。尹文子问齐王：假如有个人在闹市上受人侮辱而不拔剑相斗，你会赞许并重用他吗？齐王说：此人毫无骨气，我当然不会用。尹文子又问：假如此人拔剑相斗呢？齐王说：那就是有骨气，我一定要重用。尹文子说：大王的选择很可怕，"王之所赏，吏之所诛也；上之所是，而法之所非。赏罚是非相与四缪，虽十黄帝不能理也"②。他的主张是：犯法者必诛，守法者必赏，不必管道德舆论是怎么评价的。

对于为亲友隐匿犯罪的行为，重法派也主张严惩。商鞅主张，"夫妻交友不得相为弃恶盖非""民人不能相为隐"，必须成为法律原则。国家应该鼓励告奸，"不告奸者腰斩"，"告奸者与斩敌首同赏"。对于为亲友隐匿犯罪这种旧道德赞誉的行为，他主张以极刑加以制裁。韩非子也以隐匿亲友犯罪的"活贼匿奸"者为"当死之民"，主张处以死刑。他主张，不但应禁止隐匿一般亲属，即使为父隐罪也不应允许。"楚之有直躬，其父窃羊而谒之吏。令尹曰'杀之'，以为直于君而曲于父，报而罪之。以是观之，夫君之直臣，父之暴子也。"通过这一假设案例，韩非子明确表达了他的主张：惩罚为父隐罪者，奖赏告发或证

---

①《韩非子》之《六反》《五蠹》。
②《公孙龙子·迹府》引尹文子语。

实父罪者。在他看来，如果对告发或证实父罪者加以诛杀，那就会导致"楚奸不上闻"①，即国家法律秩序毁坏。为了使"奸"能随时上闻，必须奖励告发父亲犯罪的人，奖励一切告奸者。尽管他们被旧道德视为"小人""逆子""卖亲（友）求荣"，但他们是国家主义法律秩序的大功臣。

对于借口"家有老父，身死莫之养也"之类"畏死难"的"降北之民"（临阵脱逃之民），韩非子也主张严惩。这种人，即使旧道德赞誉之，仍应加以处罚。若不处罚，那么就必然诱导人们只顾家不顾国、只知尽孝不知尽忠，在外敌入侵时就必然是一盘散沙，无人为国效力。所以明君应该奖赏舍家为国、为君而战的"死节之民"，应该严惩借口"孝亲"而临阵脱逃的"降北之民"。②

要通过不顾旧道德评价的赏刑，使国家主义新道德深入人心，也就是使法律标准融入人们内心成为新的道德标准，这是国家主义者们梦寐以求的。韩非子认为："赏者有诽焉，不足以劝（鼓励）；罚者有誉焉，不足以禁。"因此，"明主之道……誉赏同轨，非诛俱行，然则民无荣于赏之内。有重罚者必有恶名，故民畏。"③只有将道德和法律两套标准在"法治"宗旨下彻底统一，才能建构起新的国家主义法律秩序。这一主张，甚至不一定算是国家主义的墨家也同意。墨子说："苟若上下不同义（价值标准不同），（则）赏誉不足以劝善，而刑罚不足以沮（阻）暴。"他主张实现二者统一，"上之所赏（法之所赏）而（必）下（百姓）之所誉""上之所罚而（必）百姓之所非"，这是"尚同"[《墨子》之《尚同中》《尚同上》。]国策的基本要求。这实际上也是要

---

① 《韩非子·五蠹》。
② 《韩非子·六反》。
③ 《韩非子·八经》。

把所有人的道德观念统一到国家制定法上去。

简言之，国家主义者们的主张，就是要排除旧的道德评价对司法的干扰，要尽量消除那些旧道德观念，要使百姓都以法律之是非为是非，最后以国家主义新法律为标准重构道德，使德与法高度统一到"藏于官则为法，施于国则成俗"①境界。

3.以貌似不德的重刑去实现真正的道德

法或刑，古代中国正统思想家们素来视之为"不祥之物"，严刑峻法更被斥为"不德"。但国家主义者不然，他们对法律没有这种恶感，认为法是社会进步的产物。他们主张赏刑并用，特别以严刑峻法维护社会安定和国家秩序。他们认为，维护秩序，救暴止乱，就是最大的道德，不可心慈手软。如果囿于旧道德之"仁义""轻刑""宽宥"观念不严格执法，或对各类犯罪法外施恩，结果必然是因小失大，实际上造成了更大的不道德。

《管子》曰："计上之所以爱民者，为用之爱之也。为爱民之故，不难毁法亏令，则是失所谓爱民矣。……夫至用民者，杀之危之。"这话的意思是，如果为博"爱民"之道德名声而委屈法律（执法打折扣），并不算是真正的爱民。真正的爱民，是用重刑治他们；而法外施仁，实际上是在害他们。"人君不公，则惠于赏而不忍于刑，是国无法也"，"惠者多赦也，先易而后难，久而不胜其祸；法者，先难而后易，久而不胜其福。故惠者，民之仇雠也；法者，民之父母也"。②他认为，若屈法对国人滥施仁爱，就会导致法律秩序破产。对君王和国家而言，"法重于民"，明智之君应该"不为爱民枉法律"③。国家执法用

---

①《管子·立政》。
②《管子·法法》。
③《管子》之《法法》《君臣上》。

刑，一定要狠心。旧道德赞誉的宽仁赦宥之类小恩小惠，实际上是设陷阱诱民犯罪，有害百姓，实为百姓仇敌，本质上是最不道德的；反之严刑峻法使百姓畏而不犯，更大限度保全了百姓，故有如民之父母，这才合乎真正的道德。

商鞅弘扬《管子》之说，为严刑峻法的硬心肠国策继续大唱赞歌。"刑重者，民不敢犯，故无刑也。而民莫敢为非，是一国皆善也"，"故以刑治则民威（畏），民威则无奸，无奸则民安其所乐；以义教则民纵，民纵则乱，乱则民伤其所恶。（故）吾所谓刑者，义之本也；而世所谓义者，暴之道也"。他认为，严刑峻法实为道德之本；世俗的法外仁恩，实为不道德，是暴乱之源。不懈地坚持严刑峻法，"天下行之，（则）至德复立"。真正的道德，只能通过严刑峻法实现，这就叫作"杀刑返于德"或"德生于刑"。因此，"以杀去杀，虽杀可也；以刑去刑，虽重刑可也"[①]。只要最终目的是合乎道德的，那么再严酷的手段也具有了道德正当性。

韩非也为严刑峻法辩解。他认为，明君治国，不得已"正明法，陈严刑"，为的是"救群生之乱，去天下之祸，使强不凌弱，众不暴寡"。严刑峻法不止是为了救世，更是为了建构实质上更道德的秩序。在他看来，老百姓都是些"骄于爱而听于威"的贱坏子，只有严刑峻法才能驱赶他们走上正路。"严刑重罚者，民之所恶也，而国之所以治也；哀怜百姓（轻刑罚者），民之所喜，而国之所以危也。圣人为法（于）国者，必逆于世而顺于道德"，就是可以悖逆世俗道德评价，体现棍棒出孝子一般的真正道德。法律必须严酷，不能讲仁慈。"法之为道，前苦而长利；仁之为道，偷乐而后穷。圣人权其轻重，出其大利，

----

① 《商君书》之《画策》《开塞》《说民》。

故用法之相忍，而弃仁人之相怜也"。所谓"出其大利"，就是为了符合更大更长久的利益，即严刑峻法带来的长治久安、百姓温顺之利益。他对周时"司寇行刑，君为之不举乐；闻死刑之报，君为流涕"的司法程序极为反感，认为那只是"妇人之仁"。明智的君王应该"胜其法不听其泣"①，督促法官严格执法，不搞任何"仁慈"表演。

法家的这类主张也影响了后世，并以"猛以济宽"之类"正确"命题融入了后世正统法律思想中，只不过很少有人像商鞅、韩非那样片面地强调重刑主义罢了。如，作为儒家仁政思想传人的朱熹，也主张必要时可实行重刑政策："必听五刑之讼……而不悖此先王义刑义杀。所以虽或伤民之肌肤，残民之躯命，然刑一人而天下之人耸然不敢肆意于为恶。"他反对简单强调"轻刑""仁刑"，"然刑愈轻愈不足以厚民之俗，往往反长其悖逆作乱之心"②。这种观点，与重刑主义者韩非子的"重一奸之罪而止境内之邪"主张，几乎如出一辙。南宋杨万里也说，以严法重刑治民是合乎仁义的，"惩之者，法之仁；折之者，法之义"③。这显然也多少继承了法家"杀刑返于德"的主张。

4.要严格执法，就必然会牺牲一部分道德，这是法律的必然副作用，决不应因此屈法裁判，因小失大

在绝大多数场合一致的法律与道德，在少数场合可能相互矛盾。即是说，就个别案件而言，它们的评价可能不一致。这本是历史发展的必然，无须大惊小怪。一个好的司法官，本应冷静地对待这种矛盾，要忍心让道德受点委屈，要无条件地执行法律，决不能感情用事，决不可为满足道德评价而委弃法律。即使依法处理某些案件的最后结果与道德评

①《韩非子》之《奸劫弑臣》《五蠹》《六反》。
②《朱文公文集》卷十四，《戊申延和奏札一》。
③（宋）杨万里：《诚斋集》卷八十七，《刑法论下》。

价相冲突，那也不过是为实现维护法的统一性、严肃性这一伟大目标而付出的一点必要的代价。这种情形，美国法学家庞德称之为"法律正义不可避免的副作用"①，他认为这是由法律本身的性质所决定的。我国古代也曾有法学家深刻阐明过这一理论。西晋法学家刘颂、杜预，就是典型。他们很早就主张严格司法，要不惜"忍曲当之近适""忍小理"，是庞德理论的古代知音。以下我以刘颂、杜预观点为例，阐发古代中国法学家在"法的必然副作用"这一法理问题上的深刻思考。

刘颂是晋武帝时人，曾任廷尉和三公尚书。因执法不阿，被誉为当时的张释之（西汉文帝时廷尉张释之以执法不阿权势著称）。他曾向皇帝呈过一份《刑法疏》②，可称古代中国水平最高的一篇法学论文。这篇论文的中心思想，就是主张司法者必须正视法律的必然副作用，不要幻想在每一个案件中"求尽善""求曲当"及完美体现正义。这篇文章的内容，大致分为三个部分。

第一，他直言不讳地批评当时自皇帝到各级司法官普遍存在的一种错误倾向，即在处理具体个案时，不是严格无条件地依据法条断决，而是不惜曲解法律或委弃法律去判决，"每尽善故事，求曲当"，"牵文就意"，即追求每一个案件的处理都合乎前贤断狱故事之法意，都百分之百合乎道德评价。他认为，这种错误取向，势必带来极为严重的恶果："（求）尽善，故法不得全"，"求曲当，则例（法）不得直"，法律的统一性、严肃性、权威性、公平性就会遭到破坏。为什么？因为这样一来就等于给了所有执法官随时委弃或歪曲法律的权力："执平者（执法者）因文可引（可以在法律依据上大做文章），则生二端；（如

---

①Roscoe Pound, Law and Moral. Harvard 1978, P.79。庞德《法律与道德》陈林林译本（中国政法大学出版社2003年版，第115页）将其翻译为"依法审判之不可避免的副产品"。
②《晋书·刑法志》，本节下引刘颂此疏，不再重复注明出处。

此则）是法多门、令不一，则吏不知所守，下（百姓）不知所避；奸伪者因法之多门，以售其（奸）情；所欲浅深，苟断不一。则居上者难以检下，于是事同议异，狱犴（案）不平，有伤于法"，这就为奸官猾吏假道德之名徇私枉法、任意出入人罪大开了方便之门。

他认为，追求"尽善故事""求曲当"，追慕古圣前贤尽善尽美的断决，想超越法律去追求个案最公平合理的结果，这种追求也许是好的，但不一定会带来好的结果，因为时代已经大变了。即使在人们质朴无华的古代，古圣前贤也注重制定稳定、客观、公开的法律并督促严格遵循。"上古议事以制，不为刑辟；夏、殷及周，书法（于）象魏。三代之君齐圣，然咸弃曲当之妙鉴，而任征文之直准。非圣有殊，所遇异也。今论时敦朴，不及中古，而执平者欲适情之所安，自托于议事以制，臣以为听言则美，论理则违"。为什么呢？因为"出法权制（皇帝脱离法律权宜处断个案），指施一事（皇帝就一事一案创制新规）"，虽然"厌情合听（合乎道德人情或舆论），可适（众人之）耳目，诚有临时当意之快，胜于征文（依法）不允于人心也"。这样做，虽然看起来很快意，迎合了道德舆论，老百姓都拍手称快，似乎比严格依法判决稍逆道德评价而遭众人唾骂要好得多。但是如果将这种做法"起为经制""终年施用"，则"恒得一而失十"。因为"小有所得者，必大有所失"，就会造成法律秩序全局的灾难性后果。其所得，不过是"临时当意之快""厌情合听"，所失却是法多门、令不一，徇私枉法猖獗，民不信法，法律名存实亡。这显然是捡了芝麻丢了西瓜，显然是因小失大。

第二，他坚决主张，执法者应敢于不惜在个案上牺牲部分道德或放任法的副作用发生，也义无反顾地严格执行成文法律，以维护法的严肃性、统一性。"刑书征文，征文必有乖于情听之断"。如严格引据法条依法断决，可能会出现与道德舆论冲突的情形。好法官要懂得理其大端，疏其小者，不必斤斤计较。"古人有言：人主详，其政荒；人主期，其事理。详匪（非）他，尽善则伤法，故其政荒也；期者，轻重之当，虽不厌（合乎）情（人情），苟入于文，则依而行之，故其事理也。夫善用法者，忍违情不厌听之断，轻重虽不允（于）人心，经于凡览若不可行，（仍狠心断之）法乃得直"。他主张，"故谙事识体者，善权轻重，不以小害大，不以近妨远；忍曲当之近适，以全简直之大准；不牵于凡听之所安，必守征文以正例"。这就是说，必须在个案中不折不扣地执行现有法律，哪怕看起来"未尽善"或"不善"，哪怕受到大众舆论的严厉指责，也应该毫不犹豫。只有执法严格到这种程度，法的稳定性、统一性、严肃性、公正性才算基本保全了。他特别强调的是一个"忍"字，"忍曲当之近适"，"忍违情不厌听之断"，也就是主张对个案中少许道德牺牲要能忍心，要硬着心肠，要忍痛割爱。

第三，他从立法、释法、司法三者权限有别的角度进一步阐明：不应允许司法官在审判环节超越成文法律去追求个案处理尽善尽美地合乎道德评价。"君臣之分，各有所司。法欲必奉，故令主者（司其事者）守文（律文）。理有穷塞，故使大臣释滞；事有时宜，故人主权断。"他认为，君主立法，大臣释法，普通官吏死守法条，这是国家法律秩序中的三个具体分工，不得逾越；"天下万事"都应照此办理，"皆以律令从事"，"大臣小吏各守其局"，"不得出意以妄议"，良好法律秩序就建立起来了。他特别强调，任何人不得借口"因案制宜"超越法律，"因案制宜"权只能操于君主。因为针对特殊个案做出"权断"或"圣裁"，实际上是就个案制定特别法，这种权力只应属于立法者（君主）。"古人有言，善为政者看人设教，又言随时之宜"，但那仅仅是就立法环节而言，"看人设教，制法之谓也；又曰随时之宜，当务之谓也。然则看人（设教）随时（之宜），在大量也，而制其法。……群吏岂得在成制之内复称

明刑弼教：中国法律传统的基本精神

随时之宜，傍引'看人设教'以乱政典哉！何则？始制之初，固已看人而随时矣。"他的主张是，立法权决不能被一般执法官吏僭越，决不能允许在审判中搞"法官立法"，哪怕出于顾全道德的动机（"求尽善"）也不允许。因为在国家立法之初，早已考虑到了许多可能发生的情况；即使还有极少数没被考虑进去（即立法有所疏漏），那也并不十分要紧，不必牺牲（已据绝大多数情况制定的）法律统一规定去迁就。这种立法疏漏，就是庞德所言"法律正义的必然副作用"，有时甚至是立法时已经预见但别无更好办法避免的。要减少或缩小这种"副作用"，决不可通过司法官在个案中"因案制宜"（即超越法律而据道德判决）的途径，只能通过立法或修改法律这一途径，"若谓设法未尽善，则宜改之；若谓已善（而）不得尽以为制（不能普遍无条件遵守），（则是）使奉用之司（司法官）公（然）得（以）出入（法律）以差轻重也"，那就是为法官任意徇私枉法、出入人罪大开了方便之门。因此，守法者（司法官）必须至死不渝地严格执行法律条文："立格为限，使主者守文，死生以之，不敢措思于成制之外以差轻重，则法恒全。"对法律规范进行道德评价仅仅是立法者的权力，司法者无权置喙，你只管严格执行便是了。刘颂这一主张，与西方法学中的"恶法亦法"命题如出一辙！奥斯丁认为，对司法官吏来说，不合乎道德的法律仍是必须无条件执行的法律，不可擅自歪曲、修正。修正不合乎道德的立法，那是立法者权限范围内的事，法官不可染指。[1]英国法学家哈特亦认为，"道德上邪恶的规则，可以仍是法律"。[2]刘颂则提早1600年就把这一道理阐述清楚了。

第四，刘颂还从"法贵有信"的角度阐发了近似罪刑法定的原则。

---

[1]（美）E.博登海默：《法理学——法哲学及其方法》，邓正来译，华夏出版社1987年版，第115页。

[2]（英）哈特：《法律的概念》，张文显等译，大百科全书出版社1996年版，第207页。

刘颂强调，法律贵在有"信"，"法轨既定则行之，行之信如四时，执之坚如金石"。因为，"人君所与天下共者，法也；已令四海，不可不信以为教"；想要百姓信法守法，就"不可（对他们）绳以不信之法"。要通过普遍无条件地严格执行法律，使百姓对法律的内容及司法结果毫不怀疑，这才是国家之福。反过来，轻重上下随时权变的司法，会导致人们不相信法律，会导致令不行禁不止，那就是国家之祸。从法必有"信"的追求出发，他斩钉截铁地主张："律法断罪，皆当以法律令正文；若无正文，依附名例断之。其正文、名例所不及，皆勿论！"这表明，刘颂已接近西方18世纪的罪刑法定主义了，这不能不看成是中国法学史上的一个奇迹。为贯彻罪刑法定原则，他进一步强调司法官不得逾越"守局之分"："守法之官，唯当奉用律令。至于法律之内所见不同，乃得为异议也。今限法曹郎令史意有不同为驳，唯得论释法律以正所断，不得援求诸外（而）论随时之宜，以明法官守局之分。"这一主张，有程序法上的建设意义。就是说，法律之内，定甲罪还是乙罪，判此刑还是彼刑，可以有分歧，可以互相反驳，但必须都以法律条文为根据，而不得以法外道德为根据。

杜预是与刘颂同时代的人，他曾注释《晋律》。他也提出了严格援引法条审判案件、反对随意出法权断的主张，呼应了刘颂的罪刑法定主张。"法者，盖绳墨之断例，非穷理尽性之书也，故文约而例直，听省而禁简。"法律只能从荦荦大端着眼，不可能包罗万象、无微不至、尽善尽美。"刑之本在于简直，故必审名分。审名分者必忍小理。"无论是立法还是司法，都必须"伸绳墨之直，去析薪之理"。[1]所谓"忍小理""去析薪之理"，就是要正视法律本身不可避免的副作用，不可因

---

① 《晋书·刑法志》。

迎合道德舆论而屈法裁判，因小失大。[1]

三、如何看待法德间必然矛盾及法之必然副作用

　　法律与道德之间为什么必然存在矛盾？法律为什么必然会有副作用？

　　美国法学家庞德认为，这是由法律本身的特性——稳定性、一致性、抽象性——所决定的。庞德说："无论法律规定如何富于弹性，在其运用时终不免有机械性；弹性司法与大众安全是难以并存的。法律既需要有确定性及普遍性，但在其适用时需要一致平等。遇有特殊情况时，只有予以牺牲。因此，就一般情形而论，运用法律所得的结果，与社会大众的道德观念可以吻合。但法律的机械运用既不能免，故在许多情形下，往往与道德相矛盾了。"[2]法律只能照顾到一般情形，不可能照顾到每个个案。在具体个案中严格执行法律，必然会随时遇到道德与法律的冲突。

　　庞德所言这一道理，南宋学者许应龙很早就有睿见。"有法之弊，有例之弊；法之弊易见，例之弊难革。舍法而用例，此今日之大患也。夫著而为律，疏而为令，编次成书，各有条目，盖截然而不可易也，是虽旁照有通用，舞文弄法者固未免轻重出入其间，然使有司精明，详考而熟究之，其奸莫能逃也。岂不曰法之弊易见乎？乃若例者，或出于一时之特恩，或一时之权宜，或徇情亲故，或迫于势而开创是例，揆之于法，大相抵牾，而后来扳援不已。案牍在胥吏之手，有司不可得而知

---

　　①原书本节之讨论，杂芜重叠处甚多，今加以必要订正简化。——修订注。
　　②Roscoe Pound, Law and Moral. Harvard 1978, P.79.【庞德《法律与道德》陈林林译本（中国政法大学出版社2003年版，第114—115页）于此段文字的翻译表述略有不同。——修订注。】

也；已行之比，有司不可得而拒也。岂不曰例之弊难革乎？"①他所说的"法之弊"，就是法的漏洞、局限或副作用；所谓"例之弊"，就是朝廷为补救法之漏洞而临时创制特别法或判例法必然带来的弊端。他的意思是，用"特恩"或"权宜"之"例"去消除法的漏洞或副作用，这种努力给国家统一法律秩序造成的损害往往更大。

台湾法学家王伯琦更简要阐明了这一道理："法律既然不能包罗万象，故副作用在所难免。因为法要稳定，而世事不断在变；法要一致，而世事千姿百态；法要明确且抽象，而世事具体、琐碎。因此，要依逻辑运用法律，就势必牺牲掉一部分情形下的道德。在社会遽然变迁时尤其如此。因为这一部分道德，或是原所认为不必要普遍遵守而未包括在立法里的，或是由于社会环境或情况之变迁而尚未来得及包括进去的，或是立法时候被遗忘了。为了维护法的一致性，所以在具体的法律适用中不得不忍痛牺牲掉这部分道德。"②

中外法学家的话，揭示了法德之间必然矛盾及法的必然副作用之原理。他们都主张，必须正视这一矛盾，必须忍受这点副作用。对这点矛盾及副作用，本来就不值得大惊小怪。舍不得这点牺牲，就势必带来更大的牺牲，就会得不偿失。司法者如果钻到"析薪之理""求尽善""求曲当"的牛角尖里，就必然昧于法律须有稳定性、一致性、严肃性、公正性之大理，最后就必然牺牲了整个法律秩序。每个个案结果尽善尽美，纯粹是一种不切实际的幻想。

但是，这一基本道理，中国古代正统思想家们，一般是不愿意正视的。在法律与道德关系问题上，他们常不自觉地成为空想主义者。

西晋人张斐主张："律者，幽理之奥，不可一体守也"，坚决反对

---

① （宋）许应龙：《东涧集》卷七，《论法例札子》。
② 王伯琦：《近代法律思潮与中国固有文化》，台湾"司法行政部"1958年版，第55—66页。

执法一刀切。他主张执法官要"随事轻重取法……或计过以配罪，或化略以循常，或随事以尽情，或趣舍以从时，或推重以立防，或引轻而就下。公私废避之宜，除削重轻之变，皆所以临时观衅"。他认为，只有无微不至地在个案中依据道德变通法律实现司法正义，"然后（才）可以理直刑正"[1]。所谓"理直"，就是完全合乎道德评价。按他的主张，法官在审判时，只要此心合乎道德，就可以不必拘泥律文，必要时可以超越法律以求更公平合理。

宋人朱熹的论点更为典型。他将其"格物致知、居敬穷理"之论应用于司法，要求司法官吏"极夫事物之变，使义理所存，纤悉毕照"[2]，"喜怒哀乐之所用，各随所感而应之，无一不中节（合道德）者"[3]，争取每个案件的处理都做到"上合法意，下慰民情"[4]，"众物之表里精粗无不到"[5]。在他看来，法官只应受制于道德，而不应拘泥于法律。"盖圣人之法有尽，而心则无穷，故其用刑行赏，或有所疑，则常屈法以申恩，而不使执法之意有以胜其好生之德。此其本心所以无所壅遏，而得常行于法之外"，"及其流行洋溢，渐涵浸渍，有以入于民心，则天下之人无不爱慕感悦，兴起于善，而不自犯于有司也"。[6]所以，稳定、严肃、一致的法律并非最重要的，擅长因案制宜的法官最重要。"大抵立法必有弊，未有无弊之法。其要只在得人。"[7]有了擅长"因案制宜"的好法官，法律之"弊"即必然副作用就能基本避免了。

明人王阳明认为，"大抵法立弊生，必须人存政举"。司法官应成

---

①《晋书·刑法志》。
②《宋史》卷一八八，《朱熹传》。
③《朱文公文集》卷六十七，《舜典象刑说》。
④《朱文公文集》卷一百，《公移·州县官牒》。
⑤《四书章句集注·大学章句·格物传补》。
⑥《朱文公文集》卷六十五，《杂著·大禹谟》。
⑦《朱子语类》卷一百八，《朱子五·论治道》。

为"以天地万物为一体"的"仁者",只有"仁者"才可抵消法律的副作用。如"有一物失所,便是吾仁有未尽处"①。因此,他主张司法官应该有随时根据道德进行"司法立法"以矫正法之固有弊病(副作用)之权。

这类追求每个个案完美符合道德的"妇人之仁"或"妇人之见",在中国政治法律思想史上一直占上风,支配了司法。既然要使司法"无一物伤情、一事失理",那么不得不常常为迁就特殊个案动辄修改法律或制造新"例"。历朝历代那么多繁杂、混乱、相互抵牾的法律形式——律、令、格、式、科、比、制、敕、诏、例、指挥、德音、则例……正是这种不懈追求的产物。况且,这些五花八门的特别法、非常法,一旦到了有"议事以制""看人设教""随时之宜""屈法申恩"之权的司法官手里,就必然更加漫无定准、变幻多端。历朝历代那形态繁杂、浩如烟海的法律规范,那"出法权制,指施一事""不为永格"的临时性"法律",那"文书盈于几阁,典者不能遍睹"②的法令、解释和判例,都体现着古代中国人企图彻底消灭法之必然副作用、追求每个案件结果尽善尽美的周而复始的巨大徒劳努力——有如古希腊神话中的西西弗斯苦役:一次又一次将一块巨大石盘推上山顶,一松手又滚了下来。几千年过后,我们仍不能不为这种仍在进行中的周而复始的徒劳深加惋惜。③

---

①《王文成公全书》卷三十一《续编六·申行十家牌法》,卷一《传习录上》。
②《魏书·刑罚志》。
③原书本节之讨论,杂芜重叠处甚多,今加以必要删减,并加标题分小节以便阅读。——修订注。

余论：中西比较及我们今日的实践

　　法律与道德的关系问题，是法理学乃至整个法学的一个核心问题；甚至可以说，全部法学就是在对这一问题的不断思考和回答中建立和发展起来的。

　　在西欧，法学的主流就是自然法思潮与严格法思潮的相互斗争、相互吸收并互为消长，这一过程实际上也就是法律与道德之间的悲欢离合的过程。发源于公元前5世纪《十二表法》时期的严格法思潮（19世纪时发展为"分析法学""规范法学"或"纯粹法学"思潮）主张，要尊重和信守制定法，不要以法外道德去取代法律。自柏拉图开始的自然法思潮（至今已发展为"新自然法学"等）则相反，他们把某些正义准则视作至高无上的法律（"自然法"），主张法官可在司法审判中根据"自然法"临时造法。台湾学者王伯琦先生认为，自罗马共和初期到20世纪初，法律与道德的关系经历了三次悲欢离合，"似有其循环的轨迹"。共和初期，法律、宗教、道德、习俗浑然一体。至公元前5世纪中叶《十二表法》完成，开始了第一段严格法时期。但自共和末期至帝政初期，道德即大量侵入法律，这是第一次从"离"到"合"。534年《查士丁尼法典》完成之后，道德与法律又开始分离。到十七八世纪，二者再度从"离"到"合"，自然法思潮空前强盛。19世纪，二者又开始散伙了，分析法思潮占上风。但此次分离时间甚短，到20世纪初又破镜重圆了，新自然法思潮又有不可阻挡之势。[1]

　　在中国，似无这样的离合轨迹可循。自管子、商鞅、慎到、韩非等人的严格法理论被秦始皇、秦二世父子的"独任法治"实践败坏了名声

---

[1] 王伯琦：《近代法律思潮与中国固有文化》，台湾"司法行政部"1958年版，第31页。

以后，中国的法律与道德似乎就私订终身、白头偕老了，再也没有分离过。"礼"与"法"仅在李悝、商鞅、韩非至秦二世那一时期分离过，然后马上由"礼法结合"而不断深入走向"礼法合一"了。道德永远居上位，犹如丈夫；法律永远屈居下位，低声下气，犹如妻子。二者间"德主刑辅""明刑弼教"的关系，实质一直是"夫为妻纲"的关系。因此，在本章里，我没有按时代或阶段去分析中国古代的法律与道德关系理论。当然，这并不是说古人关于这一问题的思想没有随时代变化。我们只是发现，阶段性变化不大，甚至无从划分阶段。

中国的"道德至上"思想与西方的自然法思想是无法画等号的。"自然法"即西方人认知的道德，一开始就强调它是"自然的"。所谓"自然法"或"自然正义"，被视为如自然科学定律一样的东西，是纯粹的"理性"，是不以人的意志和情感为转移的存在。其具体内容，是"依照自然而生活，勿害他人""物归本主""生活应有节制"等等。正因如此，西方一开始就重视公民（自由民）之间的平等、自由、权利等。反观中国，中国的道德一开始就是血缘至上、宗法至上，是注重亲疏、贵贱、尊卑、长幼之分而否定平等、自由、权利的道德。这种道德，首先是人的情感、本性而非客观存在。正由于这一差别，所以即使在西方自然法思潮兴盛、道德标准居法律之上的时期，仍然充满着一种崇尚理性、崇尚科学的精神，理性和科学甚至被视为法律的灵魂。因此，在西方，自然法思想或道德思潮盛行，可能表明有许多人主张以更科学、更合乎自然理性的法律去取代不合理的现行人定法；而在中国，道德至上思潮盛行只表明人们企图摆脱法律的拘束，以求更随心所欲地实践道德、弘扬道德。

最大的悲剧莫过于今人明知故犯地重蹈古人覆辙。在今日法治建设中，我们仍常常有意无意地把道德标准置于法律标准之上。在立法时，常常"强人所难"地把一般人不易做到的东西写进法律，美其名曰"纲领性""超前性"，结果常使法律成为窒碍难行的具文；在法律条文中留下太多的"但书"，以求方便灵活运用以适应一切可能情况，保证万无一失。在司法中，常常有意无意地鼓励个案中曲解法律以取悦大众，过分强调考虑"民情""民愤"；过分强调"联系本地实际""因地制宜""因案制宜"，追求审判结果百分之百地合乎道德；把法律的种种"但书"用得淋漓尽致，甚至用得与立法意图背道而驰而不稍悔，造成"人有其法""地有其法""同行异责""同罪异罚"的恶果；甚至把任何严格适用形式逻辑依法判决的司法贬低为"一刀切"。这一切，在我看来，不仅仅是一种西西弗斯式的循环，而且是恶果不断加剧的恶性循环——司法者舍不得在个案中牺牲一丝一毫道德，故要"因案制宜"加以修正；这样做必然导致民众愈来愈不相信法律，愈来愈觉得法律责任有无或轻重均系于法官一念之间。反过来，民众越是不相信法律，法官便越不得不依道德原则去判决案件以求"合民情""平民愤"。这样一来，法律虚无主义①便如同深秋的荒原野火遇到了北风，愈烧愈烈。

---

① 这里涉及的问题，似乎不仅仅是法律虚无主义。原文概括不准，分析不到位。——修订注。

第七章

古代中国德刑轻重之争的真实含义

中国古代政治法律史上争吵得最厉害的话题之一，是"尚德（礼）""德（礼）治"与"尚刑（法）""刑（法）治"两种主张之间的争论。

争论的双方，一方主张"德主刑辅""大德小刑""崇德贱刑"，一方主张"独任法治""不务德而务法""刑九赏一"。二者的主张，看上去形同冰炭水火，至少先秦时期如此。这一争论，绝不仅是先秦儒法两家的争论，而是以种种不同表现形式贯穿中国封建时代的政治法律思想纷争。自董仲舒以后，在"定于一尊"的形势下，这种争议虽然显得隐蔽一些，对立程度或许也轻一些，但实质上的争论还是一直存在的。为叙述方便，我们姑且称前者为"重德派"，后者为"重法派"。

这一没完没了的争论，从政治学、法学乃至文化学角度去考察，其真实涵义究竟是什么？这是颇值得用心思考的问题之一。严格地讲，这一争论，并不是法律规范与道德规范二者根本关系问题的争论，充其量只是关于法律和道德这两种规范的"使用价值"孰大孰小、孰优孰劣问题的争论。所谓法律与道德的关系问题，指的是这两种不同性质的社会规范本质上（静态）有何区别和联系，以及在其各自的产生和运用过程（动态）中怎样相互区别、相互影响，[①]我们在前一章已有讨论。至于法威和德教两种工具（手段）在治国中的作用大小优劣问题之讨论，即关于"德""礼"与"刑""法"之间轻重、优劣、主次、先后、崇抑问题的讨论，经常被误认为是古代中国法律与道德关系讨论之全部，其实这是误解。二者之争，其实不过是统治策略、手段或方法之争（从政治学角度讲），是"推定的或技术性的法律规则"内部之争（从法理学上讲），是关于人性和秩序暨行为规范的性质与价值认识之争（从文化人类学角度讲）。本章拟就此一问题做一个初步的梳理。

一、重德重法两派的道德原则大致相同

"德""刑"关系之争并不是法律与道德的取舍之争，特别不是要不要道德之争。其实，在主要道德主张方面，重德派、重法派并没有根本的冲突。

贯穿中国封建时代的道德原则，几千年间几乎是没有什么变化的。因为封建专制、小农经济、宗法社会等基本属性一直处于"停滞"状态，所以社会价值观念和道德原则也没有多大变化。这些道德原则，或称之为"道德的项目"，具体是什么呢？就是"为仁之本"的"孝弟（悌）"，就是"君使臣以礼，臣事君以忠"，就是"君君、臣臣、父父、子子"；[②]就是"教以人伦：父子有亲，君臣有义，夫妇有别，长

---

①参见拙文《道德与法律的关系：古代中国人的回答》，载《法学硕士论文选》，群众出版社1989年版，第79页，第123页。
②《论语》之《学而》《八佾》《颜渊》。

幼有序，朋友有信"①；就是"父慈、子孝、兄良、弟弟（悌）、夫义、妇听、长惠、幼顺、君仁、臣忠"等"十义"。②概而言之，就是董仲舒以后被归纳为"三纲"（君为臣纲、父为子纲、夫为妻纲）"五常"（仁、义、礼、智、信）的那一套根本准则，是从周代一直到清末变法修律前始终被视为绝对正确的"神圣信条"的那些东西，是作为"立国之本"的基本伦理原则。

对于这些"道德的项目"或"根本准则"，那些貌似"灭德弃义""刻薄寡恩"的重法派人士也并不反对（除其个别场合出于论战需要危言耸听的偏激言论外）。他们只是反对用那些"仁义道德"空头说教去实现这些道德理想，并主张用强有力的政治手段去实现那些道德理想。由于他们常常不经意地用"德""仁""义""礼"这些词来指代他们极力反对的德礼教化方法，这就容易给我们造成一个误会——似乎他们所反对的是道德本身，似乎他们真的要摒弃道德。其实，并非如此。

作为法家先驱的管仲及其门徒，虽曾主张"治国使众莫如法，禁淫止暴莫如刑"，但他们也把"礼""义""廉""耻"作为"国之四维"，认为"不恭祖则孝悌不备，四维不张国乃灭亡"。③

极端重刑主义者商鞅及其门徒们，曾以"礼乐""诗书""修善""孝悌""诚信""贞廉""仁义""非兵""羞战"等道德说辞为"国之虱"。他们认为，这些东西一旦多起来，"其国必削"。但是他们又明确地赞成"为人臣忠，为人子孝，少长有礼，男女有别"的道德秩序，并声称他们实行重法的最终目标正是"偃武事，行文教，以申其德"，正是"德明教行"。④

————————————

①《孟子·滕文公上》。
②《礼记·礼运》。
③《管子》之《明法解》《牧民》。
④《商君书》之《靳令》《画策》《赏刑》《一言》。

重法派的集大成者韩非子，虽然主张君主"不务德而务法"，但他也明确赞成"忠""孝"之类"道德准则"。他认为："臣事君，子事父，妻事夫，三者顺则天下治，三者逆则天下乱，此天下之常道也，明王贤臣而弗易也。"[①]这似乎是中国历史上最早把"三纲"并列在一起来强调的政治法律言论。

秦王嬴政时期，秦国被认为是"独任法治""摒弃道德"的典型，但其官方的政治教科书也照样主张"为人君则鬼（读为怀，和柔也，即"慈"），为人臣则忠，为人父则慈，为人子则孝。……君鬼臣忠、父慈子孝，政之本也"[②]。

重德派与重法派在基本道德项目上竟是如此相同，这大概是很多人经常疏忽的。

准则的相同，说明两派所追求的最终政治目标大体一致。"慈""孝""忠""悌""礼""和""顺""别"等道德，也就是法儒狄骥所谓"准则法"（详后），它们的实现，就是重法派理想中的最佳政治秩序。这实质上也就是以父权家长制为基础、以血缘关系为纽带的宗法等级秩序。在这一点上，他们基本上统一了意见。

二、重德重法两派在策略手段上确有分歧

（一）长远目标和近期目标之分歧

1.重法派

重法派实际上把他们的目标分成两个阶段。最终目标固然是那种

---

① 《韩非子》之《显学》《忠孝》《奸劫弑臣》。
② 《云梦秦简·为吏之道》。

根本纲常秩序的完全实现，但在当时的"乱世"要实现这些目标谈何容易。既然终极目标太遥远太难实现，于是他们又在长远目标之下，提出了他们的切实可行、指日可待的近期目标。他们主张"不务德而务法"，主张使用刑罚威慑手段而不使用德礼教化手段，正是从实现近期目标的立场出发来讲的。他们的近期目标是什么？就是迅速禁暴止乱，恢复社会安定，并建立一种各行其是（这个"是"完全由法律来规定并有重刑为后盾）的秩序——哪怕仅仅是一种暴力威慑下大家不得已安分守己的秩序也在所不惜。先做到这一步，也就是先使人人"不得为非"，然后再去"偃武事，行文教，以申其德"，接近长远目标。正因如此，人们才常常责难重法派"急功近利"，他们的确更多考虑的是救乱世、恢复治安的眼前功利。

他们主张用最为简捷的办法——重刑——来实现近期目标，先用这种简单方法来恢复和维持准则法所要求的外在秩序；至于人们内心是不是心悦诚服地服从秩序并接受作为这一秩序基础的准则（道德），暂时可以不论。《管子》所言"明君者闭其门，塞其途，毋其迹，使民毋由接于淫非之地，是以民之道正，其行善也若性然，故罪罚寡而民以治矣"[1]，说的正是这个意思。商鞅主张"刑生力，力生强，强生威，威生德，德生于刑"[2]，"圣人有必信之性，又有使天下不得不信之法。所谓义者：为人臣忠，为人子孝，少长有礼，男女有别；非其义也，饿不苟食，死不苟生。此乃有法之常也。圣王不贵义而贵法。法必明，令必行，则已矣"[3]。在他看来，"忠""孝""礼""别"这些道德要求，用"法"（即赏与刑）照样可以使人们达到，而且应是法治下的"常

①《管子·八观》。
②《商君书》之《说民》《画策》。
③《商君书》之《说民》《画策》。

态"或"常事"。所以只需明法严刑，长期坚持下去，就能实现这样的长远目标。这样用刑罚强迫人们按准则（道德）要求去做，用不着跟老百姓讲那些大道理，久而久之他们会习惯成自然。韩非子也是这样表达他的近期目标："使强不凌弱，众不暴寡，耆老得遂，幼孤得长，边境不侵，君臣相亲，父子相保，而无死亡系虏之患。"[1]

2.重德派

重德派似乎没有这种长远目标与近期目标的区分。他们认为，要实现这些道德，要建立理想的秩序，仅靠刑罚强制手段是远远不够的。孔子说："导之以政，齐之以刑，民免而无耻；导之以德，齐之以礼，有耻且格。"[2]这大概正是批评早期重法派（法家先驱们）的。不得不承认，至少在近期目标上，重法派所要达到的，正是"民免而无耻"的效果（秩序）。重德派反对这样急功近利，他们主张要用化三冬冰雪、磨铁杵成针的耐心去对人们进行说服教育工作，去感化人心，促使人民道德升华。他们认为，连最愚顽的人都是可以感化的。这种教化，虽然不能收到立竿见影之效，但其深利远泽会逐渐显现出来，"使民日迁善远罪而不自知也"。[3]所以，决不能因为德礼教化方法是解不了近渴的远水而轻视或摒弃它，也不能因为严刑峻法能很快见效而过于重视它，甚至独用它。他们追求的是比"民免而无耻"高一个层次的目标——民"有耻且格"，也就是老百姓的道德升华。

（二）教与威的手段方法之分歧

1.重法派

《管子》认为："夫以爱民用民，则民之不用明矣。夫至用民者，

---

①《韩非子·奸劫弑臣》。
②《论语·为政》。
③（汉）戴德：《大戴礼记·礼察》。

杀之危之，劳之苦之，饥之渴之。用民者将致此之极也，而民无可与虑害己者。明王在上，道法行于国，民皆舍所好而行所恶。"他认为，老百姓实质上不听"仁政""爱民"那一套，他们吃硬不吃软。所以他主张："明必死之路者，严刑罚也；开必得之门者，信庆赏也。"①就是说，为了救世，他开出的处方是严法重刑，是一服以毒攻毒的"苦药"。

商鞅及其门徒开出的处方是"任法而治"。他们主张"刑不善而不赏善"，主张"刑多而赏少"，"求过不求善，藉刑以去刑"。他们认为"重刑"这服"苦药"有无比优越性："故禁奸止过，莫若重刑。刑重而必得，则民不敢试，故国无刑民。"因此好的治国者应该"不贵义而贵法"②。所谓"义"，就是指道德教化手段。法刑威慑手段，才是治国良方，才是"使法必行之法"："圣人知必然之理、必为之势，故为必治之政，战必勇之民，行必听之令。"③

韩非子更明确主张"不务德而务法"，主张现阶段只用刑威手段治国，"使民以法禁而不以廉止"。在他看来，刑威和德教，功效是大不一样的："故法之为道，前苦而长利；仁之为道，偷乐而后穷。圣人（应）权其轻重，出其大利。故用法之相忍，而弃仁人之相怜也"，"仁义爱惠之不足用，而严刑重罚可以治国也"④。明智的君主应该"不随适然（偶然）之善，而行必然之道"⑤。必然之道，就是以重刑威慑国人。

由于秦王朝"独任法治"二世而亡，重法派在汉以后似乎不见了。不过，"外儒内法"的治国模式成为常态。虽然过去那种片面、苛刻、极端的重刑治国论再也没有人讲了，但某些人在"德刑并用"大前提下

---

①《管子》之《法法》《牧民》。
②《商君书》之《慎法》《画策》《开塞》《赏刑》。
③《商君书·画策》。
④《韩非子》之《显学》《六反》《奸劫弑臣》。
⑤《韩非子·显学》。

格外强调重刑救乱的主张，仍有先秦法家遗风。

东汉人王符说："法令赏罚者，诚治乱之枢机，不可不严行也。……罚不重则恶不惩。故凡欲变风改俗者，其行赏罚者也，必使足惊心破胆。"①晋人葛洪说："役欢笑者，不及叱咤之速；用诱悦者，未若刑戮之齐……以轻刑禁重罪，以薄法卫厚利，陈之滋章而犯者弥多，有似穿阱以当路，非仁人之用怀也。……故仁者，为政之脂粉；刑者，御世之辔策。脂粉非体中之至急也，而辔策须臾不可离也。……当怒不怒，奸臣为虎；当杀不杀，大贼乃发。……多仁则法不立，威寡则下侵上。"②北周苏绰也说："若深奸巨猾……杀一利百，以清王化，重刑可也。"③这些说法，其实是认为重刑威慑手段比道德说教更有效。

重法派开出的重刑治国"处方"，主要基于以下两个理由：

第一，人性本恶，老百姓吃硬不吃软，用重刑威慑更对症。

《管子》说"以爱民用民，则民之不用明矣；夫至用民者，杀之危之"④；《商君书》说"仁者有仁于人而不能使人仁；义者有爱于人而不能使人爱。是以仁义不足以治天下，故杀人不为暴，宽刑不为仁"⑤；《韩非子》说"民固骄于爱、听于威矣"，"仁义爱惠之不足用"⑥，"民者固服于势，寡能怀于义"⑦，都表达了对老百姓的人性的这种基本判断。在他们看来，道德说教或施加小恩小惠，都不足以感化老百姓，只有用重刑威慑才能叫他们立马就老实。

第二，刑威用来救弊见效更快，甚至与道德说教殊途同归。

---

①（汉）王符：《潜夫论·三式》。
②（晋）葛洪：《抱朴子·用刑》。
③《古今图书集成·祥刑典·祥刑总部》"艺文"一《恤狱讼奏》；又见《北史·苏绰传》。
④《管子·法法》。
⑤《商君书·画策》。
⑥《韩非子》之《五蠹》《奸劫弑臣》。
⑦《韩非子·五蠹》。

商鞅说，"为人臣忠，为人子孝，少长有礼，男女有别"这些道德建设目标，严刑重法同样也能达到，"此乃有法之常也"。为什么呢？因为"刑重者，民不敢犯，故无刑也。而民莫敢为非，是一国皆善也"；"群臣不敢为奸，百姓不敢为非，是以人主处匡床之上，听丝竹之声，而天下治。"①他的意思是，先用重刑威慑让老百姓"莫敢为非"，久而久之大家都习惯成自然，都成了道德高尚的善人，就建成了一种新的有道德的"大治"秩序。韩非也说："明主之国，无书简之文，以法为教；无先王之语，以吏为师。……是以境内之民，其言谈必轨于法。……是故无事则国富，有事则兵强，此之谓王资。既富王资而承敌国之衅，超五帝、侔三王者，必此法也。"②就是说，只有独任法治、重刑威民，才能立即富国强兵，并最终通向五帝三王一般的仁德政治。

重法派认为，严法重刑不仅能达成道德教化的目标，而且见效更快。《史记·商君列传》载，商鞅初到秦国时，曾"说君（秦孝公）以帝王之道，比三代"，但孝公不喜欢听，说自己想要更快捷的办法："久远，吾不能待。且贤君者，各及其身显名天下，安能邑邑待数十百年以成帝王乎？"这正中商鞅的下怀，所以立即帮孝公搞了那些立竿见影的严法重刑措施。在他们看来，孔子也承认只有先用强硬措施统治三十年以后，才谈得上行仁施义（"如有王者，必世而后仁"③），所以实行严刑峻法治国并没有错。既然如此，何必去用那吃力不讨好的教化手段呢？从这一点来讲，汉人司马谈对法家理论的"可以行一时之计而不可长用"④的评价是比较恰当的。

---

① 《商君书·画策》。
② 《韩非子·五蠹》。
③ 《论语·子路》。
④ 《史记·太史公自序》。

2.重德派

孔子认为："导之以政，齐之以刑，民免而无耻；导之以德，齐之以礼，有耻且格。"两种手段相比较，他宁取后者，但并未绝对排斥前者。他的理想是"为政以德"。他认为重法派首重刑威的主张是"不教而杀""不戒视成"，是"虐""暴"之政，是有意伤害老百姓，当然是不可取的。[①]孟子认为，"善政不如善教之得民也。善政，民畏之；善教，民爱之。……善教得民心"，"尧舜之道，不以仁政，不能平治天下。"[②]荀子认为："不教而诛，则刑繁而邪不胜；教而不诛，则奸民不惩"。[③]他们都主张治国必须首重道德教化手段。

汉人贾谊在《治安策》中说："夫心未滥而先谕教，则化易成也，开于道术智谊之指（旨），则教之力也。"[④]汉人刘向在《说苑·政理》中也说："政有三品：王者之政化之，霸者之政威之，强者之政胁之。夫此三者，各有所施，而化之为贵。夫化之而不变，而后威之；威之而不变，而后胁之；胁之而不变，而后刑之。夫至于刑者，则非王者之所得已也。是以圣王先德教而后刑罚。"《盐铁论·大论》载汉"文学"之士主张："残材木以成室屋者，非良匠也；残民人而欲治者，非良吏也；……圣人不费民之性，是以斧斤简用，刑罚不任，政立而化成。扁鹊攻于腠理、绝邪气，故痛疽不得成形；圣人从事于未然，故乱原无由生，是以砭石藏而不施，法令设而不用。"

重德派的这些治国处方，就是扁鹊的处方：从疾病征兆最微时开始治疗，从人的心灵深处开始治疗，而不是仅仅拿刑罚威慑人们。使老百姓道德上觉悟，以犯罪为耻，才是治国的终极目标。要达到这个长远

①《论语》之《为政》《尧曰》。
②《孟子》之《尽心上》《离娄上》。
③《荀子·富国》。
④《汉书·贾谊传》。

目标，就得有极大的耐心。唯一可能用来达成这个目标的手段就是"德教"。刑罚威慑是不顶用的，它解决不了人心灵深处的问题，仅恃刑威只能使百姓都"免而无耻"——虽勉强免于犯罪，但丧失了廉耻感。

这个"处方"比起法家之流那赤裸裸的重刑主张，当然显得更有人情味，道理上也易讲通。客观地说，这个"处方"，既有迂阔的一面，也有远虑的一面。

重法派常指责重德派"迂阔"，虽带有一些偏见，但也并没有完全冤枉。在那"礼崩乐坏"、治安败坏、民生凋敝的社会剧烈变动之际，言必称尧舜，颂古非今，日以高谈道德教化为务，诵经般重复"刑罚不施而民用""唯有德者能服民""仁者无敌"之类的空论，对社会问题、民生疾苦而言的确如隔靴搔痒。其言则旷古之音，其术则迂腐无用。正如韩非子所批评的："世之愚学，皆不知治乱之情，譶诶多诵先古之书，以乱当世之治。……愚者固欲治，而恶其所以治；皆恶危，而喜其所以危者"，"不善今之所以为治，而语已治之功；不审官法之事，不察奸邪之情，而皆道上古之传，誉先王之成功"。①他们的"救乱良方"正如晋人葛洪所讥讽的"盘旋以逐走盗，揖让以救灾火"②。我们看到，在商鞅、桑弘羊、王安石实行变法时，反对者多半是这种迂阔之辈。孔子"知其不可为而为之"③，孟子"迂远而阔于事情"④，其实就是这种迂阔的先声。

不过，不能不承认，在迂阔之外他们虑事似乎更深远全面，也就是有远虑的一面。如汉人贾谊说：

> 凡人之智，能见已然，不能见将然。夫礼者，禁于将然

---

① 《韩非子》之《显学》《奸劫弑臣》。
② 《抱朴子·用刑》。
③ 《论语·宪问》。
④ 《史记·孟子荀卿列传》。

　　　　明刑弼教：中国法律传统的基本精神

之前，而法禁于已然之后。是故法之所用易见，而礼之所为生难知也。……然而曰礼云礼云者，贵绝恶于未萌，而起教于微眇，使民日迁善远罪而不自知也。……以礼义治之者，积礼义；以刑罚治之者，积刑罚。刑罚积而民怨背，礼义积而民和亲。……道之以德教者，德教洽而民气乐；驱之以法令者，法令极而民风衰。[①]

我们似乎不能不承认，对于治国治民中过分使用刑罚威慑手段的不良后果，重德派是有相当深刻的、富有预见性的认识的。他们认识到，"独任法（刑）治"或"先刑而治"会产生许多不良后果。最严重的，可能达到"民不畏死，奈何以死惧之""民不畏威，则大威至"[②]的地步，秦朝独任法治的实践及二世而亡的结果就是一个教训。这一认知水平，当然比重法派要高一些。

三、德刑轻重之争的真实含义

（一）从政治学角度看

重法、重德两派在道德原则或理想上并无多大差异。这实际表明，他们的政治思想没有根本冲突，他们的政治秩序观至少从长远来讲是一致的。他们要建立的都是以宗法等级制为核心的政治秩序，或者说都是以父权家长制作为国和家的灵魂。可以说，双方都视宗法血缘伦理为国家政治生活中应有的政治伦理。这种"一致性"，就是看起来不共戴天的两大派之理论后来能合流的根本原因。汉以后的"儒法合流""援儒入

①《汉书·贾谊传》。
②《老子》第七十四章、第七十二章。

法""外儒内法""儒表法里",都是因为有这种内在一致性。西汉统治集团标榜"霸王道杂之",看来就是深谙两派共通政治真谛后的选择。

两派的差异只是在政治策略、手段和方法上。要达到（实现）上述政治理想或目标，就得有一套策略。德礼教化方法是一种手段，刑罚威逼是一种手段。重法派重视刑罚威逼的一手，比较轻视德礼教化；重德派重视德礼教化的一手，比较轻视刑罚。这种政治策略、手段主张的差异，就是西汉以后儒法两家虽已"合流"但仍然常有德刑轻重之争的根本原因。只要社会现状稍一发生变化，这种争论就会以不同的形式发生。时局动乱时，重刑轻德论者占上风；时局安定时，重德轻刑论者就占上风。列宁曾指出："所有一切压迫阶级，为了维持自己的统治都需要有两种社会职能：一种是刽子手的职能，另一种是牧师的职能。刽子手镇压被压迫者的反抗和暴动；牧师安慰被压迫者……从而使他们忍受这种统治，使他们放弃革命行动，冲淡他们的革命热情，破坏他们的革命决心。前者是牧师的一手，后者是刽子手的一手。任何统治者和他们的谋士们都不会笨到只主张其中一手而绝对排斥另一手的地步，只是有两者轻重缓急的见解不同而已。"[1]

（二）从法理学角度看

法国法学家狄骥（1859—1928）曾把所有法律规范（包括不成文的法律规范）分为两种：一种是"标准的法律规则"或"严格而言的法律标准"[2]，有人译为"准则法"或"准则性规范"。这种规范，包括政治社会生活中最基本的禁令、命令和许可，如不得伤害他人、可以劳动和休息、要纳税、要尊重财产等等。这些"准则法"，实际上有些像古

---

[1]列宁：《第二国际的破产》，《列宁选集》第二卷下，人民出版社1972年版，第637页。
[2]上海社会科学院法学所:《法学流派与法学家》，知识出版社1981年版，第234页。

罗马法学家西塞罗所讲的"自然法"的内容[①]，或至少是法律规范中的基础性、根本性、价值性法律规则。另一种是"推定的或技术性的法律规则"[②]，或称"创造性的规范"。这种规范，是由前者创造、推定或引伸出来的规范，是保证前者得到尊重并付诸实施的规范，是给予当局惩办违法者权力的规范，有人称之为"技术法"。狄骥的这一划分，当然不同于"自然法"与"人定法"的划分，因为在他的理论体系中还有更精密的划分和说明。这一划分的要害是区分基本价值性行为规则和实现原初规则的技术保障性规则。

若用狄骥这一理论来分析我国历史上的德刑轻重之争，我们就会发现，重法、重德两派的真正分歧并不在"准则法"，而在"技术法"。两派共同的道德目标，"忠""孝""敬""顺""礼""别"等等，实际上就是他们共同的"准则法"，是他们所共同主张的根本法律原则或价值性基本法则。虽然"同归"，但各主"殊途"，在从这些基本准则创造、推定或引伸出来的技术性规范上，两派的主张就大不一样了。重德派创造或引伸出来的是伦理化的、人情味浓的、似法非法的"技术法"，因而后来能够被"引礼入法""礼法合一"。他们那一套"技术性规范"，被宣称是从"天经地义"的"礼"中整理而来的，是上天所定的、合乎人性的、从人性中自然引伸出来的法律规范。至于重法派，他们从前述准则法出发，创造或引伸出另一套技术性规范，是赤裸裸地炫示刑罚威胁作用的法律规范。台湾学者王伯琦先生曾明确指出，儒法两家之争"不是目的的对立，而是方法的不同"；其实古代中国争鸣不已的各家之间，对于"准则法"意见是基本一致的，只是对于"技术法"意见不同。直到清末沈家本主持变法修律时，传统"准则法"才被

---

① （古罗马）西塞罗：《法律篇》，《西方法律思想史资料选编》，北京大学出版社1983年版。
② 上海社会科学院法学所：《法学流派与法学家》，知识出版社1981年版，第234页。

动摇，建构新准则法的任务才开始被提起。[①]

（三）从文化人类学角度看

文化，就是人际秩序和人的行为模式之总和。人们的秩序观，是与他们对人性的认识紧密联系在一起的。正是由于对人性的认识不同，才有了重德、重法两派在人际秩序观、行为模式观乃至对人定规范的价值判断方面的不同。

重德派多认为人性中有"善端"。从这个"善端"可以引伸出"德""礼"。也就是说，"善端"可以引伸出构成人际秩序的基本原则和要素，也能引伸出合乎自然的生活规范。因此，他们反对人为地制定一些规范来强加给人。他们认为那些人定规范是没有多大价值的，甚至是违背人性、扭曲人性的；若这些规范过分依赖刑威方式强制人们接受，尤其如此。总之，他们认为，社会组织或社会控制的规则，应是内在于人类自身而非外加的。法律这种人定规范，只有社会乱得无可奈何时才有必要用一用。

重法派多认为人性中有"恶端"，至少有好逸恶劳、好利恶害这种易于趋向罪恶的天性。这一点决定了用以组成和维持人类社会的规范必定是外来的、人定的，而不是从人心中引伸出来的。因为这种规范与人本性相悖，所以不得不依赖强制力，特别是刑罚之威。这种规则来自圣人，圣人"制礼作法"为的是"化性起伪"（荀子语，至于他算不算重法派另当别论），使人类从野蛮走向文明，使人类建成社会组织和秩序，使人类获得利用自然的生存能力。如果放纵人之本性，人类根本不可能"群"即组成社会，甚至连鸟兽都斗不过。

---

①王伯琦：《近代法律思潮与中国固有文化》，台湾"司法行政部"1958年版。

第八章

君权监督与转移：中国传统政治法律学说的一个盲点

关于中国传统政治学说的基本特征，"现代新儒家"学者牟宗三先生总结为"有治道无政道"。此说对我们认识中国传统法律学说也有启发。因为在古代中国，政治学说与法律学说浑然不分，所以牟先生之论也揭示了中国传统法律学说的特征。

所谓"政道"，就是关于政权基本问题的理论。从法学角度看，主要是关于权力来源、依据及合法性问题，权力更迭方式问题和权力职能分工及监督制约问题等的理论。所谓"治道"，就是关于治理对象及治理方法问题的理论。从法学角度看，主要是关于各方面具体事务之立法、执法、司法、法律监督等问题的理论。在法的领域，"政道"大约相当于根本法理问题，"治道"大约相当于具体法律问题。

就中国法律史而言，所谓"政道"应包括以下问题：君权及国家的起源、性质及更替问题，君权、相权、吏权的关系问题，国家权力的分类及功能问题，国家机构的构成与运作问题，国家的决策程序或机制问题，国家的纠错机制问题……这些问题，在中国传统政治法律学说中，很少被关注和讨论。这可以说是中国传统政治法律学说天生的盲点。本章拟就这一盲点做一点初步考察分析。

一、不谙"政道"的"为政在人"误区

"政"是什么？中国传统政治法律学说中的"政"不外两重含义：一是指"政令"或"法令"。孔子云"导之以政，齐之以刑，民免而无耻"[1]，老子云"以政治国，以奇用兵，以无事取天下。政者，名法是也"[2]，都是此意。二是指"政事"或"行政活动"。孔子云"为政以德"，"政者，正也。子帅以正，孰敢不正"[3]，孟子说"善政得民财"，"无政事则财用不足"[4]，讲的正是行政手段或行政活动。这两种含义合起来，就是公共权力，特别是国家根本大权。"天下有道，则政不在大夫。"[5]权力发而为政令，行而为政事。或者说，政令、政事的源泉为政权。

中国传统政治法律学说所关注的，几乎都是政令、政事问题，很少讨论政权问题。一代又一代贤哲们喋喋不休地讨论的，只是应当如何王霸并用、赏罚分明，如何理冤恤民，如何施行德教，如何从严治吏、循名责实，如何亲贤远佞、选用贤才，如何兼听纳谏，如何仁政爱民，如何发奸止叛、强化治安，如何提高行政效率，如何有效贯彻政令法令，如何惩治贪污，如何止讼息讼……这些其实都是具体"治道"问题。除此之外，实在很少有人专门深入讨论过政权的性质、政权合法性、政权取得及更迭的合理方式、最高权力的监督制约等根本"政道"问题。

中国传统政治法律学说对这类"治道"问题的讨论，可谓汗牛充栋。几乎每一个在历史上留下涉政文字的人，都曾参与过"治道"问题

---

①《论语·为政》。
②《尹文子·大道下》。
③《论语·颜渊》。
④《孟子·尽心》。
⑤《论语·季氏》。

　　　　　明刑弼教：中国法律传统的基本精神

的讨论。甚至最鄙视政治的老庄及其追随者，似乎也不例外。如老子就曾向君王们提出过"治大国若烹小鲜""以正治国，以奇用兵，以无事取天下""治人事天莫若啬"①的具体政治谋略性建议；庄子就曾提出过"礼义法度者，应时而变者也""以道观分而君臣之义明，以道观能而天下之官治"②等具体政策性建议。

关于具体政治法律问题（即"治道"问题）讨论如此之多，或多或少说明了古代中国历朝历代政治弊病蠢害十分严重，深受其害的人们不得不努力谋求改善"治道"，谋求政治的"治病健体"之良方。人们反复不休且愈来愈多地讨论"治道"，说明政治中的种种弊端不但没有解决，反而愈演愈烈。

射不中的，反求诸身。讨论政治问题的人们本应如此。政者治之体，治者政之用。当"治道"方面出了问题时，最重要的当然是去反省"政道"，不能老是在"治道"范围内打转转。具体说，应讨论决策机构的构成、决策机制和程序、权力的根本制约机制等是否存在缺陷，应该尽快筹思如何使之更科学更完善以缩小"治道"失误可能性之良策。然而由于历史和文化模式的限制，我们的先贤先哲们并没有这样的思维模式，而是走上了另外一条道路。

这另一条道路，就是"为政在人"。

"为政"即"为治"。"为政在人"，"其人存则其政举，其人亡则其政息"③，"有治人无治法……法不能独立，类不能自行，得其人则存，失其人则亡"④……这些说辞，都是中国传统政治哲学就一切政治弊端（一切"治道"方面的问题）所做的最权威的原因归纳（或诊断）。

---

① 《老子》第五十七章、第五十九章、第六十章。
② 《庄子》之《天运》《天地》。
③ 《礼记·中庸》。
④ 《荀子·君道》。

中国传统政治哲学认为，一切政治弊端的最大最终原因，在于用人不当。"君子者，治之原（源）也……原（源）清则流清。"[①]如此把人的作用强调到极处，特别是把贤人君子的道德楷模作用以及"为政以德"之可能效果夸大到极致，实在是走上了一条与西方政治法律传统完全不同的道路。古希腊和古罗马政治哲学，虽然也注意寻找贤君、贤相、贤吏，但更重视政体或制度的调整，以期有效约束掌权者，使其不得恣意妄为。所以早在公元前8至公元前4世纪，就产生了特有的"民主制"和"法治制度"，国王或皇帝由人民公举，公民大会可以直接投票立法，元老院或公民大会可以迫令元首去职并改选他人。反观我们，虽然在设计机构和官职时也曾有一些相互监督和牵制的考虑，但绝大部分心力用在对官吏及官吏候选人的道德净化上，期望达到一个几乎永远也达不到的目标——"人皆可以为尧舜"[②]，"（惟）贤者在位，能者在职"[③]。

为了这一目标，中国古代贤哲们费尽了心智。但除了一次又一次地重复"亲贤远佞""赏罚分明""振肃纲纪""慎选举、严督察"之类的"政治正确"主张外，他们并没有多做什么。后代贤哲比前代贤哲们，在理论深度上也没有进步多少。历代王朝的决策者或当家人在撤换"道德卑下"者、任用"道德高尚"者、对官吏及官吏候选人强化道德教育以提高其道德水平方面费尽了心机（心血）。但这种努力似乎只是世世代代周而复始的简单循环，结果一切依然如故。甚至，封建专制制度的弊端，在这个循环中不断加重——中央集权逐渐走向极端，君主独裁不断膨胀，权力滥用愈来愈严重，腐败不断加剧。一次又一次地重复"为政在人""用贤去奸"之说也于事无补。昙花一现的法家虽然提出

---

① 《荀子·君道》。
② 《孟子·告子下》。
③ 《孟子·公孙丑上》。

了"法虽不善，犹愈于无法"①和"使中主守法术，拙匠守规矩尺寸，则万不失"②的精彩主张，但很快被儒家的口诛笔伐淹没，也没什么显著影响。况且，法家的这些主张虽貌似"离经叛道"，为儒家所不容，但却与儒家有着内在的一致性：政治制度和法律，充其量不过是一种弥补治国者、为政者才智不足（所谓"中""拙"）的手段或工具，仍属于"法术"或"政术"范畴，并不是可以弥补或因应人们道德不足、制止权力滥用和官吏腐败的治国大道。其实，早期法家人物自己就承认，他们把制度和法律放到比道德更重要的地位，乃出于不得已，是权宜性的，是为了"救世"。③也就是说，在法家心中，"任法"仍是不得已的下策。既然"任法而治"都是不得已之策，那么当然就没有必要去讨论政治与法律背后的根本原理——政理或法理问题了。

于是，一个最重要的问题，几千年间一直被人们忽视或回避了。这个问题就是：权力能腐蚀任何人；若无外力的有效制约，道德高尚的人也会被腐蚀，也会变得腐败；如何从体制或根本制度上有效防止或减轻这种腐蚀、腐败，使道德卑下的掌权者也无从恣意妄行……不知究竟是何缘故，迫使华夏民族数千年对这一问题采取了回避态度。

要我们的祖先提出近世"权力分立与制衡""以权力制约权力""人民主权""人民监督政府"的主张当然是苛求古人。但是，踏上"完善权力制约制度以降低或减少腐败"的思考路径应该是可能的。

可惜，我们的祖先一直未能进入这条思考路径。他们没有或很少从体制、制度是否有根本缺陷的角度去查究种种治道弊端的内在原因。

---

①《慎子·威德》。
②《韩非子·用人》。
③郑相子产云其铸刑鼎的动机是"侨不才，不能及子孙，吾以救世也"（《左传·昭公六年》）。此似是说，若"侨有才"，若要虑及子孙后代之事，则不必"铸刑书"。韩非子亦云其尚法是为了"救群生之乱，去天下之祸"，使人民"无死亡系虏之患"（《韩非子·奸劫弑臣》）。这似乎是说，若非应急之需要，则不应如此尚法。

几千年里，他们一直把一切腐败和弊政的归因于人的道德堕落。直到明末清初的黄宗羲，才开始接近"从制度方面去找原因"的思路，但很快又后继无人，未形成较大社会及政治影响。黄氏认为，制度好比人好更重要。制度不好，即使有贤能之人，仍无法凭此制度建功立业、利国利民；若制度好，则有无贤人都不要紧。"其人是也，则可以无不行之意；其人非也，亦不至深刻罗网反害天下。故曰有治法而后有治人。"[①]其实，始创政治法律制度以及后来讨论政治法律制度利弊得失的人们，原本就应该从"万一不幸"的"其人非也"之处着眼，就应该首先考虑制度本身是否合理，应该考虑不要在制度上留下显著漏洞或给贪官污吏留下太多方便之门。一旦实践中出现弊端，首先就应想到制度本身有弊端。一切考虑，都应以"小人"为基本参照物：每创立一制度，首先就应考虑到，它若不完备不严密，若不有效制约权力，"小人"将会如何假借其弊以滥用权力、徇私枉法。立法创制若仅以"君子"为参照，一切往好处想，结果便必然是"以君子始，以小人终"，只能看到"小人乱政"的局面不断重演。

而"完善制度以减阻腐败"的思路与此正好相反，其追求的是"以小人始，以君子终"。

二、"马肝式问题"与革命权的丧失

关于政道问题，古代中国思想家们的确讨论得太少了。这当然不能全怪他们。在专制集权的高压统治之下，文人学士们若要谈政治，除了歌颂当世君主"英明圣哲"或论证其权力为天授神与没有危险以外，谈

---

①（明）黄宗羲：《明夷待访录·原法》。

论其他任何政道问题都有危险，甚至会掉脑袋。所以，当看到政治中的种种弊端时，人们只能抨击贪官污吏，只能祈求国君从严治吏、振肃纲纪，只能劝谏君主"亲贤臣远小人""任用贤能"，只能劝为官者"为政以德""奉公去私"。按照一般逻辑，下级官吏贪腐多了，原因在上级；众多官吏普遍贪腐，责任当然要追到朝廷和皇帝。这种思路，思维正常的人都会有的，尽管不一定直接表达。但是，一旦追究到朝廷和皇帝头上，你能怎么办呢？这一问，就叫历朝历代圣贤们一筹莫展了。

"至圣先师"孔子，对于有错误的君主，也只能说："所谓大臣者，以道事君，不可则止。""事君……勿欺之，而犯之。"①"天下有道则见，无道则隐。"②"三谏之而不听，则逃之。"③

这是一种消极的态度。所谓"止"，就是"不仕"，就是辞职。所谓"隐"和"逃"，更是消极回避——惹不起，我还躲不起吗？但好在孔子总算还主张坚持"三谏"，同意"犯之"，同意反复劝谏三次。这应算是总体消极之中的相对积极态度，难能可贵。这考虑改革制度本身了吗？没有。孔子只是考虑人，只认为君主听谏便是一切弊端的解决之道。

孟子是古代中国最有"民主"精神的思想家之一。他的态度比孔子激烈：

"贼仁者谓之贼，贼义者谓之残。残贼之人，谓之一夫。闻诛一夫纣矣，未闻弑君也。"④"君有大过则谏。反复之而不听，则易位。"⑤"民为贵，社稷次之，君为轻。"⑥

孟子比孔子显然进了一步，同意以"革命"和"易位"途径来解

---

①《论语·先进》，《论语·宪问》。
②《论语·泰伯》。
③《礼记·曲礼下》。
④《孟子·梁惠王下》。
⑤《孟子·万章下》。
⑥《孟子·尽心下》。

决政府腐败问题。这比孔子所主张的"隐""逃"办法当然更好一些，但其关注点仍在人，认为人换了就什么都好了。其所发明的"易位"办法是什么？没有新的，不过是宫廷政变，或"汤武革命"。"革命"主张，有些近似于西哲卢梭等人所言人民对暴政有"反抗权"；王室其他支系（"巨室"）取而代之的"易位"，即宫廷政变，有些近乎西人政治史中的政权在贵族中转移。但是，若昏暴之君以其掌握的绝对权力抗拒革命、抗拒逼宫，你又能如何？若因"革命"战争，弄得天下生灵涂炭，又如何？若换上去的人同样马上腐败，又当如何？孟子并没有考虑那么多，他仍没有考虑"完善制度以减阻腐败"的问题，没有考虑不用革命诛伐或宫廷政变这类代价高昂的手段也能实现革新政治、遏制腐败的方式、程序。今人看到这里，不免为古人扼腕叹息：既然人民比政府重要（民比君贵），为什么不能为"贵者"设计一套可操作的、有保障的对君王或国家权力监督约束机制以减阻贪污腐败呢？为什么不能设计一套即使昏聩者上台也难以滥用权力的政治机制呢？

荀子似乎比孟子更进了一步。他的思考似乎开始触及政权合法性问题：

> 世俗之为说者曰：桀纣有天下，汤武篡而夺之。是不然。……汤武非取天下也。修其道，行其义，兴天下之同利，除天下之同害，而天下归之也。桀纣去天下也，反禹汤之德，乱礼义之分，禽兽之行，积其凶，全其恶，而天下去之也。天下归之之谓王，天下去之之谓亡。故桀纣无天下，而汤武不弑君。汤武者，民之父母也；桀纣者，民之怨贼也。[①]

在荀子看来，汤武革命应天顺人。他们取得政权，并非从桀纣那

---

① 《荀子·正论》。

里夺得，而是人民"归而往之"。桀纣本无政权，或者说人民已经通过"怨而叛之"（逃离）方式剥夺了其政权。因此，政权及其合法性，来自人民拥戴。汤武杀桀纣，不是叛臣杀元首，而是代表人民诛杀早已没有政权合法性的"怨贼"。这与孟子"诛独夫民贼"的观点一致。在这里，荀子显然接近了"一切权力属于（或来自）人民"之命题的边缘。可惜的是，他终究没有正式跨过这一步。既然人民大众"归而往之"便可使其政权具有合法性，那么国家政权从根本上不就属于人民吗？但荀子不会这么想。他可能仍认为，政权来自天；天通过人民"叛""归"等形式，褫夺了桀纣的政权，并将政权改授给汤武。

有一个关键的问题，荀子似乎没有想过。若桀纣之类已经为人民所唾弃的"怨贼"，利用其掌握的政权，继续阻止人民"怨而叛之"，抗拒汤武"吊民伐罪"之讨伐，不惜以人民"血流漂杵"为代价维护权力，那又该怎么办呢？也就是说，对于实质上已无道德合理性或自然法之合法性的政权，怎样才能做到不用流血战争即可剥夺其人定法上的合法性？怎样使"万民归之"即合乎道德或自然法之主体可以不流血地获得人定法上的合法性？

法家比儒家在此一问题上的态度更保守。他们主张，即使最高权力者或君主昏庸腐败残暴，臣民们也只能乖乖忍受着，不得进行反抗或革命——"人主虽不肖，臣不侵也"①。既然如此，当然就更谈不上设计最高权力监督、约束和更替的和平常态程序了。

西汉初年，对这一问题的讨论还一度进行过。汉景帝时，发生过这样一次争论：

> 辕固，齐人也。以治诗，孝景时为博士。与黄生争论于

---

① 《韩非子·忠孝》。

上前。黄生曰："汤武非受命，乃杀也。"（辕）固曰："不然。夫桀纣荒乱，天下之心皆归汤武。汤武因天下之心而诛桀纣，桀纣之民弗为使而归汤武，汤武不得已而立，非受命而何？"黄生曰："冠虽敝必加于首，履虽新必贯于足。何者？上下之分也。今桀纣虽失道，然君上也；汤武虽圣，臣下也。夫主有失行，臣不正言匡过以尊天子，反因过而诛之，代立南面，非杀而何？"固曰："必若云，是高皇帝代秦即天子之位，非邪？"于是上曰："食肉毋食马肝，未为不知味也；言学者毋言汤武受命，不为愚。"遂罢。是后学者莫敢言受命放杀者。①

这是中国历史上最明显的一次关于政权合法性的讨论。关于汤武是"受（天）命"还是"篡弑"，自《易传·系辞传上》"汤武革命，应乎天而顺乎人"的标准结论做出以后，自春秋战国至汉初，除法家外，几乎没有人怀疑这一结论的正确性。也就是说，没有人不承认人民拥护圣贤讨伐暴君、以武力夺取政权的权利。但到了汉景帝时，这一问题竟成了跟"马肝"（古人认为马肝有毒，不能吃）一样危险的问题，不许讨论。为何不许讨论？因为这种问题只要一讨论下去，就必然涉及现政权的合法性问题，必然涉及中国传统政治哲学中最两难的问题之一。一方面，否认汤武革命，就等于否认现政权的合法性。因为每一王朝均系推翻上一王朝即"革命"而建立。另一方面，肯定汤武革命，又等于承认现在及将来的人们都有推翻本朝政权的权利。所以，当辕固生"联系本朝夺权实际"地质问——

"照你这么说，难道高皇帝（刘邦）灭秦夺权错了吗？"

---

① 《史记·儒林列传》，《汉书·儒林列传》，二者记载略有异。

　明刑弼教：中国法律传统的基本精神

这一"上纲上线"的难题，使黄生马上噤若寒蝉。按理说，景帝应该支持辕固生，因为儒家正统思想是赞成汤武革命的。但他却选择两方都不支持，直接下令禁止讨论，并宣告此一问题为"马肝式问题"（有毒问题），其苦衷就在于上面那个两难。

其实，从人类文明进化的角度看，这种"马肝式问题"才是政治法律学说最应优先讨论的问题。可惜，历朝历代的思想家们，正是因为未食此"马肝"，所以一直不知政道特别是政权合法性、政权监督约束、政权和平更替等重大政治法律学说的"味道"，使中国政治法律学说的天然缺陷千年依旧。自汉以后，泛泛地赞扬"汤武革命"，赞扬本朝对前朝革命是可以的，但绝对不许"联系本朝实际"。董仲舒就是显著的例子：

> 夏无道而殷伐之，殷无道而周伐之，周无道而秦伐之，秦
>
> 无道而汉伐之。有道伐无道，此天理也。[1]

董子不敢接着说"汉若无道，后人亦伐之"，这才是关键。任何一个王朝一旦"无道"了，都免不了有人要起来讨伐并取而代之。要想自己不被"伐"，只剩下两条路可走：其一是保持政治开明廉洁，使他人没有"伐"的借口，或使人民没有追随某圣贤或枭雄去"伐"的意愿；其二是实在要"伐"就用"文伐"，不要用"武伐"，也就是用和平的、正当的程序去实现对政权改良或更替。从前者出发，应该探索出对最高权力的有效监督制约机制，使其即使想腐败也腐败不到哪里去，或未到严重腐败时即已被剥夺权力。从后者出发，应该探索出政权的和平转移程序，使失德的元首及其追随者不得不和平地交出权力，使有德的问鼎者不必大动干戈以大规模流血为代价，而只需和平地通过民意表态

---

[1]《春秋繁露·尧舜汤武》，有人认为此语非董氏语。见苏舆：《春秋繁露义证》，中华书局1992年版，第221页。

即可获得政权，同时也使下台的政要及家人得保不被滥杀。只要从这两者的任一角度稍微用心地探讨下去，中国的政治学和法学，进而整个古代中国的政治史，就不会是我们现在看到的这副模样。

三、良制探讨的否定与"天赏天罚"的欺骗

政府改革是政道的关键，政府最高权力的变更又是政府改革的关键。如果不敢讨论这一问题，那么结果只能是一种进退维谷的无意义循环：

一方面，建立一个"凡君皆圣皆贤"的假想前提，把一切希望寄托在君主身上。一切改革设想，以不触及"圣上"利益为前提。一切政治管理活动的结果，如有功则"君任其誉"，如有错则"臣任其咎"。除了谏官制度下偶尔有人"犯颜直谏"对国家最高权力的决策有一点局部纠误作用（且是无制度保障的，听不听要看君王智商和心情如何）之外，对最高权力的构成、限度、行使、监督，以及最高决策的产生、颁施与纠误等根本问题几乎无人敢问津。在传统中国政治中，政治就是君政，一切国家机构均不过是君权的工具。既然"君主无过错"，出错的总是臣下，那么只能把全部心力用到诸如"官吏是否称职""政策措施是否恰当""怎样提高为政者素质"等具体治道问题上。归根结底，所有问题又集中到了"用人"问题上，用人问题几乎成了治道的全部。

荀子的观点最有代表性。"故有君子，则法虽省，足以遍矣；无君子，则法虽具，失先后之施，不能应事之变，足以乱矣"[①]，"故有良法而乱者，有之矣。有君子而乱者，自古及今，未尝闻也"，"故法而

---

① 《荀子·君道》。

议，职而通，无隐谋，无遗谋，而百事无过，非君子莫能"①。贤人君子的作用既然如此神奇、如此重要，当然就没有必要去斤斤计较于政道问题了。荀子在这里贬低的，表面上看，仅仅是"良法"的作用；实际上，他是根本否定了探讨政道的必要性，因为探讨政道的最终目的正是寻求"良法"。②从荀子以后，虽然历朝历代都有贤哲讨论改革政府机关、消除弊政等问题，但大多是迷于"用人"之一曲而不知返，在"亲贤远佞""选贤任能"的圈子内循环，很少有人从追求良法良制的角度去探讨权力的分工制约、更替以及决策过程科学化等"政道"问题。

另一方面，欲对国家最高权力的构成、变更、使用、监督等问题有所建言的人，既不能从政道之"本"出发去考虑或议论，那就只能将计就计地借"天威"对君主提出一点忠告，讲讲"天命无常""皇天无亲，惟德是辅""天人感应"等大道理，以期感动"天听"（君王之心），使君主回心转意。"惟有德者可以得天命"也好，"非圣人莫能有天下"③也好，都是假借虚无的"天威"对君主进行无可奈何的道德规劝。这些规劝，起不了多大作用，甚至反过来更有利于皇权进一步膨胀——既然君主的道德条件如此重要，那么只要眼下可以认定皇上"有德"，就必然要主张"一切权力归皇上"，主张强化皇权，主张最高权力不受制约。于是，眼前种种政治弊害，只好归因于皇帝的良善诏命未获认真贯彻执行，于是理所当然地再次推出"只有进一步强化皇权才能消除弊政"之类的结论。

其实，他们不知道，或者不愿意知道，权力越集中，越容易发生腐败，此乃人类政治社会生活之铁律。最应该考虑的问题是：万一不幸是"无道"者为君，我们当如何？既然不能对当世君主使用"汤武革

①《荀子·王制》。
②荀子所谓"良法"，既然必赖君子才可实现，且一旦由小人掌之必乱，那么其实并不是良法。良法应能使小人无以纵肆其恶志。否则，即为恶法。
③《荀子·正论》。

命"①，那么就只能寄希望于"天子为善，天能赏之；天之为恶，天能罚之"②的天神赏罚了。说白了，这就是要大家"听天由命"。因为"天罚"只能通过天变或灾异方式显示，通过天灾人祸的大动乱使"无道"者不暇自救而自我灭亡的方式实现。几千年来，竟然没有一个人设想用不靠暴力、不指望天威的和平化、程序化、制度化且有保障的途径，去完成对最高权力的变更和改造，这真是咄咄怪事！

这种对君主的"天赏天罚"说，起初可能仅仅是出于百般无奈的一种善良愿望：既然人的监督力、纠正力无从凝成，无从施行，或者说无法合法施行，那么只好寄希望于一种特殊的力量，一种帝王也不敢反抗的力量，一种帝王也无法用他的权力加以镇压的力量，希望借这种更高的力量来约束帝王。出自这种善良愿望的那些学说，起初当然挺感人，但久而久之就变味了，变成了善良而滑稽的哄骗。这种哄骗，多少有些把帝王们当傻瓜或顽童恶少的味道。这情形，正如乡间长者对调皮捣蛋的顽童恶少苦口婆心地规劝："老做坏事，怕不怕天打雷劈呀！"

其实，帝王们大多不是傻瓜。他们大多还是很聪明的，他们都知道天是没有意志的，是没有惩罚能力的，因而他们大多并不畏惧"天谴""天罚"。他们只想用天去吓唬老百姓，并不想用天意限制自己。这一点，尽管古代许多思想家心里也很清楚，但他们都明白：他们的规谏，只有通过这种方式提出才比较安全。③听不听由你，反正我尽心劝谏了。这种善意的"欺君"学说，久而久之谁也"欺"不了，最后只欺骗了思想家们自己，也欺骗了人民。思想家们自己和大众，长久受此虚假

---

①用"汤武革命"的办法对当世君主进行"致天之罚""代天行罚"的道路，后来已被儒家正统学说刻意堵死，也被帝王们禁止。明太祖朱元璋就因孟子说过"民贵君轻""汤武革命"，下令把孟子牌位从孔庙撤走。

②《墨子·天志中》。

③有时，甚至这样说也不安全。如董仲舒演绎阴阳灾变做政治规谏，就差一点掉了脑袋，以至"遂不敢复言灾异"。参见《汉书·董仲舒传》。

学说的麻醉，最后都不知不觉丧失了深刻省察现实政治弊端根源、探索设计理性政治制度的心理动力，都有意无意地把一切政治变革的希望寄托于不可定之"天数"，结果当然只配受封建专制制度数千年的折磨。此乃所谓"种瓜得瓜""求仁得仁"也。

在古代中国，人们能设想的最高权力转让之理想程序，只剩下"禅让"了。然而，"禅让"是毫无制度保障的，成败全系于个人品德。愿意"禅让"的人，如果不谈能力，往往是道德尚可的人，依中国传统政治哲学是不应交出权力的人；而最应当将权力转让出来的人，往往正是最不愿意禅让的人，也就是道德最败坏的人。于是，我们的政治史就只能再次陷入无谓的循环——从开明君主，到昏君加天灾人祸导致王朝覆灭，又到新王朝建立并渐渐走向衰亡，这是一个周而复始的无意义的轮回。我们的古代政治史似乎只能听任这种周而复始的改朝换代战争对生产力成就一次又一次毁灭性摧残！虽然不能说政治学法学理论的失误带来了这一切，但我们不能不承认，政道盲区或致命缺陷的确断送了历代贤哲探索避免此种轮回的制度化路径之机会。直到近代，资产阶级改良派、革命派才从西方引进了"君主立宪""民主共和""权力分立与制衡""人民革命"等新理论，中国的政道才为之一新，中国的政治法律思想才为之一新。直到今日，因为社会主义法治国家学说的全面确立，才使中国有可能真正跳出那可怕的数千年轮回。

本章结语

中国传统政治法律学说在政道方面的天然盲点或缺陷很多，这里仅仅提及一个方面，即最高权力的监督制约及和平更替。这一问题，是政道之中最关键的问题（至于中国传统政治法律学说在政道其他方面的缺陷，我当另为专文研究）。从这一盲点或缺陷中，我们能够看出些什么呢？

我想，这一盲点无非反映了以下三个问题。第一，反映了中国传统政治法律学说的幼稚、肤浅。某种意义上讲，就是有"说"而无"学"，有"论"而无"理"。只有全面推进"政道"方面的深入探究，才有可能使政治法律学说进入有"科学"或"学理"的境界。第二，反映了"神权政治论"对政治学和法学的致命阻碍。一方面，神化君权或神化君主的结果，必然是不得讨论最高权力的制约和更替问题。这与西方自古希腊和古罗马时期即开始确立的世俗政权理论大异其趣。另一方面，笃信"天报""天讨""天罚"，寄希望于不可定、不可知之"天数"，必然会导致在完善政制、约束权力的人为努力方面松懈。第三，反映了以农立国的内陆型东方专制主义统治强权的极端性。其他文明类型或政治类型，或多或少允许（或不得不允许）的根本政理讨论，在中国却被有效地禁止数千年。至于这种强大的压抑机制（也是欧洲古代或中世纪一些暴君所神往的机制）如何能在中国形成并长期存续，这又是另一个亟待研究的问题。

第九章

作君作亲作师：中国传统行政的性质与特色

中国传统政治法律观念中的"行政"，与西方的administration或executive大不相同。西方是从国家权力的划分及分别行使这一角度使用"行政"概念，中国则不然。中国的"行政"是"为民父母行政"，实际上包含国家机器的全部活动，特别是以百姓为直接对象的活动。这种行政的实质及特色，按中国传统政治学说，可以概括为"三作"——"作之君""作之亲""作之师"；相应地，百姓在这种行政中的身分及义务便是"作之臣""作之子""作之徒"。这种双向"三作"的活动，即构成了中国传统行政的全部过程。本章即从这一视角出发，探讨中国传统政治法律的特色。

一、中国传统的"行政"概念

中国传统政治学说中的"政"，最初仅表示权力。《史记·夏本纪》："于是帝尧乃求人，更得舜。舜登用，摄行天子之政。"《史记·周本纪》："周公摄行政当国"，"周公行政二年"，"召公、周公二相行政，号曰共和"。这里的"政"，就是国家最高权力或国柄。"行政"，就是行使最高权力或执掌国柄。孔子云："天下有道，则政不在大夫。"①意思是权力必须掌握在天子手里。"政"的外化形式，为政令或法令，于是"政"又被视为"命令"或"法令"的同义语。孔子云："导之以政，齐之以刑，民免而无耻。"②此处的"政"，就是法令。儒家的政治理想是"礼乐征伐自天子出"③，是"非天子不议礼、不制度、不考文"④。"礼乐征伐"就是政令或法令。因此，"行政"就是执行政令或法令。唐人韩愈云："君者，出令者也；臣者，行君之令而致之（于）民者也。"⑤这里的"令"，就是"政"。

二、中国传统行政的性质与特色

中国传统政治哲学中的"行政"，其实质就是"牧民"——行君之令而致之于民。"牧"的实质是"管理""养育"。

"天降下民，作之君，作之师"⑥，"天子作民父母，为天下王"⑦，"天子父母事天而子育万民"⑧。在中国传统政治观念中，君主是天下万物包括人类的主人，他是天帝派到人间的唯一代表。他的身份是三位一体的：既是君临天下、治理天下的最高主宰（"君"），又是天下万民的共同父亲（"父"），还是天下万民道德学问之最高教

---

① 《论语·季氏》。
② 《论语·为政》。
③ 《论语·季氏》。
④ 《礼记·中庸》。
⑤ 《韩昌黎文集》卷一，《原道》。
⑥ 《孟子·梁惠王下》引《尚书·周书·大誓》。
⑦ 《尚书·洪范》。
⑧ 《春秋繁露·郊祭》。

214　　　　　　　　　　明刑弼教：中国法律传统的基本精神

师（"师"）。这种三位一体的身份观，决定了中国传统政治的特色和实质。君主所为，是在行天帝之"政"（令）；各级官吏所为，是在行君主之"政"。在每一个地方，行政官员对于其辖区内的百姓而言，其身份也是三位一体的，他也是一府之君或一县之君（"府君"或"县君"），是该地方百姓之父（"父母官""老父台"），亦是该地方百姓之师。他是君主在一省一府一州一县的代表，道德和法律都要求他同时演好这三个角色。

中国传统行政的性质决定了其特色。其最大特色是什么？我认为是父权主义或宗法主义，是国家政治的宗法化。"国"被中国传统政治哲学化为一个"家"，国家的一切政治活动都视同"家政"。君主为全国家长，统率全国"子民"；地方官为一方之家长，统率一方"子民"。从这种政治属性的"家"一层层向下，最后与真正血缘意义的家接壤：上层是宗族（大一点且松散一点的家），下层是狭义上的家（户）。宗族处在政治"血缘"性质的"家"（政治组织层次）和生物血缘性质之家之间的过渡或接缘位置，兼具二者的性质：既像血缘大家庭，又像国家基层政权组织。依照家模式、家观念、家法则来管理国家政治，这绝对是中国独有的行政特色。在中国传统伦理中，家的功能也是三位一体的，家长的角色也是三位一体的：父亲除了应是严父或慈父之外，也是家政主宰（"家君"），还必须是德行和技艺教师（如"子不教，父之过"）。是家长或家政的这种三位一体特征影响或决定了国家政治与行政的特色，抑或是国君与国政的那种三位一体属性影响或决定了家庭的特色，抑或是两者交互影响、互相促成？这需要更深入研究。

中国传统行政的性质与特色，只有从"三作"式的官民关系去认识，才能比较清晰地把握其概貌。这种"作君—作臣""作父—作子""作师—作徒"三合一式的关系，是我们认识中国传统行政的关键。这种三位一体关系，我们从前虽有局部认识，但很少把它们放到一起来深入考察。

（一）"作君"与"作臣"

"君"，就是"民主"。《尚书·多方》："天惟时求民主"，"代夏作民主"。这里的"民主"，就是"民之主"，即主宰者。"臣"，就是奴隶。即使贵为宰相，仍不过是大奴隶。

中国传统行政首先体现的就是这样一种君臣关系或"作君—作臣"互动。

"君"的本义是统治、主宰。"合天下而君之"[①]，"心者，形之君也"[②]。引而申之，主宰特定区域或人群者，都称为"君"。从"奄有四海，为天下君"[③]的天子，到封君、州君、郡君、府君、县君、家君、夫君，大小都是个"君"，都是主宰者。他们决定"臣"们的义务、生活方式，随时下达命令并强迫执行；他们甚至可以从人身人格上完全支配"臣"们，包括剥夺生命。至少从道德学说上讲，古人认为君对臣的一切支配行为，只要不过分违背伦理，都属理所当然。中国传统的行政，就主要体现为这种支配活动。

从全国范围而言，国君颁布法律命令，强迫全国臣民执行；国君征调百姓戍守边疆或进行大型工程，强征百姓的钱财作为赋税用于"国用"；强令各地方及藩国定期贡献特产方物；颁授历书，规定百姓的耕作祭祀规则；钦审钦批案件决定生杀予夺。他对百姓的主宰和支配，几乎无所不能。

从一省一府一州一县而言，官员为执行中央法律政令，也向下属及

[①]《荀子·王霸》。
[②]《荀子·解蔽》。
[③]《尚书·大禹谟》。

　　　　　　　明刑弼教：中国法律传统的基本精神

百姓发布指令或规则，支配属下所有百姓。他们（特别是"亲民官"）直接驱督百姓服徭役、纳税赋，直接指挥百姓从事水利或军事工程，直接率吏卒镇压造反的民众，直接率警役在民间缉拿盗贼维护治安，直接听狱断讼对百姓生杀予夺。坐镇一方即为一方之天（好一点便是"青天"），为"君"的感觉是做官的第一感受。

甚至在一宗族（家族）、一家庭（户）之内，族长、家长或"家君"的第一角色，便是家这一组织中所有人的支配者：管理族产家产，制定族规家法，维护族纲家纪，主持家族祭祀活动，管理家族公产，裁判家庭成员间的争讼，督责家庭成员劳作，给家庭成员安排差事，惩答犯家法的成员……族长家长在族内家内所行的支配权，与国家行政权基本一样。

在君父、父母官、家君的支配之下，子民们只是"受政"者。他们的义务便是服从命令和安排，完成任务或履行责任。"为子为臣，惟忠惟孝"，"为臣尽臣道"，臣道的实质就是绝对忠诚和服从（不排除略有效谏）。违反臣道者，家有家规，国有国法，难逃制裁。中国传统法律特别注重保护君臣关系、官民关系、父子关系之格局，不容许任何破坏。"十恶"或"重罪十条"中，除"不道"一条外，其余九条均是专用于保护君、官、父对臣、民、子的绝对支配关系的，严防僭乱或破坏。侵犯君、父、官权威尊严者将受最严厉的惩罚。最为典型的是"不义"一条，自唐律至清律均特别规定：杀本属府主、刺史、县令及吏卒杀本部五品以上官长者，为比一般杀人罪更重之罪，称为"不义"，不得赦免。

这种"作君—作臣"关系是中国传统政治的核心内容，也是传统家政的核心内容。

（二）"作亲"与"作子"

中国传统政治哲学并不满足于君臣关系。它认为，如果行政中只有这一种关系，那只是一种仅凭强权暴力形成和维系的关系，没有什么档次和品味。为了使政治更合于天理人情，必须使行政也成为一种"作亲—作子"互动过程，使官民之间具有一种道义上的父子关系。

亲子关系的实质，是抚养、培养、教育及督促生计，这与君臣关系实质是政治支配大不一样。"天子为民父母，为天下王"[①]，"乐只君子，民之父母"[②]。君主是全国之父母，官长是一地之父母，则抚养、教育、督促、安排全国或一地人民生计的责任，就落在他们肩上了。"为民父母行政"[③]者，当"爱民如子""矜恤小民""若保赤子"[④]。他们的行政活动，不可仅仅是支配，更应是"哺乳"："县令为人父母，只合倍加乳哺，岂可自致（百姓）疮痍？"[⑤]

君主、官长应像父母一样抚养、教育百姓并督促、安排其生计，所谓"天子父母事天而子孙畜万民"[⑥]，"陛下父事天，母事地，子养黎民"[⑦]。君主、官长所进行的行政，是如何表现出这种父母养育、督促子女之功能的呢？首先是"制民恒产"，授田百姓，使其可资"仰事俯畜"，使其"有恒产而有恒心"。历代的"授田""均田""班田""限田"之行政，其动机与父祖为使子孙早日归业田畴而将室庐田地适当分给子孙们一样。其次是赈救灾荒、惠弱济贫，于百姓饥寒之时直接以国库官物施以救济。开仓放赈，或设"养济院"救养孤寡鳏独，或设"惠民药局"以施国家卫生保健之惠。这些举措，就是"父母"在"哺乳"子女，"若保赤子"。

---

① 《尚书·洪范》。
② 《诗·小雅·南有嘉鱼》。
③ 《孟子·梁惠王上》。
④ 《尚书·康诰》。
⑤ （宋）王溥：《五代会要》卷九，《定赃》。
⑥ 《春秋繁露·郊祭》。
⑦ 汉人鲍宣语，见《资治通鉴·汉纪》。

中国传统政治中的这种"为父"或"作父"行政，最为典型地体现在官方的劝勤俭、督农桑、止懒惰的活动上面。《周礼》载，周代在乡村设"鄼长""里宰"等官，其职责就是"趋（催促）其（民）耕耨，稽其女功"，即专门负责检查督促男耕女织。周时有制：乡村有父老、里正或里胥、邻长等乡官。"田作之时，春，父老及里正旦开门坐塾上。晏出后时者不得出，暮不持樵者不得入"；"冬，民既入，妇人同巷，相从夜绩（织）。……必相从者，所以省费燎火，同巧拙而合习俗也。"①国家的制度及行政，直接考虑到了督促百姓（个体农民）早点下地干活、傍晚收工回家时必须带柴禾回家，晚上各家妇女合在一起纺织以节省灯油钱并互传技艺……这是典型的家长或父亲之职责，一般为父祖者对已经别居的子孙都不会管得如此细致！

《礼记·月令》载，周时又有制：孟夏季节，"命野虞，出行田原，为天子劳农劝民，毋或失时；命司徒巡行县鄙，命农勉作，毋休于都"。仲秋时，官吏"乃劝（民）种麦，毋或失时"，"乃命有司，趣（催）民收敛，务畜菜，多积聚"。季冬时，"命农计耦耕事，修耒耜，具田器"。国家行政，直接包含催促农民及时耕作不误农时、防止农民到都市游荡、催促农民及时收割、多备过冬蔬菜、多积储备荒粮、打好下一年度的算盘、为下年春耕修整添置农具等内容，不可不谓"作父"式行政，不可不谓细致入微。

西汉时，龚遂为渤海太守，其行政最为人称道者是"劝民务农桑，令（每）口种一树榆、百本薤（山菜）、五十本葱、一畦韭；家二母彘、五鸡。民有带刀剑者，使卖剑买牛，卖刀买犊"②。地方政令，竟然直接把老百姓种青菜、大葱、韭菜的棵数及养母猪养鸡的头（只）数都

---

① 《春秋公羊传·宣公十五年》何休注引周制。又见《汉书·食货志》。
② 《汉书·循吏传·龚遂》。

规定清楚了，寻常人家父母包办子女之事尚不及如此琐细。

北朝西魏时，有所谓《六条诏书》即六大改革法规。其中第三条为"尽地利"。具体内容是：

> 诸州郡县，每至岁首，必戒敕部民，无问少长，但能持农器者，皆令就田，垦发以时，勿失其所。及布种既讫，嘉苗须理，麦秋在野，蚕停于室，若此之时，皆宜少长悉力、男女并功，若援溺救火、寇盗之将至。……若有游手怠惰、早归晚出、好逸恶劳、不勤事业者，则正长牒名郡县守令，随事加罚，罪一劝百。……单劣之户及无牛之家，劝令有无相通，使得兼济。三农之隙及阴雨之时，又当教民种桑植果，艺其菜蔬，修其园圃，畜育鸡豚。①

这是我们今日所能看到的最早的一条关于劝督农桑的行政执行法规范。其干预之广之细之深，许多严父亦不及。我们从前常以为中国古代地方官除征收赋税、征调徭役、维护治安、断狱听讼之外再无所谓"行政事务"，其实大误。从这份法规里我们看到的是一位严父在持手杖督促子孙耕作。也许，只有在这种"行政"的过程中，百姓才能真正体会为什么要将官吏们称作"父母官"。

除这些之外，中国古代官员们还常在审理案件过程中主动超越一般法律规定的要求，履行父家长的某些职责。如超出当事人诉请范围，主动为其确定收养、抚养、赡养之事，为其确定立嗣兼祧之事，为其决定分家析产之事等。甚至在公堂之上为当事人订婚或主持结婚，此时官员的命令成为最权威的"父母之命"。此外，官员们还常指导或帮助一些家族制定家规族法，直接行使其家长族长职权。

---

① 《周书·苏绰传》。

从百姓一方来讲，其接受或参与政治的方式很简单，就是"为子""为弟"。"为子为臣，惟忠惟孝"，"其为人也孝悌，而好犯上者鲜矣"，"孝乎惟孝，友于兄弟……是亦为政，奚其为为政？"[1]只要官长贤明，百姓必奉之如父母。凡事有疑者，不管与政治是否有关，都诉请父母官决定，甚至家务事亦然。百姓在呈给父母官的各种书状中，都忘不了在称谓上特别强调这种"政治性的父子关系"，如称官长为"老父台""老公祖""老太爷""老大人"等，而称自己为"子民"。似乎只有这样称呼，才足以表示亲近和尊敬。还有，贤明的官长去世时，百姓如丧考妣，主动为之打幡执孝，为之守丧，主动表现得像父母官的孝子贤孙，《循吏传》中常以此类事为佳话。

（三）"作师"与"作徒"

中国传统政治中的行政，除上述两者之外，还是一种"为师"行政。就是说，行政不能仅仅是主宰或支配；在这层关系上即使加进父子关系因素，仍然是不够的。在行政中，在官民间，还应有一种道德、知识、技艺的传承关系。儒家在这方面的主张最强烈。甚至最反对贤人政治的法家，也主张"以吏为师"。[2]

第一，道德上的师徒关系或道德教训行政。

中国传统政治哲学认为，官员的行政应该是"刑仁讲让，示民有常"[3]，官吏应是民众的道德师表，其行政的内容应是传播道德。官吏应是君子，"君子之德风，小人之德草，草上之风必偃"，"上好礼，则民莫敢不敬；上好义，则民莫敢不服；上好信，则民莫敢不用情。夫如是，则四方之民襁负其子而至"。[4]因此，比较好的政治，就是"导之以

---

① 《论语·为政》。
② 《韩非子·五蠹》。
③ 《礼记·礼运》。
④ 《论语》之《颜渊》《子路》。

德，齐之以礼，（使民）有耻且格"①。"导德齐礼"的责任，就落在官员们身上。"君子笃于亲，则民兴于仁；故旧不遗，则民不偷。"②所谓政治，就是为政者（"君子"）的表率或风范作用。"政者，正也。子帅以正，孰敢不正？""子欲善而民善。"③这样做当然不止是为了使百姓高尚，更是为了政策法令的贯彻施行："上好礼，则民易使也"，"其身正，不令而行；其身不正，虽令不从"④。官员的服饰仪表也必须堪为教师："长民者，衣服不贰，从容有常，以齐其民，则民德壹。"⑤

光有自己的模范行动还远远不够，官长们还必须积极去宣传德教，督促德化。国家有时也设德教专官。如周时设"乡老"或"耆老"，"命乡简不帅教者以告耆老，皆朝于庠"，由乡老或耆老在庠（学校）进行教训，设"州长"，"考其（民）德行道艺而劝之，以纠其过恶而戒之"⑥。战国秦汉时期，有"三老掌教化"之制，这种制度实际上保留到了明清时代。如明代仍设有以"导民善"为职责的"里老"。其他乡官也以教民为职，如东汉时，仇览为亭长，有人告子不孝，仇览亲到其家与其母子对饮，为陈说人伦孝行，与《孝经》一卷，使诵读之。⑦除这种乡官之外，国家正规行政官吏也常以执行德教为职责之一。如唐人况逵为光泽县尹，有兄弟争田，逵授以（《诗经》）《伐木》之章，亲为讽咏解说。⑧唐制还规定：诸州刺史"劝课农桑，敦谕五教。每岁一巡属县，观风俗，问百姓"⑨。其"谕教"方式可能包括直接对百姓进行礼教

---

① 《论语·为政》。
② 《论语·泰伯》。
③ 《论语·颜渊》。
④ 《论语·子路》。
⑤ 《礼记·缁衣》。
⑥ 《周礼·地官司徒下》。
⑦ 《后汉书·循吏传·仇览传》。
⑧ 《新唐书·循吏传》。
⑨ 《唐六典》卷三十，《三府督护州县官吏》。

之宣讲。明初，曾规定地方官有义务向百姓宣讲《六谕》《大诰》。清代，亦曾专定宣讲圣谕之制："每遇朔望两期，（州县官）务须率同教官佐贰杂职各员，亲至公所，齐集兵民，敬将《圣谕广训》逐条讲解，浅譬曲喻，使之通晓。"①这时的地方官，正是一个道德教师爷的角色，进行道德教化、维系风俗淳朴成为官员的直接行政职责。

第二，技艺上的师徒关系或传艺行政。

中国传统行政特别重视农耕、纺织、蚕桑等技术及工艺的传播普及。地方官员们常常负有这方面的职责。他们最好是精通技艺的专家，能直接充任百姓的技艺教师或辅导员。即便不能如此，他们也应以行政手段和力量组织农桑技艺的推广和辅导。农桑技艺，有益民生，一般不会被斥为"奇技淫巧"。重视农桑技艺者，百姓奉为良吏。《周礼》载，周时曾设有专司教民耕稼的官员。如"遂人""遂大夫""司稼"等官，均有教民稼穑或考察土地肥瘠、干湿、宜种什么作物等，总结成文"以为法而悬于邑闾，巡野观稼"②之职责。《礼记》载，每年孟春，周天子要派遣田畯（农官）下乡，"善相（测评）丘陵、坂险、原隰土地所宜，五谷所殖，以教道（导）民"③。汉时，赵过为搜粟都尉，以在农村推广"代田法"而出名。赵过曾"教田（于）太常、三辅"，"大（司）农置工巧奴与从事……二千石遣令长、三老、力田及里父老善田者受田器，学耕种养苗状"④。大司农和各郡国守相派令长到赵过的"蹲点"地区"现场取经"，这些县官们学成后要回去传教于本地百姓。在这里，地方长官们直接充当农技师。著名农学家氾胜之，"成帝

---

① 《钦颁州县事宜·宣讲圣谕律条》。
② 《周礼·地官司徒下》。
③ 《礼记·月令》。
④ 《汉书·食货志上》。

时为议郎。……使教田三辅，有好田者师之"①，这是皇帝直接派遣教授农艺的专官之记录。东汉时，任延为九真太守，王景为卢江太守，茨充为桂阳太守，都曾致力于"教民铸作田器，教之垦辟"，"教（民）用犁耕"，"教民种殖（植）桑柘麻贮之属"。②他们都以出色的"教艺"行政，跻身于"循吏"光荣榜。唐时，韦宙为永州刺史，注重教民耕织，曾亲自制订百姓"种植为生之宜"，颁给百姓令其遵行。③这是直接为百姓制订农作技术规则。宋时，朝廷曾编有《景德农田敕》，其中包含对地方官民进行农桑技艺指导的规范。宋时还曾设置农师，"两京、诸路许民共推练土地之宜、明树艺之法者一人，县补为农师"④，专门进行技术指导。从元到明清，朝廷还颁发《农桑辑要》《农桑之制》《授时通考》等农业技术性指导规范，令民师从。此外，在古代中国行政中，地方官们还乐于撰写或主编农书，如《吕览》《氾胜之书》《齐民要术》《天工开物》《农书》《农政全书》等，以显示自己精通农艺，堪为百姓师。

第三，知识学问上的师生关系与授业行政。

中国传统政治哲学要求"举贤才"为官行政。所谓"贤才"，首先要有学问，这是硬件要求。科举制度应此而生。通过这一制度，的确选出了许多有才学的官吏。他们在其行政活动中，常常有意无意地充当百姓的知识老师。首先，他们注重著书立说，传授学问，并巩固自己的学问家形象。如王安石作《周官新义》，朱熹作《四书章句集注》《周易本义》，王阳明作《传习录》等，均为代表。即使州县小官，也喜欢于致仕前后编一本诗文集，以显学问，以附风雅。他们大多好为学问文

①《汉书·艺文志》注引刘向《别录》。
②《后汉书·循吏传》之任延、王景、茨充等传。
③《新唐书·循吏传·韦宙》。
④《宋史·食货志》。

章之师，民间士人有经义争论，最后常常由他们裁决；民间士子文章诗赋优劣，最后常由他们评判。其次，地方官直接主持府州县学考试，录取生员。因此，士子一旦入官学，便与府州县官们有了直接的师生关系，就称他们为"恩师""父师""座师"等。哪怕没有讲过一堂课，生员们也终生对其执弟子礼，他们也乐于接受。再次，官员们还常到地方官学中直接讲授经书，做"兼职教授"。朱熹、王阳明、王夫之、海瑞等都有过这样的经历。最后，官员们还常通过充满诗赋风格的"批答""判词"等，有意无意地做百姓的文章诗赋教师。

三、"三作"的家长制本质及其肇因

中国传统行政的这种"三作"性质与特征，确实是很有中国特色的文化现象。在外国历史上，我们似未发现同样的"三位一体"现象。在外国，也曾有"贤人政治"或"哲学家治国"主张，也有过僧侣或宗教师把持政治之情形，但很少见到关于国家普通行政官员应同时"为百姓师"[1]"为民父母"的倡导及实践。这种"三位一体"要求或憧憬，实属中国传统政治与外国最典型的区别之一。这种"三位一体"的行政，当然不仅仅是执行国家具体政令的过程，同时也是弘扬人道、维系伦常、教传技艺、促进文化的过程。这种不与具体政令相关的行政，才是中国古代社会最主要的行政，其所行者是"大政"而非寻常"小政"。

这种"三作"行政的本质是什么？我认为，这实际上是家长制行政。

在上古中国宗法制国家政权体制产生之前，我相信宗法制家庭已经存在。在宗法制家制度下，层层级级的家长（族长）们应当有而且实际

---

①此处仅指为"道德、知识、技艺之师"，而不包括"宗教之师"。

上有君、亲、师"三位一体"的职能。他们除了养育子孙，督促或安排其生计这一"为亲"的基本职能之外，还必须同时充当子孙的教师，也必须充当对子孙们有绝对支配指挥权的"君长"。

上古中国的"三位一体"家长制为何形成？可能与当时的两大因素有关：一是内陆型农耕文明，二是恶劣的气候和地理环境。一方面，内陆型农耕文明，可能比其他文明更强调经验技艺和勤劳美德。若上一辈人不积极向下一辈人传授经验和技艺（特别是关于土壤、农时、节气、气候、种子、施肥、水利等方面的经验及技能），不积极督促下一辈勤劳去惰，这种文明就难以传续。反之，下一辈人若不积极向长辈学习经验和技艺，不师法长辈们的勤劳肯干，这种文明也难以传续。这一事实，要求父辈成为子辈的知识技艺教师暨道德教师。另一方面，恶劣的地理气候环境，谋生的艰难，迫使人们必须合众力以谋求生存。最早的合众力谋生团体是氏族、家族，后来是个体家庭。这种谋生方式，格外需要家长在对家庭成员的管理上实行集权专制，他必须能支配全体成员。若不能支配，听其各自为政、自行其是，则此种农耕文明也难以维系。

这两方面的要求合起来，归结为一点，那就是"孝"。所以"孝"成为中国古代的首要道德。"孝"所主张、追求的是什么？古人解说很多。但我认为不外两点：一是"顺""敬"即绝对尊敬服从，所以人称孝道为"孝敬""孝顺"，这是强调父辈的支配权，"父要子死子不得不死"。二是"从""效"，即学习、仿效。"三年无改于父之道，可谓孝矣。"这就是强调父辈的耕作方式、技艺及农时安排等，即使已经过时了，即使被实践证明是错的，也必须在父死后三年内不改变，仍然仿行。这是把师从父辈的经验技艺、保持其传承不辍强调到了极端。"孝"的这两大内容，正是应中国上古农耕文明及地理气候的需要而生。可以说，"孝"强调的正是父家长在"为亲"之外进而要"为君""为师"。

家制度中的"三位一体"影响和决定了行政的"三位一体"特色的形成，这应该是没有多少疑问的。家庭中强调父亲"作君""作师"地位的"孝"道德，引伸出国家中强调君主"作亲""作师"地位的"忠"道德，这也是自然而然的。"百善孝为先"，"以孝治天下"，"忠""孝"的涵义是相通的。"三位一体"的君上、官长的地位与"三位一体"的家长地位也是相通的。中国传统政治如此重视"孝"道，原因即在于此。"三位一体"的政治，缓和或掩饰了国家权威的强权、暴力性质，有效地缓和了许多政治和社会矛盾，这可能正是中国传统政治模式或社会管理模式得以长期延续并在毁坏后屡屡得以复制（重建）的原因之一。

第十章

对中国古代"法作用论"的一点省察

法和刑在古代中国人心目中，是没有什么分别的，是多少有些可怕的东西。其形象，有些像韩非子所说房梁上悬挂的斧头，不知何时会掉下来砍到脖子。一提到法，多少会令人心惊肉跳，"犯法"似乎就是犯罪，就意味着要笞杖、苦役、流放、肉刑甚至杀头，最重者有凌迟处死、满门抄斩之类。南宋诗人杨万里说：

> 夫民之所以畏法者何也？非畏法也，畏刑也。法不用则为法，法用之则为刑；民不犯则为法，民犯之则为刑，是以畏之也。[①]

明人丘濬也说：

> 法者，罚之体；罚者，法之用。其实一而已矣。[②]

杨万里和丘濬的这些观念，代表古代中国人的一般法律观。法就是刑，是统治者镇邪除恶的工具，是督迫人们顺从道德教化的工具。这种观念，其实是自夏商周直到清末四千多年间一直占统治地位的观念。这样一种属性的"法"，其面目多少有些狰狞可怕；因而关于法的功能，

---

① （宋）杨万里：《诚斋集》卷八十七，《刑法论下》。
② （明）丘濬：《大学衍义补》卷一百，《慎刑宪》。

中国人就有了自己的一套特有认知。为什么要有法？法到底是用来干什么的？古代中国人有很多种回答。对这些回答进行一番整理和分析，有利于我们进一步认识中国法律传统的基本精神。

一、关于法之作用的基本判断

中国古代思想家们认为，法有以下六种基本作用：

（一）定名分，使人不竞

法的基本作用之一，就是"定分止争"，这也是法的最大作用。"定分"，就是确定人们在社会中的地位、身分和义务；通过"定分"来制止人们相互觊觎、争竞、攘夺（特别是以下僭上），即"止争"。"定分止争"主要是法家的用语；儒家的用语则是"明分""正名"。二者其实是同一个意思。

孔子把"正名"看成"为政"的首要任务。"名不正"就"言不顺""事不成""礼乐不兴""刑罚不中"[①]……一切社会秩序都没有了。孔子主张用来"正名"的礼乐、章程之类，其实就是他心目中的法律，也是周代社会生活的真实法律。"正名"的具体内容，就是"君君、臣臣、父父、子子"，就是各人根据法定的特定身份履行自己的特定义务，安分守己，不存"非分之想"。

《荀子·礼论》认为，人类社会初期的混乱互斗状态，是由"无度量分界"引起的。也就是说，因为没有"定分"，所以处于丛林状态。圣人看不下去了，挺身而出制礼作乐以拯救人类，"先王恶其乱也，故制礼义以分之"。"礼义"就是法。具体该怎么"分"呢？就是要建立

---

① 《论语·子路》。

起"贵贱有等，长幼有差，贫富轻重皆有称者也"的差等秩序。谁违反了这个"等""差""称"秩序，合而言之就是"分"之秩序，就必有大刑伺候，这就是法律！

《尸子·分》也说："君人苟能正名，愚智尽情；执一以静，令名自正，令事自定。赏罚随名，民莫不敬。"

《商君书·定分》对"定分"决定法律秩序讲得更简明：

> 法令者，民之命也，为治之本也，所以备民也。智者不得过，愚者不得不及。名分不定而欲天下之治也，是犹（欲）无饥而去食也，欲无寒而去衣也，欲至东而西行也，其不几亦明矣。
>
> 一兔走而百人追之，非以兔为可分以为百，由名之未定也。夫卖兔者满市，盗不敢取，由名分已定。故名分未定，尧、舜、禹、汤且皆加务而逐之；名分已定，贪盗不取。
>
> 故圣人必为法令，置官也，置吏也，为天下师，所以定分也。[①]

这跟孔子的"正名"观如出一辙。"正名"是法的最大功能或作用，也是为政的首要任务。在法家看来，"争夺"是人类的天性，圣人也不免。世上的利益，本来就像那野地里的兔子一样。如不用法律确定其所有权，那么连尧舜之类大德圣人都会去争去抢。一旦用法律把人的身份及财物所有权（"名分"）确定下来，并有大刑伺候作为保障，那么即使是"贪盗之人"也不敢去凭力气争夺。一切政治经济利益都是如此，"名分"一定就不争了，"名不正"就一切事情都办不成。这就建立起一种安定的社会秩序，人类就从蒙昧状态走向了文明状态。

这个"走兔之喻"也见于《慎子》佚文及《尹文子·大道上》，

[①]《群书治要》辑录《商君书》。

都是表达同一个意思。在重复了这个"走兔之喻"后，《尹文子》接着说："法行于世，则贫贱者不敢怨富贵，富贵者不敢陵贫贱；愚弱者不敢冀智勇，智勇者不敢鄙愚弱。……以名稽虚实，以法定治乱。"这就是法的"定分止争"之威力。制法的目的，就是要人们都"不敢"，都安分守己。所以《盐铁论·后刑》说："刑（即法）所以正名。"

（二）予准绳，以度是非

法的另一重要作用就是作为人类社会生活的准绳，用来衡量人们行为的是非曲直。这一点，可分为两个方面：一方面是作为所有守法者（百姓、官吏甚至某些场合的皇帝）的行为准则，旨在使他们知道该怎么做、不该怎么做，何为是、何为非（这与上述"定分止争"有些重合，但角度不一样）；另一方面是作为执法者（君主和官吏）执行公务时的行为准绳，也就是他们用来衡量自己的管治对象（老百姓及更低的官吏）行为是非之标准，及自己执行公务行为是非之标准。

《管子》说："以法治国，则举错（措）而已矣。是故有法度之制者，不可巧以诈伪；有权衡之称者，不可欺以轻重；有寻丈之数者，不可差以长短。"[①]《商君书》说："释权衡而断轻重，废尺寸而意长短，虽察，商贾不用，为其不必（客观、肯定）也。故法者，国之权衡也。"[②]《韩非子·用人》也说："释法术而（任）心治，尧不能正一国；去规矩而妄意度，奚仲不能成一轮；废尺寸而差长短，王尔不能半中。"这都是在讲法有一种准绳作用，用作判断管治对象的行为是与非之标准。法律就像是"权衡""尺寸""规矩""斗斛"一样的度量衡标准。它虽然是人定的，但对于具体的执行公务者来说，毕竟是客观的、固定的，不是主观和变化无常的。这主要是就前述第二方面的准绳

---

① 《管子·法法》。
② 《商君书·修权》。

作用而言的。

《墨子》将这些度量衡般的客观标准称为"法仪"。"天下从事者，不可以无法仪。无法仪而其事能成者无有。虽至士之为将相者，皆有法；虽至百工从事者，亦皆有法。百工为方以矩，为圆以规，直以绳，正以悬。无巧工不巧工，皆以此五者为法。……今大者治天下，其次治大国，而无法所度，此不若百工辩也"①。这也主要是就前述第二个方面讲法的准绳作用的。

《礼记·经解》和《荀子·王制》都说："礼之于正国也，犹衡之于轻重也，绳墨之于曲直也，规矩之于方圆也。"看来，在很多人心目中，"礼"也就是法，也是用来衡量人们行为是非曲直的标准。

至于第一方面的准绳作用，即作为守法者个人生活行为之准绳的作用，古人谈论得相对较少。孔子主张"非礼勿视，非礼勿听，非礼勿言，非礼勿动"②，《慎子》主张："法者，所以齐天下之大动，至公大定（正）之制也。故智者不得越法而肆谋，辩者不得越法而肆议，士不得背法而有名，臣不得背法而有功。"③说的就是此意，都是讲一切人的个人生活，都得依礼以法而动，都得循规蹈矩，法律给了人们一个行为准绳。

这种人定的准绳或标准，中国古代思想家很少像西方那样将其论证或强调为"自然准则""自然正义"，或是强调其为客观真理的体现。相反，常常强调它不过像尺子和秤那样，是人们为了自己的方便而设定的，并无什么神圣性。④

---

①《墨子·法仪》。
②《论语·颜渊》。
③（清）钱熙祚：《守山阁丛书·子部》辑引《慎子》佚文。
④这种观点，今日看来是不准确的。其实，所谓"夫礼，天之经也，地之义也，民之行也。天地之经而民实则之"（《左传·昭公二十五年》）、"礼者，天理之节文，人事之仪则也"（朱熹《论语集注》）、"礼字、法字实理字，日月寒暑往来屈伸之常理，事物当然之理"（《朱文公文集》卷四十七，《答吕子约》）等说法，都有将人定法最后依据究归于自然法之意。——修订注。

（三）辅德教，逼人为善

法律（通过刑罚）还可以辅助道德教化，逼人向善，这是法的又一重要作用。《孔子家语》说："圣人之治化也，必刑政相参焉。太上以德教民，而以礼齐之；其次以政言导民，以刑禁之。……化之弗变，道（导）之弗从，伤义以败俗，于是乎用刑矣。"又说："夫德法者，御民之具……以德法为衔勒……以刑罚为策。"[①]这里的"德教""德法"，都是指引导性法律，犹如用来操纵马头方向的"衔勒"（马嚼子和缰绳）；"刑罚"也是法，通常称为"刑法"，是惩罚性法律，犹如马鞭子、马刺。当马不按缰绳所操纵的方向前进时，就用鞭子、马刺抽它刺它。所以《大戴礼记·盛德》更明确地说："刑法者，所以威不行德法者也。"

班固在《汉书·刑法志》里也说："爱待敬而不败，德须威而久立，故制礼以崇敬，作刑以明威也。"晋人杨乂，也表达了"刑威以辅德教"的主张。他说："刑罚以惩恶而为善者劝。如有所劝，礼亦存矣，故亡刑则礼不独施。"[②]这不仅是把刑法看成礼教的辅助手段，甚至也把刑罚活动本身看成礼教的一种形式或一部分了。所以清人蒋彤说：

> 三千三百，无体之刑；三刺八辟，无刑之礼。[③]

《礼记·中庸》说周礼有"礼仪三百、威仪三千"；《周礼》说周代有"三刺""八辟"之类刑事诉讼制度。蒋彤的意思是说，"礼"从某种意义上讲就是"刑"，"刑"从某种意义上也就是"礼"，因为它们的作用相近、目标一致。

就连颇有法家非道德主义倾向的《管子》一书也说：

---

① 《孔子家语·刑政》，《孔子家语·执辔》。
② 《艺文类聚》卷五十四。
③ 《皇朝经世文续编》卷九十八。

明智礼，足以教之……然后申之以宪令，劝之以庆赏，振之以刑罚，故百姓皆说（悦）为善。[①]

这与儒家代表人物荀子的"雕雕焉县（悬）贵爵重赏于其前，县明刑大辱于其后，虽欲无化，能乎哉"[②]一语，如出一人之口。

上述的言论合起来，其实不外一个意思，就是法是用来逼人为善的。用刑罚督迫于后，使人们不得不为"善"。

（四）惩强暴，以救乱世

中国古代贤哲们一般认为，法律仅仅是乱世所需，仅仅是用来救暴止乱的。如非乱世，法就成了夏裘冬扇。《韩非子》说："正明法，陈严刑，将以救群生之乱，去天下之祸，使强不陵弱、众不暴寡……而无死亡系虏之患。"[③]东汉人王充在评论韩非子时，也表示同意这种观点："韩子岂不知任德之为善哉？以为世衰事变，民心薄薄，故作法术专意于刑也。"[④]东汉王符也认为："法令赏罚者，诚治乱之枢机也，不可不严行也。……罚不重则恶不惩。……故凡欲变风改俗者，其行赏罚也，必使足惊心破胆。"[⑤]唐陈子昂也说："圣人初制天下，必有凶乱之贼，叛逆之臣；圣人诛凶殄逆，济人宁乱，必资刑杀。……凶乱既灭，则必顺人施化。"[⑥]这些说法，都是把严法重刑看成非常时期不得已使用的手段，也就是看成救暴止乱的工具。因此，正是从这里出发，法或刑常被看成"不祥之物"或"凶器"。汉司马谈说，法家之言"可以行一时之计而不可长用"[⑦]，正是从这个意义上讲的，认为法家注意的主要是法律

---

① 《管子·权修》。
② 《荀子·议兵》。
③ 《韩非子·奸劫弑臣》。
④ （汉）王充：《论衡·非韩》。
⑤ （汉）王符：《潜夫论·三式》。
⑥ （唐）陈子昂：《陈伯玉文集》卷八，《杂著·请措刑科》。
⑦ 《史记·太史公自序》。

可以在非常时期起救暴止乱的作用。

有些人甚至认为法或刑本身，哪怕是轻法轻刑，也是不祥之物，万不得已时才要用它。春秋时，郑国国相子产公布成文法（"铸刑书"），受到贵族保守派人士叔向的猛烈抨击。面对批评，子产似乎并不理直气壮，他只能回答："侨（子产名公孙侨）不才，不能及子孙，吾以救世也。"①比起叔向的那一大篇理直气壮的"声讨书"，子产显得理屈词穷。按子产的逻辑，如果"侨（子产自己）有才"，如果考虑子孙后代的长久幸福，那就不必"铸刑书"或依赖法和刑了。

西汉时涿郡太守郑昌曾在一次上书中说：

> 立法明刑者，非以为治，救衰乱之起也。②

明末清初思想家顾炎武也说：

> 法制禁令者，王者之所不废，而非所以为治也。其本在正人心厚风俗而已。③

清人纪昀在《四库全书总目提要》中更露骨地表达了这种观点：

> 刑为盛世所不废，亦为盛世所不尚。

正因如此，苏东坡才声称"读书万卷不读律"④。法、律或刑既然那么不吉利，谁敢说特别喜欢它或长久依赖它？

（五）统一思想，消灭异端

法还能统一思维活动，消灭一切异端思想。《墨子·尚同上》说：

> 古者民始生，未有刑政之时，盖其语，人异义。是以一人则一义，二人则二义，十人则十义。其人滋众，其所谓义者亦

---

① 《左传·昭公六年》。
② 《汉书·刑法志》。
③ （清）顾炎武：《日知录》卷八，《法制》。
④ 此处对苏东坡诗句理解有误。此句后文是"致君尧舜终无术"，原意应是自嘲读书虽多但读法太少，在国家"重法制""重刑罚"的变法中没有什么招术去积极效劳或参与。——修订注。

滋众。是以人是其义，以非人之义，故交相非也。……天下之乱，若禽兽然。夫明乎天下之乱者生于无正长，是故选天下之贤可者，立以为天子……三公……诸侯国君……正长。正长既已具，天子（乃）发政于天下之百姓，言曰："闻善而（与）不善，皆以告其上。上之所是，必皆是之；上之所非，必皆非之。"

上立此以为赏罚，甚明察以审信。

这就是把天下动乱归因为思想不统一。所以，法的最大作用就是统一"义"（思想、价值判断）乃至思维活动本身。上司怎么想，你也怎么想，最后统一到天子那里——天子怎么想，全国臣民都怎么想，就像全国只有一个大脑一样。天子最先"发"的那个"政"，就是墨家所设想的人类第一个立法；他们认为人类政治社会的第一个立法应该是"思想统一法"。孔子说"攻乎异端，斯害也已"，要求人们"非礼勿视，非礼勿听，非礼勿言，非礼勿动"，[①]当然也包括"非礼勿思"（因为"动"也包括心之动），也是这个意思。前引《商君书·定分》和《慎子》佚文中的一些论点，也都有这一层意思。汉人董仲舒更清楚地主张，要消灭"师异道、人异论"的思想多元状态，要使异端思想"皆绝其道，勿使并进"，认为只有这样才能使"统纪可一而法度可明，民知所从矣"。[②]

（六）铲平才智、财产之差异

这是古代中国关于法制作用的一种比较特殊的观点，但赞同者也不乏其人。有人认为，法的作用，就在于铲平人们智力和财产上的差异，实现智财均平。《老子》说"天之道，损有余而补不足"，孔子说"不患贫而患不均"都有这个意思，虽并不是单就法律而言。

《尹文子·大道上》倒是直截了当地表达了这个意思：

①《论语·颜渊》。
②《汉书·董仲舒传》。

所贵圣人之治，不贵其独治，贵其能与众共治。……今世之人，行欲独贤，事欲独能，辩欲出群，勇欲绝众。独行之贤，不足以成化；独能之事，不足以周务；出群之辩，不可为户说；绝众之勇，不可与征阵。凡此四者，乱之所由生也。是以圣人任道以通其险，立法以理其差。使贤愚不相弃、能鄙不相遗。能鄙不相遗则能鄙齐功；贤愚不相弃则贤愚等虑。此至治之术。名定则物不竞，分明则私不行。

　　他认为，法律就是用来"理其差"的。法律的作用，就是要使聪明的人跟愚蠢的人一样平平庸庸，使能干的人跟鄙陋者一样无所作为，这就叫"能鄙齐功""贤愚等虑"。把人们之间的这些差异铲平了，天下就太平无事了，这就是"至治之术"。如果人人都不当"出头鸟"，谁也不冒尖，都安分守己，天下当然可以"垂拱而治了"。

二、"法"的局限性和副作用：古人的深虑

　　除了上述六个方面的功能，中国古代贤哲们还有更深一层的思考，他们注意到了法的局限性和副作用。

　　《文子·上礼》中说："法能杀不孝者，不能使人孝；能刑盗者，不能使人廉。"这一判断，实际上是在揭示法或刑的局限性和副作用。古人"法""刑"不分，在他们心目中，法就是刑，有时就是赏与刑。这种看法，实际上是把法律这种社会规范，与其实施手段（一种或两种，即刑或者赏与刑）等同起来。孔子说"导之以政，齐之以刑，民免而无耻"[1]，他认为"无耻"就是"法"（即刑）的副作用。老百姓虽然

────────────

①《论语·为政》。

不敢犯罪（"免"）了，但毫无以犯罪为耻或悦善恶恶之心，这就是失败。从孔子的这一著名论断出发，古人做了很多推论或补充。如《淮南子·泰族训》说："法能杀不孝者，而不能使人为孔（伋）曾（参）之行；法能刑窃盗者，而不能使人为伯夷之廉"。《盐铁论·申韩》说："法能刑人而不能使人廉，能杀人而不能使人仁。"这些判断，都体现着古人的一个深深的忧虑：仅恃暴力的法律，对于社会治理而言，有如饮鸩止渴。如何有效地消除"法"的这些副作用？国家使用"法"岂能光顾眼前！班固也说："法令者，治之具，而非致治清浊之源也。"①《尹文子》的论述更为痛切：

> 法者，所以齐众异，亦所以乖名分；刑者，所以威不服，
> 亦所以生陵暴；赏者，所以劝忠能，亦所以生鄙争。②

"乖名分""生陵暴""生鄙争"，对国家是莫大危险焉！因为"法"的必然要求是"法不阿贵"，是"王子犯法与庶民同罪"，是"君臣上下贵贱一断以法"，这是它的本质决定的必然取向（虽然不一定变成现实），这恰恰与规定君臣上下、尊卑贵贱、内外亲疏、长幼男女之差别的"名分"是相矛盾的，这就是所谓"乖名分"的副作用。同时，法就是刑，刑用多了就会使人心浇薄、狡伪、残忍、冷酷，这就是"生陵暴"的副作用。片面强调依法奖赏和选才，就会鼓励人们鄙视道德，鼓励人们去争权夺利，这就是"生鄙争"的副作用。

汉人贾谊也说：

> 以刑罚治之者，积刑罚。刑罚积而民怨背……驱之以法令
> 者，法令极而民风衰。③

---

① 《汉书·酷吏列传序赞》。
② 《尹文子·大道上》。
③ 《汉书·贾谊传》。

所谓"民怨背""民风哀"，就是说法律会导致社会道德和民心退化恶化，这就是法的天生局限性，就是法的副作用。难怪古人如此忧心忡忡。

汉人陆贾也说："怀道者众归之，恃刑者民畏之。归之者附其侧，畏之者去其域。"①他认为，仅恃法律，容易导致众叛亲离，有亡国之虞。

正因如此，法或刑是可以行一时之计而不可长用的东西。在治国中，能经久耐用而无副作用的，还是德教。法只是治病的药石，而德教是平时的粮食。汉人崔寔认为："夫刑罚者，治乱之药石也；德教者，兴平之粱肉也。夫以德教除残，是以粱肉理疾也；以刑罚理平，是以药石供养也。"②在他心目中，法甚至相当于中药中的砒霜，是用来以毒攻毒的。

他们对法的这种似乎有深虑的判断到底有没有道理呢？

如果法仅是指赏与刑或者只是刑，那么古人的这些忧虑是很有道理的。这种意义上的法，如果长期重点使用（不注意以德教为主），必然会产生以上所说的那些副作用。可是，事实上，法并不应只是刑（或赏与刑）呀！如果能看到真正的法包括礼乐，如果以法为国家政治生活中客观理性的规则，如果将法看成文明生活方式之体现和保障，那就没有这些副作用可言了。可惜古代贤哲们并没有达到这样的境界。

关于这种局限性或副作用，有的古代思想家并不怎么担忧。如《韩非子·六反》说："故法之为道，前苦而长利；仁之为道，偷乐而后穷。圣人权其轻重，出其大利，故用法之相忍，而弃仁人之相怜也。"

---

① （汉）陆贾：《新语·至德》。
② 《后汉书·崔寔传》引崔寔《政论》。（清）严可均辑《全上古三代秦汉三国六朝文》卷四十六辑录更多。

他们承认法的功效有"苦"的一面，但主张忍受暂时的痛苦，以求长远利益。他们并不认为这个"苦"会带来什么不良后果；相反倒认为，这种"苦"会泽及久远、造福后世。

三、反省后的一点初步结论

中国古代思想家们先后指出了法的上述六大作用，也省察了法的局限性和副作用，他们的思虑不可谓不全面不深刻。但我们应该注意到，他们有着难以逾越的历史局限。不知出于什么原因，他们认识到的六大作用仍然不包括法的一个最重要的作用——对社会生活进行合理组织、合理控制、合理管理，使社会生活理性化、条理化、秩序化。也就是说，他们只注意到了法律的"管人"作用，似乎忽视了法律的"理事"作用。他们只考虑到如何管住人、控制人、改造人（道德升华），或者进而也考虑到如何使一切社会生活合乎伦理，但毕竟没有重视社会生活的理性化管理。虽然伦理也有某些暗合物理或自然法则之处，但侧重点毕竟不同。社会生活是一个过程，法律就是这个过程的价值准则和程序规则，人是这个过程的参与者和这个规则的使用者。法律的作用，首先应该是对这个过程的规划、安排、组织、理顺，其次才是对这一过程的参与者做出指示及禁令。我们看到，古代中国思想家所注重的，仍主要是对社会生活过程的参与者做出种种限制、禁令；他们阐发的那些具有中国传统特征的"法的作用论"，正是建立在这一基础上。

第十一章

中国古代法观念中的贱讼逻辑

说到中国法律传统，我们尤其应该注意其中的贱讼传统。人类社会生活中有争讼，本来如人有喜怒哀乐一般，是自然而然的事，用不着大惊小怪。清人崔述说："自有生民以来，莫不有讼。讼也者，事势之所必趋，人情之所断不能免者也。故传曰饮食必有讼"，"两争者，必至之势也，圣人知其然，故不责人之争，而但论其曲直。"[1]这是中国古代贤哲对诉讼现象极为难得的冷静客观认知和评价之一。可惜，绝大多数古代中国人，对争讼或诉讼并没有如此通达、理性、怀有平常心的看法；鄙视、厌恶诉讼，一直是古代中国文化观念的典型特征之一。作为社会发言人的士大夫们的言论，典型地反映了这一事实。

一、中国的贱讼观念与传统

对于古代中国士人来说，诉讼是道德败坏的结果或表现。据说在远古圣王的时代，即"王者之世"，人们都道德高尚，"耕者皆让畔（田

---

① （清）崔述：《无闻集》卷二，《讼论》。

界），民俗皆让长（利益冲突时让利于长者）"①，"天下晏然"，"刑措不用"，简直没有什么利益争夺和诉讼。后来，不知何故，"世道衰微"，"礼崩乐坏"，本来"朴以（而）厚"的民众变得"巧以伪"了。②于是，这才有了可恶的愈演愈烈的争讼。

因此，在古代中国人眼中，"讼"特别是打官司，就成了不光彩的同义语。古人在说到诉讼行为及其参与者时，常常要加上明显含有贬义的前缀或后缀词，以示鄙弃。如"滋讼""兴讼""唆讼""刁讼""挑讼""构讼""聚讼""讼棍"等便是。特别是"滋讼"之"滋"，尤为刺眼："滋"，其实就是"故意挑起事端""惹是生非"之意。一字之缀，厌恶之情溢于言表。正因如此，"讼师""讼棍""好讼之徒"等，简直可以译为"道德败坏之徒"；"讼学""讼术""讼辞"等，简直可以译为"卑鄙伎俩""害人之术"；而"滋讼""兴讼""聚讼""健讼""好讼""包揽词讼"等几乎成了"干坏事"的同义语。正因如此，古人才一直倡导"止讼""息讼""贱讼""去讼""无讼"；官吏们才会把"解讼""辨讼""决讼""断讼"不仅仅看成日常公务，而且看成维护道德的大事业。

贱讼观念在中国始自何时，不得而知。春秋时期的邓析事件，大约是迄今所知的最早的贱讼证据之一。邓析，这位中国最早的"律师"，就是被视为卑鄙可恶的小人而遭杀害的。其主要"罪行"，就是能言善辩，帮助老百姓打官司，并收取一定报酬。据说，邓析"好治怪说，玩奇辞……持之有故，言之成理，足以欺愚惑众"③，"民之献衣襦裤（献衣服作学费）而学讼者，不可胜数"④。他被当时郑国的执政官驷歂处死

①《史记·周本纪》。
②《商君书·开塞》。
③《荀子·非十二子》。
④《左传·定公九年》，《吕氏春秋·离谓》。

242
明刑弼教：中国法律传统的基本精神

了，其实他犯的就是"可恶罪"。他还被视为"讼棍"的祖师爷，被当作"小人之尤"（尽管他出身士大夫阶层）而遭千古唾骂。

东汉人陈宠在一次上疏中，列举了西州地方有三大乱象，要求朝廷加强治理。这三大乱象是："西州豪右并兼，吏多奸贪，诉讼日百数。"[①]在这里，"诉讼案件多"竟然与豪强兼并土地、官吏奸贪列在一起，被视为弊害和乱象。

北宋中期王安石变法时，为培育司法专门人才，曾设"明法科"（相当于今之法学考试），要求士子们先学习法律知识再应试。此事遭到了当时保守派首领司马光的强烈反对。司马光说："礼之所去，刑之所取，使为士者果能知道义，自与法律冥合；若其不知，但日诵徒流绞斩之书、习锻炼文致之事，为士已成刻薄，从政岂有循良？（此）非所以长育人才，敦厚风俗也。"[②]在司马先生看来，法律知识，只不过是讲怎样施刑、怎样逼供、怎样陷人于法网或怎样狡辩以逃脱罪责的"学问"，不是什么好东西。学习它们，只会使人道德败坏。南宋人陆游更认为，"纷然争讼"为"门户之羞"或"门户之辱"。[③]

宋代大诗人苏东坡声称"读书万卷不读律"[④]，也多少有些鄙视法律和诉讼之意。也许在他心目中，喜欢"读律"之人（司法官除外），更在意争讼。

明人吕介儒也说："两家词讼……是大损阴骘（阴德）事。"因为诉讼就不免要"仰人鼻息，看人面孔，候人词气，与穿窬之心何异"。[⑤]

---

①《后汉书·陈宠传》。

②（宋）司马光：《司马温公传家集》卷五十四，《章奏·起请科场札子》。

③（宋）陆游：《绪训》，又称《放翁家训》。元末明初陶宗仪辑《说郛》卷四十二辑录陆游《绪训》。

④这一理解也许不准确。见前章第一节第（四）引苏轼此语及修订注。——修订注。

⑤（清）汪正：《先正遗规·吕忠节公署门七则》。《清史稿·艺文志》有汪正《先正遗规》四卷。吴平等主编《历代伦理学文献辑刊》第十五册收录有该书清光绪十九年（1893）浙江书局刊本。

他认为，参与诉讼就像做贼一样羞耻，所以有损阴德。

明人王士晋更为明确地列出了诉讼之所以应该被鄙贱的理由："讼事有害无利：要盘缠，要奔走；若造机关（绞尽脑汁），又坏心术"，还要被衙役、讼师欺负，被人瞧不起。①

清大诗人袁枚为知县时，有兄弟三人在父死刚满七天（旧礼称"终七"或"满七"，最严重的服丧期）就投状县衙，争夺遗产。袁枚见状大怒，挥毫批道："父尸未寒，挥戈涉讼，何颜以对父祖于地下，何颜以对宗族于人间？！"并立即治此三兄弟以"不孝罪"。②袁知县所为之震怒的，不是此三兄弟中竟有人想独占或多占遗产的不道德或非法行为，而是守丧期"涉讼"行为本身。在他看来，诉讼本来就不光彩，而父丧之际诉讼尤为可耻。

正是在这种贱讼观念的影响下，古代中国的各姓家谱才会喜欢炫耀本族"十年无讼"乃至"百年无讼"，而不会像西方家族传说那样炫耀本族何时与别族诉讼并大获全胜。正是在这种观念的指导下，"为民父母行政"的地方官们，才不会像西方古代地方官们那样以熟悉法律善于断案标榜，而是千方百计地宣扬自己所治地方"囹圄空虚""历久无讼""刑措……年不用"。因为只有这样才能显示自己的道德教化之功，这才被视为真正的"政绩"，有这样政绩者才算是中国式良吏、循吏。③

清朝的《钦颁州县事宜》（即朝廷颁给地方官的职务训令）就明确指出，息讼止讼是官吏的根本职责："州县官为民父母，上之宣朝廷德

---

① （清）陈宏谋《五种遗规》之《训俗遗规》卷二收录明人王士晋《宗规》。[清>余治辑：《得一录》卷九亦收录，名之《宗祠条规》。
② [民国]襟霞阁：《袁子才判牍·兄弟争产之妙批》，上海中央书店1935年印行。
③ 本段关于西方的两个判断，系凭读史大致印象而言，一时找不到直接证据。为保持原书水准，暂留。——修订注。

化，以移风易俗；次之奉朝廷法令，以劝善惩恶。……由听讼以驯至无讼，法令行而德化亦与之俱行矣。"可见，在古代中国的政治哲学里，听狱断讼只有作为德教的手段之一时才有意义。正是为了息讼、无讼，方才有必要听讼、断讼，如仅为断狱而听讼（仅为了解决眼下问题），则是末流"父母官"之所为，为人所不齿。所以，清人刘礼淞总结说："听讼而使民惕然内讼（使人道德内省）以致于无讼，此守土者（地方官吏）之责也。"①

古代史书记载了许多官吏的政绩，大多离不了善于教化、善于息讼止讼这一条。如东汉吴祐为胶东相时，凡"民有争诉者，辄闭阁自责，然后断其讼，以道譬（训喻）之，或身到闾里重相和解。自是之后争隙省息，吏人怀而不欺"②。又如西汉韩延寿"为东郡太守，以德为治"，民间有讼，他自己就"闭阁思过"，弄得争讼双方都"深自责让"，郡内二十四县莫复以辞讼自言者。③就是说，经过他们的教化，老百姓都以谈论诉讼为耻了。北宋赵清献为监察御史时，就曾"以狱囚之多少定有司之贤否"④，以狱囚多为官吏不贤的标志，而奏请予以罢免。以诉讼案件和在押囚犯多少作为政绩考核标准之一，这的确是一种很有意思的考核。明王阳明为地方官时，以息讼著名。他推行"十家牌法"为核心的"乡约制度"："十家之内但有争讼等事，同甲即时劝解和释"，劝解无效才许见官。"自今各家务要父慈子孝、兄爱弟敬、夫和妻随、长惠幼顺……谦和以处乡里。心要平恕，毋得轻意忿争；事要含忍，毋得辄

---

①（清）刘礼淞：《〈判语录存〉序》。《判语录存》四卷，清人李钧著，道光十三年（1833）刊印。
②《后汉书·吴祐传》。
③《汉书·韩延寿传》。
④《宋史·赵清献传》。

兴词讼。"①清人裕谦任巡抚时，曾专作《戒颂说》文告晓谕百姓。在该文告中，他列举了诉讼的十大坏处，如"坏心地""耗资财""伤天伦""结怨毒""损品望""招侮辱""失家教"等，以此劝民止讼。该文告认为诉讼违背了"五常"："人既好讼，则居心刻薄，非仁也；事理失宜，非义也；挟怨忿争，非礼也；倾资破产，非智也；欺诈百出，非信也。"这算是从封建道德的根本理论上，说明了讼应被轻贱的理由。这算是在传统伦理道德方面"上纲上线"了。地方官以息讼无讼为责，这是古代中国法律传统的明显特征之一。

二、贱讼的本质是害怕而非鄙视

因为讼可轻可贱，所以才要千方百计息讼、止讼，力求无讼。这与西方自古希腊、古罗马以来的"健讼"（好讼）传统有着明显的区别。这一巨大差别是怎么产生的，至今还没有比较令人信服的解释。我以为这跟各个民族的早期生产方式、生活方式、社会组织形式有关。在一个成员经常流动的工商业发达的社会里，贸易或商品交换的契约平等属性也势必影响人际关系，使人们得以在别的场合也能像在商品交换场合一样，理直气壮地为自己的权益而斗争，包括诉诸制度化的争议程序（即诉讼）。商品交换的平等性与诉讼程序的平等性息息相关。只要上了法庭，就至少从名义上平等了，不管你在法庭之外是什么身份什么地位。也许，这种社会里的成员们把在法庭上的争辩、对质、攻讦只当成交易场合讨价还价的延伸吧。既然在交易场合他们都只把对方看成纯粹的买

---

①（明）王阳明：《王文成公全书》卷十七《公移·申谕十家牌法》，卷十六《十家牌法告谕各府父老子弟》。

主或卖主（而不管对方是什么身份、地位），那么当然也不必担心打官司会得罪什么不该得罪的人物了。因为社会是流动的，所以也不必担心"低头不见抬头见"，反正官司打完后各奔东西。

所以，由于上述两方面原因，流动社会不必害怕诉讼，当然就不必轻之贱之。相反，在成员极难流动的农业社会里，所有成员在所有场合都不能不带上等级高低、身份优劣的影子。哪怕在偶尔的商品交换场合，诸侯、领主、族长、豪门还是那么气粗如牛、强贾强买，经常可以花很少的钱买到常人花很多钱都买不到的东西。固态社会里的身份不平等强烈地影响到市场，当然也影响到法庭。所以，中国古代"命夫命妇（贵族）不躬坐狱讼"的传统，比其他许多民族更强烈。贵族如与平民对簿公堂，势必被认为自贬了身价。因此，法庭在中国不过是家族的延伸。法庭的作用有如族长家长教训不孝子孙，因而审理民事诉讼不是法庭的主要任务（因为民事诉讼有至少名义上地位平等的原、被告双方，而刑事审判没有原告，只有父家长"权威"在惩治"贼子""小人"）。

正因为社会是固态的，在所有成员的心目中，尊贵者永远是尊贵者，卑贱者永远是卑贱者，"天有十日，人有十等"，尊贵控诉卑贱，就是自轻自贱、把自己等同于卑贱者了，自伤颜面，丧失尊严，当然不成体统；卑贱者控诉尊贵，就是"犯上作乱"，"心存不敬"，有时是"大逆不道"，且会引来更大的报复、压迫。所以，没有起码的名义平等，人们就很不愿意有"讼"（《周礼》云"争财曰讼"，故"讼"主要指民事诉讼）。在这种固态的等级格局下，人们才会格外担心"一场官司十年仇"，才会格外担心"低头不见抬头见"。出于此两方面原因，所以自古迄今，中国人才格外地害怕诉讼，才要轻之贱之，才要止之息之，才格外盼望"无讼"。

由此说来，中国人之贱讼，其实并非真正鄙视诉讼，而是害怕诉讼，故贱讼实为"恐讼"。贱，是一种道德评价；恐，是一种利害反应。前文所列举的贱讼言论，绝大多数正是一种利害反应。即是说，并非真正地把讼看成一件不道德的事，而只是因为它会带来不好结果而鄙视之。甚至可以说，人们所真正讨厌的是它的客观后果。因为后果之不良，才"恨乌及屋"地"贱"视讼本身了。如果没有这些不良后果，中国人就不会贱讼。因为恐讼、恶讼而贱讼，这就是中国古代法观念的一个有趣的逻辑。

这当然不是凭空猜测。明人王士晋曾手撰《宗祠条规》，劝诫本族子弟止息诉讼。这一宗族法规，把这种恐讼心态不自觉地表达得淋漓尽致：

> 太平百姓，完赋役，无讼事，便是天堂世界。盖讼事有害无利：要盘缠，要奔走；若造机关，又坏心术；且无论官府如何廉明，到城市便被歇家（旅店主）摄弄，到衙门便受胥皂（师爷、胥吏、衙役）呵叱；伺候几朝夕方得见官。理直犹可，理曲到底吃亏：受笞杖，受罪罚，甚至破家，忘身辱亲（忘记了羞耻，又使父祖蒙羞），冤冤相报害及子孙……①

他列举了应该轻贱诉讼的一系列理由。这些理由，除了"坏心术"一条有些主观自省外，其余几乎都是讲客观不良后果或危害的。甚至"坏心术"这条，也只是讲诉讼过程会使人变得狡诈，而不是讲诉讼行为本身就是邪恶的。即是说，他所关注的，仍是客观结果，而不是从道德价值上否定诉讼本身，并没有像否定盗窃、强奸之类行为一样从道德上否定诉讼。

明人吕介儒说，"两家词讼……是大损阴骘事"，因为诉讼不得不

---

① （清）陈宏谋《五种遗规》之《训俗遗规》卷二收录明人王士晋《宗规》。

"仰人鼻息，看人面孔，候人词气，与穿窬之心何异"。①他所说的"损阴骘""穿窬之心"（盗窃之心），看起来似乎是在进行道德否定，但其最后理由还是归结于辱人格、丢面子之类不良后果，所强调的仍然是客观利害而不是道德价值上的是非。

宋时有位老学究曾作《戒讼诗》云："些小言辞莫若休，不须经县与经州，衙头府底陪茶酒，赢得猫儿卖了牛。"②明人朱柏庐《治家格言》亦曾劝告人们"居家戒争讼，讼则终凶"。这都是从客观不利结果讲轻贱理由的。如果诉讼不会导致"陪茶酒""赢猫卖牛"之类因小失大的结果，如果结果一般不是"终凶"而是"终吉"，那么就没有理由"贱讼"了。这，就是这些话语的自然逻辑推论。

清人裕谦有《戒讼说》，认为"讼"违背"五常"，所以要轻贱之。但他所言，仍然不是以道德上否定为主。所谓"居心刻薄"而"非仁"，虽稍有道德上否定诉讼之意，但其他四点，都是从客观后果的利害着眼的："事理失宜"是指诉讼会使尊卑贵贱秩序紊乱，故而"非义"；"挟怨忿争"而"非礼"意略同于此；"倾资破产"是指诉讼费财的后果。不顾这种后果的人，当然"非智"（不明智）；"欺诈百出"仍不过是与"坏心术"同义，说的是"讼"的过程有"非信"特征。

甚至在专门捉刀代笔靠诉讼吃饭的"讼师"中，也有撰文大讲诉讼危害以劝人止讼者，这倒的确是中国贱讼文化的特产。如《刀笔菁华》载，清乾隆四十三年，江苏吴县讼师诸馥葆曾作《解铃人语》。书中说："在涉讼者亦宜得休便休，不可固执不化。……历阅古今智士，岂能万举万全？如有无为（谓？）之争，悉凭亲友劝谕；即有些微委曲，

---

①（清）汪正：《先正遗规·吕忠节公署门七则》。
②（宋）范公偁：《过庭录》。《过庭录》（不分卷）有明人商浚万历年间《稗海》录本及元末明初陶宗仪《说郛》录本。

务宜容忍，则亦临崖勒马、江心补楫之一道也。"这就是说，一般的人，既非智士，必然难以在诉讼中有"万举万全"，必然会遭受很多麻烦或危害，所以打官司一定要"得休便休"，不一定要把官司打到底。即使还有些冤屈没有伸，也应尽早罢了，以避免后续危害。这就像到了江心补船一样，虽然有些迟了，但总还有一线希望。如不然，则大祸必至。

在一些案例中，法官批语更能反映这一逻辑。清光绪年间，陕西秦中某地，有位丈夫新故的官员遗孀投状官府，告亡夫前妻之子不孝，要求分家析产。被告亦立即呈词申辩。知县樊增祥在被告呈词上批道："士族涉讼，且系男女涉讼，男女而又系母子涉讼，此等官司，本县所不忍问也。"为何？因为如依常规"过堂"，就必然"致伤颜面"："孀妇跪堂，大不好看。伊（指原告）即（使）不为现在之（继）子顾声名，亦当为已故之夫留体面。"在原告的呈状上，他又批道："况翁氏（死者家族）又系体面人家，两造到堂，母子对讦，成何事体？"①他强调的是，公堂跪质之类的诉讼程序使人颜面扫地，只有不要脸的人才干。在另一个两举人互讼的案卷中，樊增祥又批道："尔与宋继唐，文武两举人，平日名声俱好……构成讼案，本县深为不悦。公庭跪质，有何体面？……试思同科同乡，俱为人望，一时挟忿，构讼成仇，何以为后来相见之地乎？"②这里再次强调的道理是：打官司不但伤颜面，还危害将来的和平共处，低头不见抬头见，乡里乡亲得罪不起。正因为参与诉讼被视为如此丢人现眼、丧失尊严的事，所以哪个家族有人涉讼就当然成了"门户之羞""门户之辱"。

简而言之，因为诉讼的形式、过程及其后果都令人害怕，令人厌恶，故而要轻之贱之。或者说，人们厌恶的，主要是诉讼的形式，而不

---

① （清）樊增祥：《樊山全集·批判二》，上海广益书局1923年印行。
② （清）樊增祥：《樊山全集·批判四》，上海广益书局1923年印行。

是其内容或实质。人们并没有像贱偷、贱奸一样贱讼，这的确是很有趣的。从某种意义上讲，甚至可以推论，人们大多实质上是倾向于肯定诉讼的——承认诉讼在内容和实质上的合理性、合法性或合乎道德性，哪怕仅仅是不自觉地、潜意识地默认。

既然如此，那为何不努力改变那些不体面的人为程序、手续、方式呢？为何不努力改良制度去消除那些不良后果呢？为何数千年间总是做无谓努力企图消除那并不算罪恶的诉讼本身呢？

三、害怕的原因：三大问题及虑害逻辑

在中国传统社会，人们之所以害怕和厌恶诉讼，究其原因，其实不外三大关键问题得不到制度化解决：（1）诉讼程序中有不体面的、有辱人格的因素；（2）打官司不管输赢必然导致"结仇怨""乖名分"等不良后果；（3）诉讼过程中易受胥吏、讼师等捉弄敲榨，不得不低声下气屈己求人等。

这三个问题，古代中国的贤哲们肯定都或多或少思考过。对于第二个问题，他们当然是无能为力的，因为只要不流动的、等级制的农业社会组织形式或生活方式没有改变，那些不良后果是无法消除的。对于第一个问题，他们倒是或多或少可以做点事。自汉文帝"除肉刑"开始的所有司法改革，其实都体现着这一方面的努力，不体面、不人道的程序愈来愈少了。至于被歇家撮弄、受胥皂呵叱及受讼师敲榨之类的问题，包括仰人鼻息、看人面孔、候人词气的问题，这是真正民主与法治实现之前都无法解决的问题，古人当然更无办法。但这在古人贱讼的三大理由中，是最次要的。

讼不会给自己带来多少好的结果，故而贱讼；讼使人颜面扫地，故而贱讼；讼使涉讼者可能被人捉弄、欺负，故而贱讼。总而言之，古代中国人贱讼，都是以自己利害为出发点，而不是以对讼本身的道德或价值评价为出发点。这就是说，人们并不是认为讼对他人、对社会有害而轻贱之；对他人、对社会是否有害，似乎不在古代中国人的主要考虑范围之内。诉讼如没有这三类不良后果，那么即使它对别人、对社会有害，古人或许也是在所不惜的，只是不能这么明说。

这样说当然并没有厚诬古人，只是推测出了事实上存在于古人潜意识中的一个行为逻辑而已。这个逻辑，在孔孟那里似乎就有了。孔子赞成"子为父隐、父为子隐"①，认为那告发父亲偷羊的人是坏蛋。这实际上是只顾保全自己亲人的名誉，只顾让亲人避免刑戮，而不管"疏人"财产乃至生命的损失，更不管受害人所受痛苦的弥平。孟子在回答弟子桃应所假设的"舜为天子，皋陶为士，瞽瞍杀人，则如之何"这一问题时，更为充分地体现了这一逻辑。他主张作为天子的舜从监狱里把犯了杀人罪的父亲（瞽瞍）"窃负"出来，父子俩逃到海边躲起来，在那里快快乐乐地过一辈子。②这里潜藏的逻辑是：自己父亲的名誉、安全和生命，远比被害者（死者）重要；保护自己亲属利益的目标，比别人为亲属（死者）申冤报仇的目标更为重要、更为正当。只顾自己，哪管受害方！

惩治罪犯的法律及法律程序，本是为保护公平正义而制定出来的；惩罚犯罪、实施法律，正体现了公平正义。但是，根据孔子和孟子的逻辑，自己家族和亲人的利益远比社会公平正义更重要。所以，他们主张人们可以违法去隐匿犯罪的父亲，可以违法把犯了杀人罪的父亲"窃"出来。为了亲人，这些对法律秩序的牺牲在所不惜。可见从他们那时开

①《论语·子路》。
②《孟子·尽心上》。

始，他人利益和社会利益就退居其次了。①

又如在反对斗殴、反对杀人的问题上，古代圣贤们同样表露了他们的这一逻辑。孟子反对杀人，并不是以"你杀了别人的亲人，别人就会像你自己失去亲人一样悲痛"为理由，而是另外的理由："吾今而后知杀人亲之重也。杀人之父，人亦杀其父；杀人之兄，人亦杀其兄。然则非自杀之也，一间耳。"②他的意思是：人是杀不得的啊！你杀别人的父亲，别人反过来杀你的父亲；你杀别人的兄弟，别人也会杀你的兄弟；你杀别人实际上等于你杀自己的亲人。这些说辞的逻辑是：杀人对自己没有好处，所以杀不得。

同样，关于斗殴，也是如此。荀子说："夫斗者，忘其身者也，忘其亲者也，忘其君者也。行须臾之怒而斗，终身之祸，然乃为之，是忘其身者也；家室离散，亲戚被戮，然乃为之，是忘其亲者也；君上之所至恶，刑法之所大禁，然乃犯之，是忘其君也。"③他的意思更清楚：反对斗殴，不是因为与人斗殴会对他人造成伤害，或对社会正义造成破坏，而是因为斗殴可能带来一系列可怕的不利于自己的后果。因为斗殴可能会闯大祸、结冤仇，还可能招来牢狱之灾并株连亲属，还因为斗殴实为挑战君上的法律故必然会得罪君主，所以斗殴有害无利，万万使不得。

这里的"有害无利"逻辑，正是"讼事有害无利"逻辑的思想源头。虽然诉讼在性质上与斗殴、杀人、盗窃大不相同，虽然诉讼（在实质上）并不会像斗、杀、盗之类犯罪一般给他人或社会带来直接明显危害，但在古代中国的社会条件和思想氛围下，在给行为人本身带来不利

---

①以上两段对孔孟"亲属容隐"观点的分析判断，今天看来有些幼稚片面。但为保持原书认识判断水平实况，为避免有涂改"病历"掩饰旧疾之嫌，故修订时对原观点不加改动。——修订注。

②《孟子·尽心下》。

③（汉）刘向：《说苑·贵德》引荀子语。

后果这一点上，诉讼行为与那几类犯罪却是相似的。所以，难怪大家都要贱视之，努力止息之。

结语：应有逻辑是什么

依传统中国的仁义道德哲学，贱讼的逻辑，本应是出自"仁—恕"，应该出自"仁者爱人""亲亲而仁民，仁民而爱物""己所不欲，勿施于人"等。若从这些逻辑出发，人们强调的贱讼理由，就应是诉讼有伤"仁"或"恕"。按照这个原理，国人厌恶杀人、斗殴、盗窃、诉讼等行为，其主要理由应该是：我不欲别人将其施于我，因为那会给我造成麻烦、痛苦、损失，所以我也不应该以此施于人。但是，我们在阅读古人著论时，不但没有看到人们从这类理由出发去贱讼，甚至很少看到从这个理由出发去贱盗、贱杀、贱奸。毕竟，"己所不欲，勿施于人"，"有害于人，所以不应为"的逻辑，与"对自己没好处，所以做不得"的逻辑是大为不同的。当然，是否一定要视诉讼本身为有害他人之事，那又是另一个问题了。

第十二章

"礼法""刑法"二元体制与《论语》真诠

古代中国法律实际上是一种二元体制。就是说，在古代中国，实际上有两种自成体系、自有渊源、形态独特的法律并存。两者中，一种是国家制定法，古称"刑""法""律"或"刑法"；另一种是社会生成法（由国家公开认可或默认容许者），古称"礼法"或"德法"。在它们之上的共同指导原则，是"天理""道"或"德"。《论语》乃至孔子的全部法律观，其实就是对这样一种二元法体制或法传统的注解和阐扬。

一、"礼法"是社会生成之法律

"礼法"一词首见于《荀子》。荀子说："礼者，所以正身也……故非礼，是无法也……故学也者，礼法也。"①这显然是把"礼"也当成法，"礼法"就是另一种法律。

"礼法"又被称为"德法"。《大戴礼记》说："故明堂，天法

①《荀子·修身》。

也；礼度，德法也，所以御民之嗜欲好恶，以慎天法，以成德法也；刑法者，所以威不行德法者也。"[1]

礼刑关系或礼法关系、德刑关系，通常被视为法律与道德的关系。这样的理解貌似有一定道理，但从中国法律传统的实际情况来看，二者关系更像是两种不同形态的法律规范在运用上的关系，即"礼法"（"德法"）与"刑法"的关系。

法律的根本特征，应该不外三者：其一，它是行为规范，直接指示人们应为、不应为之事；其二，它是有强制性，不是任意的；其三，它是由公共机关去执行的。从这三个特征去观察自"周礼"以后至唐律诞生前长期存于法典之外而被司法活动随时引据的那些"礼"（不是"礼"的全部），我们就会发现：其实它就是法。古人把它叫作"礼法"或"德法"，决不是偶然的。

"礼"（规则意义上的"礼"）是不是法律，关键在于它有无强制性，有无执行性（或功能）。事实上，许多事实表明，"礼"是有强制执行的功能的。

孔子主张"导之以德，齐之以礼"[2]。一个"齐"字，显然表明孔子心目中的"礼"是有强制性的。在孔子的语汇里，没有强制性则曰"导"，导者，引导也。故国家政令、道德教化，均是在人们前头引导；"导"之不灵，则以"礼""刑"二者"齐"之。齐者，使不齐复归为齐，明显含有强制性。要使不齐复为齐，则必有执行动作或程序。孔子又要人们"非礼勿视，非礼勿听，非礼勿言，非礼勿动"[3]，可见这"礼"直接细管到了人们视听言行等各个方面，是明确而具体的行为规

---

① 《大戴礼记·盛德》。
② 《论语·为政》。
③ 《论语·颜渊》。

则。特别是这个"勿"字，当"不应"讲，似乎还不如当"不得"讲更确切，而"不得"正是含有强制口气的法规用语。《论语》多处记述，孔子主张对违礼者进行惩罚。可见，在孔子心目中，"礼"就是一种法。荀子干脆称之为"礼法"，是深得孔子真意的。

《礼记》又把"礼法"称为"礼坊（防）"，将其比作防水堤坝一样的东西："夫礼禁乱之所由生，犹坊止水之所自来也。"[①]故"刑以坊淫，礼以坊欲"，礼和刑一样是强制性的制止工具，都是要把人的行为强行限制在一个安全范围里。坊即堤坝，当然不会是一种任意的东西，一有溃漏，就得全力堵上。这当然是强行的，不管你愿不愿意。

在法家的著作里，"法"通常被比作"权衡""规矩""绳墨"，以言其强制执行之性质。儒家的经典里，刚好也常如此这般比喻"礼"。如《礼记》说："礼之于正国也，犹衡之于轻重也，绳墨之于曲直也，规矩之于方圆也。"[②]不合规矩绳墨者都要强行矫正，斫之削之，显然"礼"也有强行矫正人们行为之功能。这样的"礼"，只能是"礼法"。

那能"定亲疏，决嫌疑，别同异，明是非"的"礼"，那"分争辩讼，非礼不决"的"礼"，那"班朝治军，莅官行法，非礼威严不行"的"礼"，[③]实在是太符合今日法律概念的一切要素了。这种在听讼断狱中经常直接引据为法律规范的"礼"，怎么可以仍然叫作"道德规范"呢？分明就是一种法律嘛。

这种法律之所以被叫作"礼法"或"德法"，就在于它既是"礼""德"原则的条文化、具体化，又具有法律规范之效力。说它是

①《礼记·经解》。
②《礼记·经解》。
③《礼记·曲礼》。

法，又不同于国家制定法；说它是礼，又不同于纯粹的礼仪习惯，所以，混而言之曰"礼法"或"德法"，是很恰当的。

这种"礼法"是从社会生活中生长起来的。传说中的"周公制礼"不知是否真有其事，即便真有其事也不能据以断定所有的"礼"都源自周公。在周公以前，"礼"作为习惯广泛地生成、存在于社会生活的各个领域，周公执政时不过是对其做过一番整理而已。不过可以猜测，经过周公整理并强调的这一部分"礼"，成为自此以后所有"礼法"的主要成分；经过国家的认可，习惯变成了习惯法。

说"礼法"是生成的，是指它没有明确的制定过程，也很难寻见人为造作的痕迹。如那"丧祭之礼""婚姻之礼""乡饮酒之礼"等，可能就是在长期社会生活中逐渐形成的，任何人都无力人为设计一套"礼"强加给大众，人们也不可能纯粹被动地接受这种人造的"礼"。所以，"礼法"的形成，对一个民族来说，可能就与语言和风俗习惯、服饰和建筑风格的形成一样自然而然。在"三礼"、《春秋》及其三传、《诗经》、《易经》、《尚书》、《论语》、《孟子》等经籍的记述（转述）之外，到底还存在多少条"礼法"，谁也没有统计过。但在古代中国，人们均不知不觉、实实在在地受那种"礼法"的约束，日复一日主动地或被迫地遵守着它们。

当人们违反"礼法"的时候，一般是要受强制性制裁的，有时直接受刑罚，有时受到刑罚以外的其他制裁。有学者对《左传》所记的周礼"执行"事例做过统计，发现对违犯"礼法"行为的制裁方式有十一种，都是强制性的，如讥讽、责让、诘难、卑贬（包括拒朝、降礼秩、贬爵级、留止、执）、夺邑、鞭挞、放逐、杀戮、征伐、取灭。[①]过去有

---

①栗劲、王占通：《奴隶制社会的礼与法》，《中国社会科学》1985年第4期。

人认为，"礼"到底是不是法，要看"出礼"者是否"入刑"。而这一统计告诉我们，即便"出"之后并不"入刑"的"礼"，也有相当大的部分就是法。因为古时的"刑"，通常等于五刑；不入五刑的礼，至多不是刑法。即使不是刑法，还可能是"礼法"呢！就像今天刑法之外还有民法、行政法等一样。

总之一句话，"礼法"是社会生活中生成的法，主要是习惯法。"周公制礼"就是国家整理和认可习惯法。

二、"礼法""刑法"有主次优劣轻重之分

这两种形态、两种体系的法，在司法实践中当然不可能等量齐观，况且二者在内容上可能还会有矛盾。因此，二者在适用上的轻重、主次、先后，就是一个至关重要的问题。这一问题甚至重要到事关社稷存亡的程度。

孔子不否认"刑法"的作用，他只是认为无论如何应该更重视"礼法"。他说过"导之以政，齐之以刑，民免而无耻"[①]，但那主要是就反对"独任刑法"而言的。他认为"善人为邦百年"然后才可以"胜残去杀"，认为"王者必世（几十年）而后仁"，就是说他认为在非常时期"刑法"不可少，只不过一定要符合"刑中"原则而已。"刑罚不中，则民无所措手足。"[②]

怎样才能做到"刑中"呢？孔子认为，那就要先"兴礼乐"，使礼法规范得以广泛传播，使其深入人心，对人民形成有效的"导"和

---

① 《论语·为政》。
② 《论语·子路》。

"化"。经"导之以德""齐之以礼"两道工序后，仍不改过者（即"化之弗变，导之弗从，伤义以败俗"者），再施之以"刑法"，强制"齐"之以"刑"。①这样的三步，他认为是最理想的执法方式，只有在这样"仁至义尽"的情形下用刑才是适当的，才是"刑中"。如果不按这个顺序，那么就是"不教而杀谓之虐，不戒视成谓之暴，慢令致期谓之贼"②，就是故意设陷阱残害老百姓。孔子又说："博学于文，约之以礼，亦可以弗畔（叛）矣夫！"③"其为人也孝弟，而好犯上者鲜矣！不好乱上而好作乱者，未之有也。"④

孔子之意，都是讲"礼法"的作用优于"刑法"。"导之以德""齐之以礼"，就是"礼法"的使用。"礼法"适用无效时，才动用"刑法"。但是，归根结底，只有以"礼法"约束人民，久而久之才能使人民"有耻且格"。

简言之，在孔子心目中，社会规范大致可以分为三个层次：

最高层次是"德"，即纯粹的道德准则或原则，应优先使用以引导、指示百姓走正路，它是"礼法"和"刑法"的共同圭臬；其次一层是"礼"即"礼法"，是一种道德与刑法（制定法）之间的混合或过渡形态，是一种特殊的强制性规则，用以约束、制裁那些违反"德"准则而有害社会者；最下一层是"刑"即国家政令、律法、刑法（合而言之"制定法"），用以惩罚不守"礼法"损害国家秩序的人。

这三者的使用次序是不能颠倒的。在孔子看来，生而知之者上也，学而知之者次也，困而学之又其次也，困而不学斯为下矣。就是说，生而知道遵守道德准则的君子是极少的，而不堪教化蔑视"礼法"的小人

---

① 《孔子家语·刑政》。
② 《论语·尧曰》。
③ 《论语·颜渊》。
④ 《论语·学而》。

　　　　　　　明刑弼教：中国法律传统的基本精神

也不会多，社会中数量最多的是上不及"上智"、下不至"下愚"且能通过"学而知""困而学"了解礼法的人，"礼法"是对社会大多数成员最有用的一种法律形式。这，就是孔子特别重视"礼治"的原因。若抛开第一个层次即"德"，仅就后两个法律层次而言，孔子更倚重"礼法"，而轻视或贬低"刑法"的作用。他特别强调，"刑法"之使用，必须以"礼法"使用无效为前提，符合此前提，才算是《尚书》所谓"义刑义杀"。

《大戴礼记》进一步阐扬了孔子的这些理论。它把全部社会规范分为"天法""德法""刑法"三个层次。"天法"就是天的旨意，是最高的道德原则，"德法"就是礼义法度，即"礼法"；"刑法者，所以威不行德法者也"。这个三层次说，与孔子之说高度一致。除"天法"这个层次不谈，仅就"德法""刑法"两种法律形式（即两个层次）而言，其各自功用及主次关系是："德法者，御民之衔也……刑者笍（马鞭）也……不能御民者，弃其德法。譬犹御马，弃辔勒而专以策御马，马必伤，车必败；无德法而专以刑法御民，民心走，国必亡。亡德法，民心无所法循，迷惑失道，上必以为乱无道。苟以为乱无道，刑罚必不克，成其无道，上下俱无道。……故曰：德法者，御民之本也。"①就是说，对治理百姓而言，"德法"（"礼法"）是最根本的、最有效的法律。所以《礼记》也强调："为政先礼，礼其政之本与！"②

"礼法"为什么是能"经国家、定社稷、序民人、利后嗣"③的最有效、最重要的法律呢？这是由其本身的特殊性质决定的。"刑法"为什么作用不如"礼法"，且常使人"免而无耻"呢？同样也是由其自身特

---

① 《大戴礼记·盛德》。
② 《礼记·礼运》。
③ 《左传·隐公十一年》。

殊性质决定的。对这两种法律形态稍作一番比较，就可以看出以下几点规律：

第一，"礼法"生长于民间社会生活，似乎是自发形成的，体现了社会共同生活的需要，不是任何外在权威强加给人们的。虽然也有统治阶级有意认可、整理、加工的因素参乎其间，但表面上仍未减弱其自发自生、集体无意识创作、积久成习（习惯成自然）的特征。《礼记》云："夫礼之初，始于饮食"①，继而产生"乡饮酒之礼""婚姻之礼""丧祭之礼"，再后来形成了吉、凶、军、宾、嘉五礼体系，以及其他指导人们日常生活的"礼法"规范。这些规范与古时人们生活亲密无间，不存在隔阂，人们没有任何外在强加感。人们自幼就生活于这些"礼法"氛围中，这些规范不知不觉地成为其性情、习惯的一部分。即使不完全懂或不能百分百按"礼法"细则去做，但人们对"礼法"的虔敬是真诚的；想学懂或践行也是自发的、真诚的。

相形之下，"刑法"或国家制定法就是另一种情形了。"刑法"（律令）是国家为了特别的目的有意制定的，是政权强加给人们的。例如国家为了开垦荒地、征集战争费用、强化治安、巩固皇权、打击商业、惩治盗贼等目的制定的政令、"刑法"，往往与传统的社会生活相隔阂或矛盾，特别是与父家长制宗法社会生活有冲突。所以它往往不得不靠残酷的刑罚去保证实施。商鞅在秦国的立法，与比他稍早一点的希腊雅典执政官德拉古立法，都被称为"血腥的立法"。人们对这种立法的排斥、反感是必然的。所以商鞅特别强调反对"六虱"②——六种为法律禁止却为社会舆论及"礼法"肯定的行为；韩非子也严厉声讨"六

① 《礼记·礼运》。
② 《商君书·去强》。

反"①——六种"刑法"与"礼法"逆反评价的现象。与民心及"礼法"逆反的制定法，当然是难以贯彻实施的。所以必须尽可能使"刑法"（律令）与"礼法"协调一致，这就是自汉开始历代统治者特别注重"以礼入律""礼法结合"的原因。

第二，"礼法"的适用或执行方式是比较温和的，后果也是人们较易接受的，也无明显副作用。"礼法"的执行手段，与"刑法"的执行手段是有区分的。一般来说，"礼法"的执行手段，在"旧五刑"和"新五刑"之外。如前文所引有人对《左传》中违反"礼法"案件之执行方式进行统计，在十一种处罚形式②中，只有最后四种才算当时意义上的"刑"。即便实际上入了"五刑"，但也是因为其违背的是"礼法"而不是国家制定法，违背的是大家公认应该遵守的习惯规范，大家也不会觉得"五刑"处罚很残酷。社会成员普遍认为残酷、惨重、苛刻的刑罚，一般是那种"罚非其罪"的情形，如"殷法，弃灰于公道者断其手""窥宫者膑，拾遗者刖""议国法令者诛，籍其家及其妻氏""越城，一人则诛，十人以上夷其乡及族""民人不能相为隐"等立法带来的刑罚。就是说，凡违背众人之情、违背"礼法"的立法，哪怕刑轻也叫残酷，更何况重刑！自战国到西汉中期的历代刑事立法，大多就是这种情形。因为其过分违背"礼法"，为大众心理所排斥或厌恶，所以若无重刑威慑简直无法实施。

在古代，"礼法"的强制实施，对于那些正走在"礼法"边缘即将越"礼"的人来说，是一种温和而严厉的警告；而对于那些谨守"礼法"的人来说，则无异于加以表彰或鼓励；对于那些已违犯"礼法"

---

①《韩非子·六反》。
②讥讽、责让、诘难、卑贬（包括拒朝、降礼秩、贬爵级、留止、执）、夺邑、鞭挞、放逐、輠削、杀戮、征伐、取灭等11种处罚形式。

的人来说，则是给其留了自新之路的有限惩罚，也不会逼着其"破罐子破摔"。这三种不同的后果，今日看来，若暂且不分析其阶级性的话，应该说基本上是符合人性和人道的。这种"礼法"的实施，靠的是全社会的力量，大家一般会自然而然地互相监督，人们天然就有一种"围观"即参与"礼法"实施或监督"礼法"执行的积极性。即使强制实施，一般也不会留下什么后遗症。相反，"刑法"的强制实施，往往违背人心、人性和人道。汉人贾谊就此做过极有力的阐述："以礼义治之者，积礼义；以刑罚治之者，积刑罚。刑罚积而民怨背，礼义积而民和亲。……道（导）之以德教者，德教者洽而民气乐；驱之以法令者，法令极而民风哀。"[①]就是说，"独任刑法"或过分倚重"刑法"，都有败坏民心，败坏社会风气，使人们习惯于残忍或欺诈，使人们道德尽丧，使人们最后只剩下畏惧重刑这么一点本能可供统治者利用等严重副作用。特别是，对已受刑罚者来说，反正已经躯体残缺、体面尽丧，虽欲改过自新，其道无由，不如干脆对抗到底。但"礼法"的强制实施就不会有如此结果。可见"礼法"权力小（生杀予夺权力小），作用大；"刑法"权力大，作用小。

三、一元法缺憾与二元法重建之必要性

一元法体制，就是国家执法司法活动所引据的法律规范，全部来自国家制定法，不再有"礼法并用"或"礼刑并用"之类情形。

自汉代开始，统治者力图把"礼""法"（刑）合而为一，始有所谓"引礼入律""以礼注律"（汉晋之法律章句）直至唐代"礼法合

[①]《汉书·贾谊传》。

一"的过程。基本上可以说，自汉代开始，法律一元化了。此前自商鞅变法至秦亡也是法律一元化，不过那是排斥"德""礼"的一元化，是"独任刑法"的一元化；而汉以后的一元化是礼法结合的一元化。彻底的一元化，是唐律以后完成的。自汉至唐近千年时间里，虽然制定法逐渐包含了许多"礼"（"礼法"）的内容，但制定法本身毕竟缺漏甚多，很多"礼法"尚未纳入其中。就是说，法外尚有遗"礼"，所以懂点儒学的法官或儒生出身的法官不得不经常引据经义来断狱，以弥补制定法之"不合礼"缺陷。

汉时，仅董仲舒一人就能编出《公羊董仲舒治狱》十六篇①及《春秋决狱》二百二十三篇②。连著名的酷吏张汤，竟然也能够"（每）决大狱，欲傅古义，乃请博士弟子治《尚书》《春秋》，补廷尉史，平亭疑法"③。可见当时国家制定法不完备之甚，可见当时制定法之外"礼法"逸存之甚，可见当时于制定法外寻据"礼法"以矫正制定法之弊的风气之盛。所以，那时的一元法体制，其实只是表面上的。表面上没有像周代一样"礼法""刑法"两套标准并重并用，但实质上仍是二元法体制。但是唐律以后，情形就大不一样了，基本上把从前认知的"礼法"全部纳入制定法典之中，法外无遗"礼"了。此后虽然也偶有人想效仿"经义决狱"，但在"相对罪刑法定"（"其正文、名例所不及，皆勿论"）的原则下，也不过是根据犯者动机决定罚之轻重罢了，或者不过是想用灵活的道德原则去缓和制定法的僵硬罢了。"礼法合一"后，在有罪无罪方面基本上不再存在两套法律标准之间的冲突问题——连"居丧作乐""冒哀求仕""冒荣居仕""居丧生子"等从前属于"礼法"

---

① 《汉书·艺文志》。
② 《后汉书·应劭传》。
③ 《汉书·张汤传》。

规定之很轻犯行都写入了刑法典定为犯罪,可以说法律再次一元化基本上完成了。

一元法体制的局限或缺憾主要体现在,国家制定法与道德规则之间缺乏过渡或缓冲机制,这就加重了法律的僵硬、无力及冷酷,加重了法律与大众心理、社会风习之间的脱离或隔阂,也造成了道德规则的无力感,甚至鼓励了对道德规则的蔑视和违犯,加速了社会道德的衰落。具体说来,我们可以从以下几方面去认识这种局限或缺憾。认识这种局限和缺憾,也就等于认识了重建二元法体制的必要性。

第一,这种一元体制,使制定法(特别是刑法)极易被违犯。因为没有"礼法"这个过渡或缓冲层次,使得人们违犯道德规则的行为,稍微重一点就直接进入刑法的惩治范围,这实际上等于扩张了刑法的适用范围及刑罚的使用范围。秦代就是个典型的例子。其时,天下事无大小"皆有法式","秦法繁于秋荼,而网密于凝脂"[①],"独任刑法"并排斥"礼法",结果是触犯刑法的人多得不得了:"赭衣半道,囹圄成市","屡贱踊贵,有鼻者丑"。汉代一开始就吸取秦亡之教训,于刑法之外尤重"礼法",致有文景时期"几致刑措"即几乎无人犯刑法的盛世。秦汉两代法制模式的变化,就是一元法体制局限的历史例证。如果把"礼法""刑法"关系比作"唇齿相依"关系的话,那么一元法体制就处于"唇亡齿寒"的悲惨境地了。制定法(古时几乎等于刑法)直接成了众人日常生活中随时可能违犯的法律,犯刑法被定罪判刑就成了家常便饭,人们便可能不以犯罪受刑为耻了。本来,刑法是维护社会秩序的最严厉的、最后的手段,动辄动用这种不得已的最后手段,总不是一件好事。经常这样动用,就会使法律变得不严肃,使执行法律形同儿

---

① 《盐铁论·刑德》。

明刑弼教:中国法律传统的基本精神

戏，破坏了法律的尊严。

张艺谋执导的电影《秋菊打官司》，就用一个谁也不会怀疑其真实性的案例，反映了刑法进而全部制定法在今日法治中所处的这种尴尬局面。极其纯朴的乡民之间偶然发生了一场口角之争，因一脚踢断了两根肋骨构成了"伤害罪"，最后竟以遭公安局逮捕坐班房为收场。女主人公秋菊四处奔走所讨要的，只不过是一个"说法"即公道评判而已。若在传统的"礼法"及其实施程序下，本来极容易解决，比如利用乡校、申明亭、乡约所等机制。但在一元法体制之下，最后连人都逮捕了还没有解决这个问题，"说法"（是非评判）到底有没有讨到，还是不明不白。本来乡邻关系还算不错的纠纷双方，因为国家刑法的过早干预，竟然变成了"熟人社会"中的仇人；不断上诉的女主人公也因此失去了乡邻的同情和理解，成了所有乡邻的"对立面"。若是有二元法体制，人们违反社会生活的基本规则后，首先遭遇的就是与道德密不可分且大众习以为常、一致认同的"礼法"或习惯法的干预，那么被视为触犯"刑法"的情形就会少多了。

第二，这种一元体制使法律变得僵硬，无从及时地适应变化不居的社会生活。在二元法体制下，由于"礼法"或习惯法是不成文地存在于人民之间的法律，它与社会生活的变化经常息息相关。从前被"礼法"视为犯行的，若今日社会大众习以为常，则"礼法"就不会罚之，于是这一方面的"礼法"就会失效或取消；反之，从前"礼法"视为正当的，若后来因社会生活变化使其变成不正当了（例如父母对子女婚姻的干预），众人以为应当处罚之，于是一条新的"礼法"禁令自然就产生了。相反，在一元法体制下，由于受到法律稳定性、连续性、严肃性等多重考虑的限制，由于严格的立法程序和法律修订程序的限制，制定法必定难以及时地回应社会生活变化，当然就会显得僵硬，而且这种僵硬或与社会生活脱节似乎是不可避免的。在这种体制下，制定法的缺漏不能及时弥补，法律中过时的、不合理的内容也不能及时汰除。其实，法律作为一个规范整体，与社会之间不应是这样一种疏离、迟钝、麻木的关系，它应该与社会生活变化同步，至少其中应有一部分（如"礼法"）能够这样变化。而要这样，则只有二元法体制才能做到。

第三，这种体制有时使法律显得无能且无力，降低了法律在人们心目中的作用，无形中使法律地位降低。因为一元法体制一般会有"断罪须引法、律、令正文"，"法无明文规定不为罪"之类的要求，很多犯行就常常未被包含在法律中，或仅仅被视为违反道德而排斥在法律之外。道德没有强制执行功能及程序，于是法律就不得不常常面对许多严重危害社会的行为蔓延或恶化而无可奈何、无计可施，这在今日西方社会尤然。[①]这样一来，要钻法律的空子去做利己损人的事，就会变得易如反掌。这都是因为一元法体制下的法律与道德间有一个相当大的"真空地带"。就如有一位警察，其法定职责是管理一场所内之秩序且不得越界，场所之外靠近边缘处有恶意挑衅者为非作歹他却无能为力，听任那班无赖冲他挤眼睛、吹口哨、言语调戏，他只能眼睁睁忍受十足的羞辱嘲弄。相反，在二元法体制中，法律和道德之间没有这么一个"真空地带"，对于任何稍重一点的违德情形，"礼法"皆加以威慑制裁，法律的那种无力感庶几能消除十之八九。

第四，这种一元法体制易使法律与社会大众脱离或有隔阂。由于法律和道德的界隔，由于法律评价与道德评价的矛盾经常发生，使得某些道德和习俗以为"是"者常常被法律以为"非"，也常使某些道德和习俗以为"非"者反而被法律加以肯定。这种情形，就是韩非子所痛

---

①这种判断有点雾里看花，不太准确。——修订注。

明刑弼教：中国法律传统的基本精神

恨的"毁誉（道德习俗之评价）赏罚（法律之评价）之所加者相与悖谬"①，就是法之所是，俗之所非；法之所非，俗之所是。如何解决这种"悖谬"？韩非子主张"誉辅其赏，毁随其罚"，"誉赏同轨，非罚俱行"。②但在法家一元法体制下是做不到的，只有"礼法"与制定法二者并用时才能做到。若仅有与道德界限分明且有明显距离的一元化的法律，大多数社会成员对它不甚了解是自然的，对它有一种异己感、隔阂感、排斥感也是自然而然的。理解了这种规律，我们就会理解今日普及法律工作进展缓慢、收效不大的根本原因。大家都把"普法"这种本来与自己权利义务息息相关的有益活动当成了类似"政治学习"的活动，被动地去应付，就当然是这个结果。正因为法律与充斥传统气息的社会生活有太明显的距离，所以才要自上而下灌输式、填鸭式地不断"普及之""宣传之""教育之"。这也就导致在实际生活中，人们常常因为法律规定有异己、异俗感而抛开法律去处理眼下事情，甚至直接无视法律的明文规定。

第五，这种体制也伤害了道德本身。由于法律和道德的调整界限分明，以致有些人敢于肆无忌惮地公然违反道德规范。例如，我们现今司法所遭遇的层出不穷的婚姻纠纷、第三者问题、通奸问题，从某种意义上讲，不能不认为是一元法体制间接促成的。由于刑法不处罚通奸行为，婚姻法也不以通奸为离婚理由之一，又超前地规定感情确已破裂为离婚的唯一理由，这些规定就等于变相地保护了"通奸权"，维护了许多早已因一方与他人通奸而死亡的婚姻。若立法之时稍考虑一下传统或礼俗（我们不是说要恢复"通奸罪"），若让"礼法"（更新了的"礼法"）在这一方面加以适用，情形大可不必如此。这些年来，婚姻家

①《韩非子·五蠹》。
②《韩非子·八经》。

庭继承等方面道德所遭遇的令人担忧的变局，我们认为一元法体制是有责任的。道德是人类公共生活的最重要纽带之一，它的贯彻也需要一定程度的强制；其中最重要的一部分道德，应该当成习惯法或"礼法"加以强制实行。说道德完全不需任何强制我是不同意的。只是强制的方式应该不同于制定法特别是刑法。当道德规范在制定法之外总是处于无"法"庇护、孤立无援状态的时候，社会上究竟还有多少成员能完全自愿（无需任何强迫）地去遵守呢？当代社会公德的式微，其因正在此。一般来说，"礼法"是社会公德的保护神，"刑法"则只能袖手旁观。

四、建立新型的"礼法"体制

我认为要救上述一元法体制之弊，只有重建二元法体制。而要建立二元法体制，则要建立新型的"礼法"体制，并对现行"刑法"（制定法）体制略为修正。

别以为这是要"复礼"！我们不过是主张借鉴那种形式而已。若能将那种形式从封建的文化体系中解放出来，汰尽其封建宗法制、身份等级制的非理性内容，赋予"礼法"全新的新时代内容，以新时代的公道、公俗、公习中尤其重要者为主体，经过这样改造的"礼法"体制应该是有生命力的。新时代应有新时代之"礼法"，它应成为社会公德、精神文明倡导背后的强有力的督责者。

要建立新型的"礼法"体制，有以下几方面的问题需要澄清，相应也有几方面的工作要做。

（一）整理阐明"礼法"规范，并赋予某些礼法规范的法律效力。凡现今社会生活里通行的礼俗习惯，只要不悖于民主、自由、平等、法

明刑弼教：中国法律传统的基本精神

治精神，加以整理、诠释、阐明，甚至编制成文字记述或编制为成案汇编，使这些规范成为今天的新"礼法"。尤其要让这些规范在人们心目中有明确的内容和界限，便于个人遵守，也便于执法者执行。这些规范不妨分成两类，一类是全国通用的，一类是局部地区（部分风俗习惯共通区域）适用的。甚至不排除在某些少数民族聚居地区采取"属人法"原则，对其成员保留适用某些于社会进步原则无碍的"礼法"规范。整理完毕后，这些规范由国家正式认可，赋予法律效力。现今各地的乡规民约、各行业社团的职业道德守则等之所以形同具文，主要是因为缺乏法律效力、执行程序。如能在此基础上加以完善，则新"礼法"体系不难建立。

（二）重新规定或限定"礼法"的执行手段和程序，包括强制手段。传统"礼法"执行手段和程序中，凡于新时代的人权观、自由观、法治观无碍者（至少无致命冲突者），应加以整理和保存。如讥讽、责让、训诫、过犯宣告或判定、乡饮酒中赔礼道歉、荣誉名号之卑贬、盟誓、具结悔过、乡间耆宿之调解仲裁等，只要不侵犯法定人权和自由，稍加改造，均可成为新时代之"礼法"执行程序或手段。

（三）重新组建"礼法"之执行组织。传统的"礼法"执行组织多为宗族、行业社团、乡间长老集团。至今我们还有各级治安联防委员会、人民调解委员会等。其实，我们不妨批判地继承古代传统，结合今日的民间治安执法实践经验，建立一套全新的"礼法"执行组织。在今天，纯粹靠社会组织的力量是不行的，应该由国家机关和社会组织共同执行"礼法"。我们认为，各种社会组织执行"礼法"的权力及范围，应由国家以明确的法令来限定或认可；各种社会组织执行"礼法"的结论（裁决）都应报国家司法机关追认、备案、审核（审核认为不合法者可及时撤销）。或者干脆规定某些裁决由社会组织做出、国家司法机关宣告（以共同名义），这样才能使"礼法"的执行有严肃性、权威性，而不致被轻视。当然，有些较轻的犯行似不一定要申闻于国家机关，可直接在社会组织内执行，不必报备、追认。今日民间调解之所以不被人们重视，协议之所以易被任意撕毁，其主要原因就是缺乏法律权威或效力。

（四）建立"礼法""刑法"结合机制。当"礼法"执行无威慑力之时，动用"刑法"（制定法）是必要的，"出礼入刑"是可以的。如明确规定"礼法"与"刑法"之间的界线，一旦越界，即适用"刑法"，或规定三犯"礼法"即入"刑法"，等等。总之，要使二者无论在规范内容上还是执行程序上都有法定的衔接、配合方式，这样才能消除那种"严重违反道德一千遍，法律也没奈我何"的情形。

（五）现行"刑法"的体系或内容应做调整。这里说的"刑法"，不仅指刑法典，而是所有规定有刑罚制裁手段的法律法规的总称。所谓调整，就是把其中传统上属于"礼法"管辖范围者还给"礼法"，把社会大众习惯上不视为严重犯行的，甚至大家对之有排斥情绪的"刑法"内容还给"礼法"。如此这般加工后，刑法的内容庶可适中，并为大众所接受。

本章结语

早在公元前4世纪中叶，希腊哲人亚里士多德就指出："积习所成的不成文法比成文法实际上还更有权威，所涉及的事情也更为重要。"[1]本章所言的"礼法"，其实就是积习所成的不成文的法律，它是社会生活中自然生成的法律，是人们更容易接受和遵守的法律。在今天，建立一种全新的"礼法"体制，无论对于提高全民族道德水准还是对于实现法治社会的目标而言，都是绝对必要的。

---

[1]（古希腊）亚里士多德：《政治学》，商务印书馆1981年版，第169—170页。

第十三章

中华法系法家化驳议

　　直接研究"中华法系"的学术专著，我见过的很少。从前有台湾李钟声先生的《中华法系论》，有陈顾远先生的《中国文化与中国法系》，都很有高屋建瓴之感。最近，郝铁川兄又著《中华法系研究》[①]，续接这一宏大课题研究。我向来喜欢这类宏观解释性研究题目，喜欢看在历史大视野下居高临下的"大制作"，因而把铁川兄的书从头到尾认真读了一遍，颇有感想。

　　铁川兄刻苦而勤奋，思维敏捷，思路新颖，早有口碑。前年主"良性违宪"说，虽不尽同意，但使我们一新耳目。今《中华法系研究》，更以新异的命题使人振奋。

　　铁川认为，中华法系的特征，若高度抽象概括之，就是"三化"——法典法家化、法官儒家化、民众法律意识鬼神化。具体地说，他认为中国自汉至清历朝历代法典都是按法家的思想构造起来的，法官法吏都是按儒家思想培养出来的，民众的法律观念都是按佛道二教的粗

---

　　①郝铁川：《中华法系研究》，复旦大学出版社1997年版。下引此书仅于括号中注明页码。【作者最近对此书进行了大幅度修订，相当程度上回应了本章批评意见。修订版于2021年由商务印书馆出版。——修订注。】

俗蜕变部分（即鬼神信仰、因果报应观念）建立起来的。这个"三化"说，除了第二化即法官儒家化一说与前人比较一致外，其余均为言前人所未言，结论着实颇为新颖，使我相当感兴趣。该书的学术创见正在于此，而值得商榷之处也许正在于此。

一、最能反映法系特征的是什么

铁川从法典、法官、百姓三个视角去探寻中华法系的典型特征，这的确是开创性的，是一种逆向思维。通常人们研究一个法系的特征，不外从法律形式和内容、审判或诉讼制度、主要法律观念等角度入手，很少有人从执法者（法官）和守法者（百姓）这两种主体的属性特征、观念特征入手来研究法系的特征。铁川的书，大反此惯常角度，让人觉得新颖。他讲法典法家化，是从法典的内容构成、指导思想或精神的角度出发，并不是讲中华法系在法律形式和内容方面有什么特殊风格。他讲法官儒家化，是从法官的信念、知识结构的角度出发的，不是讲法官在诉讼中的地位、作用及工作风格等。他讲的民众法观念鬼神化，并不是泛泛而言一个民族的法律观念有哪些主要内容及特征，而是讲老百姓并没有恒认何者为法并敬之畏之的观念，有的只是怕鬼神惩罚、惧因果报应的观念而已。关于这三方面阐析思路，你不能不承认，就是与众不同，的确有独到之处。若非博览众家之说，长期艰辛思索，恐不能及此。作为对中国古代法律及司法和守法状态的描述，这种见解当然有相当的真理性。

但是，其三化说作为对中华法系整体特征的概括描述，我以为是值得商榷的。

法系是什么？就是"法律家族"（legal family）或"法族"，关注的是每个法律传统具有的某些相对独立而外化的特征，是用来与别的法族进行区分的特征，是在不同国家的法律体系间进行认亲合戚、寻根归寄的特征。从"法系"的角度诠释一个法律传统，所要关注的是"法律"，而不是"人"。即是说，"法系"立场或角度的研究，是要把一个法律传统看成文字形态的法律（法典、判例、解释等）、机制形态的法律（立法、执法、司法机构设置及其工作程序规则）、精神形态的法律（自然法或神圣法、伦理法等）三者合一。人是它们的承载者、操作者，但不是法律本身。我们在研究法系的特征时，可以研究人（立法者、法官和百姓等），但旨在通过人在立法、执法、司法、守法中的地位作用以及他们所体现的价值观和精神来揭示一个法系的文字、制度、精神三种形态的法律的特征。若孤立地研究执法者、守法者的知识架构及思想观念特征，似乎偏离了法系研究的方向。

最能反映法系特征的是什么？

从上面的分析我们可以看出，是法律形式及风格、法律设施和制度、法律内容和观念。就法律形式及风格看，我以为最应关注的是，在一个法律传统之下，什么法律形式最常用，什么法律形式最重要，各种法律形式在外观上有什么特有风格以及这些风格的来源，各种法律形式之间的相互关系等。就法律设施和制度看，则应主要关注一个法律传统下的立法、执法、司法机构的构成特征和运作程序特征。就法律内容及观念而言，则不能不侧重于在一个法律传统中，其法律规范特别强调什么，或人们认为应该特别强调什么，也就是格外强调哪些社会关系、权利义务以及相关价值或准则，等等。铁川的研究似乎并未从这类法系研究的应有角度出发。

二、中国历代法典真的"法家化"了吗

人们通常都认为中国自汉以后的法典是儒家化的，认为是儒家思想逐渐深入地渗透于法典乃至彻底改造了法典。瞿同祖先生的《中国法律与中国社会》于此论述最有力，人多服之。现在铁川兄得出了一个相反的结论，他说中国历代法典其实是法家化的。我在感到耳目一新之余，不能不特别注意他所持的基本理由。

他的理由有二：其一，"法家创立的《法经》《秦律》是后世封建法典的基础"（第25页）；其二，法家学说是历代封建法典的指导思想。读过书中对此的全部论述后，我觉得不能接受。

本章仅从第一个方面与铁川兄进行商榷。至于第二方面，本书暂且不讨论。

为了说明后世法典基本上是师法《法经》《秦律》而成，铁川兄列举并论述了三大根据或理由：（1）后世法典的篇章结构是沿袭扩展《法经》和秦律的篇章而来。（2）历代法典的《名例律》的关键内容如"五刑""十恶""八议""官当"等，大多渊源于法家制定的《法经》和秦律。（3）从历代刑法典的分则来看，盗罪、杀人罪、失火罪、诈骗罪、通奸罪等，其实都与《法经》《秦律》一脉相承。

这三点并不能说服人。每一点都值得怀疑。以下分为九点分别言之。

（一）法典篇名沿袭能说明法典法家化吗

铁川兄说，汉以后法典篇名，多系沿用或析分《法经》、秦律篇名而来，此即法典法家化的标志之一。我认为，这一判断是站不住脚的，这一事实不能说明法典法家化。

法典的篇名，只是法律对其所要调整的对象及其范围所做的一种

概括性表述，如《法经》的《盗》《贼》《囚》《捕》《杂》《具》六篇，不过是技术性地指明了刑法惩治对象之范围。《法经》概括指明的对象范围，汉相萧何承之，又益《户》《兴》《厩》三篇，制成《九章律》，这不过是在沿袭前人概括的基础上又进一步扩大了范围，或者将对象范围划分（表述）得更加细致准确一些。或者说，篇名的沿袭和增加，只表明刑法调整社会关系的沿袭和扩大。这种法典篇名，在我看来，大约像数字一样，像文字一样，像图像一样，你要表达一种思想主张，就不能不使用它们；但它们并不是思想主张本身。别说是萧何、长孙无忌等人只能在《法经》肇始的篇名上做沿袭发展，就是孔子或孟子再世做立法者，恐怕也不能不沿用这些篇名。孔子做过鲁国的司寇，还摄理过相职，他肯定参与过当时的立法。他肯定不会要求鲁国的法典中不要"盗律""贼律""囚律""捕律"之类的篇名或章名。只要搞刑法典，这些对象就是回避不了的，你不能设想当时的刑法不惩治"盗""贼""逃亡""越城"等行为。既如此，总得有个公认的概括性词汇来表述。当时公认的就是"盗""贼""囚""捕""杂""具""户""兴""厩"这些词语或概念，立法者岂能不用这些概念去表述，去为法典划分篇章？儒家也好，法家也好，其立法所要面对的问题大多基本相同。所不同的，是解决问题的方式、方法、手段和指导思想、目标等。即便到了当代，各国刑法一般也有"盗窃罪""强盗罪""杀人罪""伤害罪"等专章，近世以来我国刑法一般也有"人身伤害罪""侵犯财产罪"等专章，你总不能说这都是法家化的结果吧？

（二）"五刑""十恶""八议""官当""容隐"是秦律首创吗

铁川兄说，历代法典的《名例律》中的关键内容，如"五刑""十恶""八议""官当""老小废疾减免""共同犯罪""同居相为隐""再犯累犯加重""二罪从重""类推""故犯从重过失从轻"等，"大多渊源于法家制定的《法经》和《秦律》"（第28页）。这一判断也是不能令人信服的。后世《名例律》的这些内容，即使见于《秦律》，但只要不是首见，就不能说明中国法典法家化。

1.关于"五刑"

铁川兄认为，后世历代的笞、杖、徒、流、死五刑，秦时即有四种（仅无杖刑），这说明"封建五刑制中有四种刑源于秦朝的刑律"（29页）。这种说法，有些武断。秦律的四刑，笞、流（迁）、徒（城旦春等）、死（绞斩），"其所由来者上矣"。按照《尚书》《周礼》《汉书·刑法志》的记述，似乎早在三皇五帝和夏商周时代就有了。"象以典刑，流宥五刑，鞭作官刑，扑作教刑，金作赎刑"①，"大刑用甲兵，"其次用斧钺；中刑用刀锯，其次用钻凿;薄刑用鞭扑"②，"司隶掌五隶之法"，"重罪旬有三日坐，期（年）役"③。据此可知，非但那四种刑，甚至笞杖徒流死五刑上古都有了。那时还没有《法经》和秦律呢！刑名、刑种、刑制岂是某一家一派所能创造，岂能因为秦朝曾一度采用了四种刑名（种）就断言后世都是师法秦律！怎么就不说它们是源于三皇五帝夏商周呢?

2.关于"十恶"

铁川兄认为，后世的"十恶"（"重罪十条"）中，有八种渊源于秦律，以此可证后世法典法家化。这种判断，也甚为不妥。

"十恶"，是官方所认定的十类最严重犯罪。法典标明"十恶"，是要特别告诫臣民，不要为此十类行为，也旨在告诫司法官，要特别重

---

① 《尚书·尧典》。
② 《国语·鲁语上》，《尚书大传》。
③ 《周礼·秋官司寇》。

惩此十类行为。其关键之处，就是"常赦所不原"之规定。即，在国家一般性赦免时，这十类犯罪，尤其是前四类犯罪，不得赦免；只有经特别指明时，才可以赦免。对于"十恶"特别是其前四恶，"不在八议论赎之限"①，也就是对此十大罪（特别是前四罪）的犯罪者不得因亲贵、功劳等因素给予减免刑罚（包括允许赎刑）等优待。若仅从法定刑度来讲，"十恶"中并非每一种行为都处死刑或最重的流徒刑。只是因为其对封建纲常伦理破坏最重，故不可恕。若离开"十恶"之条的这些本质含义，孤立地看"十恶"行为是否被法家的法律惩罚过，那显然是不切题的，也必致偏误。

首先，谋反、叛国、降敌、殴父祖、不孝、不敬君主、内乱等恶行，法家反对，儒家更反对；秦律有罚，秦以前法律更有罚。你如果稍加注意，还可以在《尚书》、《周礼》、《诗经》、《礼记》、《春秋》及其三传、《周易》及其传、《国语》、《战国策》等中找到更多的证据，证明秦代之前的法律同样严惩过上述罪行。岂可仅因为秦以前律典失传，就断定后世"十恶"之条都源自秦律！

其次，铁川兄说秦律基本上具备了"八恶"，"后世'十恶'中，有八种渊源于秦"（32页）。这也相当牵强。

第一，他说秦律的"降敌"之罪即后世"谋叛"罪之源，这很不妥。秦律中"降敌"主要指战场上的投降行为，看一下《商君书》就清楚了。后世"谋叛"主要指"背国从伪"行为，主要指在国内阴谋策动分裂叛变、投奔敌对国家、割裂国土附敌等行径。在最早确立"重罪十条"的《北齐律》中，"叛""降"二者并立，隋唐律始将"叛""降"二者合为"谋叛"，后世之律或者是把原来的"降"（战

---

① 《隋书·刑法志》。

争中降敌）罪自"十恶"中去掉，或是仅保留有"（预）谋"的降敌行为。铁川说"北齐律即称（谋叛）为'降敌'"（第30页），显然是错了。因为北齐律"重罪十条"中有"叛"（谋叛）和"降"。

第二，铁川兄说《法经》中的"窥宫者"的"盗心"，与后世"谋大逆"的含义"基本相同"（30页），更为牵强。唐律中"谋大逆"是指预谋及实施毁坏皇家宗庙、陵墓和宫殿等罪行，而《法经》中"窥宫者膑，拾遗者刖，曰为盗心焉"，则是与"拾遗"并列的窥伺他人居室、企图行窃之类财产侵犯行为。按李悝本意，虽非真的盗窃，但心中毕竟有盗意，故要重罚。这一罪名安排在《盗》篇之中，本身也是一种"准盗窃"或"心盗"之行为，怎么可以把它与后世"谋大逆"相等呢？这里的"窥宫"之"宫"，没有必要想当然地认为是指王宫，古时民宅民居有时也称为宫。①更何况，即使包括窥探王宫，也主要指预备为盗、思谋为盗的"盗心"，不是指"谋大逆"那种"政治性"大破坏。

第三，关于"恶逆"。铁川认为源自秦律"殴父母"等罪名，亦为牵附。隋唐以后的"恶逆"，是指故意殴打、伤害、杀害祖父母父母，杀伯叔父母、姑、兄姊、外祖父母、夫、夫之祖父母父母等"以卑凌尊"的忤逆行为，其中殴祖父母父母、妻妾殴夫之祖父母父母，即使未成伤，也罪至绞斩；殴及杀伯叔父母、姑及外祖父母，凡成伤者，皆罪至绞。《云梦秦简》中殴父母大父母仅被视为一般犯罪，仅"黥为城旦舂"，为五至六年徒刑。这两者怎么可以相提并论！前者有强烈的维护纲常伦理、维护尊长权的色彩，后者似乎仅是作为一般侵害罪来处理，顶多处刑稍重于侵害常人。因为秦律特别禁止"私斗"，即使殴打一般人也是要处刑的。我们应特别注意"恶逆"二字所包含的伦理评价：

---

①如《易·困卦》"六三"爻辞曰："入其宫，不见其妻，凶。"

"恶"即严重的、凶恶的、不可容忍的，"逆"即悖逆、忤逆或逆伦犯上。但是，我们从《秦律》中能找到这种伦理评价的迹象吗？

第四，关于"不道"，也有误解。铁川兄一方面承认秦时"不道"仅相当于"谋反"，并非如《唐律》一样指"杀一家非死罪三人，支解人，造畜蛊毒厌魅"①，但他又说"后世'不道'罪的罪名起源于秦，而含义则前后发生了变化"（31页）。这显然自相矛盾。所谓"罪名"，一定是跟特定的指称对象（犯罪行为）联系在一起。对比古代两个时期分别使用的两个罪名，不能光看字词是否相同，还要看所指犯罪行为是否同一。若仅是用字相同而意思完全不同，我们岂能说是一回事！比如古时中国有"民主"一词，②今日亦有"民主"一词，但我们不能说古今沿袭。既承认秦律"不道"与隋唐律"不道"含义不同，当然就不能认定是同一个罪名。罪名是指称犯罪的概念，概念跟其具体含义不可分，没有含义就没有概念。因此，我们只能说后世沿用了秦时的"不道"二字。这又能说明什么呢？在先秦文献中，我们完全可以找到更多记载去证明早在秦以前各代各国法律中就"不道"字眼。

上面的分析基本可以说明，铁川兄所言"十恶"中"八种源于秦"，就有四种不可靠，即后世四"恶"与秦时含义不一致。在剩下的四种中，即在"谋反""不孝""大不敬""内乱"中，秦与后世名同义同者只有"谋反""不孝"二者。至于"大不敬""内乱"，秦律中并无此概念，只有处罚类似行为的记载。秦时仅处罚过类似的行为，就可以据此认定此后世特别罪名就渊源于秦吗？若这么说，夏、商、西周三代及春秋战国时期，或许还有更多处罚这十类行为中的七类八类之事实呢，怎么不说后世"十恶"罪名渊源于它们呢？谁能肯定那八种行

①《唐律疏仪·名例一》。
②如《尚书》有"天惟时求民主""代夏作民主"等语。

为都是在秦时才开始惩罚呢？

　　"十恶"，我们若细加分析，其实可以分为三类：一是侵犯国家及君主的犯罪，即谋反、谋叛、谋大逆、大不敬；二是侵犯家长权威及宗法伦理的犯罪，即恶逆、不孝、不睦、内乱；三是违反人道和社会道义的犯罪，即不道、不义。对第一类犯罪，儒法两家并无根本争议。但对于第二、三类犯罪，儒法两家有明显差异。秦律基本上没有"恶逆""不睦"之罪名，亦无"不道""不义"之罪名。北齐律之后之所以要特别明定"恶逆""不睦""不道""不义"之罪名，正是为了标榜反"秦政"之道而行。即使就"不孝"而言，秦律也绝不会以"祖父母父母在子孙别籍异财"为"不孝"，因为"商君之法"有"民有二男以上不分异者倍其赋"①之条。所以，秦律中的"不孝"，很可能就是指"殴父母大父母"之类行为。至于"不义"，秦律甚至鼓励妻妾告发丈夫，或于捉奸时杀死丈夫，②当然不会以妻子"闻夫丧匿不举哀，若作乐，释服从吉及改嫁"之行为为"不义"。此外，秦律也没有以"告言骂詈祖父母父母"为"不孝"之记载。《云梦秦简》中，"子告父母"仅为"非公室告"，官府是"不听"即不受理的。"借父耰锄，虑有德色；母取箕帚，立而谇语"，"妇姑不相说（悦），则反唇而相稽"③，百姓人家内常因父母拿儿子家锄头、箕帚用而发生争吵，说明当时骂詈父母为常事，不会视为犯罪。至于"居父母丧嫁娶作乐释服从吉""闻祖父母父母丧匿不举哀"及"诈称祖父母父母死"等，秦代大概也不以为罪，当然也不视为"不孝"。因为据荀子、贾谊等人所描述的秦俗，秦人伦常观念很淡，父母子女关系几同路人，大概就不会像后世那样强

---

　　①《史记·商君列传》。
　　②《商君书·禁使》："至治，夫妻交友不能相为弃恶盖非……民人不能相为隐。"《史记·秦始皇本纪》载《会稽刻石》："夫为寄豭，杀之无罪。"
　　③《汉书·贾谊传》。

　　　　　　明刑弼教：中国法律传统的基本精神

调对父祖的丧礼之敬。

从这些分析我们特别可以理解，秦律中为什么没有以维护家族伦常为主旨的"恶逆""不睦"及"不义"等罪名了。秦奉法家之说，法家过分强调尊君，强调国家利益高于一切；儒家虽重君权，但还相当重视家庭伦理秩序，主张"亲亲相隐"，略有反对君权绝对化之意。后世法律的"十恶"之条基本上是家国君父并重，尤其强调打击对家庭伦常及家长尊严的侵犯，这是后世法律与秦律之间的最大差异，我们岂可忽略！因为这一差异，我们就绝不敢说后世"十恶"之条源自秦律。况且，如果再把"常赦所不原""不在八议论赎之限"的"十恶"量刑制度，视为"十恶"之法不可分割的一部分，那么就更不敢贸然下此结论了。事实上，《尚书》中的"元恶大憝，矧惟不孝不友"和《周礼》中的"乡八刑"——"一曰不孝之刑，二曰不睦之刑，三曰不姻之刑，四曰不弟之刑，五曰不任之刑，六曰不恤之刑，七曰造言之刑，八曰乱民之刑"，倒更像后世"十恶"之法的渊源。[①]

3.关于"八议"和"官当"

铁川兄认为秦律中已有议功、议宾、议亲、议贵，他实际上是说后世"八议"之制一半源自秦律。这一判断，同样令人难以苟同。

第一，铁川兄所列举的"议功""议贵"在秦律和秦司法中的证据，不外"降爵赎罪"和"以爵抵罪"。这里的"议爵"与隋唐"八议"中的"议功"，虽然都是对战功的奖赏，但其实大不一样。秦实行二十等军功爵制，以斩敌首数目计功授爵，百姓参战者只要提回敌军一颗头，就要计功授爵。这种议爵减免刑罚，是一般百姓均可得的优待。所以秦制实际上是"纳敌首赎罪"，与汉代的"纳粟赎罪"性质是一样

---

① 《尚书·康诰》《周礼·秋官司寇》。

的。隋唐律的"议功"呢，是指对"有大功勋"的军人给予议罪减刑优待，谓能斩将夺旗、摧锋万里，或率众归化、宁济一时、匡救时难、铭功太常者，符合这条件的当然只能是极少数军人。可见秦之以功议爵赎罪与唐之"议功"，所指大不一样，看不出什么因袭关系。至于同时把"以爵赎罪"看成"议贵"，更是误解。隋唐律"议贵"是指对特别高阶官员或高爵者（职事官三品以上，散官二品以上及爵一品者）在处刑时量减，而这种高官减免刑罚之优待正是秦律极力反对的："自卿相、将军以至大夫、庶人，有不从王令、犯国禁、乱上制者，罪死不赦"，这就是所谓"刑无等级"，"有功于前，有败于后，不为损刑；有善于前，有过于后，不为亏法，虽忠臣孝子有过，必以其数断"。[1]法家这些主张，在秦律中还是基本贯彻了的，史料载秦代对犯罪的高官显贵的处罚是极为严酷的。因此，后世意义上的"议功""议贵"，秦时基本上不存在。至于为鼓励百姓崇尚军功农战而实行"以爵赎罪"制，是不可以与后世"议功""议贵"等量齐观的，基本上是两回事。

第二，关于"议宾"，铁川兄列举秦律对"臣邦真戎君长"和"巴中蛮夷君长"及其属民"比爵赎罪"的事实为例，说明秦有"议宾"制（第34页），亦不确切。秦对此两地酋长及百姓给予减刑赎罪优待，实是对少数民族或夷番地区的优惠政策，这与隋唐时以对"承先代之后为国宾者"（即前朝君主后裔）议罪优待为内涵的"议宾"，实在不可相提并论。

第三，关于"议亲"，铁川兄仅举"内公孙无爵者当赎刑，得比公士赎耐不得？得比焉"[2]这一条材料，想证明秦代就有了"议亲"制度。其实，这也不足以证明。"内公孙"是否可以肯定就是"秦朝君主的宗室公孙"（第34页）？无证据。即使是，他们也只能比同百姓中最低一

①《商君书·赏刑》。
②《云梦秦简·法律答问》。

级军功爵"公士"待遇，可得到"赎刑"优待。据《云梦秦简》所记，宗室公孙中竟然还有连"公士"这种最低爵衔都没有的白丁，法律能给其最大的优待是可以比同斩了一颗敌首之军功的老百姓（可以交钱赎徒刑），这怎么可能与后世"议亲"等量齐观呢？这与唐律的"议亲"（对皇帝袒免以上亲及太皇太后皇太后缌麻以上亲、皇后小功以上亲属的议罪减刑优待）实在是两码事。事实上，在秦时，皇帝的"子弟为匹夫"[1]是常事，皇子公主犯罪处罚极严，未见有"议亲"之记载。这虽有争权夺位、互相残杀之因素在内，但更体现了对宗室子弟犯罪处罚同于常人而不减等的法家精神。在这种情形下，硬要说秦代即有"议亲"之制就不妥了。

　　以上分析基本可以证明"后世有四议都渊源于秦"（第34页）之说不成立，崇尚法家的秦律基本上不搞这一套。其实，说"八议"来源于法家的秦律，不如说来源于儒家的《周礼》。《周礼·秋官司寇》有"以八辟丽邦法附刑罚：一曰议亲之辟，二曰议故之辟，三曰议贤之辟，四曰议能之辟，五曰议功之辟，六曰议贵之辟，七曰议勤之辟，八曰议宾之辟"之制，后世"八议"概念完全同此，我们怎么能武断地说后世"八议"有四议源于秦！即使说《周礼》是汉人刘向、刘歆父子伪造，我们仍可以在《尚书》、《诗经》、"春秋三传"、《国语》、《战国策》等关于秦以前司法的记载中找到"议亲""议故""议贤""议能""议功""议贵""议勤""议宾"之类的记载，更可以证明"八议"的渊源早在秦之前！

　　至于"官当"，铁川兄在书中仅举栗劲先生《秦律通论》中关于官吏犯罪与百姓不同罚之判断为依据，更嫌不足。夏商可能即有官吏犯罪与百姓不同罚的制度，后世的"官当"仅指按官品高低依次抵当（减

---

[1]《史记·秦始皇本纪》。

免）刑罚，这两者绝不是一回事。"官当"制度，依现有史料看，始自晋律"免官者比三岁刑"和北魏《法例律》[1]，秦时根本没有这种制度。况且，这种制度，与秦朝崇尚的法家主张是相矛盾的，因为法家主张"刑无等级""刑诛无赦"，是不允许以官爵抵当（减免）刑罚的。

4.关于"同居相为隐"

铁川兄又说"同居相为隐"制度"在秦律中初见端倪"（第36页），这更不对。据现有史料，"亲属相隐"观念及实践始于春秋时期，周襄王即反对"父子将狱（互讼）"，孔子主张"子为父隐，父为子隐"，《礼记》主张"事亲有隐无犯"[2]，孟子主张将犯杀人罪的父亲"窃负而逃"[3]，都显然是后世"同居相隐"制度的渊源。秦律虽有"子告父母……非公室告，勿听"之制，但仅指子女不得告发父母"擅杀刑其子"的行径，并没有说父母犯别的罪子女也不能告。秦时"奖励告奸"，肯定奖励百姓告发父祖"谋反"等国事犯，可能亦包括鼓励告发父祖的一般犯罪。商鞅主张"夫妻交友不能相为弃恶盖非，而不害于亲（不以亲属关系害法），民人不能相为隐"[4]，显然对秦律也有影响。如秦简中即有"妻告夫盗"的记载。由此可见，说"同居相为隐"之制于秦代"初见端倪"是不恰当的。"初"字给人一种从前没有此制的印象。事实上，从前很可能早有此制，而崇尚法家的秦律反而刻意禁止这种以亲伦危害国家的做法。即使一定要将秦律禁止"子告父母"认定为"父子相隐"之制，那也不是师从法家的，因为法家是主张"父攘羊而子证之"[5]的。

---

① 《晋书·刑法志》《魏书·刑罚志》《隋书·刑法志》。
② 《国语·周语中》《论语·子路》《礼记·檀弓》。
③ 《孟子·尽心上》。
④ 《商君书·禁使》。
⑤ 《韩非子·五蠹》，《韩非子·六反》。

明刑弼教：中国法律传统的基本精神

（三）秦律含有后世刑法原则能说明什么

铁川兄逐一列举秦律含有后世"共同犯罪""二罪从重""再犯累犯加重""类推""故犯从重过失从轻""老小废疾减免"等刑法原则的迹象，以此证明后世律典中的这些原则都来自法家的秦律，这又更不妥。

这些原则，都是关于法律、司法之技术层面的要求，稍成熟一点的刑法典都不可回避，就如数学稍一进步就必须有一套关于加减乘除的简化运算规则一样。但这并不能反映法家和儒家之间的区别，亦不是秦律和汉律之间的区别，且不说其所列证据是否足以证明秦律真的包含这些原则。即使"足以证明"，也不能说明在秦律以前的法律就没有这些刑法原则，不能说明秦以前司法实践中从未使用过这类刑法原则，不足以断定后世法典中的这些原则都来源于秦律。事实上，这些原则早在《尚书》《礼记》中就有了，在夏、商、西周法律和司法中，这些原则早就表述过、奉行过，还轮不到秦律来"发明"。《尚书》中的"眚灾肆赦，怙终贼刑"，"宥过无大，刑故无小"[1]，正是"故犯从重过失从轻"之意。"歼厥渠魁，胁从罔治"[2]，正是在共同犯罪中区分首从之意。《礼记》中"悼与耄虽有罪不加刑"[3]，即是老小废疾减免刑罚之意。如此之类，不胜枚举。为什么不说后世法典中的这些刑法原则是来自《尚书》《周易》《礼记》《周礼》这些儒家经典呢？有学者早就有分析判断，这些刑法原则正是来源于此！[4]

（四）后世刑法分则罪名可追溯至秦能说明什么

铁川兄又说，在秦律佚文中找到了后世法典普遍存在的"盗

---

①《尚书·尧典》，《尚书·大禹谟》。
②《尚书·胤征》。
③《礼记·曲礼》。
④肖永清：《西周刑法原则的探讨》，载《法律史论丛》第二辑，中国社会科学出版社1982年版，第1—8页。

罪""杀人罪""失火罪""诈骗罪""通奸罪""贪污罪"等具体罪名，这也是后世法典师从秦律的例证（第39—41页）。这种判断，更显幼稚。这些具体罪名，不过是刑法典调整对象范围的指称而已，秦朝以前历代及秦同时代各国的法律中，同样可以找到关于这些罪名的规定，虽孔子立法也不能不惩罚这些行为，这只是技术层面的选择，没有儒家法家之分。仅因为秦律继承此前历代法律而规定了这些罪名（虽然不排除个别罪名系秦首创），我们就能说后世法律这些罪名都与秦律"一脉相承"吗？即使是"一脉相承"，秦律仍不过为历史链条中的一节（环），其上更有悠久源头，岂可仅仅据此点事实就断定后世法典法家化了！

（五）法家也讲"三纲"能说明法典法家化吗

为证明后世法律法家化，铁川兄说"三纲学说来源于法家"（41页），以此证明"法家学说是历代封建法典的指导思想"（41—51页）。这是更大的误解。臣事君，子事父，妻事夫，这是先秦时代许多思想流派的共同主张，只不过各自力挺的程度有轻重之异。儒家虽然没有像法家那样把臣服从君、子服从父、妻服从夫的义务推到极端化，但是在其经典著述中把这三大义务神圣化，宣传这三大义务最不遗余力因而对后世立法影响更大的，是儒家而不是法家。法家著作里，除了"臣事君、子事父、妻事夫，三者顺则天下治，三者逆则天下乱"和"孝子不非其亲""人主虽不肖，臣不敢侵也""忠臣不危其君"[1]等寥寥数语之外，并没有怎么阐发子事父、臣事君、妻事夫的伦常。除了赤裸裸地强调三对关系间的支配、控制、服从之外，法家实际上没有就"三纲"的伦常道理做过什么像样的论证。反过来，儒家著作则连篇累牍阐释宣

---

[1]《韩非子·忠孝》。

传"三纲"之道，尽是解释臣、子、妻当服从君、父、夫的理由，可谓苦口婆心，尽力使人民心悦诚服。若仅仅因为法家那几句与"三纲"意思相近的话，就说后世法典都是以法家学说为指导思想，真是厚诬了古人，古人也决不会同意。这也过分夸大了法家的作用，贬低了儒家的作用。

事实上，汉以后历代学说和法律，并非完全采纳了将服从君、父、夫的义务绝对化的法家思想。董仲舒就认为对无道之君武力推翻符合天意，"有道伐无道，此天意也"。他还常以"天谴""天予天夺"之威，谏阻君主之过恶。①汉至清代的谏官制度，正是建立在君主有错可以批评的指导思想之上。历代法典的"三复奏"以决定死刑执行之制，正是为了避免君主犯错误滥杀人。唐代的宰相封驳诏书之制，正是为了避免君主发出错误的政令。历朝历代类似的制度及主张，不胜枚举，这些正与法家绝对君权主张相反。

至于"妻服从夫"问题，法家并未将其绝对化。前面引述过，法家或秦律主张妻可告夫，妻可捉奸杀夫，商鞅、韩非也没有讲妻必须无条件地屈从夫。后世法典更未将夫权绝对化，如唐律就有若夫对妻犯"义绝"时则妻可以告夫之规定，又有妻无重大过失（七出）时丈夫不得休弃之规定，还有即便妻有重大过恶但符合"三不去"之条件时仍不得休弃之规定。②这都是对绝对夫权的限制，都是不允许有绝对夫权。

有鉴于此，怎么能武断地说后世法典均是以法家的绝对君权、绝对父权、绝对夫权思想为指导思想呢？历史无法证明"三纲学说来源于法家"。韩非子的那几句话，难道比先秦儒家的《尚书》《周易》《礼记》《论语》《孟子》等经籍关于臣、子、妻服从君、父、夫的连篇累牍阐释宣传作用还要大吗？

---

①《春秋繁露·尧舜汤武》。
②《唐律疏议》卷二十四《斗讼》，卷十四《户婚》。

（六）"连坐""法自然"是法家独有吗

铁川兄还认为，"连坐、法自然等思想，那就更明显地属于法家所独有的观点"（第42页），这显然也是值得商榷的。至于他以这两种思想在后世法典中有所体现来证明后世法典是受法家思想指导，就更成问题了。

连坐是不是法家独有的主张？据我所知，先秦主张连坐的绝不止法家。"族株连坐"的事实，早在夏商时代就有，《尚书》中常有对犯罪人"殄灭之无遗育"[①]之刑罚，就是灭族断子孙。儒家虽少有公开直接主张"族株连坐"的言论，但其思想体系中间接有此主张是无疑问的。儒家虽然有反对株连扩大化或滥诛无辜的因素，虽然在这一方面儒家比法家更人道，但没有事实证明儒家完全反对任何连坐。在法家主张广泛株连，以及秦朝"族株连坐"泛滥成灾之后，汉以后历代法典基本上采取总体限制或减少连坐的态度——连坐仅仅限于谋反、谋叛、谋大逆三个国事重罪，仅限于的亲属连坐，什伍连坐等基本取消了。因此可以肯定，后世法典至少在立法上是有意以减少或限制株连与"秦政"划清界限的。就凭这点，我们就不能说后世法典之有连坐都是受"法家独有的"株连主张影响的结果。

关于"法自然"，若说这是法家独有的思想，更是错误。铁川举《管子·明法解》"法天合德，象地无亲""刑德者，四时之合也"，以及《慎子》"天道因则大"等语为据，企图说明"法自然"是法家独有主张，证据更是不足。在管仲之时，法家尚无其名其派，说管仲代表法家不妥，顶多只能说他的部分思想为后来的法家所吸收。至于《韩非子·解老》及《喻老》中有更直接的"望天地，观江海……守成理，因

[①] 《尚书·盘庚》。

自然……因道全法"等表述，铁川兄并没有注意到。但这也不能证明"法自然"思想独属于法家。众所周知，道家的老子最先主张"道法自然"，这也是一种法律观。儒家的孔子也赞颂尧帝"唯天为大，唯尧则之"[①]，赞扬尧帝是"法自然"（"则天"）的明君。儒家的经典《诗经》也主张"不识不知，顺帝（天）之则"[②]，这是"法自然"的另一种表述。《墨子》主张"以天志为法而顺帝（天）之则"[③]，亦是主张"法自然"。有这些证据，怎么还敢武断地说"法自然"是法家独有的思想！怎么好说后世法典的因循四时天象之制都是在法家思想指导下形成的！

（七）"春秋决狱"能说明儒学法家化吗

"儒学法家化"[④]是铁川兄首创的说法，他认为"春秋决狱并不意味着法典的儒家化，而是儒学法家化"（第51—52页）。这种判断，更让人诧异！从前的法律史研究者一般认为，"春秋决狱"是中国法律儒家化的开始，是儒生们引据儒家经义对法律进行渗透改造。现在铁川独树一帜，结论实在惊人。他为这一结论举出了什么证据呢？不过引用了前人的两个判断。其一是引据元人马端临的判断，马氏认为董仲舒的《春秋决事比》及汉人《春秋》公羊、谷梁二传[⑤]中的"责备""诛心""无将"之说，"与其（法家酷吏）所谓巧诋深文者相类"。其二是引据清代某学者说"《春秋》（决事比、繁露等）近于法家"（52页）。

想用这两个前人判断推翻前人近百年的研究成就，未免草率。诚然，"春秋决狱并没有从立法上改变律文"（第53页），但这只限于汉

---

①《论语·泰伯》。
②《诗·大雅·皇矣》。
③《墨子·明鬼中》。
④ "儒学法家化"这一概念不通。若指儒家学说法家化，则显然无视历史。"罢黜百家，独尊儒术"后，法家部分主张虽被吸收到正统儒家学说中，但儒家从未弃己从人地皈依法家学说。
⑤铁川说《春秋公羊传》为董仲舒的作品（52页倒2行），显误。《公羊传》乃子夏弟子公羊高及其后人公羊寿等累代著绎而成。董仲舒仅以此为教材讲授过。

代开始经义决狱之际，不能说没有影响后来的立法。前一阶段"春秋决狱"的判例，对后一阶段的立法必有影响。这种影响，"不过是试图给法家创制的法典披上儒家的外衣"（53页）吗？当然不对。铁川兄说，这种"披上儒家的外衣"的实践，"正是儒学法家化的表现"（53页），此语其实自相矛盾！按照常理，让法家创制的法典披上儒家的外衣，本来就是为了让法典更像儒家的法，更符合儒家的胃口，绝不是为了使儒家自身更像法家。比如让平民都穿上军人的制服，只能表示欲使平民军人化，绝不是要使军人平民化。更何况，"春秋决狱"本身决不仅是"披外衣"之事，更是对法典内容进行儒家化渗透改造之事。这种渗透改造，大大地限制、降低了法家式法典的残酷性、机械性，使司法（定罪量刑）更有伦理味或人情味。硬要说"春秋决狱"都是酷吏式的"深文罗织"，绝对厚诬了古人。

从现存的"春秋决狱"或"经义决狱"案例看，引经义"出"人罪（减免刑罚）是绝大多数，引经义"入"人罪（罪疑而入之以为罪）是极个别情况。如养父藏匿犯杀人罪的养子，当不当坐以藏匿包庇罪？董仲舒引《诗》《春秋》之义判曰："甲（养父）宜匿乙（养子），（诏）不当坐。"[1]此即用"父子相隐"之经义避免了对甲（养父）的不正当刑惩。若依当时的法律，父匿子罪是要处刑的。如武帝时，临汝侯灌贤"元朔五年坐子伤人首匿，免（爵）"[2]。又如东汉安帝时，清河相叔孙光"坐臧（赃）抵罪"，又"增锢二世，衅及其子"，安帝命群臣讨论，太尉刘恺认为："《春秋》之义，善善及子孙，恶恶止其身……如今使臧（赃）吏禁锢子孙，以轻从重，惧及善人，非先王详刑之意

---

[1]《通典》卷六十九《礼典》引。
[2]《汉书·高惠高后文功臣表》。

　明刑弼教：中国法律传统的基本精神

也。"皇帝赞同其议。①这是以《春秋》"恶恶止其身"之经义及儒家素持的"罚弗及嗣"主张，反对法家格外强调的株连。这些案例反映的，正是对司法进行儒家伦理化之改造！看到这些，我们怎么能武断地说"春秋决狱"与法家的深文罗织是一回事！

"春秋决狱"的关键是"原心论罪"，就是根据犯罪动机论罪，"志善而违于法者免，志恶而合于法者诛"②。依据这一原则，绝对是出罪多、入罪少。因为社会生活中"志善而违于法者"最常见，"志恶而合于法者"极少见。现存的"原心论罪"案例很多，除了侵犯君主有原心而入罪者外，其余均是原心出罪的。如有人为帮助父亲抗击他人侵害而失手误伤父亲，当时法官们多主张以"殴父罪"之律刑惩之，"当枭首"；董仲舒则反对，认为此人并无殴父之心，不应坐罪。③又有妇人夫死未葬，被母逼改嫁。依当时律条，有人主张处以弃市之刑，董仲舒反对。他认为依《春秋》之义，妇人丧夫无子可改嫁。虽"妇人无专制擅恣之行"，不得私自改嫁，但本案中是母逼改嫁，其本人并无淫乱之心。④

不必举更多的例子，这些例子就够了。⑤从这些例子不难看出，"春秋决狱"基本上是对法典进行改造，进行人道化、伦理化的"柔化"。这不但在当时有利于纠正法律的残酷、僵化，也深深地影响了立法，促使了立法的改变。比如在董仲舒引"父子相隐"之义决狱后几十年，汉宣帝地节四年正式下诏规定"亲亲得相首匿"；⑥隋唐时期更正式在法典名例律中明定"同居相为隐"之条。这就是"经义决狱"影响立法的证

---

①《后汉书·刘般传》。
②《盐铁论·刑法》。
③《太平御览》卷六百四十，《刑法部六·决狱》录。
④转引自俞荣根等《中华法苑四千年》，群众出版社1987年版，第372页。
⑤更多的例子请见高恒：《论引经决狱》一文。见高恒著《秦汉法制论考》，厦门大学出版社1994年版，第178页。
⑥《汉书·宣帝记》。

据，说"春秋决狱并没有从立法上改变律文"是不对的。

（八）"德主刑辅"并未被历代君王及立法接受吗

铁川兄还有这样一种特别判断：典型的儒家法律观念"德主刑辅"只是儒家的一种理想，"并未被统治者真正接受"，"充其量只是在司法领域产生了一定影响，而并未进入立法领域，亦即没有法律条文化"。（第51页）他想通过论证儒家法律思想并没有影响历代法典，来支撑自己的法典法家化之说。

"德主刑辅"真的没有被历代统治者接受吗？真的没有影响立法吗？要做出这样的判断真的很不容易。历代统治者是否真正接受"德主刑辅"，当然不可仅依汉宣帝"汉家自有制度，本以霸王道杂之，奈何纯任德教用周政乎"①一语去做出否定结论。恰恰相反，宣帝此语正是主张德教（王道）、刑罚（霸道）并用（"杂之"）的。他所反对的，只是"纯任德教"即轻视刑法的倾向，至少是主张"刑德互辅"的。历代统治者重视德教的言行不胜枚举，历代皇帝诏书大多是道德教化文告，明清时皇帝《大诰》和《圣谕广训》之类更是典型的道德教科书。地方官吏逢朔望日对百姓宣讲诏书圣谕进行教化，已成了固定制度；官吏到百姓家与百姓共读经书，对有过错者进行训诫，都是在进行"德教"。甚至，地方官审判案件的批词、判词，也是对百姓进行道德教化的文告。这样的事例也不胜枚举，怎么能说历代统治者没有接受"德主刑辅"？！

况且，即使仅从预防和减少犯罪、降低司法成本的需要出发，历代统治者也不能不注重"德主刑辅"。至于历代君臣们花在德教上的心力，与花在审判用刑上的心力，到底哪一个更多，这是无法统计的，因

---

① 《汉书·元帝记》，铁川实际上仅举此语以图证明历代皇帝都"阳儒阴法"。

为二者往往重叠而不可分。如聚百姓于公堂公开问审及制作宣布充满伦理说教的判决书，这既是用刑，又是德教。因为"德主刑辅"没有体现为法律条文，就说"德主刑辅"思想对法典没有影响，这实在是误中之误，同时又苛求了古人。"德主刑辅"是一种宏观政策，是法理主张，当然没有必要，也不可能把"德主刑辅"的字面意思变成法律条文——你能设想在实体法和程序法的具体条文中，具体规定"德教"如何"为主"或"先行"，"刑罚"如何"后行"或"为辅"吗？不但古人做不到，就连今人也做不到。

直接在法律条文上规定"德主刑辅""先教后刑""以德去刑"是不可能的。但是，"德主刑辅"的主张，暗暗浸透于某些法律制度是可能的，这也是历代法典的常态。例如，以"一准乎礼而得古今之平"著称于世的唐律，把"告祖父母父母""别籍异财""居丧生子""立嫡违法""居丧嫁娶作乐释服从吉""居囚嫁娶""居丧主婚""匿不举丧""冒哀求仕""冒荣居仕"等等从前纯系儒家道德倡导的行为要求统统定为法条，定为犯罪，惩以刑罚，这不是"以刑辅德"又是什么？这些伦理道德规则，法家是不会喜欢的，但都进入了法典，这能说是"法典法家化"吗？此外，唐代又规定了死刑的"三覆奏"或"五覆奏"制度，唐律中又有"老小废疾犯流罪以下收赎，死罪上请""九十以上七岁以下虽有死罪不加刑"的制度，有"妇人怀孕不决死刑、不拷讯、不决笞杖"之制度，有"立春以后秋分以前不决死刑"之制度，还有许多犯罪准许纳钱收赎的制度，更有"罪疑从赦"制度，这些不是"恤刑慎杀"又是什么？有这么多具体体现"德主刑辅"[①]的制度，怎敢再说"没有找到任何体现上述德主刑辅内容的法律条文"（第53页）！

[①]铁川兄也承认"以刑辅德""恤刑慎杀"都是"德主刑辅"的主要内容或基本含义。见该书第53页。

与《法经》和秦律对比一下，我们就知道唐律是不是体现"德主刑辅"了！

（九）何时见过"法家之礼"

铁川兄还说，汉唐之间，"亲亲相为隐"入律，"准五服以制罪""八议"入律，"重罪十条"入律等等，都不能叫作"引礼入律"："学术界把这些事情称为'引礼入律'，并作为封建法典儒家化的证据，其实这是皮相之谈。"（第54页）他认为，问题应该反过来看，应该断定："引礼入律之'礼'，已非单纯的儒家之礼，而是法家之礼。"（51页）这种结论，实属"大胆假设"，可惜尚欠"小心求证"。何时见过"法家之礼"？铁川兄说，亲属容隐、十恶、官当、八议等等，实际上是"法家之礼"；其在法典中逐渐确立的过程，就是"法家之礼"入律的过程。他认为，既然商鞅也讲过"礼法以时而定""更礼以教民"，说明法家并不反对礼；秦朝的"朝仪"通过叔孙通传给了汉朝，使刘邦大悦，说明法家也有一套"礼"。这种论证，这种根据，实在叫人不敢同意。

为变法论战需要，商鞅等人难免也要用到"礼""德"等字眼，这能说明什么呢？商鞅、韩非他们到底反不反对周以来的"礼"，只需把《商君书》《韩非子》主要篇章粗读一下就知道了。他们讲了多少"礼"？他们在哪里特别维护了"礼"？他们设计了什么有道德伦理意味的"礼"？他们因时制宜地倡立了什么新"礼"？事实上刚好相反，他们最厌恶的就是儒家尊崇的"礼"；除了赤裸裸的镇压之法外，他们也没有制定任何有伦理意义的新"礼"。所以，"法家之礼"依据何在，让人怀疑。说"法家之礼"就如说"妓女的贞节"一样。我并不是说法家都那么坏，而是说法家学说与"礼"本来就不相容。一定要说"法家之礼"融入了汉以后法典，法家本身都不会同意。至于叔孙通所传朝仪，到底是不是秦的，或有多大程度上是秦的，尚有疑问，史家亦认为那是他据儒家经籍自行设计的。即便真是秦的，也不可就遽然认定是"引礼入律"意义上的"礼"。是仪也，非礼也，孔子早就给我们划清了"仪"与"礼"的界限。说"引礼入律"肯定指的是道德伦理规则或准则意义上的"礼"，绝不是指"礼仪"意义上的"礼"。况且，"礼仪"意义上的"礼"，根本没有必要进入历代正律法典，刑典不需要包含朝仪官仪之类内容。朝仪官仪可以作为行政规范，刑律可以在背后保证其实施。

三、怎样才能叫作"法家化"

铁川兄列举的那么多根据，都不足以证明中国历代法典曾经法家化了。其实，甚至秦律是否完全法家化了，也尚有疑问。之所以不能证明，首先是因为这些根据本身往往不成立。其一，秦律是否真的有那些制度、原则，值得怀疑。其二，即使秦律中有那些制度和原则，也无法证明系秦律首创或法家独倡。其三，即使能证明其中个别系秦律最先规定和实践，也不能就武断地肯定那都是法家的东西，因为秦律也完全可能学习和发展先秦的其他文明成就，包括改造或发展周法、借鉴儒家思想等。

除了这三点原因之外，我们还应看到，铁川兄还犯了一个关键错误，即没有抓住法家思想的本质。离开法家思想的本质或核心内容，去片面且孤立地谈法典中的哪些制度源于《法经》和秦律，哪些原则来自法家，都是不妥当的，是武断的。

法家思想的核心内容或本质属性是什么？这是我们判断汉唐法典是

否法家化的关键。如果汉唐间法典都贯穿着法家思想的核心内容，我们就可以说它们法家化了。相反，如果仅举出一些属于立法科学或技术层面的东西，或儒法两家共有（而以儒家为主）的东西，或秦律承自前代且并不具法家典型特色的东西，都是无法证明的。

铁川所列举的那些"法家化"的根据，正是这样的东西。刑法典篇名及其结构、五刑刑名、共同犯罪、二罪从重、再犯累犯加重、类推、故犯从重过失从轻等刑法原则，以及刑法分则各种罪名等，都是法典技术层面的东西。不管哪一家主导的立法，只要想立法更科学、完善、进步，就不能回避这些标志文明进化的共同成就。把这些列出来，根本不能证明"法家化"，就像我们不能用文章结构、字词风格、造句技术、写作技巧等来概括某一法学派别的法律思想本质一样。至于"十恶""八议""官当""同居相隐""老小废疾减刑""法自然""三纲"等伦理性法原则、法制度，法家虽然也偶尔讲到其中某些零星内容，秦律虽然也可能规定其中零星内容，但都极为有限。真正全面主张并推动者是儒家，论述得最多的是儒家，全面进入立法是"独尊儒术"以后的法典。其中有些甚至与先秦法家的主张相反，如"同居相隐""官当""老小废疾减刑"等。后世法典中关于官僚贵族、皇亲国戚法律特权的如此丰富的规定，绝对与法家的"壹刑""刑无等级""法不阿贵""刑过不避大臣"[1]等主张相悖。后世法典中的"同居相为隐""奴为主隐""议亲""议故"等规定，绝对与法家的"骨肉可刑，亲戚可灭，至法不可阙也"[2]及"不为亲戚危其社稷，社稷戚于亲"[3]的主张相悖。

---

① 《商君书·赏刑》；《韩非子·有度》。
② 清人钱熙祚《守山阁丛书·子部》辑录《慎子》佚文。
③ 《管子·法法》。

在铁川兄所举的那么多证据中，只有"十恶"中的"谋反"一项及罪刑连坐主张主要来自法家，因为法家强调绝对君权，强调"重刑连其罪"，而儒家在这两者上并没怎么强调。说后世法典在这两点上主要受法家影响是可以的，从前的法史学者早已指出，汉以后的儒家正统法律思想的确吸收了法家的某些成分。

退一万步讲，就算铁川兄所列举的那些制度、原则都是《法经》、秦律或法家最先规定或倡导的，但只要这些不是法家思想的核心内容，我们仍不能说它们是后世法典"法家化"的证据，不能据此说后世法典因继承这些原则、制度就法家化了。为什么？道理很简单：法家起源于什么职业？儒家起源于什么职业？关于法律、司法之事，当然是由"出于理官"的法家们最先考虑和提出，不可能是由起源于婚丧喜庆吹鼓手身份的儒家先行考虑和提出。由于职业出身的缘故，法家更注重严刑峻法、株连、维护君权、预防反贼，儒家更注重礼乐教化、慎终追远、崇亲厚伦。这是极为自然的。但是后来，儒家跳出了其原有局限，思考伦理与法律、社会与国家、家庭与政治等宏观问题，因而也谈论法律。但无论如何，他们是法理伦理专家，不是法吏，他们很少谈论具体刑法制度、立法技术等问题，很少赤裸裸地谈镇压、重刑、杀戮、株连，也是很自然的。

这些多少有些"凶丑"的问题，还只有"出于理官"的法家来谈。法家关于法律的言论太多，以致于人们不得不以"法家"来称呼之。以"法"名家，能不以谈法为主吗？他们那么多的言论，其中心思想是什么呢？我想不外以下几项：一是"重刑轻罪"，就是"行罚，重其轻者，（使）轻者不至，重者不来，此谓以刑去刑"[1]，就是"弃灰断手""拾遗者刖"之类，意在"细过不失"。二是"重刑连其罪"，即

---

[1]《商君书·靳令》。

"令民为什伍而相牧司连坐", "民人不得相为隐", "奖励告奸", "罪死不赦，刑及三族"等。三是"刑无等级"，即"卿相将军"犯罪也"罪死不赦", "刑过不避大臣"等。四是"刑九赏一"，多刑少赏，以不刑为赏。五是"赏誉同轨，非诛俱行"[①]，即道德舆论必须为法律服务，一切均以法律为评价标准，民一于君，事断于法，"不淫意于法之外，不为惠于法之内也，动无非法者"[②]，决不允许"毁其所赏""誉其所罚"。六是反对礼教，主张"无书简之文", "无先王之语"，主张尽弃"博闻、辩慧、信廉、礼乐、修行"等，然后以法为教，以吏为师，让老百姓以法条为信仰，以执法官吏为知识和操行教师，只知法律官吏而不知有道德礼教和贤人。七是"用刑于将过"，就是在仅有犯罪动机或仅在犯罪预备时就施以重刑，最好不要等到犯罪发生后才用刑。八是"刑诛无赦"，反对任何形式的赦免，认为赦免实际上是"无功予赏"，是奖励犯罪。

这八条，应是法家思想的本质特征，是法家的核心主张。若后世法典充分体现了这八点主张，那就是法家化了；如果没有充分体现，或仅体现其中的零星片段，就不能说它法家化。关于上面这八条主张，我们只要考察一下汉以后历代法典，就可以看到：除了"重刑连其罪"后世被用于谋反、谋叛、谋大逆三种国事重罪以外，其他均无体现。即便是"连坐"这一点本身，后世法典一般也只有亲属连坐，没有什伍连坐，也不能简单地说是源自秦律或法家。

既然如此，我们能说后世法典都法家化了吗？法家的要义、灵魂、精神，在汉以后法典中并无什么体现，怎么好说它们法家化了！

---

①《韩非子·八经》。
②《管子·明法》。

余论

由于篇幅所限，铁川兄书中还有些问题，只能留待日后再撰文商榷了。比如"法官儒家化"，过去学者多持此见，铁川兄也赞同此说。可惜，他并没有觉察到："法官儒家化"之说，与他的"法典法家化"说，是矛盾的。人们不免要问：选择了法家化的立法者（皇帝）们，为何故意要造就一批旨趣与自己相反、与法典的精神相反的儒家化法官来执法司法？"儒家化"的法官为何能容忍并执行一套他们肯定不喜欢的法家化的法律？儒家化的法官们为何不努力加工创制出有本家特色的儒家化法律？法律和法官风格的这种背反，究竟有什么好处？是什么原因？……这些问题，我们只能等铁川给我们解答了！

铁川兄的书，的确有很多新意。虽然大结论方面我不尽同意，但分析过程中的许多特有视角和创见不可抹杀。例如，他关注到灶神、土地神、城隍神三种神祇对百姓"守法监督"及"执法权""预防犯罪"作用，言前人所未言，拓宽了法史研究的视野，让我受益不浅。他关于近代中国选择大陆法系之必然性的研究，四个着眼点把握得相当准确，结论也令人信服。他关于传统思维方式对中国立法技术的影响的研究，也有相当的创见。在这篇专挑毛病的文章里，我没有逐一列举他的成就，这是没有办法的事。多年把酒畅叙时，与我一样，铁川兄每每叹息当今很多书评不过是游方郎中的锦旗。他多次真诚地邀我在他的著述中挑毛病，每每真诚地欢迎我当真地批评，这令我十分感动。为报答铁川兄的厚爱，也为他真诚纳谏精神所感动，我匆忙写下了这篇商榷文章。我知道，我这篇文章值得商榷之处，不会比铁川的原著少。

第十四章

中国古代法的重农抑商传统及其成因

孔子曰："君子喻于义，小人喻于利。"孟子曰："何必曰利，亦有仁义而已矣。"两圣之言为中国传统文化定下了基调。从此以后，"义利之辨""重义轻利"成了中国两千多年道德伦理学说的铁则。圣言即理，圣言即法，这一伦理观重重地影响了中国古代社会的经济生活，重重地影响了中国古代法。在本章我要研究的，就是这种影响的一个方面：传统义利观是如何影响中国古代经济社会生活，特别是如何决定"重农抑商"的法律传统。

关于重农抑商传统，很早以前我就专门思考过它的形成原因。那时我认为，其原因不外两者：一是在中国古代，商业是对专制主义中央集权统治基础（自给自足小农经济）的经常性威胁，故要抑商而促农；二是在亚细亚社会，商业经常威胁专制主义中央集权政府行使其广泛的公共职能（如举办公共工程以抵御自然灾害、修长城抵御外族入侵等等），故要特别抑制之。现在看来，这种看法有失偏颇。因为，只注意到这种传统形成的经济原因或物质原因，没有注意到另一方面的重要原因——观念或精神文化方面的原因。这种原因，就是"义利之辨""重义轻利"为代表的主流伦理学说。

明刑弼教：中国法律传统的基本精神

义者，宜也。在中国古代社会，农为国家之大利，为国家之最适宜者，故亦为国家之大义。重农即国家"重义"也。商为私人之利，为国家之害，抑商就是国家"轻利"。[1]农商二者的这种利害属性，是中国特殊的社会性质、文明模式所决定的。这种利害，不光是经济之利害，亦有伦理之利害，下面我将一一阐发、诠解之。

为研究此一问题，我们有必要先纵览历史上的重农抑商之法及其适用情形，作为解读"义""利"之基础。

一、以"困""辱"为中心的抑商古法

《史记·平准书》云："（汉初）天下已平，高祖乃令贾人不得衣丝乘车，重租税，以困辱之。"司马迁的这段记载，用"困""辱"二字准确概括了汉代的抑商政策。自汉以后，历代王朝的抑商政策也不外"困""辱"两途。

（一）"困"商：对商贾实行经济打击

历代王朝用以"困"商的方式有三：

第一，官营禁榷。任何一种工商业，只要稍有利可图，就可能收归官营、禁止民营，此即"禁榷"。管仲相齐，"管山海之利"；商鞅变法，实行"壹山泽"；汉武帝时，实行盐铁官营；此后历朝历代官营禁榷的范围不断扩大，到明清两代已经发展到盐、铁、酒、茶、铜、铅、锡、硝、硫磺，甚至瓷、烟草、大黄等等，均列入官营范围。为了维护国家"专利"，历代朝廷设定了严刑峻法打击敢与朝廷争利的商人。汉

---

[1]中国古代之"抑商"，专指抑私人工商业这一方面，不包括国家经商（官营）之情形。

代，"敢私铸铁器、煮盐者，釱左趾，没入其器物"①；唐法，"私盐一石至死"；五代，"私盐不计斤两皆处死"；宋代，"鬻卤盐三斤者仍坐死"；元代，"私盐一斤以上皆拟徒没产"②；明清两代，"凡犯私盐者，杖一百徒三年，拒捕者斩。"③

第二，重征商税。秦在商鞅变法时即定下国策："不农之征必多，市利之租必重。"④汉高祖对商人"重租税"以打击；汉武帝实行"算缗""告缗"，用征重税和鼓励告发漏逃税的方式对商贾进行大抄家，得民财以亿万计，"使商贾中家以上大率破（产）"。⑤汉代征收人头税，明定"贾人倍算"⑥（双倍征税）。自汉以后，历代王朝莫不重征商税，寓禁于征。

第三，不断改革币制。汉武帝时，"更钱造币以赡用，而摧浮淫并兼之徒"⑦。仅汉一朝，改币制达六次之多。此后直至清末，朝廷进行了数十次币制改革，其主要目的之一就是通过改变铸币的金属成本、重量、发行量来使货币贬值，以搜刮民财，主要是搜刮商人之财。

（二）"辱"商：对商贾进行政治打击

历史上通过立法及其实施以"辱"商，其方式主要有三：

第一，直接视经商为犯罪，实行人身制裁。秦始皇时，曾"发贾人以谪遣戍"⑧；汉武帝发七科谪（遣七种罪犯戍边）中也有"贾人"一科。⑨

---

① 《史记·平准书》。
② 转引自（清）沈家本：《历代刑法考·盐法考》。
③ 《大明律》《大清律例》之《盐法》均有此条。
④ 《商君书·外内》。
⑤ 《史记·平准书》。
⑥ 《汉书·惠帝纪》六年条应劭注引汉律。
⑦ 《汉书·食货志》。
⑧ 《史记·秦始皇本纪》。
⑨ 《汉书·武帝纪》。

第二，"锢商贾不得宦为吏"。①这是历代最常见的一种抑商之法。汉初，"贾人皆不得名田为吏，犯者以律论"②；孝惠、高后时虽弛商贾之律，然市井子孙亦不得仕宦为吏；③汉文帝时，"贾人赘婿及吏坐赃者，皆禁锢不得为吏"④。北魏律规定，工商皂隶不染清流。⑤唐《选举令》规定："身与同居大功以上亲，自执工商、家专其业者，不得仕。"⑥直到明清，商人子孙仍须数世以后才被允许参加科举。

第三，从服饰方面进行侮辱。汉高祖令贾人"不得衣丝乘车"，汉律明定："贾人毋得衣锦绣……乘骑马。"⑦晋律规定："侩卖者，皆当着巾白帖额，题所侩卖者及姓名，一足着白履，一足着黑履。"⑧前秦王符坚曾下令："金银锦绣，工商皂隶妇女不得服之，犯者弃市！"⑨明太祖亦曾下诏要求：农民之家许穿细纱绢布，商贾之家只许穿绢布。如农民之家但有一人为商贾，亦不许穿细纱。类似的法令史不绝书。

二、"困"商的主要动因：物质上的"义利之辨"

历代王朝刻意坚持"法律贱商人"，⑩其根本动因是什么？当然是朝廷之利害。国家社稷，利在重农抑商，害在困农助商。不过，这种利害，应分为两个层次：一层是物质之利害，一层是精神之利害。也可以

①《汉书·桓谭传》引汉律。
②《汉书·哀帝纪》引汉初之律。
③《史记·平准书》。
④《汉书·贡禹传》。
⑤《魏书·孝文帝纪》。
⑥《唐律疏议·诈伪》"诈假官假与人官"条疏引。
⑦《汉书·高帝纪下》。
⑧《太平御览》卷八二八《资产部》录《晋令》。
⑨《晋书》卷一百十三，《符坚载记》。
⑩《汉书·食货志》。

说，一层是物质上的义利之辨，一层是伦理上的义利之辨。

在以小农经济为基础的中国封建社会里，私人工商业的发展，对国家害大于利。

仅就物质方面的利害而言，私人工商业对国家的危害有三：

一是与国家争夺"山海陂泽之利"。[①]在封建中央集权专制之下，普天之下，莫非王土，普天之下的一切财富资源亦莫非王有。商业发达，必赖资源之开发利用，被视为盗皇家之库。

二是与农业争夺劳动力资源，甚而使农田荒芜，威胁国本。古时，"以贫求富，农不如工，工不如商，刺绣文不如倚市门"[②]，"故民弃本逐末，耕者不能半，贫民虽赐之田，犹贱卖以贾"[③]。商鞅云："农少商多贵人贫。"[④]荀子云："工商众则国贫。"[⑤]汉人贾谊谓："背本而趋末，食者甚众，是天下之大残也。"[⑥]汉人王符认为，"舍农桑趋商贾"等于"一夫耕百人食之，一妇织百人衣之"。[⑦]这些话语，都道出了工商业对小农经济之威胁。正因如此，古代贤哲们才纷纷主张"省商贾，众农夫"[⑧]，"驱民而归之农，皆著于本，使天下各食其力；（使）末技游食之民，转而缘南亩"[⑨]，"使农夫众多而工商之类渐以衰息"[⑩]。中国古代以农业立国，农为国本。民众弃农经商，则农田荒芜、粮食短缺，一遇水旱灾荒或战争，则国家危亡。

三是私人工商业易形成威胁朝廷的"叛乱"势力。汉代桑弘羊云：

---

① （明）李贽：《藏书》卷五十，《富国名臣总论》。
② 《汉书·货殖传》。
③ 《汉书·贡禹传》。
④ 《商君书·去强》。
⑤ 《荀子·富国》。
⑥ （汉）贾谊：《新书·大政》。
⑦ （汉）王符：《潜夫论·浮侈》。
⑧ 《荀子·君道》。
⑨ 《汉书·食货志》引贾谊语。
⑩ 《历代名臣奏疏》卷二五七，《苏辙奏疏》。

"往者豪强大家，得管山海之利，采铁石鼓铸、煮盐，一家聚众或至千余人，大抵尽收放流人民也。远去乡里，弃坟墓，依倚大家，聚深山穷泽之中，成奸伪之业，遂朋党之权。"①此语指出了富商大贾坐大可能对朝廷构成政治威胁。汉时也的确如此，如代国陈豨叛乱、吴楚七国之乱，均有私人工商业势力参与。

基于以上三因，朝廷采取了严厉的"困"商政策：为防止富商大贾与国家争利，朝廷实行盐、铁、茶、酒等官营政策，禁止民营。为防止商业争夺农业劳动力及威胁农业，朝廷采取了重征商税、改革币制等政策，目的是"重征商税使（商）无利自止"②；"重关市之赋"，使"农恶商，商有疑惰之心"，使商"无裕利则商怯，商怯则欲农"③；"更钱造币"而"摧浮淫并兼之徒"④。为防止富商大贾聚众深山穷泽成为叛逆势力，朝廷直接设官设厂进行盐、铁、酒、茶等专营制造并垄断买卖。

朝廷的物质之"利"，即国家之"义"；朝廷的物质之"害"，即"非义"。在这里，"义利之辨"表现为"利害之辨"。而"利害之辨"，实际上是专制王朝之利益与民营工商业之利益的斗争：商贾之大利（擅山泽、聚徒附、私铸钱、囤积居奇、逃漏税）即国家之害，即非大义；国家之大利（壹山泽或官营禁榷、平准均输、更钱造币、重征商税）即商贾之害，但合乎封建专制之大义。封建专制主义之大义是：一切财富应尽归君主，民富国强、民贫国富、民弱国强都可以，千万不可民富国贫、民强国弱。要让民"仰给于"国家，如婴儿待哺，绝不可让民众私人厚殖财富与朝廷抗礼。

---

① 《盐铁论·禁耕》。
② （明）李贽：《藏书》卷五十，《富国名臣总论》。
③ 《商君书·垦令》。
④ 《史记·平准书》。

三、"辱"商的主要动因：伦理上的"义利之辨"

物质上的利害之争及"义利之辨"，仅仅解释了中国重农抑商传统理由的一个方面。还有一方面的原因不可忽视，即精神或伦理方面的"义利之辨"。

在中国古代思想家们看来，商业及商人对传统伦理或义理（精神）的危害，主要体现为四个方面：

（一）商人商业被视为危害封建等级秩序的经常因素

封建等级秩序的具体要求，就是"衣服有制，宫室有度，蓄产人徒有数，舟车甲器有禁。……虽有贤才美体，无其爵不敢服其服；虽有富家多赀，无其禄不敢用其财"①。商业和商人势力，正是对这种等级秩序的一种天然破坏因素。例如汉时，"工虞商贾，为权利以成富，大者倾郡，中者倾县，下者倾乡里者，不可胜数"，"千金之家比一都之君，巨万者乃与王者同乐"，人称为"素封者"。②这些仅靠财力而不是因宗法身份和军功获得诸侯般地位的人，"馆舍布于州郡，田亩连于方国；身无半通青纶之命，而窃三辰龙章之服；不为编户一伍之长，而有千室名邑之役；荣乐过于封君，势力侔于守令"③。这些工商业主"以财力相君长"④，严重地威胁着封建宗法等级秩序。工商业主因其出身多卑贱，有富无贵，故必竭力恃其富厚之资僭越礼制以彰显尊贵，使封建等级制度堤防日益溃坏，"制度日侈，商贩之室，饰等王侯……见车马不辨贵贱，视冠服不知尊卑"⑤是封建等级制度的捍卫者们最担心最反感的

①《春秋繁露·服制》。
②《史记·货殖列传》。
③（汉）仲长统：《昌言·理乱》。
④（汉）仲长统：《昌言·损益》。
⑤《宋书·周朗传》。

情形。富商大贾"荒淫越制，逾侈以相高，邑有人君之尊，里有公侯之富"①，人们认为此乃"伤化败俗，大乱之道也"②。

（二）商业商人是破坏"均平"伦理秩序的危险因素

孔子云："有国有家者，不患寡而患不均，不患贫而患不安。盖均无贫、和无寡、安无倾。"③中国传统社会的秩序，就君臣、官民关系来讲，是贵贱尊卑等级秩序；就民众之间的秩序来讲，就是一种"均贫"或"均平"秩序。这是封建专制主义中央集权下自给自足的小农经济所需的秩序，也是小农经济必然形成的秩序。这种秩序，也是一种伦理秩序。这种秩序，使民众永远互相分散、孤立且不富裕（最高愿望是温饱而非富有），使其永远无法以财力与官抗衡。这种秩序，与尊卑秩序相辅相成。此种秩序一旦破坏，贵贱尊卑秩序也难以维持。私人工商业蕴藏着破坏这种"均平"秩序的天然力量。如汉时"富者木土被文锦，犬马余肉粟，而贫者裋褐不完，含菽饮水"④，"富者田连阡陌，贫者亡立锥之地。……故贫民常衣牛马之衣，而食犬彘之食"⑤，"上家累巨亿之赀，斥地侔封君之土……下户踦跜，无所跱足。……富者席余而日炽，贫者蹙短而岁踧，历代为虏，犹不赡于衣食……失生人之乐者，盖不可胜陈"⑥。这种贫富悬殊，当然不仅仅破坏了百姓的"生人之乐"，也破坏了朝廷之乐。朝廷之乐，就在于百姓"强弱相扶，小大相怀，尊卑相承，雁行相随"⑦，此即人伦之理。商业必然导致的两极分化，时刻威胁着小农社会的均平、宁静、停滞的生活秩序和伦理秩序。超过了最低生

---

① 《汉书·食货志》上引董仲舒语。
② 《汉书·货殖传》。
③ 《论语·季氏》。
④ 《汉书·货殖传》。
⑤ 《汉书·食货志》
⑥ 《通典》引崔寔《政论》。
⑦ （汉）陆贾：《新语·至德》。

活需要的财富，自古至今，必然是一种天然具有凌驾、僭越、破坏平衡之力量的因素。

（三）自然经济秩序下，商业易导致荒淫奢侈败坏社会风气

小农社会所需要的是愚昧、寡欲、安于现状，此即伦理。商业活动，必然威胁这种伦理秩序。汉人崔寔说："夫人之情，莫不乐富贵荣华、美服丽饰。……昼则思之，夜则梦焉。……不厚为之制度，则皆侯服王食，僭至尊，逾天制矣。是故先王之御世也，必明法度以闭民欲。"然而，商业活动与王朝的这一秩序追求正好相反，它在时刻开民欲，刺激物欲。"今使列肆卖侈功，商贾鬻僭服，百工作淫器，民见可欲不能不买。……故王政一倾，普天率土，莫不奢僭。"[1]这种"多通侈靡，以淫耳目"[2]的风气，对国家的危害是极其严重的。汉人董仲舒云："今世弃其度制，而各从其欲。欲无所穷，而俗得自恣，其势无极。大人病不足于上，而小民赢瘠于下，则富者愈贪利而不肯为义，贫者日犯禁而不可得止，是世之所以难治也。"[3]明人王夫之云："商贾者，于小人之类为巧，而蔑人之性、贱人之生为已极者也。""贾人者，暴君污吏所驱进而宠之者也，暴君非贾人无以供其声色之玩，污吏非贾人无以供不急之求。"[4]非独暴君污吏，小民百姓也常因商贾贩卖奇淫之货的刺激而丧失安贫素朴之性转而贪求财货，使社会风气败坏。"今世俗坏而竞于淫靡，女极纤微，工极技巧，雕素朴而尚珍怪，钻山石而求金银，没深渊求珠玑，设机陷求犀象，张网罗求翡翠，求蛮貊之物以眩中国。……交万里之财，旷日费功，无益于用，是以褐夫匹妇，劳罢

---

① 《群书治要》引崔寔《政论》。
② 《后汉书·桓谭传》。
③ 《春秋繁露·度制》。
④ （明）王夫之：《读通鉴论》卷十四《哀帝》，卷二《汉高帝》。

　　　明刑弼教：中国法律传统的基本精神

（疲）力屈，而衣食不足也。"①这种状况，是统治者"示民以利"的恶果。"示民以利，则民俗薄。俗薄则背义而趋利，趋利则百姓交于道而接于市。……嗜欲众而民躁。"所以，为防止此种状态，王者应该"崇本退末，以礼义防民欲"，"遏贪鄙之俗而醇至诚之风"。简言之，王者应"示民以义""教民以义"："治人之道：防淫佚之原，广道德之端，抑末利（工商）而开仁义，毋示以利，然后教化可兴，而风俗可移。"②

（四）商业易使人奸诈，农业易使人厚朴

商鞅云："圣人知治国之要，故令民归心于农。归心于农，则民朴而可正也。"③《吕氏春秋》云："古先圣王之所以导其民者，先务于农。民农非徒为利也，贵其志也。民农则朴，朴则易用。……民舍本而事末则不令，不令则不可以守，不可以战。……民舍本而事末则好智，好智则多诈，多诈则巧法令，以是为非，以非为是。"④《盐铁论》云："商则长诈，工则饰骂，内怀窥觎而心不作，是以薄夫欺而敦夫薄。"⑤晋人傅玄谓"贾穷伪于市"，"其人甚可贱"。⑥明人王夫之谓："商贾者，于小人之类为巧，而蔑人之性、贼人之生为已极者也，乃其性恒与夷狄而相取，其质与夷狄而相得"，"故生民者农而戕民者贾"。⑦直到近代，资产阶级革命家章太炎仍认为自农民、工人、裨贩、坐贾至职商、官吏，其道德水准有十六等之差：农人于道德最高，工人稍知诈

①《盐铁论·通有》。
②《盐铁论·本议》。
③《商君书·农战》。
④《吕氏春秋·上农》。
⑤《盐铁论·力耕》。
⑥〔晋〕傅玄：《傅子·检商贾》。《四库全书》有《傅子》。
⑦〔明〕王夫之：《读通鉴论》卷十四《哀帝》，卷三《景帝》。

伪，商人是不操戈矛的大盗！①自古至近代，正统观念是"无商不奸"，是"君子不入市，为其挫廉"②。所以，重农抑商非仅为物质之利害，乃"复朴素而禁巧伪"③之维护伦理之举也，乃"重义轻利"之实践也。

基于以上四因，历代王朝采取了轻重不等的"辱"商政策。直接以经商为犯罪，固可阻吓商人，使人不敢效尤经商，但这样做毕竟太过分，故汉以后未再有此举。禁止商贾宦仕为吏，禁止其子弟参加科举，这都是历代最为有效的"辱"商措施。经商虽可致富，但无途致贵，无途问津政治，无途光宗耀祖，这的确让商人阶级心灰意冷。如果让那些奸诈的商人封官晋爵，则儒家之"礼义"何存？至于从服饰车马上对商人进行侮辱，也是此理——从事下贱事业的人，绝不可与从事正当事业的人平起平坐，必须使其在衣饰上有所抑屈，以彰显其贱民身份。若让其凭富厚衣丝帛服文绣，上僭贵族（宗法血缘贵族）官僚之特权，使官贵无以显荣、无业可守，下蚀庶民之美德，使百姓知商贾可以显荣、可以僭贵，则皆弃农经商，不务本业，崇尚奢侈。如此，则礼义堤防荡然无存。只有采取种种措施使"农尊而商卑""农逸而商劳""农恶商""商怯""商疑情"④，作为国家基础的小农经济才能巩固。

四、小农经济有着与市场经济不同的"义""利"

从前文的分析我们可以看出，私人工商业与宗法制下自给自足的小农经济是有着不可调和的根本矛盾的。

---

①章太炎：《革命之道德》，汤志钧编《章太炎政论选集》，中华书局1977年版，上册第309页。

②《太平御览》卷四百二十六，《人事部》六十七。

③（宋）李觏：《李直讲先生文集》卷十六，《富国策》。

④《商君书·农战》。

一方面，宗法制下的小农经济国家，其物质之"义"在于"耕战"，在于"农业立国""农为国本"，在于男耕女织、丰衣足食、边备常修。只要国家有库存余粮，有可战之民（农民），朝廷赋税之源充足，就不怕一切灾荒、侵略，国基就稳固。要做到这些，就要抑制私人工商业，不可让其威胁国本——私人工商业的发展必然使人们弃农经商、轻迁徙而无恒心、崇尚奢侈忘记俭朴、不愿为朝廷卖命。

另一方面，宗法制下的小农经济国家，其伦理之"义"在于"君君臣臣、父父子子"，在于"父慈子孝、君礼臣忠、夫和妻顺、兄友弟恭、姑义妇听"，在于"尊尊、亲亲、长长、贵贵"。这一切，只有在一个静态、愚昧、封闭的小农社会里才有可能做到，只有在子孙依赖父祖传授生产技术方可继续再生产的农业生产方式下才能做到。商业则不然，它天然要求"乐观时变，人弃我取，人取我与"，天然要求"设智巧，仰机利"，要求"连车骑、游诸侯"，"周流天下"，纵横南北；[1]天然会以富求贵，炫耀奢靡，趋于淫佚，"蹛（恃）财役贫"，"以财力相君长"，僭乱礼制。总之，在小农经济下，商人和商业是一种以"恶"的面目存在的经常的"革命性"因素。在允许其以"货通有无"的无害程度存在的前提下，对这种"革命性"因素加以扼杀，是宗法制下小农经济基础上的专制王朝的使命，也是其大利所在。否则，就会培养自己的掘墓人。所以从这个意义上讲，伦理之义仍不过是加以抽象的王朝物质之"利"。

中国传统的义利观，实为宗法制之下小农经济之国的利害之总结。农民和农业是宗法之"义"的最好承载者，所以农为国家之大"义"，故国家要"重农"。从道德上讲，农民纯朴，是专制集权最理想的良

---

[1]《史记·货殖列传》。

民；从秩序而言，农民安土重迁，最有利于王朝的安定团结；从边备而言，农民平时为农、战则为兵，是国家最好的兵源；从经济而言，农民的租税是朝廷最稳定可靠的财政源泉。至于商人和商业，则刚好相反，不抑之可乎？

上述农之"美"与商之"恶"，仅仅是就农业社会或前资本主义社会而言的。时代的变迁，必使农、商的这种美恶利害属性发生变化。今日之义不同于昔日之义，今日之利亦不同于昔日之利。今日之义利是市场经济下的义利，是并行不悖的义利，而不可能仍是小农社会必然矛盾的义利。

我们今日致力于建设的市场经济，就是一种求利（以提高人民生活水准）至上型的经济。市场，求利之所也。这种经济模式下的利，即市民之利，即每个市民以其所有易其所无，市其所长补其所拙。在统一的法则下，公平竞争，自由发展，共同追求更好的物质和精神生活，实现物质自由和人格解放。此种利，实为市场经济之大义——人格自由、人格平等、公平竞争、各尽其才。所以，在市场经济条件下，义和利的矛盾应远小于昔日，义和利完全可以获得统一。即便仍有某种单个市民贪私之利与市场公平规则之利相冲突之情形，但完全可以在法治原则下加以调和：最大限度地满足私利（在不妨碍别的市民追求同样私利的前提下，私利是合乎道德的，也是义）。所以，今日之义，就是市场经济之法治原则及制度，就是保障市场公平竞争的整套法理念、法规范。犯义者即违反全社会公利，必依法裁制之；裁制之目的，乃保障每个市民合乎法律和道德之私利实现也。

第十五章

中国古代道德教化法制惯例及其借鉴意义

　　精神文明首先是道德文明、风俗文明。这是精神文明的主体或核心成分。对于精神文明建设，在和平发展时期，中国历代王朝均相当重视。在过去数千年里，积累或形成了丰富的以强化精神文明为宗旨的法律制度和惯例。这些制度或惯例所体现的价值和理性，并不因为它们曾为"封建剥削阶级"所利用便完全失去意义。在全国上下全面贯彻落实"依法治国"、加强精神文明建设国策的今天，重新检视传统中国关于精神文明建设的法律制度和惯例，省思其中所含价值与理性的现代意义，无疑能为我们今天的事业提供重要的借鉴。本此宗旨，本章就中国古代关于精神文明建设的几种主要制度和惯例，做一番法律文化视角的述评和省察。

一、实施道德教化的传统法制及惯例

（一）乡官教化制度与惯例

　　《周礼》记载了可能是我国最早的"乡老""乡师"教化制度。乡老，"二乡则公一人"，其职责是"考其（民众）德行道艺而兴贤者能者"；州长，"考其德行道艺而劝之，以纠其过恶而戒之"，"以礼会民而射于州序"；党正，"以礼属民而饮酒于序，以正齿位"，"书其德行道艺，以岁时莅校比"。①这些官吏，都是国家任命的乡官，虽不是专职教化官员，但其主要职责之一就是教化。《礼记》记周制，乡有"耆老"，"命乡简不帅教者以告耆老，皆朝于庠"，进行教化。若不改，最后"屏之远方，终身不齿"。②这里的"耆老"似乎就是专职教化事务的乡官。

春秋战国至秦代，有"三老"掌教化之制。《管子·度地》载管子治齐时，设有"三老"等乡官，"故吏者，所以教顺也；三老、里有司、伍长者，所以为率也。"这里的"吏"，指三老、里有司、伍长等，其职责主要是"教"百姓"顺"，是作"率"（表率）的。秦时，"乡有三老……三老掌教化"③。到这时，才有了专掌教化的乡官。

汉承秦制，"十里一亭，十亭一乡"，乡有三老，掌教化。高祖二年（前205）即设三老。"举民年五十以上，有修行，能帅众为善（者），置以为三老，乡一人。择乡三老一人为县三老，与县令、丞、尉以事相教，复勿徭戍。以十月赐酒肉。"④《汉书》的这一记载，使我们可以大致了解三老的职责和选任条件。三老须为德高望重的年长者。还有"乡三老"和"县三老"两级三老之设。三老虽无国家俸禄，但可以获朝廷赏赐酒肉作为报酬，还免其徭役为优待。汉文帝十二年（前168），令"以户口率置三老常员"⑤，这时也许不只是乡设一人，而可

①《周礼·地官司徒上》。
②《礼记·王制》。
③《史记·公卿百官表序》。
④《汉书·高祖纪》。
⑤《汉书·文帝纪》。

能是在人口多的乡设两个以上三老。武帝时，"遣博士循行天下，谕三老，孝弟以为民师"①；巴蜀反乱，遣司马相如晓谕巴蜀，责三老以不教诲之过。②这说明"三老"的工作还经常受到朝廷的检查督察。在汉时，三老也许还有某种民意代表身份，可以直接上书皇帝，表达民意。如汉元帝时，王尊为京兆尹，因事免官，地方三老上书"讼（王）尊治京兆尹功效日著"，为王尊抱不平，促使朝廷重新起用王尊为徐州刺史。③在汉代，除每年十月以赐三老酒肉的方式给予报酬外，皇帝还因即位、改元、大赦、祥瑞等大事而赏赐三老。如文帝十二年（前168），遣谒者劳赐三老帛，人五匹，武帝元狩元年（前122），遣谒者赐县三老帛，人五匹；赐乡三老帛，人三匹。④这当然不仅是给三老这乡官发报酬、奖金，还有尊老敬老引导风俗之意。东汉时，亦设"三老掌教化"："凡有孝子顺孙、贞女义妇、让财救患及学士为民式者，皆匾表其门以兴善行。"⑤

南北朝时亦有三老之设。《通典》载，南朝宋时"乡有乡佐、三老、有秩、啬夫、游徼各一人，所职与秦汉同"。⑥南朝梁时，有"村司三老"之设，⑦其"三老"可能亦为专司教化之乡间长老。北周时仿周官之制，设"党正"主掌教化治民，⑧但未见"三老"之名。

唐时，五里一乡，乡设"耆老"一人，"以耆年平谨者，县补之"，亦曰"父老"。⑨这个"父老"，可能以教化为主要职责，但非专职教化之乡官。其里正、村正、坊正的情形亦然。

---

①《汉书·武帝纪》。
②《汉书·司马相如传》。
③《汉书·王尊传》。
④《汉书·文帝纪》和《武帝纪》。
⑤《通典》卷三十三，《职官十五·乡官》。
⑥《通典》卷三十三，《职官十五·乡官》。
⑦《梁书·武帝纪》天监十七年。
⑧王仲荦：《北周六典》，中华书局1979年版，上册，第98—99页。
⑨《通典》卷三十三，《职官十五·乡官》。

宋时，里正、户长、耆长等仅为为县衙、州衙办事之义役，无乡里教化之责。

元代乡里教化主要靠"立社"之制。五十户为一社，"令社众推举年高通晓农事"者为社长。除劝农、教农外，其职责还包括教训化导不良子弟："若有不务本业，游手好闲，不遵父母兄长教令，凶徒恶党之人，先从社长叮咛教训。如是不改，籍记其姓名，候提点官到日对社长审问是实，于门首大字粉壁，书写'不务正业，游惰凶恶'等。如称本人知耻改过，从社长保明申官，毁去粉壁。"①

明代，"里设老人，选年高为众所服者，导民善，平乡里争讼"②，是为专职教化乡官。

（二）礼养高年的制度与惯例

尊礼高年老人，尊养年高德劭者，是导正风俗，教民敬老孝顺、安分守己的重要途径之一，因而成为中国传统政治中相当重要的惯例性行政活动。

《礼记·王制》的记载，反映了上古养老敬老制度的大致情形。"凡养老，有虞氏以燕礼，夏后氏以飨礼，殷人以食礼，周人修而兼用之。凡五十养于乡，六十养于国，七十养于学，达于诸侯，八十拜君命，一坐再至，瞽亦如之。九十使人受。……五十杖于家，六十杖于乡，七十杖于国，八十杖于朝；九十者，天子有问焉，则就其室，以珍（礼品点心）从。……有虞氏养国老于上庠，养庶老于下庠；夏后氏养国老于东序，养庶老于西序；殷人养国老于右学，养庶老于左学；周人养国老于东胶，养庶老于虞庠。"这都是尊养国老（大臣致仕者）、庶老（庶人高年有爵有德者）之礼仪或行政规则。就连礼仪服饰的衣料

①《元典章》卷二十三，户部九。
②《明史·食货志一》。

色彩也要体现尊老敬老。"有虞氏皇而祭，深衣而养老；夏后氏收而祭，燕衣而养老；殷人冔而祭，缟衣而养老；周人冕而祭，玄衣而养老。"①这些衣服，均是各朝尊而贵之的色料做成，让高年老者服与大臣一样色料的衣服，以示尊崇。还有"大夫七十而致事（仕）。若不得谢，则必赐之几杖，行役以妇人，适四方，乘安车"之制。②这大约为后世配备女服务员和专车制度的起源。对平民百姓中的长者怎么礼敬？"凡三王养老皆引年"③，即按户调查登记老者姓名，然后赏赐一些酒肉布帛之类，还可以免役其子孙一人或数人的力役以便其赡养。

为弘扬敬老尊老之风，三代可能已经有了尊礼"三老五更"之制。"三老五更，昔三代之所尊也。天子父事三老、兄事五更，亲袒割牲执酱而馈，执爵而酳。三公设几，九卿正履，祝鲠在前，祝噎在后。使者安车软轮，送迎至家，天子独拜于屏。其明日，三老诣阙谢，以其礼遇太尊故也。"④天子这样以极隆重之礼敬老的目的，"所以教诸侯之悌也"，就是让诸侯更敬重作为王族大宗代表的天子，如敬兄长。不仅如此，还为了以自身为表率教化万民，"遂发咏焉，退修之以孝养也；反登歌清庙，既歌而语以成之也，言父子君臣长幼之道"⑤，就是把养老敬老之义编成诗歌，向全国人民宣传。

三代时期以衣服、几杖、珍食养老于乡、国、学校，当然不止是一般意义上的养老（福利救济性的养老），而是特别体现敬老教化之意的政治活动。此即《礼记·王制》所谓"养耆老以致孝"。前述养老之

---

①《礼记·王制》。
②《礼记·曲礼上》。
③《礼记·王制》。
④《通典》卷二十，《职官二·三老五更》。"三老五更"，注家多谓通天地人者为三老，知五行者为五更。但《七国考》卷六《楚礼》引蔡邕《月令章句》谓："三老，国老也；五更，庶老也。"
⑤《通典》卷六十七《礼》二十七《养老》。

礼，都是"教民正俗"行政的惯例性程序而已。学校是教化的枢机，学校是知识的圣地，在学校隆重举行尊重象征父辈和知识的长者之礼，当然是为了敦礼教、厚风俗。所谓养于学校（庠、序、学、胶等），当然只是在此行仪式而已，不可能是真的把学校同时办成养老院。

春秋战国时亦有尊名贤为国老之事。春秋时，楚庄王"赐虞（丘）子采地三百，号曰国老"[①]。战国时，赵武灵王曾立三老："国三老，年八十，月致其礼。"[②]但其时未见示范宣传式的尊老养老礼仪之记载，《晋书·礼志下》谓"礼有三王养老胶庠之文，乡射饮酒之制，周末沦废"，可能是事实。

西汉时可能已复行养尊三老之礼。"天子之尊……养三老于太学，亲执酱而馈，执爵而酳，祝饐在前，祝鲠（哽）在后，公卿奉杖，大夫进履"[③]。贾山此语，也许是对当时礼典的描述。但一般认为，直到东汉明帝永平二年（59），才正式复行此礼。是年春，朝廷以李躬为三老，以桓荣为五更，帅群臣躬养于辟雍。和帝、安帝、灵帝亦然，曾于国学养三老，赐王杖。[④]

汉代当然不止在中央搞这种仪式，还经常通过普遍尊礼和赏赐天下高年、三老的方式教民敬老。高祖时定县乡设三老掌教化之制，这种县乡三老与纯荣誉性国三老五更不同，是有职责的乡官。但实际上，也被视为乡间德高望重长老的代表。高祖定每年十月赐三老酒肉，亦有在乡间进行"养三老五更"之仪式以弘教化的意义。自高祖以后，汉历代皇帝多有"劳赐三老"或"加赐三老"钱帛之事。如武帝元狩元年（前

---

①（汉）刘向：《说苑·至公》。
②（明）董说：《七国考》卷六，《赵礼》。
③《汉书·贾山传》。
④《后汉书·礼仪志上》，《通典》卷六十七《礼》二十七《养老》，又见《晋书·礼志下》。

122），遣谒者赐县三老帛，每人五匹，乡三老每人三匹。[①]汉代还特别注重在天下尊养高年老人。汉文帝元年（前179），诏曰：“老者非帛不暖，非肉不饱。今岁首，不时使人存问长老，又无布帛酒肉之赐，将何以佐天下子孙孝养其亲？今闻吏禀当受鬻者，或以陈粟，岂称养老之意哉？具为令。”有司于是奏请朝廷下令各县道“年八十以上，赐米人月一石，肉二十斤，酒五斗。其九十以上，又赐帛人二匹，絮三斤。赐物及当禀鬻米者，长吏阅视，丞若尉致。不满九十，啬夫令史致。”文帝从之。[②]文帝的诏令明白地告诉我们，朝廷做这些敬老养老的姿态，是为了劝诱“天下子孙孝养其亲”，是为了鼓励百姓养成孝顺父母、尊敬老人的好风俗。让县丞、县尉、啬夫、令史等官吏亲自把慰问品送到老人家中，长吏（一把手）亲自登门，或亲自核查名册和慰问物资，这更能表达一种敬重态度。这些仪式的含义是不言自明的。汉武帝时，“民年九十以上，已有受鬻法”，可能有针对高龄老者之固定的国家肉食供应制度。武帝元狩元年（前122）“遣谒者赐年九十以上帛，人二匹，絮三斤；八十以上米，人三石”，元封元年（前110）又“加年七十以上帛，人二匹”。[③]此后，宣帝、元帝、成帝、平帝均多有此举。汉时还经常遣使巡行天下观风俗，问民疾苦，其中特别强调其“存问耆老”之责任。后汉亦然。东汉时，每年八月户口普查，同时行敬老之政，“（民）年始七十者，授之以王杖，哺之糜粥。八十九十，礼有加赐。王杖长九尺，端以鸠鸟为饰。鸠者，不噎之鸟也。欲老人之不噎。”[④]

曹魏时，亦曾行养老之礼。高贵乡公甘露二年（257），行养老之礼于太学，命王祥为三老，郑小同为五更，“（王）祥南面几杖，以师道

①《汉书·高帝记》及《武帝记》。
②《汉书·文帝纪》。
③《汉书·武帝纪》。
④《后汉书·礼仪志中》。

自居，天子北面乞言，（王）祥陈明王圣帝君臣政化之要以训之，闻者莫不砥砺"①。

北朝自北魏孝文帝时即行养老之礼，仪式略同。三老五更则在仪式中宣讲"五孝六顺"之道，又令三老食上公之禄，五更食九卿之俸，似均为独创。北齐除此之外，又于京师演养老仪礼，同时慰赏全国老人："都下及外州人，年七十以上，赐鸠杖黄帽。"北周武帝时亦行此制。②

南朝未见养三老五更于国学的记载。但礼养高年之事亦常有之。宋时，文帝曾"飨父老旧勋于丹徒行宫，加赐衣裳各有差"，又曾"会旧京故老万余人，往还飨劳"。孝武帝大明元年（457）春正月，"赐高年粟帛各有差"。又诏"巡幸所经（之处），先见百年（老）者，及孤寡老疾，并赐粟帛"。③齐、梁、陈时均有类似政举。

唐代，养老于太学之礼更为完善。以三师三公致仕者二人为三老五更，五品以上致仕者为国老，六品以下致仕者为庶老。太学生全部参加仪式。有"敦史执笔录善言善行"，即史官做现场记录。其他仪式与前代同。④除这些礼仪外，太宗贞观三年（629），诏赐高年，"八十以上，赐粟二石，九十以上三石，百岁加绢二匹"。唐初还曾赐九十以上老人几杖，赐八十以上老人鸠杖，各州县为赐杖仪式设酒宴，"妇人则送几杖于其家"。⑤太极元年（712），睿宗"初令老人年九十以上，板授下州刺史，朱衣执象笏，八十以上板授上州司马，绿衣执木笏"。天宝七年（748），玄宗又令"父老六十，板授本县丞，七十以上授县令"⑥。这是所有乡间高年老人的待遇，还是仅给耆老（父老）这种乡官

①《通志》卷六十七《礼》二十七，《晋书·礼志下》。
②《通典》卷六十七《礼》二十七；又见《周书·于谨传》，《隋书·礼仪志四》。
③《宋书·礼志二》及《孝武帝纪》。
④《新唐书·礼乐志九》。
⑤《唐大诏令集》卷八十，《养老》。
⑥《通典》卷三十三《职官》十五。

的待遇？应是后者。但赐给这么高级的官衔、官服（无俸禄），显然是为了教化百姓敬老。

唐代以后，养三老五更于国学之礼再未见举行。仅元代有将"贫寒老病之士，必为众所尊敬者"申报本路审查后，"下本学养赡"之制。[①]这主要是福利性养老。但尊礼高年之制，代代如之。明初亦曾"行养老之政，民年八十以上赐爵"。清代似无此制。但清代有"旌表寿民寿妇"之制度。凡民寿至百岁者，皇帝特旌表之，有"寿民坊"，有时皇帝亲赐"升平人瑞""贞寿之门"大匾。[②]敬老，所以使民兴孝也。其意皆在教化，不必赘述。

（三）乡饮酒中的尊卑秩序与礼法褒贬

为了劝导尊老敬贤、忠孝悌顺之风尚，中国历代政权还相当重视乡饮酒之礼，这也可以看作教民正俗之行政的一个重要方式。

乡饮酒之礼，是乡间公共宴饮之礼。其具体含义何指，古人说法不一。《仪礼》有《乡饮酒礼》专篇，所指其实是乡学学生毕业典礼上的宴饮之礼。以诸侯之乡大夫为主人，主人与先生（古之"先生"，一般是公卿大夫致仕归隐乡间，居乡学任教授者）商定选"处士之贤者"为"宾"（首宾）、"介"（次宾曰介）、"众宾"，然后请他们来乡学宴饮。主人、先生带领学生对乡老乡贤们按长幼尊卑行相应的"揖让"（入席前的谦让礼，如"三揖而后至阶"，三让而后升）、"洁"（席前奉汤洗盥）、"拜"（拜迎接、拜奉酒、拜受酒）等礼仪，目的是教导学生尊老敬长，让他们见识或见习"君子交接"之道。使他们能学得此道后为乡里之表率。这是乡饮酒礼的第一种情形或第一种解释。汉代郑玄注《周礼·地官司徒》"以三物教万民而宾兴之"一语时，谓：

①《元史·刑法志二》，又见《元典章》卷三《圣政二·赐老者》。
②《明史·食货志一》，（清）《礼部则例》卷四十八《旌表寿民寿妇》。

"诸侯之乡大夫正月吉日受法于司徒，退而颁于乡吏；及三年大比，而兴（荐举）其贤者能者，以宾礼礼之，献于三庭，曰乡饮酒。"即认为，乡饮酒礼是三年一度人口普查完成后，为将查获的乡里贤能者荐举于朝廷而举行的敬贤礼。这是第二种解释。《周礼·地官司徒》有"党正"，其职责有"以礼属民而饮酒于序，以正齿位"；《礼记·王制》有"命乡简不帅教者以告耆老，皆朝于庠。元日，习射上功，习乡上齿。……不变，（则）屏之远方，终身不齿"的制度。郑玄在注《乡饮酒礼》篇时又记载了汉代的乡饮酒礼："今郡国十月行乡饮酒礼，党正每岁邦索鬼神而祭祀，则以礼属民而饮酒于序，以正齿位之礼。凡乡党饮酒，必于民聚之时，欲其见化知尚贤尊长也。"这是乡饮酒礼的第三种情形。在这种情形中，不仅仅是论长幼尊卑而宴饮，还要对乡中不守规矩的人进行教化。"六十者坐，五十者立侍以听政（征）役。六十者三豆，七十者四豆，八十者五豆，九十者六豆。"此外，周制，州长春秋习射于序，先于序行宴饮乡老之礼，亦谓之乡饮酒之礼，这大概是乡饮酒礼的第四种情形。[①]

乡饮酒礼不管具体指上述四者中的哪一种情形，用意基本上是一致的，"乡饮酒之礼废，则长幼之序失，而争斗之狱繁矣"[②]；"乡饮酒之义，君子所以相接，尊让洁敬之道行焉，是贵贱明、隆杀辨，和乐而不流、弟（悌）长而无遗、安燕而不乱。此五者，足以正身安国矣"[③]。就是说，这种礼仪，是为了营造或引导敬老尊老、礼敬贤能的风尚，防止卑幼者及所有小民百姓犯上僭上。

东汉明帝永平二年（59）春三月，令郡、县、道"行乡饮酒（礼）

---

① 《后汉书·礼仪志上》，《通典》卷七十三《礼》三十三。
② 《礼记·经解》。
③ 《通典》卷七十三《礼》三十三。

于学校，皆祀圣师周公、孔子，牲以犬"[1]。其具体礼仪，是作为乡学生毕业敬老典礼，还是作为乡间敬贤礼，抑或是百姓交接礼，史料无征。但从祀周公、孔子看，应是按《仪礼》而行的乡学生学成敬老典礼。

晋武帝泰始六年（270）十二月，行乡饮酒礼于辟雍。惠帝时复行其礼。武帝诏曰："礼仪之废久矣，乃今复讲肄旧典。""讲肄旧典"就是在国学率国子生、太学生行敬老序齿的饮酒之礼，故同时赐太学生牛酒。[2]

唐代相当重视乡饮酒礼。太宗贞观六年（632），令"录《乡饮酒（礼）》一卷，颁行天下"。每年令州县长官，亲率长幼，齿别有序，递相劝勉，依礼行之，庶乎时识廉耻，人知敬让。少帝唐隆元年（710），又令诸州"每年遵行乡饮酒礼"。玄宗开元六年（718），再颁《乡饮酒礼》于天下，"令牧宰每年至十二月行之"。据宣州刺史裴耀卿言，他率各县行乡饮酒礼，"一一与父老百姓，劝遵行礼，奏乐歌至《白华》《华黍》《南陔》《由庚》等章，言孝子养亲及群物遂性之义，或有泣者"[3]。

自唐代起，乡饮酒之礼成为主要用于向朝廷贡士（荐送士人参加科举）场合的送行礼，是一种尊礼贤能之礼。《新唐书·礼乐志九》谓："州贡明经、秀才、进士、身孝悌旌表门闾者，行乡饮酒之礼。"玄宗开元二十五年（737）敕："应诸州贡人，上州岁贡三人，中州二人，下州一人，必有才行，不限其数。其所贡之人，将申送一日，行乡饮酒礼。"[4]其礼，皆州"刺史为主人……贤者（被贡举者或被旌表者）为宾，其次为介，又其次为众宾，与之行礼，而宾举之"。宾、介、众

①《后汉书·礼仪志上》。
②《晋书·礼志下》。
③《唐会要》卷二十六，《乡饮酒》。
④《唐会要》卷二十六，《乡饮酒》。

宾，都是典礼要尊礼的对象，宾、介是接受尊礼的正副代表。唐志所记仪节极为复杂，然其用意无不在突出地方长官对贤者的尊礼，以劝民众，以厚风俗。此外，唐代每年十二月的"正齿位"之礼，亦是乡饮酒礼之一种。此礼中，"县令为主人，乡之老人年六十以上有德者一人为宾，次一人为介，又其次为三宾，又其次为众宾。年六十者三豆，七十者四豆，八十者五豆，九十及主人皆六豆。宾主燕饮，则司正……乃扬觯而戒之以忠孝之本"①。这些地方长官亲自主持的尊礼贤才、尊礼长老的礼仪，正应视为当时教化行政活动的重要部分。

五代后唐时亦有制度，"举人常年荐送，先令行乡饮酒之礼"。当时曾"令太常草定仪注，颁下诸州预前肄习"②，也就是让太常寺将乡饮酒礼的具体仪式编定成规，发给天下习用。这实为颁发一种特殊的行政程序法规。

明太祖洪武十六年（1383）令颁《乡饮酒礼图式》于天下，规定"每岁正月十五日、十月初一日，于儒学行之"，民间里社亦行此礼。明代此礼仪，似不是为贡士举贤而用，亦非主要为"正齿位"序乡民长幼尊卑而用，主要是为宣传忠孝之道而举行的一种讲道仪式。明制特别强调仪式中"司正"（司仪官）举觯（杯）致辞，其辞文都是朝廷统一制定的："恭惟朝廷，率由旧章，敦崇礼教，举行乡饮，非为饮食。凡我长幼，各相劝勉，为臣竭忠，为子尽孝，长幼有序，兄友弟恭。内睦宗族，外和乡里，无或废坠，以忝所生。"这表明，乡饮酒礼所要实现的是综合教化的目标，不仅仅是序尊卑、别长幼、劝人敬老。乡饮酒礼已成为直接的教士教民的说教仪式，从前那种尊老敬贤的示范表率意义反而退居其后。明制还特别规定，"有过之人俱赴正席立听"，以接受

---

① 《新唐书·礼乐志九》。
② 《五代会要》卷四，《乡饮》。

　　　　明刑弼教：中国法律传统的基本精神

教育。洪武二十二年（1389）又命"凡有过犯之人列入外坐，同类者成席，不许杂于善良之中，著为令"①。这种使有过错者到乡饮酒席间受教育，是从前没有的。这是明制的特点。为保障这种特殊的礼仪式教化行政能有效施行，《大明律·礼律》专门规定了罚则："凡乡党叙齿及乡饮酒礼，已有定式，违者笞五十。"

　　清代的乡饮酒礼，与明制相同，主要是直接教化仪式。除"司正"致一通劝人忠孝信义的致词外，还特别强调"读律令"的程序。仪式中专设读律官，生员任之。至读律时，众生员均北面"起立旋揖"，恭听律令。这里的律令，当然不是真的律令条文，而是朝廷统一制定的专用于此仪式的戒条："律令：凡乡饮酒，序长幼，论贤良，别奸顽。年高德劭者上列，纯谨者肩随，差以齿。悖法俌规者毋俾参席，否（则）以违制论。敢有哗噪失仪，扬觯者（司正）纠之。"②在清代，由于这种仪礼变成了一种经常性的教化行政程序或活动，故将乡饮酒礼中的宾、介、众宾定为常设职务，成为专职或兼职乡官，总名曰"乡饮耆宾"，其选定后姓名籍贯均造册报礼部。若有过犯，则报部褫革其职，并处罚原举之官。③为保障这种行政的严肃性、权威性，《大清律·礼律》亦做了与大明律一样的规定，并专为乡饮酒定了两条"拟罪条例"。条例特别规定："乡党序齿，士农工商人等平居相见，及岁见宴会揖用之礼，幼者先施。坐次之列，长者居上。如佃户见田主，不论齿叙，并行以少事长之礼"；"乡饮坐叙，高年有德者居于上……以次序齿而列。其有曾违条犯法之人列于外坐，不许紊越正席，违者照违制论。主席若不分别……依律科罪"。

---

　　①《明史·礼志十》。
　　②《清史稿·礼志八》。
　　③《清会典事例》四六，《礼部·乡饮酒礼》。

（四）尊奖孝弟力田、孝义节烈之制度及惯例

向朝廷推举孝悌勤耕有德行者，由朝廷予以奖赏或任用，这种制度可能始自《周礼》。《周礼·地官司徒》谓周制"三年则大比，考其德行道艺而兴贤者能者"，是每三年于人口普查中举贤能一次，又谓"族师"每年要"书其孝弟睦姻有学者"向上报告，可能会有相应的奖赏或任用。

汉代开始将尊奖孝弟力田者作为经常性制度，并使这种制度成为中国传统行政中用以教民正俗的一项重要制度。汉惠帝四年（前191），始令"举民孝弟力田者，复其身"，这是最早以免除徭役来奖励人民孝悌勤耕。文帝十二年（前168），"遣谒者劳赐孝者帛，人五匹；悌者、力田（者），人二匹"。这是专派特使巡回慰劳奖赏孝顺父母、悌敬兄长、勤耕勤织的模范百姓。评选孝弟力田者，不仅仅是给荣誉称号，还是在选举有劝导农桑责任的乡官。高后元年（前187），"初置孝弟力田二千石者一人"。每郡国以孝弟力田为条件选拔一人为劝农官，秩二千石，与太守相等，可谓尊崇至极。文帝十二年又令曰："力田，为生之本也，其以户口率置孝弟、力田常员，令各率其意以道（导）民焉。"武帝元狩六年（前117）曾遣博士官巡行天下，"谕三老，孝弟以为民师"。这时的孝弟、力田是按户口比例设置的乡官"常员"，有导民、教民之责。正因为既是荣誉，又是乡官，所以朝廷才要经常赏赐孝弟力田邑酬劳之。自文帝到哀帝，直至东汉时期，均有以钱、帛、爵赏赐孝弟力田者之记录。如文帝十二年（前168）、文帝后元七年（前157）、武帝元狩元年（前122）、宣帝元康元年（前65）、元帝初元元年（前48）、成帝建始元年（前32）、哀帝即位（前2）均有"赐"或"加赐""劳赐"孝弟力田者之记录。①宣帝神爵四年（前58）、成帝建始

---

①以上分别见《史记》《汉书》各帝纪。

三年（前30）、河平四年（前25），有赐孝弟力田者爵位之记录，有时"赐爵二级"，有时"以差赐爵"。^①此外还有多次赏赐之记载，相当频繁，有时一帝在位四五年间竟赏赐两三次之多。这种经常性赏赐，显然一是作为对模范良民的奖赏，二是作为对这种劝农教民乡官的工作报酬。其作用当然主要在前者。这种全国性大规模的颁奖活动，一年一次或两三年一次，其对民间风俗的影响是可想而知的。此外，汉代还直接举孝弟力田者任官吏，如宣帝地节四年（前66），诏"郡国举孝弟有行义闻于乡里者各一人"，听候任用。^②以做官为奖励劝勉，其导民风俗的作用更不待言。汉代也开始奖赏贞妇，如平帝时复贞妇，乡一人。但此举在当时不多见。

南北朝时期亦相当重视奖尊孝弟力田、孝义、贞节者。

北周孝闵帝元年（557），遣使巡行四方，观风省俗，其中一项即是检查"孝弟贞节不为有司所申"之情形。宣帝宣政元年（578），遣大使巡察诸州，诏制九条，宣下州郡，其中特别责使者将"孝子顺孙，义夫节妇，表其门闾，才堪任用者，宜即申荐"。^③

南朝宋时，有在乡里评选"望计""望孝"之制，大约是评选民间笃行孝道而有名声者，加以尊崇之。^④宋时开始有了旌表孝义之制。文帝元嘉年间，会稽人贾恩夫妇在"邻火所逼"时为奔救停于家中的母亲灵柩，均被大火烧死，"有司奏改其里为孝义里，蠲租布三世，追赠（贾）恩（为）天水郡显亲县左尉"。^⑤南豫州人董阳三世同居，合族亲睦，"外无异门，内无异烟"，文帝特诏榜其门曰"笃行董氏之闾"，

①《汉书·黄霸传》，《汉书》宣、成帝纪。
②《汉书·宣帝纪》。
③《周书》之《孝闵帝纪》《宣帝纪》。
④《宋书·郭世道传》。
⑤《宋书·贾恩传》。

并免一门租布。[1]庐江人何子平，"居丧毁甚"，被旌赏。[2]宋时还经常以免赋役来表彰和鼓励百姓孝义，如山阳人严世期"好施慕善"，文帝令表其门"义行严氏之闾"，复其身徭役，蠲租税十年。[3]盱眙人王彭兄弟卖身葬父，朝廷旌表其里，并蠲租布三世。[4]晋陵人余齐民，父死，"号叫殡所，须臾便绝"，活活哭死，有司奏改其里为"孝义里"，蠲租布，赐其母谷百斛。[5]宋时还以任用孝义力田者为官吏来劝导风俗。文帝元嘉八年（431），诏郡县宰"若有力田殊众，岁竟条名列上"。孝武帝大明四年（460），令举"力田之民，随才叙用"。明帝泰豫元年（472），永兴人郭原平孝义有名，太守奏表朝廷曰"宜举拔显选，以劝风俗"，遂举为太常博士。[6]对已故的有德行者也可以赠官号褒奖，如前引文帝时追赐贾恩为县尉。又如可赠以"孝廉"名号（既为荣号，亦为预备官或勋官资格）。文帝时，安成人王孚"有学业，志行见称州里"，不幸病故。国相（相当于郡守）沈劭赠其"孝廉"名号，并作"板教"（大概是宣传牌板）宣布乡里："前文学主簿王孚，行洁业淳，弃华息竞，志学修道，老而弥笃。方授右职（可能指刚刚授主簿职），不幸暴亡，可假孝廉橄，荐以特牲。"[7]以官方宣传牌板将地方长官对孝义异行者的表彰公布，用以教育百姓，这可以视为实实在在的行政活动。

南朝齐时，亦有选拔孝弟力田任官或授爵之举，亦常免孝义节贞者税役。[8]齐时开始有经常性旌奖节妇之举，会稽单氏、晋陵赵氏、义兴

①《南史·董阳传》。
②《宋书·何子平传》。
③《宋书·严世期传》。
④《宋书·王彭传》。
⑤《宋书·余齐民传》。
⑥《宋书·文帝纪》及同书《孝武帝纪》《郭世道传》。
⑦《宋书·自序》。
⑧《南齐书·武帝纪》。

明刑弼教：中国法律传统的基本精神

黄氏均以"夫亡不嫁"而诏蠲租赋。①旌奖累世同居的孝义家族之事亦大大增多。齐高帝时，义兴陈玄子"四世一百七十口同居"，武陵郡邵荣兴、文献叔八世同居，均"诏表门闾，蠲租税"。②梁、陈二代情形略同，而褒奖百姓自毁以行孝节者尤甚。③

隋唐时期，奖孝节制度更加完备。隋时，"孝子顺孙义夫节妇，并免课役"。唐制亦有此种免役规定。唐时"孝弟旌表门闾者，行乡饮酒礼"，刺史为主人，设宴仪，以被旌表者或其子弟为首宾，极尽奖崇之仪，其用意显然在劝导百姓以其为榜样。④据《旧唐书·食货志上》载，为了鼓励孝义之家，玄宗天宝元年（742）曾敕令，"户高丁多"之家，以五丁免一丁、十丁免二丁的比例免赋役。代宗广德元年（763），又诏一户之中，三丁赦（免）一丁，即每三丁免一丁之课役。这样做乃是为了"令同居共籍，以敦风教"。《唐大诏令集》卷八十载，太宗贞观三年（629）曾下诏"其孝义之家，赐粟五石"。唐时虽科举取士，但仍保留"举孝廉"之制，太宗时即举孝廉，经太宗亲自面试授职。宝应二年（763），代宗令依"乡举里选"旧制"察秀才孝廉"，每州每岁举孝廉，"取在乡闾有孝悌廉耻之行（者）荐焉"，要有司以礼待之，"试其所通之学，量行业授官"，并一度废明经进士科举。⑤

宋以后历代褒奖孝义之制大同小异。宋仁宗时，河中府民姚栖云十世同居，孝友闻名。仁宗诏加优赐，旌表门闾，赐其乡曰"孝悌"，其社曰"节义"，其里曰"敬爱"，免其家徭役。神宗时，资阳人支渐孝亲极甚，居丧哭哀过制，自残自毁以示哀痛，神宗闻之，诏赐粟帛，

---

① 《南齐书·韩灵敏传》。
② 《南齐书·封延伯传》。
③ 参见《南史》荀匠传、张昭传、张景仁传、崇俨传；《梁书·韩怀明传》。
④ 《隋书·食货志》，《新唐书·礼乐志九》。
⑤ （宋）王溥：《唐会要》卷七十六，《贡举中》。

付之史官立传，后又旌表门闾，任为学官。①元成宗大德年间（1297-1307），数度诏"孝子顺孙曾旌表有材堪从政者，保结申明，量材任用"，"义夫节妇孝子顺孙，实以闻，别加恩赐"。②清代，各府州县均建有"忠义孝弟祠"和"节孝祠"，祠外建大坊，应旌表者列名坊石，死老列位祠中，春秋致祭。朝廷颁银三十两，曰"建坊银"，听其本家为其建坊。事迹格外突出者，皇帝亲"赐诗章匾额缎匹"。③此外，清代的府、州、县、乡设"名宦祠"或"乡贤祠"，崇祀"品行端方学问纯粹""政绩彰著"的宦人名士，其旨亦在教化乡里之俗，使民由崇贤而敬长行孝。④

中国古代在进行此种教民正俗行政时，有时也注意适当把握孝义之度，限制百姓以反人道的方式行孝。五代后梁时，"诸道多奏军人百姓割股（奉亲），青齐河朔（等州）尤多"，以此矜夸行孝，亦为逃役。梁太祖认为："此若因（真）心，亦足为孝。但苟免徭役，自残肌肤，欲以庇身，何能疗疾，并宜止绝。"⑤于是下诏禁止割股行孝。这里禁止自残行孝，完全是从国家赋役需要出发。但到游牧民族入主中原的元代，就可能主要是从人道的角度禁止自残行孝了。元代法律明确规定："诸为子行孝，辄以割肝、刲股、埋儿之属为孝者，禁止之。"⑥这相当可贵。但也可能仍有担心国家会减少役丁税民的考虑。

（五）其他教化制度和惯例

除以上四者之外，中国古代教民正俗之行政中还有很多值得注意的制度或惯例。

---

① （宋）江少虞：《宋朝事实类苑》卷五十三，《忠孝节义》。
② 《元典章》卷二，《圣政》一。
③ （清）《礼部则例》卷四十八，《旌表孝义贞节》。
④ （清）《礼部则例》卷四十七，《祀名宦乡贤》。
⑤ 《旧五代史》卷三，《后梁太祖纪》三。
⑥ 《元史·刑法志四》。《元典章》卷三十三《礼部六·孝弟》中也有详细规定。

《周礼·地官司徒》有"司徒以十二教教万民"之制度："一曰以祀礼教敬，则民不苟；二曰以阳礼教让，则民不争；三曰以阴礼教亲，则民不怨；四曰以乐礼教和，则民不乖……"其具体程序，今均不知。又有"使万民观教象""施教法于邦国都鄙"之制，具体情形不详，但可以肯定为道德教化之制。《礼记·王制》有"天子五年一巡守"和"命太师陈诗，以观民风；命市纳贾，以观民之所好恶"之制。至于小司徒"徇以木铎"戒群吏、乡师"以木铎徇于市朝，以岁时巡国及野"的制度，可能都是巡回道德教化、宣传警戒之形式。后世遣使者观省风俗、传扬教化之制，可能就源于周礼的"木铎循行"之制。至于"司谏""司救"，则显然是教化（兼惩恶）专官。如司谏"掌纠万民之德而劝朋友（劝其实行孝友之道），正其行而强之道艺，巡问而观察之"；司救亦有"以礼防禁而救之（民）"，进行"三让（责骂）"之职责。《礼记·王制》谓"司徒修六礼以节民性，明七教以兴民德，齐八政以防淫，一道德以同俗，养耆老以致孝，恤孤独以逮不足，上贤以崇德，简不肖以绌恶"，列举了当时教化制度中的具体教化科目。为了制止淫侈之风，《礼记·王制》还特别规定："执禁以齐众，不赦过。圭璧金璋，不粥于市；命服命车，不粥于市；宗庙之器，不粥于市……锦文珠玉不粥于市，衣服饮食不粥于市。"这都是为了营造节俭质朴的良好社会风尚。为了保障这种风俗行政的效力，《礼记》甚至主张"作淫声异服、奇技奇器以疑众（者），杀"。周时不知是否真有此制。

春秋时，管仲相齐，亦主张君主经常派使者到民间观风俗问疾苦，派大臣问事四方，除问孤寡贫苦外，还要特别询问："子弟以孝闻于乡里者几何人"，"余子父母存，不养而出离者几何人"，"乡子弟力田为人率者几何人"，"国子弟之无上事，衣食不节，率子弟不田弋猎者几何人"，"男女不整齐，乱（于）乡子弟者，有乎"，"人之所害于乡里者，何物也"……《管子·问》的这些记载，虽不一定是当时的真正制度，但其所开列的风俗察问项目，可能大大影响了后世观风俗使的职责范围。

汉代有经常派遣使者巡行天下、观览风俗、举贤察冤之制。如宣帝本始元年（前73），遣使者持节督郡国二千石"谨牧养民而风德化"。五凤四年（前54）又"遣丞相御史掾二十四人循行天下，举冤狱"。元帝初元元年（前48）遣大夫十二人存问孤寡，延登贤俊，"因览风俗之化"。[①]这种巡察，一方面是要了解各地长官教化治民之绩效，了解风俗民情，另一方面也直接向百姓宣扬教化，以图直接影响民风。汉代还注重禁止百姓奢侈逾制破坏风俗。高祖时令商贾不得衣丝乘车、乘骑马，成帝时诏令禁止"车服嫁娶丧葬过制"。[②]皇帝亦经常减乐减膳以劝民。

南北朝时期亦常遣使观风俗。北魏高宗太安初年，遣使二十余人巡行天下，观风俗，视民所疾苦，督察守令。[③]南齐高帝建元元年（479），遣使十二人巡行诸州郡，观省风俗。齐海陵王延兴元年（494），诏遣大使巡行以观风俗。[④]梁武帝天监元年（502），遣内侍"周省四方，观政听谣（从民谣、童谣知民心民俗），访贤举滞"[⑤]。北周孝闵帝元年（557），遣使巡行四方，"省视风俗，以求民瘼"。其诏书明确要求使者们调查了解的项目有：五教何者不宣？时政有何不便？得无修身洁己、才堪佐世之人而不为上所知，幽辱于下之徒而不为上所理，孝义贞节不为有司所申……[⑥]周武帝建德六年（577），遣使者"观风省俗，宣扬治道"。宣帝宣政元年（577），遣使巡诸州，以

① 《汉书》之《宣帝纪》《元帝纪》。
② 《汉书·食货志》及《成帝纪》。
③ 《魏书·食货志》。
④ 《南史》之《齐高帝纪》《齐海陵王纪》。
⑤ 《梁书·武帝纪》。
⑥ 《周书·孝闵帝纪》。

"诏制九条"察民事，其中有旌表任用孝子顺孙、义夫节妇及访贤举滞等。①南北朝时亦强调地方长吏教化民众之职责。如西魏时，苏绰为文帝拟《六条诏书》，作为地方长官工作职责，其中第二条是"敦教化"，特别强调"牧守令长"们"上承朝旨，下宣政教"的使命，具体要求他们对百姓"教之以孝悌，使民慈爱；教之以仁顺，使民和睦；教之以礼义，使民敬让"②。此外，南北朝时亦曾以禁奢侈为教化风俗行政的一项重要内容。如南齐武帝时曾屡诏禁止婚丧之礼奢侈浪费，下令禁止"膳羞方丈，有过王侯""吉凶奢靡，动违矩则"的恶风，申令"如有违者，绳之以法"，"可明为条制，严勒所在，悉使划一。如复违犯，依事纠奏"。③北周时，"禁天下妇人皆不得施粉黛之饰"，唯宫人可以加粉黛，又常令军民"以时嫁娶，务从节俭，勿为财币稽留"。④

唐代亦曾派观风俗使巡行天下。贞观八年（634），太宗遣萧瑀、李靖等十三人分巡各道，"延问疾苦，观风俗之淳浇，察政刑之苛弊"。武则天时曾常命遣左右（御史）台"分巡天下，察吏人善否，观风俗得失"。玄宗时，形成了"每三年，朕当自择使臣，观察风俗"之制。⑤唐制还规定："诸州刺史每岁一巡（行）属县，观风俗，问百姓……谕五教。"⑥

明清，皇帝颁大诰或圣谕，将极为琐细的教化事宜颁宣天下，并强迫百姓恭读记诵这种特殊的教化法令，这是当时风俗教化制度的一大特色。如明太祖制《六谕》《大诰》，不厌其烦地劝诫臣民"父子有亲，君臣有义，夫妇有别，长幼有序，朋友有信""事君以忠""莅官以

①《周书》之《武帝纪》《宣帝纪》。
②《周书·苏绰传》。
③《南齐书·武帝纪》。
④《资治通鉴·陈纪》太建十一年；《周书》之《武帝纪》《宣帝纪》。
⑤《唐会要》卷七十七，《诸使上》，《诸使中》。
⑥《唐六典》卷三十，《三府督护州县官吏》。

敬""不犯国法"的道理。为了广泛宣传《大诰》，明太祖"令天下府州县民每里置塾，塾置师，聚生徒，教诵《御制大诰》"，并令"民间子弟于农隙时讲读之"。①清朝自顺治帝起即颁《圣谕六条》，康熙时增扩为《圣谕十六条》，其内容是："敦孝悌以重人伦，笃亲族以昭雍睦，和乡党以息争讼，明礼让以厚风俗，重农桑以足衣食，尚节俭以息财用，务本业以定民志，隆学校以端士习，黜异端以崇正学，讲法律以警顽愚，训子弟以禁非为，息诬告以全良善，诫窝逃以免株连，完钱粮以省催科，联保甲以弥盗贼，解仇怨以重身命。"雍正帝为其作注解，称《圣谕广训》。为了传诵《圣谕》及《广训》，清代专立宣讲《圣谕》之制，"每遇朔望两期，（州县长吏）务须率同教官、佐贰、杂职各员，亲至公所，齐集兵民，敬将圣谕广训逐条讲解，浅譬曲喻，使之通晓"②。

清代为教化治安之需，在全国各地基层普遍设立乡约所。乡约所亦是百姓每月朔望聚集讲诵《圣谕》及律条之所。设约正主之。乡约所设"善恶簿"，记载并奖惩乡人善恶。"约讲（主讲《圣谕》、律令之长者）与在事人及首领绅衿长老，各举某人行某孝、行某弟、作某善事、拯救某人患难、赒恤某人贫苦，或妇人女子某为节、某为烈，俱要实迹公同开载（于）劝善簿内。小善则约讲者亲诣其家而奖励之，大善则四季月终具呈，仍开造事实册结，投报州县。如某人行某忤逆不孝，其人行某悖乱不悌、作某恶事、欺凌某人、强占某人财物，及奸宄不法事，俱要实迹公同开载纠恶簿内。小过则约讲等传其父兄至所而戒饬之，大恶则于四季月终具呈，仍开造事实册结，投报州县"。然后，州县官择一讲读期，传集四乡约讲，村长、族尊代约讲者，大会一处。对所举报

---

① 《明太祖实录》卷二一四，卷一八二《洪武二十年五月》。
② 《钦颁州县事宜·宣讲圣谕律条》。

之恶者，于开报之时，立行差拘究惩，务于本处示众，或在讲毕后对众惩处发落，"使观者知警"，"仍书其所为榜于其门，俟有改过自新实迹（则）去之"。对于其所举荐的善者，于讲毕对众奖励，"花红酒果，鼓乐导送，或给匾旌表其门"。[①]

二、伦理的法律强化及其借鉴意义

以上简述古代中国精神文明建设的法制与惯例，虽名目繁多，且代有变化，但也有其一以贯之的价值。这种价值，可能超越特定时期、特定统治阶级的利益而具永恒意义，可资任何文明借鉴。这种价值的灵魂就是：以法律强化伦理。

任何时代、任何形式的文明或秩序均有其伦理。伦理是这一文明的灵魂或支柱。任何国家和民族的法律制度，实际上是为保障这种伦理贯彻于社会生活而存在，为保障这种伦理不受践踏蔑弃而存在。中国传统社会的法律，正是这一规律的典型代表。一方面以礼法不分、引礼入法、礼法合一的方式，将伦理的原则转化为法律条规；另一方面以出礼入刑、礼去刑取、德主刑辅的方式，即以法律去保障"礼"的威信和效力。这两个途径，对于强化伦理而言，特别是对于强化小农经济的宗法政治秩序的"亲亲尊尊"伦理而言，是相当成功的。

具体来说，通过对中国古代强化精神文明的种种法律制度与惯例的研究，我们发现：在中国传统政治中，伦理的法律强化，仅从道德教化或风俗引导角度看，主要有以下三个立足点或出发点。这三点已经具有超越当时特定历史背景的普遍意义。

---

① （清）黄六鸿：《福惠全书》卷二十五，《置善恶簿》。

（一）"仁教"即礼治之本教育对法治之本教育的借鉴意义

前节所述制度和惯例，泰半与敬老教育有关。乡官乡师例由年高德劭者充任，旨在树立年长者的权威以约束率导年少者。礼养高年，正欲率导人民以孝养父老为大事。乡饮酒之制，旨在序尊卑、别贤愚，导民敬老事老。奖励孝悌、节义，正是为劝导人民孝顺父祖。这种敬老养老事老的教育，根本目的何在？在于"仁教"。"仁"是儒家伦理的灵魂。《论语》曰："孝弟也者，其为仁之本欤！"《中庸》曰："仁者人也，亲亲为大。"《孟子》曰："亲亲仁也。"《国语》："爱亲之谓仁。"既然敬亲爱亲是"仁"的核心或根本，那么敬亲爱亲教育当然是"仁教"的根本。引导百姓敬爱父母进而敬爱一切可以视如父母的人，正是仁爱教育的宗旨所在。"仁者爱人"，儒家以"仁爱"为社会生活中人际联系的根本纽带。"不仁爱则不能群"[①]，没有"仁爱"就不可能有人类社会生活。为了强化这种纽带，就要特别强调以孝亲、敬长、尊老为核心的仁爱伦理。这种仁爱教育，是传统中国社会特有文明模式中的"文明之本"教育。这种仁爱教育，因其过分强调"爱有差等"及过分强调卑幼对尊长片面顺从的义务，[②]用今天的民主法治标准来看当然大可非议，但对于传统中国社会的礼治需要而言，却是正好吻合的，是成功的。简单地说，"仁教"是尊卑有别、贵贱有等、长幼有差、亲疏有别、贫富轻重皆有称的礼治之本的教育。本强则礼治强，本固则礼治固。

与"仁教"是礼治秩序之本相类，法治秩序也当有其本。法治秩序之本是什么？是"人道主义"。"人道"的灵魂与"仁道"相类，也是

---

① 《汉书·刑法志序》。

②《孝经·圣治》："不爱其亲而爱他人者，谓之悖德；不敬其亲而敬他人者，谓之悖礼。"《孟子·尽心上》："君子之于物也，爱之而弗仁；于民也，仁之而弗亲。亲亲而仁民，仁民而爱物。"过分强调单向爱亲敬长、爱有差等，必然导致践踏卑幼者、疏远者的人格乃至生命权之"不仁"情形，违背我们今日所认同的公平与正义。古代中国为何不能强调双向平等之爱和无差别之爱？那样到底损害了什么？

"爱人"。但是，"人道"之爱强调的是无等级差别的双向的爱，这是与"仁道"之爱有差异的。我们要建设法治秩序，必须格外重视这种"本教"即"人道"之爱的教育。我们也必须找到"人道"之爱教育的切入点，就像"仁道"之爱教育以"孝亲敬长"为切入点一样。这个切入点，我理解的，就是爱弱者，把弱者当人，使其与强者一样享有人应有的尊严、自由、权利，使弱者与强者尽可能平等。西哲曾谓"法治"正是为了保障弱者的权利，使其不被强食。因此，"人道"之爱强调的不是片面地发出"爱"的义务，而是适当约束自己的恶性害性而已。正直地生活，勿害他人，各得其所，就是这种"爱"的定义。这种以约束恶性、尊重弱者为核心的爱的教育，对于"人生而自由""权利天赋""人生而平等""主权在民""法律至上"的法治秩序而言，正是一种文明之本的教育。这，是我们从对中国古代精神文明建设的法制及惯例的省思中总结出的第一点启示或借鉴意义。不重视这种本的教育，仅仅忙碌于各种法治外表或形式的建设或教育，恐怕是难以达成法治的。

（二）礼仪潜移默化之功与法治社会需要的"法仪"

本章所述中国传统政治中的精神文明建设法制及惯例，基本上都是由礼仪构成的。我们可别小瞧了这些貌似繁文缛节的礼仪。礼仪对于一种秩序的作用，我们常常不够重视。实际上，我们所说的道德伦理常常是看不见摸不着的。我们看得见的，只是礼仪、态度。民风民俗是社会道德伦理的最主要载体，而风俗正表现为种种礼仪。礼仪潜移默化，把道德伦理灌输给人们（人们甚至还不自知）。没有这些礼仪，道德伦常便无法维持。"故昏（婚）姻之礼废，则夫妇之道苦，而淫辟之罪多矣。乡饮酒之礼废，则长幼之序失，而争斗之狱繁矣。丧祭之礼废，则臣子之恩薄，而倍（背）死忘生者众矣。聘觐之礼废，则君臣之位失，诸侯之行恶，而倍（背）畔（叛）侵陵之败起矣。故礼之教化也微，其正邪也于未形。使人日徙善远罪而不自知也。"①对于这一规律，中国先贤先哲们极为清楚，讲得最多。不但如此，西方法学家们也注意到了。孟德斯鸠就注意到了礼仪对于中国传统政治的重大作用："（中国的）立法者们把法律、风俗和礼仪混淆在一起……因此，他们制定了最广泛的'礼'的规则。……'礼'则防止把我们的邪恶暴露出来"，"中国人把整个青年时代用在学习这种礼教上，并把整个一生用在实践这种礼教上"，"礼教构成了国家的一般精神"。这些礼仪的每一个小小环节都关系着国家秩序的根本或灵魂："表面上似乎是最无关紧要的东西，却可能和中国的基本政制有关。……如果你削减亲权，甚至只是删除对亲权表示尊重的礼仪的话，那末就等于削减人们对于视同父母的官吏的尊敬了。……只要削减掉这些习惯的一种，你便动摇了国家。一个儿媳妇是否每天早晨为婆婆尽这个或那个义务，这事本身是无关紧要的。但是如果我们想到，这些日常的习惯（礼仪——引者）不断地唤起一种必须铭刻在人们心中的感情，而且正是因为人人都具有这种感情才构成了这一帝国的统治精神，那末我们便将了解，这一个或那一个特殊的义务（礼仪义务——引者）是有履行的必要的。"②孟氏对中国礼治的认识是相当深刻的。人称中国为"礼义之邦"，实际上，你能看到的只是"礼仪之邦"，不过"礼仪"贯彻着、体现着"礼义"。

　　在这一方面，法治社会实际上也有着与礼治社会一样的需要。在礼治社会，要人们从内心深处理解和接受礼义是困难的，但要人们模仿学习一定的礼仪则不难，三岁孩童也有可能。只要会仿行礼仪，并不强求心领神会于其中暗含的伦常本义。不管懂不懂，先这么练着，于是久而久之，伦常要求变成了人们的习惯。口不能言而身能行，终生不改。在

①《礼记·哀公问》。
②（法）孟德斯鸠：《论法的精神》，商务印书馆1961年版，上册，第312—317页。

法治社会，你要求人民在每个环节都心领神会于法治的民主、自由、平等、法治、博爱之义是困难的。但是，我们能不能也借鉴古人的经验，用一套"法仪"来体现和贯彻法治之义呢？"法仪"是墨子的用语，我是反其意而用之，我用此词指代法治所必须依赖的种种仪式。事实上，自法治这种秩序开始萌芽以来，法仪就有了。或者说，法治是从一定的法治之仪开始试行的。比如在古希腊古罗马时代的"公民大会""贝壳放逐""陪审制""保民官制""广场表决"等早期法治制度，都可以说首先必须具体体现为可以供人们操作的法治之仪。近现代以来的种种法治制度，其礼仪外观更加明显。比如总统就职宣誓忠于国民和宪法之仪式，法庭上对宣判前"推定无罪"的被告设定的一切仪式，权力分立制衡体制下国会对行政官、司法官行使同意权仪式，国家重大事宜的"全民公决"仪式，立法过程之"三读"仪式，人民在法庭上宣誓作证仪式，选举国会议员或人民代表的种种象征"人民作主"的仪式等等，虽是法定程序，但看上去更像仪式，与古代中国的重大典礼仪式（如封禅、祭天、祭孔等大典或大礼仪）相类似。正是因为有了这些法仪，我们的法治之义才得以承载和贯彻。设若无此类法仪，法治灵魂在哪里寄托或安顿？国家对于人民的法治教育，正应从此类礼仪式"法仪"训导出发。不管你懂不懂法治之义，先让你练习仿行法治之仪。先这么练着，久而久之，法治之义就像古时伦理纲常一样不知不觉地深入人们的血脉和骨髓：口不能言，而身能行。

在这一点上，可惜我们没有创造性地继承和发扬中国"礼仪化育"的传统。我们在讲"法治"或"依法治国"时，过分地强调人们知法守法，要求人们弄懂法的内容和精神，自觉实践法的实质或内容，而很少鼓励人民注重和演练法仪即法治必须的仪式、程序，常常有意无意地在反对"形式主义"的旗号下贬低程序、仪式的作用和意义。这不仅废弃了传统的精华，甚至也违背了西方传来的法治之本旨。西人讲法治特别注重仪式，跟我们古人讲礼仪一样，西人常讲"通过程序实现正义""无正当程序即无正义"，我们却不曾真的理会。美国法学家威廉·道格拉斯说："正是程序决定了法治与恣意人治之间的基本区别。"美国另一法学家F·福兰克弗特说："自由的历史基本上是奉行程序保障的历史。"①我们几时能真正理解这些"程序正义"箴言？这些法治的"正当程序"，就是我所谓的"法仪"。无法仪难有法治。这是我通过对中国传统精神文明建设之法制与惯例省思后得出的第二点认识。

（三）礼治的"朴教"与法治所需的"朴教"

传统中国的精神文明建设法制及惯例给我们的另一深刻的印象是：它所进行或保障的是一种"返朴归真"教育，我们可以称之为"朴教"。乡官教导也好，三老教化也好，乡饮酒中的褒贬也好，礼高年也好，崇奖孝义力田节烈也好，其宗旨统而言之，都是教人老老实实、淳淳朴朴、规规矩矩，而不是教人民变得更加聪明机智、油滑善变。这种教育，是一种培养"礼治良民"的教育。这种教育培养出来的人，其实正是《韩非子·六反》所主张的"法教"培养出来的"寡闻从令"的"全法之民"、"力作而食"的"生计之民"、"嘉厚纯粹"的"整谷之民"、"重命畏事"的"尊上之民"和"挫贼遏奸"的"明上之民"。儒家实际上正是要培养这样的傻乎乎的"刚毅木讷"的"礼呆子"式的良民。培养这样的"良民"是否合乎正义，我们暂且不论。但是，我们会发现，你要建成一种政治秩序，非得培养作为这一秩序的主要体行者的"良民"不可。礼治要求有一大批"礼治良民"为中坚，为土壤，为实践主力。法治亦然。法治需要一大批"法治良民"为土壤、

---

①转引自季卫东《法治秩序的建构》，中国政法大学出版社1999年版，第4页、第8—9页。

骨干、中坚。如果人们都是精明的"乡愿之民"，都是不相信这种秩序及其原理的"巧言令色"之辈，一种政治秩序就无法真正形成。没有千千万万老老实实信奉礼教的良民，中国古代的礼治如何实现？若都是些"满口仁义道德，一肚子男盗女娼"之辈，哪有什么礼治秩序？同理，在现代社会，不造就千千万万真的相信法治背后平等、自由、权利、博爱、法律至上的"良民"，法治秩序就不可能建成。若人民都是虽口谈法律但背后都以违法为能事、以获取法外特权或法外利益为本事的"精明人"，哪里还可能有法治秩序？ 所以，我们的法治理想同样要求在国家政治、社会生活中推行一种与昔时礼教类似的"朴教"，要能培养千千万万笃信法律、虔诚守法、信法为真的"法呆子"。中国古代常有为捍卫礼之义敢于跟皇帝、高官较真的书呆子（"礼呆子"），也有"呆子"携舆论之威"赢了"的事例；西方法治国家常有为捍卫"法"之"义"而与元首、总理较真的"法呆子"，结果常常是"呆子"们赢了。国家让这样的"法呆子"多赢几次，就能让法治的"朴教"逐渐得到推行，国家的法治就能逐渐发展。这是我们反省中国传统道德教化法制和惯例后获得的第三点启示。

第十六章

明清市井小说与民间法律观念

在过去数千年传统中国社会里，广大民众对法律现象的认知，与士绅官吏们不尽相同，或者说有不同的侧重点。这些民间法律观念，由于很少有人记录，所以今日想整理或总结一下也相当困难。大众的法律观念，只会在浩如烟海的史籍中偶存，比如通过民谣、谶语、变文、传奇、话本、野史、小说中的一两句话语，不经意反映民众的法律观念。明清市井文学特别是公案小说，应是民间法律观念较为集中的体现。明清公案小说，大多以唐宋以后司法活动为背景，大量记录民众对法律和司法的认识；"三言二拍"等反映市井生活的小说，也反映了封建社会末期的底层法律观念。不过，即使是这些文学记录形态，有时也令我不能不怀疑：村夫野妇的言行，常反映或体现着朝廷倡导的法律观念或思想，常与大人先生们的法律观一致，不一致的只是极少数。虽然，不是说只有与官方不一致的才是真正的民间法律思想，但必须看到：即使是市井文学作家，也常不自觉地以"道德教化"为宗旨。他们这样做，也许仅仅是为了增强其书（作品）的"合法性"，以防被官方视为"淫书""乱书""逆书"。不过，即使如此，某些"底层的""不太高尚的"法律观念还是动辄流露出来。在本章，我们仅以中国封建社会晚期的一些民间文学、俗文学作品中直接或间接流露的法律观念，来分析古代中国民间法律观念的一些基本特征。

一、国法即王法

在中国传统社会里，"圣人作法""王者制法""圣贤制作礼乐制度"之类的观念，不仅仅是士绅和官方的正统观念，这些观念也深深地种入了民间。

在中国传统社会的小民百姓看来，法律不过是统治者（君王）的旨意、命令。国法就是王法。这些王法，或由皇帝本人"金口玉言"降立，或由皇帝的大臣们拟定，或者由皇帝承继自先朝先代圣君明主。无论如何产生，民众们都知道，那是"主人"立规矩，用以管束"子弟奴仆"的，其制定过程是不必征求被管束者的意见的。一般认为，违法犯罪，不过是悖逆了统治者的旨意，很少强调是违背了正义和公道。因而，小说中基本看不到犯罪人自省罪恶的描述或关于罪恶感的心理描述。

"王法无情"，在明清小说中我们常常可以看到这样的警语。《包公案》《海公案》《刘公案》《彭公案》《施公案》等公案小说中，我们常可以看到这样的场面——老爷拍下惊堂木时吓唬被告或证人："王法无情！从实招来（或从实讲来），免受皮肉之苦！"百姓在面临诉讼时也常互警："王法无情，还是实说为好！"这些反映人们的一种潜在观念：王法即王家之法，百姓必须服从。古时民众心目中并没有一种代表全民公意（至少多数人意见）的法律概念。与此相关，民间文学作品中还常见"不犯王法""动用王法""王法如山""你难道不怕王法么"之语，都反映了这种观念。

与这种观念相关，明清俗文学中有很多特点值得注意。

一是奉君王之命执行法律的官吏，在百姓眼中地位极为尊崇。百姓见官，口称"老大人""老父台""大老爷""老公祖"；连官府的差役，也常被呼为"上差""大爷"。这反映了人们对王法的畏惧，朝廷官吏被视为王法的化身。

二是官吏可以独断专行，俨然君王。其所言所行，均代表王法。他们可以在公堂上对被告动刑逼供，可以对证人用刑逼证。甚至还可以对原告用刑，对受害人用刑，以逼其讲真话。甚至还可以动用刑具，督促差役办事。更有甚者，还有对公堂审案的围观民众罚款以救济原告。还可以在公堂上为案件当事人或涉案人主婚，为案件中的某些角色上"教育课"，为其策划立嗣收养之事，真是无所不管，无所不能，随心所欲。这种情形，虽不一定是历史真实，但在民间文学中广为流传，甚至传为美谈，的确可以反映民间的"王法"观念：王法无所不能，朝廷命官无所不能。①

三是冒犯法律和官吏被视为犯上作乱、冒犯君王。明清小说中，凡犯法律者，皆被视为"不臣之民"。特别是绿林好汉，常被视为对皇帝个人的挑战。对这种"不臣之民""乱臣贼子"，当然要剿灭或招安，不能容其损害君王权威和尊严。藐视或侵犯朝廷命官者，也被视为"造反"："你敢咆哮公堂、藐视本官，难道想反了不成？"这样的问话能让胆子还没有大到"包天"地步的人马上软下来，因为抗官即如家奴逆主，理论上讲是无条件地构成罪过的。

---

①关于以上特征，例证甚多，恕不赘举。请见《施公案》，宝文堂书店1990年版，第43页、第63页；《三侠五义》，中州古籍出版社1996年版，第59—60页；《喻世明言》下册，陕西人民出版社1985年版，第608页；《警世通言》，陕西人民出版社1985年版，第538页；等等。

二、法律与天理

法律即王法，这是古时民众的一般观念，但这仅是就法律渊源和形式而言。从实质意义上讲，古代民众还承认，国家法律，在一般情况下，特别是在合乎民心、民情的情况下，就代表着天理。从这个意义上讲，法律就是天理。当然，人们在屈于威势不能不服从某些恶法之时，不一定会这么想。

"天网恢恢，疏而不漏""天理昭昭""触犯天条""天理难容""伤天害理""无法无天"……这些用语，在明清市井小说中极为常见。"天网"即法网，即法条织成之网，犹如天理、天法织成的神异巨网。"无法无天"的背后语义就是"无法无天理"，即藐视天理。"难道不怕天理么？"这是人们常说的一句话，含有犯法即悖于天理之意。所以，司法活动被认为是天理所系："培阴骘（德）、灭天理，皆在于此，不可不慎也。"①与这种观念相关，明清公案小说所反映的大众法观念有几点特征极值得注意。

一是视刑罚为天罚、天报。当刑罚用得正确，的确惩处了当惩之恶人时，小说多以"天网""天罚""天报"比喻之。获罪于天，无所祷也，儒家此种观念深入民间。触犯天条、藐视天理者，必遭惩罚，无有脱逃者。即便逃得过一时，也逃不过永远。如《喻世明言》之《游酆都胡母迪吟诗》一篇中，即借书生胡母迪游鬼域（地狱）所见所闻，宣传了这种观念。甚至有今世不报，隔十余世方报的解释。这除了佛家因果报应观之外，也反映了民间之"天不可欺"之观念："王法昭昭犹有

---

① （清）蒲松龄：《聊斋志异·冤狱》，异史氏（蒲松龄）评语。

漏，冥司隐隐更无私。"①

二是将因果报应观念用于司法领域。种下恶因者，必有恶果。善有善报，恶有恶报，不怕不报，时候未到。在《警世通言》的《计押番金鳗产祸》一篇中，杀人犯周三与庆奴虽费尽心机伪造证据、制造假象，四处躲避搜捕，浪迹天涯多年，但仍然如鬼使神差般不断暴露形迹，最终落入法网，受到应有惩罚。他们"把眼睁开，今日始知天报近"，"正是明有刑法相系，暗有鬼神相随。道不得个：善恶到头终有报，只争来早与来迟。"②这的确反映了民众的一般法律观念或愿望：作恶者必有（当）恶报。

三是司法中常有神灵启示或帮助。这反映了民众的一种普遍认识：除暴锄奸、惩恶抑顽，乃正义事业，应当受到天（神）的帮助；天（神）以冥冥之中不可捉摸的某些方式参与司天之法、行天之罚。比如包公断狱，常借助夜里神人托梦、亡灵托梦；施公断案时，常遇黑犬闯堂告状、水獭告状、风掀轿盖、瓢鼠共现等现象，由此获得神启而破案。这些奇梦、动物行为或其他现象，被认为是受神意驱使。天神法力无边，天理昭昭不可泯，都通过这种"戏无法，出菩萨""一筹莫展，鬼神相助"的方式体现出来。③

四是经常直接借助神明裁判。古代民间文学中关于神明裁判的记述甚多，或借助有灵性的兽类辨认良恶，或借助鬼神背书、油锅捞物、趟火海、投河等方式识别真犯，或者求神问卜以决断疑案。这些记述，也反映了旧时民众的普遍观念：当证据不足、疑案难决时，只能借助神灵

---

① 《喻世明言》下册，陕西人民出版社1985年版，第479页，如云秦桧欺天，后世子孙不旺即为天报。
② 《警世通言》上册，陕西人民出版社1985年版，第273页。
③ 《三侠五义》，中州古籍出版社1996年版，第35—37页；《警世通言》，上册，陕西人民出版社，1985年版，第177页；《施公案》上册，宝文堂书店1996年版，第62页，第55—58页，第16页。

的洞察力。即使神灵裁判的结果与人们想象（判断）有异，也只归因于被告也许有不为人知的罪恶被神掌握了，理当如此。请神异出来断案，直接反映了人们对法与天理关系的认识：天理昭昭、天网恢恢，只有神（天）不会弄错，不会冤枉好人。

三、法律与人情

"法不外乎人情"，中国传统民间社会对法律的一般认识，可以用此语简单地概括。不管官方和士绅把法律说得多么玄乎，老百姓几乎总是这么看的。他们认为，法律与人之常情应无矛盾，法律是一般人情的条文化。当僵硬的法条与道德舆论发生冲突时，就应委屈法律以顾全人情、情理、民心民俗，这就叫"人情大于王法"。

这一点，中国古代贤哲早就注意到了，并予以高度重视。法家先驱管仲即特别主张"令顺民心"，"必令于民之所好而禁民之所恶。"①慎到主张："法，非从天下，非从地生，发于人间，合乎人心而已。"②《文子》主张："因民之性而为之节文；因民之所喜以劝善，因民之所恶以禁奸。"③汉代晁错主张："其为法也，合于人情而后行之。……情之所恶，不以强人；情之所欲，不以禁民。"④士大夫们的这种观念，正是对民间普遍潜在观念的高度总结，反过来又深深地影响着民间法律观念。

在中国传统民间社会的法律观念中，立法是一个总结"人情"、整

---

①《管子·牧民》。
②《慎子·佚文》，又见《文子·上义》，《淮南子·主术训》。
③《文子·上义》。
④《汉书·晁错传》。

理并升华"人情"的过程，司法是"人情"在争讼事件中的演练，守法是以法律化的"人情"约束个人私欲的过程。这些观念典型地反映在明清公案小说、市井小说中。特别是从司法活动过程来看，传统中国民间一般观念是，国家司法必须处处体现人情、满足人情。以下仅就这些观念的具体表现分别说明之。

（一）司法应仗义行侠、除暴安良，此乃人情所共欲

在中国封建社会的民间文学或传说中，正直、公平的法官一般都被描述为有"公务员"身份的特殊侠客。从"尸生戮死"的晋国大夫叔向、大义灭亲的墨者腹䵍和卫国大夫石碏、自杀以谢罪（放纵犯杀人罪的父亲逃逸之罪）的楚国理官石奢、执法无私的汉廷尉张释之和于定国，到奉法为公敢于谏阻君王废法擅断的隋唐著名法官赵绰、狄仁杰、李乾佑、戴胄、徐有功，到宋元明清著名的执法如山、廉洁无私的法官包拯、海瑞、彭友仁、刘墉、施仕伦等，在民间文学和传说中，都是摧折豪强、扶护小民、替天行道的特殊侠客，受到民间经久不息的赞誉。他们与一般侠客的唯一不同在于：他们有国家官吏身份，利用国家正常授予的权力，用他们的笔杆（做出判决）去抑强扶弱、伸张公道。而其精神、志趣甚至处世风格都与民间侠客一致。在这些民间文学作品中，清官们的形象一般是：同情贫弱，怜悯孤苦，敢于摧折豪强权贵，有强烈的正义感；发现冤屈之事，不管职责之内还是职责之外，都敢管并真管；每办一案，为了洗冤惩恶，不管有多少险阻，一往直前，坚韧不拔，百折不回；办案中，不管有多少高官说情，甚至皇帝出面施压，都不改依法而断之初衷；为了摧折豪强权贵，有时甚至有意回避某些法定程序，以求快速果断判决（如"先斩后奏"等）……这一切，与一个"路见不平，拔刀相助""重然诺，轻生死""劫富济贫""抗官救民"的标准侠客形象是一致的。历史上的清官并非完全如此，但民间文学中几乎都做这样的描述，这反映了民间对司法、对法官的一般期望：法官应像侠客，司法就是仗义行侠，法官的笔杆应像侠客的长剑。

这种强烈的民间愿望，导致清代中叶以后出现一种特殊的民间文学现象：武侠小说与公案小说合流。这种合流现象，从前人们不得其解，觉得相当奇怪。①其实，我认为，其原因就应该从法官侠客化、司法行侠化的社会思潮或历史背景中去找。这一原因，又可以分为两个方面。一方面，法官和侠客都是封建社会里公正与正义的化身，是人们对传统社会秩序和机制最后的期望所在。在孤立无援的小民百姓眼里，清官是"明镜高悬"的青天大老爷，侠客是"替天行道"的好汉。当封建政治和社会生活腐败得几乎山穷水尽之时，人们只能寄希望于这点最后的光明。哪怕是画饼充饥、望梅止渴，总算还有一些梦想、一丝慰藉。社会政治越是腐败，清官文学和武侠文学越是发达，二者合流越是显著。另一方面，由于封建制度愈来愈腐败，社会愈来愈黑暗，清官在封建体制内已越来越难以用正常手段、正当程序实现公平正义，越来越难以依法惩治黑恶或官恶势力以护佑平民、为民申冤雪恨，故不得不借助法外的非程序化力量。这种力量，在明清民间文学中就表现为依附清官、有官府差役身份或虽无公差身份却志愿帮助清官办案的侠客。②

在《包公案》里，包公与展昭、王朝、马汉、张龙、赵虎是一个受人欢迎的侠客团体；在《施公案》里，施公与贺天保、黄天霸、关小西等人是一个侠客团体；在《彭公案》中彭公与李七侯等人，《刘公案》里刘公与陈大勇等人，都是官侠一体的团体。这些特殊的团体，

---

①如宝文堂书店编辑部在《施公案》1980年再版之"前言"中说："为什么古来的清官题材和剑侠题材小说在十八世纪的清代合流，这一文学现象是很值得研究的。"他们提出了这个问题，但并未解答。
②参见上海古籍出版社1993年版《彭公案》之"出版说明"。

不管历史上是否真的出现过，反正在老百姓心目中是存在的，或者是本该有的。他们用行侠的方式来司法，用司法的方式来行侠，这是他们的共同事业。这些民间文学中的走红角色，用共同的"官侠一体"方式，满足着中国封建社会平民百姓的最大愿望（民情）：除暴安良，维护公平公义。

（二）司法判决应依乎情理、顺乎人情

明清公案小说、市井文学，还通过特有的方式，表达了民间对司法的另一个期望：依乎情理、合乎情理。只有这样，才足以实现公道，实现司法的目的。在这些小说和其他文学形式中，司法活动几乎不须引据具体法律条文，极少有"法定程序"或"正当程序"的痕迹，只有青天大老爷在依情理任意处置，卖弄聪明和文才，并通过合乎民众口味、愿望的判决讨好舆论、博取名声。他们特别强调判决和处置必须合情合理而不一定要合法，这是最典型的。这一方面，明清民间文学有许多笔墨涉及。这主要有以下几个方面的表现。

第一，在特殊案件中，只有超越法律，依人情或情理判断，以保全体面、维护伦常，才能真正体现公道。如《喻世明言》中的"金玉奴棒打薄情郎"一案，典型地体现了民间的此种共同愿望。穷秀才莫稽在困窘中娶了金团头（丐帮头领）之女玉奴为妻。在玉奴的支持和帮助下，莫稽刻苦攻读，后来连科及第，做了大官，却嫌岳家门户下贱。在赴任途中，莫稽亲手将患难之妻玉奴从船上推到江中，企图杀妻再娶。不料玉奴坠水后被淮西转运使许德厚搭救，收为义女。许公虽有权究审莫稽杀人之罪，但他没有这样做，反将"义女"再度嫁给莫稽，维系这桩婚姻。莫稽杀人之罪，最后得到的唯一惩罚是：许公授意玉奴在新婚之夜率一群奴婢将薄情郎莫稽痛打一顿，出了这口恶气。结果是两全其美：玉奴不必再嫁他人而失节；莫稽没有再娶他女而失德，且做了转运使的乘龙快婿，不再有门户低贱之辱，其罪也有了薄惩。①这种处理结果，虽合乎大众口味，却严重违法。依《大清律》，故意杀人既遂者应斩首，未遂者律无定刑，恐不会轻于流三千里。莫稽杀人，竟未受正常司法审判，只在洞房里受一顿杖笞，反与受害人复婚，仍旧做官。这种法外处理，的确令人诧异。不管是否真有此事，"金玉奴棒打薄情郎"故事的广泛流传，的确反映了民间的一种强烈法律观念：情理高于法律，只要合乎情理或大众心理，不必考虑法律。

与此案相似，还有"乔太守乱点鸳鸯谱"的故事。故事中，玉郎（孙润）与慧娘之行为，显属"无夫奸"，依《大清律》应处杖八十之刑。但乔太守竟将错就错，把玉郎和慧娘判为夫妇，把玉郎的未婚妻判给慧娘的未婚夫。其判决书说明了这样判决的理由："相悦为婚，礼以义起。所厚者薄，事可权宜。……夺人之妇者，人亦夺其妇。……人虽兑换，十六两原是一斤。"这一处理结果，是典型的"权宜"处置。既然玉郎、慧娘两情相悦，何不让他们结合，何必依法杖惩并拆散这对鸳鸯？乔太守还向本案的受害人一方裴家做思想工作："（你的儿媳）慧娘本该断归你家。但已失身孙润，节行已亏。你若娶回去，反伤门风，被人耻笑，她又蒙二夫之名，各不相安。今判与孙润为妻，全其体面。"当裴家提出"媳妇已为丑事，小人自然不要。但孙润破坏我家婚姻，今判归于他，反周全了奸夫淫妇，小人怎得甘心。……求老爷断媳妇另嫁别人，小人这口气也还消得一半"的诉求之时，乔太守竟劝道："你既已不愿娶她，又何苦作此冤家？！"这完全是只问情理，不问法律。这一判决，"众人无不心服"，"街坊上当做一件美事传说。"②从这一故事后来反复出现在戏曲、唱本、评书等文学形式中可以看出，百

①《喻世明言》下册，陕西人民出版社1985年版，第406—408页。
②《醒世恒言》上册，陕西人民出版社1985年版，第168—170页。

姓认同乔太守的此一判决，认为合情比合法更重要。

第二，在特殊的罪案中，即使是在决定被告人的刑罚时，也要参考受害人或原告人的意见。原告或受害人应该有权利要求对被告从轻发落，这样做才合乎情理。在"金玉奴棒打薄情郎"故事中，转运使许公在考虑对杀人犯莫稽如何处理时，就先征求了受害人玉奴的意见。玉奴说："奴家虽出寒门，颇知礼数。既与莫郎结发，从一而终。虽然莫郎嫌贫弃贱，忍心害理，奴家各尽其道，岂肯改嫁，以伤妇节！"许公察其意，知玉奴仍爱莫郎，并愿继续为夫妇，故不依法追究莫稽杀人之罪，而竭力使其夫妻再合，保全了这桩婚姻，也保全了玉奴名节。这虽合情合理，但却不合法。不过从情理上讲，惩治凶手是为了替受害人报仇。若被害人不以为仇，甚至还爱仇人，此时若机械地依法处死莫稽或将其流放，可能使玉奴更伤心，反失惩处之本意。民间考虑的主要就是这个情理。

在"李玉英狱中讼冤"的故事中，依法律和圣旨，玉英的后母焦氏及后母舅焦榕因合谋杀死夫前妻之子，应处斩刑，焦氏亲生子亚奴亦应从坐处斩。但玉英上疏恳请："亚奴尚在襁褓，无所知识。且系李氏一线不绝之嗣，乞赐矜宥。"天子准其所奏，亚奴免于刑罚。[1] 显然，在此种情形下，参考受害人的意见而处理是合乎情理、人情的。若不如此，反伤人情。这也反映了民间的一般愿望。

第三，司法中可考虑被告功绩、才华等因素适当减轻处罚，折抵过错或罪恶。民间社会的一般观念是，"恕宥才子"才合乎情理。如在《拍案惊奇》卷二十九张幼谦和罗惜惜犯奸一案中，即明显地表达了此种法律观点。张幼谦自幼与邻女罗惜惜相好，成年后更经常夜里幽会，

---

① 《醒世恒言》下册，陕西人民出版社1985年版，第606页。

被人"捉奸成双"告到县衙，当即收监。在监狱羁押中，忽报幼谦中了举人，县太爷即将幼谦自狱中请出来，赏以酒宴，"上了花红，送上了马，鼓乐前导"，送其还家，并力促幼谦与罗惜惜正式成婚。[①]这种"一床锦被遮百丑"的观念，表现的正是民间普遍存在的可以将功将才抵罪的法律观念。当此登科大喜之时，若再依法穷究被告的"无夫奸"之罪，处以八十大杖，该有多扫兴，显然不合情理，不合大众口味。那样的判决即使做出，县太爷也必遭众人唾骂。

又如宋人撰《三朝野史》中，记载了县令马光祖在审理一桩"无夫奸"案件时所作的合乎人情的判决。有一穷书生，夜里翻墙与邻家处女幽会，被人捉住送官。马县令有些怜悯这对少男少女，有心开脱，乃令书生当堂以"逾墙搂处子"为题作诗一首。并许诺：若作得好，可以不处罚。岂料这位书生真有才华，当场作诗一首："花柳平生债，风流一段愁；逾墙乘兴下，处子有心搂。谢砌应潜越，安香计暗偷；有情还爱欲，无语强娇羞；不负秦楼约，安知漳狱囚；玉颜丽如此，何用读书求？"这首诗，不但帮助他和他的恋人免去依法各杖八十的苦楚，而且还使马县令大发慈悲自告奋勇当起红娘来，判令这对男女成婚，并送三百两银子为贺礼。这一判决结果显然合乎情理，反映了民众的一般愿望。若真的双方杖八十，强行拆散鸳鸯，将此女嫁与他人，实为人情所不愿。况且，若那样判，则坏了一个少年才子的一生前程。但是，若是一对文盲村夫野女间发生此种奸淫行为，肯定不会引起县老爷此番慈悲，肯定会被杖责，而且也不会被民间文学记载。才子佳人此举，就格外引得老爷同情宽恕。这正是人情——民间都这么看。不管是否真有此事，民间均有此愿。这类故事在民间的长期广泛流传，说明了这一点。

---

① 《拍案惊奇》，上海古籍出版社1982年版，第497—519页。

（三）司法不止是对既有案件的审判，更有超越法律的广泛使命

老百姓一般认为，司法官最好是德高望重、热心肠、乐于成人之美、无微不至地关怀百姓，尤其把案件当事人及其亲属的疾苦管到底的好"家长""族长"。在《彭公案》第十四回中，彭公在断完姚广智杀人案后，做了远超出其法定职责的进一步判决。本案中，蒋得清老人之女蒋氏嫁与姚广智为妻。姚广智因与黄永之妻李氏通奸，二人遂合谋杀死黄永和蒋氏。彭公判决：姚广智因奸谋害二命，按律斩立决。李氏因奸谋害本夫，按律凌迟。本来，从法律规定而言，彭公的任务已经完成，罪犯已受惩处。但他仍不罢休，又继续判决："本县念你（蒋得清）年迈无倚靠，把姚广智的家业断给（姚广智之弟）姚广礼承管，（命姚广礼）作为你的义子，扶养于你；如不孝顺，禀官治罪。黄永并无亲族，家业田产断归蒋得清养老。"^①这一判决，不仅惩治了杀人犯，还解决了被告人、受害人的财产归属问题，更解决了受害人之老父的养老问题。特别是责令罪犯的兄弟姚广礼作为蒋得清老人的义子，为其养老送终，略有责令其代兄赎罪之意，显然远远超出法律规定。彭公在此案中一管到底，帮人解决诉讼外的家务事，正反映了民间对司法的一般期望。民间所期望的正是这样的好"家长""族长"。若仅仅将罪犯判了死刑，其余一概不管，虽然合法，但会引起随后的许多纠纷，也不合乎情理。民间不仅仅要求清官明察秋毫、秉公执法、铁面无私，还要求他们都能依据人情道德，就与案件相关的诉讼外事务做出周全、体贴入微、合情合理、不遗后患的民事裁判和安排。

在清人李渔所编小说《夺锦楼》中，也有类似的情形。一对丑夫妇，生了一对天仙般的女儿。夫妇俩都认为奇货可居，各自做主许配两

---

① 《彭公案》，上海古籍出版社1993年版，第46页。

家，且互不相商。后来四家争讼到官。武昌府理刑在审问中，发觉所许四男均奇丑无比，不觉生气，乃借口双方所许婚均与"父母之命，媒妁之言"要件不合，①判定婚约不成立。本来，此案到此基本结束。但这位"刑尊大人"意犹未尽，自告奋勇代二女父母行使主婚权。"差人传谕官媒，替二女别寻佳婿。如得其人，定要领至公堂面相一过，做得她（她们）的配偶，方许完姻。"但官媒寻来的少年，"刑尊大人"都看不中，最后干脆以这两位淑女做锦标，命一府文人学士以文章诗赋来竞争，优胜者娶此二女。②当此之时，这位官老爷不是在解决纠纷、处理案件，而是在充当父母为儿女寻佳配。虽然远远超出法定职责范围，但却甚合民情。这类故事在民间流传不衰，说明民间正希望清官老爷们多管管这些"法外公务"，多为百姓"当家作主"。

（四）判决执行须以平民愤、慰人情为原则

市井文学潜藏的法律观念还认为，特别重大案件的死刑执行，一般应示众，以收平民愤、慰民情之效；特别应告慰受害人，使其"甘心"。同时，刑罚执行还应将以儆效尤作为重要目的之一。这大概也反映了中国传统民间社会的一般法律意识，百姓认为只有这样的司法才合乎情理，否则即不合情理。在民间文学中，在朱雀桥头、菜市口街头斩决犯人是经久不息的话题，监斩官的威严、刽子手的冷酷、守护刑场的兵丁如狼似虎般呼吼，是最常见的场面。在《醒世恒言》卷二十"张廷秀逃生救父"一案中，罪犯赵昂等处斩之日，"看的人如山如海，都道赵昂自作之孽，亲戚中无有怜之者"③。于市众之所行刑，正统法律观

---

①在本案审理中，这位理刑官对"父母之命"做出了"必须父母二人同命方有效"，仅父或母单独所"命"仍不合礼法的解释。

②（清）李渔《十二楼·夺锦楼》，转引自《公案小说奇观》，河北大学出版社1992年版，第427页。

③《醒世恒言》上册，陕西人民出版社1985年版，第439页。

就是希望收到这样的效果："刑人于市，与众弃之。"特别值得注意的是，明清公案小说中，曾反复描写清官特邀受害人或其家属观看处斩罪犯的场面，或干脆委托有公职的受害人监斩罪犯。这反映了民间一种强烈的复仇、解恨、泄愤心愿，这在古时也叫"甘心"。在《施公案》第二十四回中，施公在破获十二强盗劫财杀人案后，特邀受害人海潮、李天成等"看立斩众盗，以解心中之恨"[①]。在《醒世恒言》卷二十中，张廷秀死里逃生，历尽千辛万苦为父讼冤，又考中进士。后来冤案终于昭雪，"圣旨颁下，依拟将（杀人犯）赵昂、杨洪、杨江处斩。按院（提刑按察司）就委廷秀监斩"[②]。主持执行的司法官直接现场邀请受害人监斩，这显然旨在使受害人有一种亲自报仇雪恨的欣慰感，在于安抚被过分创痛的无辜心灵。恰好受害人廷秀已被朝廷任命为常州府理刑，正好可以委托其执行这项公私兼顾的公务。在《警世通言》第十一卷"苏知县罗衫再合"一案中，赴任知县苏云一家被江上强盗徐能一伙劫杀，幸而遇救。后来案件告破，众盗被判斩刑，"刑部请苏爷父子同临法场监斩诸盗"[③]。这显然也出于同样的考虑。这种情节在民间言传声颂，被视为开心之事，说明在民间法律观念中，司法活动对受害人而言，其主要性质就是报仇雪耻，是为受害人复仇。这种强烈的复仇观念，正是司法必须合人情之观念的引伸。这正是民间法律观念的典型部分：人情之共欲，莫大于伸冤报仇雪耻。能目睹甚至主持处斩仇人，何等痛快！

　　民间法律观念在各种民间文艺作品中的反映不胜枚举，这里仅仅于其中择出一二简单分析，更深入细致的研究有待将来专题为之。也许有人要说，"三言二拍"等并非真正的民间文学作品，均为士大夫所

①《施公案》上册，宝文堂书店1990年版，第52—53页。
②《醒世恒言》上册，陕西人民出版社1985年版，第439页。
③《警世通言》上册，宝文堂书店1990年版，第152页。

作。其实，凌濛初、冯梦龙等读书人只不过把民间流传已久的口头文学故事加以搜集整理加工而已。公案小说大多为民间说书艺人口头创作，后经师徒几代人相继整理加工而成，更是真正来自民间。这些故事后来在各地方戏曲中长期广泛流传，更说明了其所反映的观念的平民性、民间性。对民间文学中所表现的法律观念的研究，是一个极有意义的课题。研究它们，必将揭示中国传统法律文化更加活生生的一面。

第十七章

明清律结构及私法在其中的地位

中国传统社会的法律体系，通常由一个基本刑事法典和许多附属单行法规、特别法规共同组成。这个法典，通常叫作"律"或"律典"，是国家最重要的法典，其地位有些像近代国家的宪法，但其内容基本上是刑事法（包括刑事实体法和刑事程序法），也附带少量相当于民事法和行政法的内容。这是中国古代法律体系的主干。那些附属的单行法规、特别法规，主要是关于刑事犯罪的特别规定（如"科""格""例"等）、刑事或民事判例（"比"）和关于行政组织、行政程序的规定（如"六典""会典""式""则例"等）。

中国传统社会特别注重制律和修律。制律被视为每一王朝建立之初的头等大事，它是政权建立和政权合法性的典型象征。它在封建王朝政治中的重要性，有些像今天的制宪修宪。本章仅以明清两代的律典为例，介绍分析中国古代律典的结构特征及内容构成，特别要介绍私法在其中的地位。

　　　　　　　明刑弼教：中国法律传统的基本精神

一、明清律典的基本结构

明、清两代是中国封建社会的最后两个王朝，其律典显著雷同。文明程度比较低的满族进入中原统治全中国以后，为了统治广大的汉族地区人民，他们起初是"准依明律治罪"①，即直接沿用明律。在正式制律时，又以"详绎明律，参酌时宜"②为指导思想。所谓"详绎"，即详细地演绎，实际上就是抄袭。所以，在下文，我把明清两代律典作为一个整体来介绍和分析。如二者间有明显不同，我也会特别说明。

（一）"名例律"与"六律"之关系

明清两代律典总体上是由"名例律"和"六律"共同构成。"名例律"相当于近代刑法典的总则，"六律"相当于近代刑法典的分则各章。

我们先说"六律"。"六律"即吏律、户律、礼律、兵律、刑律、工律。吏律是关于官吏违反职责的惩罚规定，户律是关于违反税收、田地房屋、婚姻家庭继承、契约等管理秩序的惩罚规定，礼律是关于违反礼仪或祭祀制度的惩罚规定，兵律是关于违反国家边防、军政、邮政制度的惩罚规定，刑律是关于贼盗、杀人、斗殴、奸淫、诈伪等一般刑事犯罪的惩罚规定及违反诉讼程序行为的惩罚规定，工律是关于违反国家工程营造及水利管理制度的处罚规定。这就是所谓的"六律"。

"六律"与中央政府的六部是相对应的。中央政府设立吏、户、礼、兵、刑、工六部，律典中相应地设"六律"。一般来说，吏律所规定的犯罪与吏部监督管理的事务（官吏任用、考核、管理）相对应，户

---

① 《清史稿·刑法志一》。
② 《顺治实录》卷七，《顺治元年》。

律所规定的犯罪与户部监督管理的事务（人口、土地、财政、税收）相对应，礼律所规定的犯罪与礼部所监督管理的事务（礼仪、典礼、祭祀秩序）相对应，兵律所规定的犯罪与兵部所监督管理的事务（军政、边防、宫卫管理）相对应，工律所规定的犯罪与工部监督管理的事务（工程营造及水利管理）相对应。至于刑律，情形比较特殊。因为刑部承担与惩罚犯罪相关的行政事务，没有类似其他五部的特定职责范围，所以就没有像前述五律一样以刑部权力范围及事务来划分、分类或限定。于是，在上述五部管理事务范围之外的所有危害人身、危害安全、危害管理秩序、危害财产的刑事犯罪及司法程序中的犯罪，统统列入刑律之中。

这样按六部的管理事务范围来划分刑法分则为六大部分，并不表明这六大类犯罪分别归上述六个部来审理。六部中，只有刑部有司法的职责。这种分类方法，与近代刑法按犯罪种类客体来划分分则的方法大为不同。这表明，明清时代的刑法观念还没有关于各种犯罪侵犯的是不同种类的社会关系的认识，即其刑法观念还没有进化到区分犯罪客体的程度；立法者只认为犯罪不过是违反了与六部业务相关的制度因而应受惩罚而已。这正是中国传统法观念中所谓的"礼去刑取，出礼入刑"。

在"六律"之上是"名例律"，它位列律典篇首。其内容是关于刑名、刑等、刑之加减、恤刑、赦免、共犯、自首、类推等方面的原则性规定，以及律典中关键词语的语义解释。它的规定统管全局，指导全律，体现了儒家的"三纲五常""亲亲尊尊""矜老恤幼""亲亲相隐"等伦理原则。所谓"名例"，全称应是"刑名和法例"。"刑名"即刑罚的名称、种类、等级，"法例"即审判所应遵行的一般原则性规定。"名例律"与近代刑法的总则相似是毫无疑问的。

按六部职能分工来划分刑法分则各篇，是明清律的创举。此前各朝代，并没有六部分律。唐宋律分全律为名例、卫禁、职制、户婚、厩库、擅兴、盗贼、斗讼、诈伪、杂律、捕亡、断狱等十二篇；元律并未正式这样分篇，《大元通制》因失传已无从考证，但地方官府汇编的《元典章》初显按"六部"分篇之端倪。①到明清律，《唐律》的那十二个篇名被进一步拆分，如"户婚"被拆分为户役、田宅、婚姻，"斗讼"被拆分为斗殴、骂詈、诉讼等，于是就有了三十篇（卷、门）。明清律改唐代的"篇"为"卷"或"门"，再将这三十"卷（门）"分类归入"名例律"之下的吏、户、礼、兵、刑、工六律之中。如"吏律"包括"职制""公式"两卷（门），"户律"包括"户役""田宅""婚姻""仓库""课程""钱债""市廛"等七卷（门），其他各"律"都包括若干卷（门）。因此，明清律都是分为七个"律"，三十"卷（门）"。

（二）律正文、律注解、例三者关系

从具体法律规则来看，明清律是由律正文、律注解、例三者共同组成的。

律正文，是律典各条的正文部分，它是关于某一犯罪及处罚的原始、正式、一般规定。明律有460条这样的规定，清律有459条这样的规定。如明清两律中的"子孙违犯教令"条："凡子孙违犯祖父母、父母教令及奉养有缺者，杖一百。"②这就是律条正文。它规定了一种具体犯罪是什么及应受何种处罚。

律注或律解，是各条正文的必要注解，一般以小号字夹在各律条相应的文字之间。它的作用，是弥补正文因语言太简略而带来的缺漏，或

---

① 《元典章》是元至治二年（1322）以前法令文书的分类汇编，由江西地方官府自行汇编印行，全名《大元圣政国朝典章》，其"前集"分为诏令、圣政、朝纲、台纲、吏部、户部、礼部、兵部、刑部、工部十大类，共六十卷；"新集"体例与前集不尽相同，有国典、朝纲、吏、户、礼、兵、刑、工八门，不分卷。

② 《大明律》和《大清律》的"刑律"。

消除由简约而产生的歧义。如明清律的"子孙违反教令"这一条，在正文之后均有小号字"谓教令可从而违、家道堪奉而故缺"。须祖父母父母告乃坐"的注解，今人印刷本则改成括号中文字注解。这一注解，消除了下列三大误解：父祖非法的命令也不得违反；家庭贫困无力供养父祖者也要受罚；外人也可以告发此罪。在明代，律注可能有多家，官方曾把其认可的各家律注集中起来，附编在律典中，称为《大明律集解附例》。"集解"，就是汇集各种解释。清初，仍有"集解"之名，但马上就取消了。此后律文中夹存的小字注解，实际上都是官方做出的统一正式注解。

例，是刑事特别法规。它们大多是在特殊的背景下为惩治特定类型的犯罪而创制的。在明代，叫"问刑条例"或"拟罪条例"；在清代，叫"条例""附例"或"定例"。例的产生，不外三种情形：一是直接来自皇帝对重大疑难案件的判决，判决中的一般规范性文字被抽离出来，作为日后处理同类案件应遵循的法律规范。二是刑部根据皇帝的有关诏令、批示草拟出某类案件的处理规则，报皇帝批准后颁行。三是刑部或"律例馆"根据司法实践中显露的法律漏洞拟出补充或解释性规范，报皇帝批准后颁行。在明代中叶以前，"问刑条例"单独编为一书行用。万历年间始将律、例合编为一书。清代一直采取律例合编的方式。将例附编在律条正文之后，实际上起到了对律文进行补充或解释的作用："律为正文，例为附注。"①如清律"子孙违反教令"条文后附有三条例文。第一条例文："子贫不能养赡父母，因致父母自缢死者，杖一百，流三千里。"这条例文是对律条正文的补充，把表面上虽没有违反教令但客观上造成了与违反教令一样的后果的行为，也视同违反教令

---

①《明史·刑法志一》。

加重处理。

（三）丧服图、刑罚图及"比引律条"

明清律典在正文、律注、附例之外，还有几个重要组成部分不可忽视。一是丧服图，二是刑罚图，三是"比引律条"。这些内容，均在"名例律"和"六律"之外，一般置于律典之首。它是律典中的技术性、工具性成分，有法律效力。

丧服图，是丧服制度的工具性图示。根据中国传统礼教，人们都应为死去的亲属服丧，即在一定的时间内穿着特定服饰来表示哀悼。根据亲属关系的尊卑亲疏的不同，丧服及服丧期限分为五等：斩衰、齐衰、大功、小功、缌麻。如每个人为父母服丧，应服斩衰，穿极粗的麻布丧服，为期三年；为祖父母、伯叔父母、兄弟服丧，应服齐衰，穿稍粗的麻布丧服，为期一年或三五个月；为出嫁的姑、姊妹服丧，应服大功，穿粗熟布的丧服，为期九月；等等。这种丧服的等级名称，后来成了亲属关系等级的代名词，有些像罗马法中的"亲等"。这样的丧服暨亲等规定，特别繁琐，所以，礼学家们拟出了详细的丧服图表，形象图示丧服等级。这样的图表在明代有六个，在清代有八个。在每一个图表中，均以己身为中心，向四周呈辐射状标示出亲属暨丧服等级。这些图表有：本宗九族五服正图、出继者为本宗九族降服图、妻为夫族服图、妾为家长族服图、出嫁女为本宗降服图、外亲服图、妻亲服图、三父八母服图。

丧服图置于律首，相当于有些西方国家民法典中附载的"亲等示意图"。不过，明清律中丧服图的作用远大于西方的亲等示意图。据图查明亲属关系的远近，不仅是为了便于法官及时决定民事案件中的权利义务归属，更重要的是为了便于法官决定被告人是否有罪及刑罚轻重，还为了便于法官决定应株连的亲属范围及应否享受诉权的亲属范围。自晋朝的《晋律》开始，刑法"准五服以制罪"，即以服制暨亲等关系作为刑事立法和司法的原则之一。自元代起，将丧服图纳入律典，明清两代更直接将丧服图置于律首。法官在处理事关"宗族亲谊"的案件时，"必须问明是何称呼，系何服制"[①]，然后再论事实上的是非曲直。即是说，凡审理亲属之间的民刑案件，伦理关系成为决定是非的首要标准。

刑罚图，主要包括四个图表。一是"五刑图"，即五种法定刑（笞、杖、徒、流、死）的轻重等级图表，主要标示了笞杖刑的击打次数、徒刑的年数、流刑的里数、死刑的方式（绞、斩）等。二是狱具图，即各种刑具、械具的标准规格图表，如板、枷、铁索、镣等刑具的大小轻重标准。三是"六赃图"，即六种因赃物致罪的犯罪行为的刑罚轻重标准。这六种赃罪是：监守盗、常人盗、窃盗、受财枉法、受财不枉法、坐赃。四是各种"赎刑图"，即被告人交钱代刑的纳金标准图表。清律中有纳赎诸例图、过失杀伤收赎图、徒限内老疾收赎图、诬轻为重收赎图等。

"比引律条"，是律典所附的一种非常特殊的条款。它不在"名例律"和"六律"之中，通常放在律尾，有时也放在律首。它是一种法定的类推或比附标准。它规定：律典正文及条例未明文规定的各种特殊犯罪，应比照律典中已有明文规定的某种犯罪来定罪量刑。比如，"男女订婚，未曾过门私下通奸者，比依子孙违反教令律，杖一百"；"兄调戏弟妇，比依强奸未成律，杖一百，流三千里"；"奸妻之生母者，比依奸母之姊妹论"；等等。"比引律条"可以看成一种特殊的"例"，有时朝廷也用创制"例"的方式来增减或修改"比引律条"。

---

① （清）徐栋：《牧令书辑要》卷十七，《刑名上·刑名总论》。

明刑弼教：中国法律传统的基本精神

二、私法在明清律典中的地位

私法在明清律典中的地位，是一个很有争议的话题。有些学者认为，中国古代法律体系中基本上只有公法（主要是刑法和行政组织法），没有什么私法，民事活动的规范存在于礼或伦理之中。有学者将中国传统法律文化称为公法文化。①但是，更多的学者认为中国古代有私法。如张晋藩先生写过《清代民法综论》②，李志敏先生写过《中国古代民法》③，孔庆明先生等写过《中国民法史》④，都认为中国古代有民法。

中国古代有无民法，其实是一个并不复杂的问题。中国古代有民商事活动，就必有关于民商事活动的强制性规范来加以调整。这些强制性规范，在专制君主制之下，大多来自国家制定，少数来自社会生活习惯。"礼"中虽然有许多关于民商事活动的指导性规范，但在律典中也有许多民商事规则。这是历史事实，是无法否认的。

关于私法或民商法在明清律典中的地位，我们可以从以下三个方面去认识。

（一）民事规范附于刑条不独立，是刑条的说明或补充

中国古代的律典，虽然主要是刑事法典，但国家很少把它正式叫作"刑律"。中国古代没有划分部门法的观念，也没有区分民事违法和刑事犯罪的观念，甚至也没有区分民事司法和刑事司法的观念。因此，国家在制定律典时，根本就没有只是在制定刑法典的自觉。在当时的立法

---

①张中秋：《中西法律文化比较研究》，南京大学出版社1999年版，第80—92页。
②张晋藩：《清代民法综论》，中国政法大学出版社1998年版。
③李志敏：《中国古代民法》，法律出版社1988年版。
④孔庆明等：《中国民法史》，吉林人民出版社1996年版。

者看来，制定法典就是制定囊括国家一切事务、一切生活的综合大法，没有什么部门法典之说。国家的其他一切特别法规，都不过是律典的补充。律典和其他特别法规之间的关系，绝对不能等同于今天的宪法与各部门法的关系。立法者在制定律典时，只在意申明国家禁令，而没有向老百姓宣明权利的意图。国家禁令如何实现？中国古代立法者一般认为："法度非刑不立，故欲以政导民者，必以刑齐民。"①国家正式的律典，主要是用来辅佐"礼"的，是"礼"实现的保障，此即所谓"礼之所去，刑之所取，失礼则入刑，相为表里者也。"②于是，国家的法律，基本上就被视为"刑"，即被视为当用刑罚保障或督促落实的禁令。这样一来，在中国古代的律典中，刑事内容和民事内容当然是无法区分的。

在明清律典中，充分体现了这样的观念，民商事规范附在部分刑法条文之中；没有独立的民商法条文，民商事规范在各相关律条中仅仅起必要的正面说明或补充作用。律典中的每一个条文，几乎都可以称为刑法条文。因为除了名例律以外，六律中的每一个条文几乎都有刑罚规定。即使如此，我们也应该看到，有些条文中附带有明显的、用现代法律观念看来绝对可以视为民法的规则。

例如，明清律都规定：凡立嫡违法者，杖八十。其嫡妻年五十以上无子者，得立庶长子。不立长子者，罪亦同。（俱改正。）若养同宗之人为子，所养父母无子而舍去者，杖一百，发付所养父母收管。若（所养父母）有亲生子及本生父母无子欲还者，听。其乞养异姓义子以乱宗族者，杖六十。若以子与异姓人为嗣者，罪同。其子归宗。其遗弃小儿年三岁以下，虽异姓仍听收养，即从其姓。（但不得以无子遂立为嗣。）③

①《朱文公文集》卷四十一，《答程允夫》。
②《后汉书·陈宠传》。
③《大明律》和《大清律》的《户律·户役》。

这是一条刑法规范，它规定的总罪名是"立嫡违法"。它规定了对三种犯罪行为的刑事惩罚。这三种犯罪行为是：（1）一般情形下丈夫确立继承人（立嫡）违反礼法的行为；（2）妻子年满五十丈夫仍不立庶长子为继承人的行为；（3）养子违法舍弃养父母而归生父母家的行为。在关于三者的刑事处罚规定外，律文中也附带了几条正面指导性的民事规定，即：（1）在嫡妻年满五十仍未生儿子的特定条件下，"得立庶长子"，或"养同宗之人为子"；（2）收养发生后若情况发生变化，即养父母后来生了儿子，或生父母后来变成了没有儿子（即其他亲生子全部亡故）者，则允许养子回归生父母家，"欲还（本宗）者听"；（3）可以收养异姓儿童，只是不得立为继承人，"听收养，但不得立为嗣"。这三条，都是民事性的许可和禁止规定。这些规定，显然是对三种犯罪行为如何认定的必要说明，或者说是对上述三者的罪与非罪界限的必要澄清，是对司法实践中适用这一条的必要的操作性指导。很显然，它们是刑事规定的附属成分，因为从文字安排上看也是刑事的规定在前且文字多，民事的规定在后且文字少。

在明清律的户律中有很多这样的情形，如户律的"违禁取利"条规定："凡私放钱债及典当财物，每月取利不得过三分；年月虽多，不过一本一利。违者笞四十，以余利计赃，重者坐赃论，罪止杖一百……其欠私债违约不还者，五两以上，违三月，笞一十，每一月加一等，罪止笞四十。五十两以上，违三月，笞二十，每一月加一等，罪止笞五十。百两以上，违三月，笞三十，每一月加一等，罪止杖六十。并追本利给主。"这条规定，虽然民事性规定文字在前，刑事性规定文字在后，但刑事性规定文字远多于民事性规定文字。前面的私债利率规定，就是民事性规范，实际上仍是为后面的刑事性规定服务的，旨在帮助人们认识什么叫"违禁取利"。也就是，通过申明禁令来明确罪与非罪界限。

即使在个别律条中民事性规定在前，且其文字数量不一定少于刑事性规定，但仍然可以看出是以刑事性规定为主。例如，明清律典的"得遗失物"条规定："凡得遗失之物，限五日内送官。官物还官，私物招人识认，于内一半给与得物人充赏，一半还给失物人。如三十日内无人识认者，全给。（五日）限外不送官者，官物坐赃论，私物减（坐赃）二等，一半入官，一半给主。若于官私地内，掘得埋藏（无主）之物者，并听受用。若有古器钟鼎符印之物（非民间所宜有者），限三十日内送官。违者杖八十，其物入官。"①这一条，从文字数量上看，刑事性规定的文字并不多（只有"官物坐赃论，私物减（坐赃）二等""违者杖八十"两句），但其主旨仍然是犯罪与刑罚之法条。因为本条要害是处罚得遗失物、埋藏物超过期限仍不送交官府的行为，民事性规定仍不过是为这种犯罪行为如何认定明确标准、划清界限而已。

（二）律中仅包含与婚姻、田土、钱债、继承等方面犯罪有关的少量民事规则

在明清律典条文中附带的民事规则，只是民事法律规范体系中极小的一部分，只是与国家打算惩处的涉婚姻、家庭、财产、钱债、继承、收养事宜之犯罪相关的那一小部分。与这些特定犯罪无关的民事法规范，则均未纳入律典，而以别的法律形式存在。

明清律典总共460条、459条，仅仅户律的"立嫡违法""典卖田宅""男女婚姻""违禁取利""得遗失物"等5条附带有表述明白的民事性规定。此外，在另一些刑事性规定中，也附带有一些关于侵权行为损害赔偿责任的规定。这两种情形，就是明清律典关于民事问题的法律

①《大明律》和《大清律》的《户律·钱债》。

规定之全部。

这些附带规定所确立的民事规范，总结起来，不过如下几条：

（1）关于确立"长子"即首席继承人的顺序之规定；

（2）关于收养同宗之人为嗣子（继承人）的规定；

（3）关于拾养弃儿的规定；

（4）关于典卖田宅业主无力回赎而致超过期限时，承典人可以适当取得超期利息或适当提高回赎价格的规定；

（5）关于男女订婚不得互相隐瞒残疾、年龄、庶出或过继、收养等个人情况，应据实通报、自愿立约的规定；

（6）关于私人放债及开办典当业的利率限额的规定；

（7）关于拾得遗失物送官给赏及归还失主的规定；

（8）关于掘得埋藏无主之物即取得所有权的规定。[①]

用近代民法的眼光看，这些仅仅是婚姻家庭法、继承法、收养法、债法、物权法中的个别条款，是零散的，互相没有什么关联，根本不构成民事法律规范体系。与近代民法庞大的规范体系比起来，这几条的确是九牛一毫。在明清律典中，几乎看不到民事主体法（特别是关于民事权利能力和行为能力的法律规定），几乎看不到民事行为法（特别是关于法律行为的有效要件及代理的法律规定），几乎看不到民事程序法（特别是关于物权的取得及权利受到侵犯时实行救济的程序和时效之规定）。即使就已经涉及的婚姻家庭法、继承法、收养法、债法、物权法而言，也仅仅是"涉及"而已，即每一种法中仅涉及一两个具体规范，而这些民事法律中应有的更广泛内容却均付阙如。

---

①以上规定均出自明清律的户律。第（1）（2）（3）条出自"立嫡违法"条，第（4）条出自"典卖田宅"条，第（5）条出自"男女婚姻"条，第（6）条出自"违禁取利"条，第（7）（8）条出自"得遗失物"条。

以婚姻家庭法为例。明清律仅仅规定了上列第（5）条，即关于订立婚约时应据实通报、自愿立约的义务性规定；对于其他许多重要的问题，如婚姻成立要件、结婚程序、离婚要件①和程序、夫妻财产权、夫妻相互权利和义务、亲子关系等，都没有任何正式规定。这些规则都存在于律典之外的"礼""俗"中，或在《户部则例》等规范中。

再以继承法为例。明清律典中仅有上列第（1）（2）两项民事性规定，即关于立嫡（确立法律上的"长子"，继承人）的规定；对于其他许多重要的问题，如继承人资格、继承权的丧失、继承顺序、代位继承、遗嘱继承等，都没有任何正式规定。同样，人们如果想了解这方面的行为规范，只有去寻求"礼""俗"和《则例》等。

明清律典之所以仅仅把上述8条民事性规范收入律典，是因为这8条与当时特别需要从传统伦理和礼俗去解释、阐明界限的8种"犯罪"②密切相关。这8种"犯罪"分别是：立长子违法、被收养的同宗嗣子违法离去、养异姓义子乱宗族、承典人谋占田产或牟取暴利、婚姻欺诈、高利贷、得遗失物私昧、掘得只应为皇家所有（而民间不宜有）的埋藏物不交官府。那8条民事规定，显然是为了帮助人们理解这8种犯罪是什么，帮助我们明确"罪与非罪"的界限。也许有人要问：在此5条律文外的其他刑条中，为何没有附加这样的民事性规定？那只能做这样的解释，即：那些犯罪的构成条件（即"罪与非罪"的界限），在明清立法者看来，要么是本来已非常明确，要么与民事礼俗规范无关，不需要附带做出一些民事性规定加以解释。

---

①明清律的户律"出妻"条规定：丈夫违反"七出""三不去"规定擅将妻逐出者，杖八十。这像是关于离婚要件的规定，但仅仅是刑事性规定。因为"七出"（七种可以休妻的条件）和"三不去"（三种不得休妻的条件）在律典中并无直接规定，这些条件（要件）都存在于"礼"中（后来有人加注于律文中）。

②用近代"民刑有分"的观念来看，违反上述8条规定者，都只是民事违法行为，不是刑事犯罪，都只应负民事法律责任，不应受刑罚。

（三）律条后附"例"中含有大量民事性规范

律典正文中虽然仅仅有上述几条民事性规范，但正文后面所附编的"例"中却含有大量民事性规范，即民事法律规范在"礼""俗"之外数量最大的正式存在方式就是"例"。

"例"中体现民事法律规范的情形甚多。正文中有民事规范的律文条款（如前文提到的"立嫡违法""典卖田宅""男女婚姻""违禁取利""得遗失物"等5条律文），其后附带的民事性"例"尤其多。如清律的"立嫡违法"条后附带有8条例文，几乎全部是民事性的。例如第一条例文："无子者，许令同宗昭穆相当之侄承继，先尽同父周亲，次及大功、小功、缌麻。如俱无，方许择立远房及同姓为嗣。若立嗣之后却生子，其家产与原立子均分。"这一条例文，全是关于择立"养嗣子"顺序及家产分割继承事宜的民事法。又如明清律的"典卖田宅"条后附有多条纯民事性例文。如明律的第一条"拟罪条例"是："告争家财田产，但系五年之上，并虽未及五年，验有亲族写立分书，立定出卖文约是实者，断令照旧管业，不许重分再赎，告词立案不行。"清律完全抄了这一条例文。此外，在清律的这一条之后，还有9条例文，几乎全是民事规范。又如"男女婚姻"条，清律附带了3条例文，为关于主婚权、招赘女婿、禁止指腹婚的民事性规定。

某些没有民事性规定的律条之后，也附带有一些民事性"例"。如清律的"出妻"条后附带了两条"例"，都是关于离婚和婚约的民事性规定；又如"卑幼私擅用财"条之后，附带有两条纯粹民事性的"例"，规定了在诸子分家时家财的分割原则及户绝[①]时出嫁女可继承遗产；等等。

---

①在中国传统社会里，父母死亡时无男性继承人（子孙或合法同宗养子），即使仍有女儿在世（或出嫁，或在室），均被视为户绝。

本章结语

在本章里，我仅对明清律典的体例及私法在明清律典中的地位问题，做了一个极为简单的说明。由于篇幅限制，我无法就这种特殊的律典体例之形成原因及私法在明清律典中此种特殊地位的形成原因做进一步探讨，这一工作只能留待将来了。在本章结尾，我想特别指出：中国传统法典中虽有私法的内容，这仅是用今天的眼光来看的。在古代中国立法者看来，没有什么公法、私法之分。他们从来没有为民事活动制定仅以民事制裁为后盾的法律规范之自觉。即使制定出了许多纯民事性的"例"，他们仍只是将其当成刑事性律文的补充说明。一些纯民事性"例"中没有刑事性文字，那不是因为他们有在民事、刑事之间划清界限的自觉，也不是因为他们疏忽，而是因为他们认为刑事性规定已包含于律条正文中，无须在例中重复而已。

（本章根据我2000年4月在意大利比萨大学法学院的演讲稿整理而成。）

第十八章

唐以后中国法律思想的定型化

中国的法律思想，自唐以后显得相当格式化、单调化、沉闷化和稳定化。直到清末变法前夕，几乎没有什么明显的"杂音"和变化。这一时期，将近千年。在这千年里，既没有先秦法律思想那样的"百家争鸣"局面，也没有上一个时期即整合时期①还偶能见到非儒非主流思想仍向"独尊儒术"之思想大一统抗争的局面。至唐代中期，中国的法律思想已经基本定型。这种定型化，稍加考察反省起来，会有很多启发。

一、定型化后的正统法律思想概貌

一般说来，一定的法律制度体系（内容、价值、模式），是一定历史时期里主流法律思想的结晶或法规化；反过来，它又是下一个时代主流法律思想的立足点或依托。若法律制度长期稳定不变，则攀缘或依附它而存在、演绎的法律思想体系也不会有多大改变。唐律与唐以后直至

---

①我们把中国法律思想的发展历程分为五个时期：起源时期、争鸣时期、整合时期、定型时期、变革时期。参见俞荣根、范忠信、刘笃才等编《中国法律思想史》，法律出版社2000年版。

清末的中国法律思想之间的关系正是如此。唐律，作为自夏商周以来中国法律制度发展的顶峰或集大成，标志着中华法系的法律渊源体系、法律价值体系、法律制度体系、法律形式和风格等基本定型。此后千年，万变不离其宗，几乎每一制度都与唐律有着明显的师承关系。

在此背景下，中国的法律思想，也万变不离其宗，除了偶有就犯罪根源、法律起源问题的各家论说，以及就具体犯罪惩处之方当如何改进的各家主张改变外，再无其他明显进步和改变。自唐以后，几乎再无主流法律思想与非主流法律思想之分，充其量只是在宗奉儒家法律思想之基本价值的人们之间，就某些具体法律制度及具体社会问题产生某些分歧，如：有人主张在某一特定时期应当"猛以济宽""刑以辅德"，而有人主张任何时候都应"德主刑辅"，不应尚刑；有人主张复肉刑，有人反对复肉刑；有人主张忠君和守法是第一义务，有人则认为孝亲和守伦理为第一义务；如此等等，不断简单重复。这些纷争，原本就是孔、孟、荀等儒家导师思想中内在的、没完全解决的问题。这些纷争，可以说是以儒为宗的法律思想学说内部的激进派与保守派、学理派与从政派、理想派与务实派、原教旨派与因时制宜派之间的纷争。甚至到了明末清初的黄宗羲、王夫之、顾炎武、唐甄等人，仍在这一圈圈之内没有真正走出来。虽然他们的法律思想有明显的社会批判性，但却是完全站在儒家学说的立场上，为恢复儒家思想中的"民主性、人民性精华"而呐喊，为反对自董仲舒以后官方对儒家学说的恶意歪曲利用而呐喊。或者说，他们批判的是对儒家思想和精神的异化，而不是批判儒家法律思想或价值观本身。

唐以后法律思想的定型化主要体现在两个方面，我们分别以下列两节进行讨论。

二、儒家法思想一统天下格局完全稳固且长期延续

自唐至清末的中国法律思想定型化，首先表现为儒家法律思想一统天下的格局完全稳固并长期延续，无有非议。

在上一个时期，即整合时期，法律思想的多元状态或争鸣状态还有所残存。汉初，有与孔孟不同的黄老学派，崇尚"清静无为"。董仲舒的"罢黜百家，独尊儒术"主张被汉武帝采纳之后，"春秋大一统"并未真正形成，"不在六艺之科、孔子之术"者尚有余音。如东汉时王充、桓谭的"问孔""刺孟""非圣无法"，对当时居正统地位的"天报""天讨""天罚""天刑"及阴阳灾异谶纬学说进行了无情的批判。在魏晋时代，有明显与儒家政治法律学说对抗的玄学思潮，敢于"越名教而任自然""薄汤武而非周孔"，敢于说儒家的"礼法"是"天下残贼、乱危、死亡之术"。在晋代，还有葛洪的道家余韵和鲍敬言的"无君论"，从根本上否定儒家以"忠孝"为本位的法律观。至隋代，有王通的"三教可一"论，即主张佛道二教可为国家政治法律所用，其基本精神与儒家可求一致。他甚至认为三教"各有弊"，应互相吸收、互相融通，不要互相排斥。甚至在唐初，有儒佛道三教争正统的风波。究竟谁排老大，李唐统治集团也拿不定主意，一会儿以"道"为首，一会儿以"儒"为首。他们与老子李聃攀亲戚，实际上反映了他们对道家、道教政治法律思想的青睐。这些情况说明，儒家正统法律思想的绝对支配地位，至此并未完全确立；作为儒家法律思想支柱的宗法伦理，也尚未取得绝对支配地位，其社会信仰程度并不算高。虽然自董仲舒、汉武帝以后儒学就在政治法律领域从理论上定于一尊，但实际上还有"非尊"的政治法律思想在夹缝中倔强地以"非儒"的面目存在。总

而言之，上一个时期是一个漫长的政治法律思想"百川归一"的整合过程。这一过程，大约直到中唐才算基本结束。

唐贞观初年，太宗命孔颖达撰《五经正义》，命颜师古编《五经定本》。二者集两汉以来经学之大成。唐儒对五经的注疏比汉儒的水平高，影响亦更大，经学终归一统，诸儒"异说"全部作废。以经学成就为基础，才有《唐律疏议》的诞生。这是两汉魏晋以来以经注律、引礼入律、变礼为律之全部努力及成就的集大成，意味着法典儒家化、宗法伦理法律化的彻底完成，标志着儒家的伦理法思想已成为中国封建政治的根本法律思想，已成为封建统治者进行法律制度建设时不可动摇的指导思想，成为其立法、执法、法律解释的根本宗旨和既定原则。可以说，儒家伦理法思想作为封建根本法律思想的地位是借助政治力量和法律制度强制确立起来的。从对法律制度的"染指"或蚕食开始，直到彻底征服或使之彻底变质，这一过程是儒家法律思想吞灭、融合他家思想成为中国封建社会中后期唯一法律思想的过程。

中唐以后，中国法律思想的格局基本上从"定于一尊"（尊儒）到"归于一家"（只有儒）。道家、道教思想在唐初以后不久就基本上退出了政治法律领域，佛教经过一段时间的"灭佛""排佛"特别是受到以韩愈为代表的儒家的批判以后，也基本上退出政治法律领域。此后的政治法律领域，基本上是儒家一统天下，佛、道的某些思想已被儒学吸收，其主张已无单独存在的必要。政治法律领域从此以后只有以儒为宗一家之声。儒学虽吸收了佛道的某些思想，发展出了"道学""理学""心学"，但在政治法律思想方面基本上不容他家学说染指，此后只有儒家一家学说内部关于某些具体问题的争议，儒家伦理法思想的地位再未受怀疑或被动摇。在民主、自由、平等、法治之类的新政治法律学说传入中国之前，中国也没有任何"外家"学说能对儒家伦理法学说

　　　　　　明刑弼教：中国法律传统的基本精神

进行全面批判，没有任何别的学说能以其体系的博大完备来取代儒家伦理法学说。同时，由于其体系的封闭自足，儒家的伦理法学说内部也不会产生革命性的"异端"或"叛逆"性政治法律思想。所以，从这个意义上讲，中国法律思想的定型也是儒家法思想全面僵化的开端，至宋元明清走向彻底僵化，无复生机。最终，除了局部尚有可取者外，其整个机体已经行将就木了。

对儒家主流法律思想全面僵化局面不忍坐视，有识之士也起而抗争过。自宋至清，有陈亮反对"理学""道学"的空谈、崇尚功利实事的清新主张，有李贽反对"心学"的虚伪、批评对孔孟及儒家经典盲目崇拜的迷信风气、主张法教不偏乎生活常情的清新呼声，有黄宗羲、王夫之、顾炎武、唐甄等人批判皇权恶性膨胀及法律过分欺侮人民之弊、倡言"天下之法"、倡言"天下为主君为客"的清新主张。这些主张，总的来讲，是儒家内部产生的改良、革新或复归儒家"民主性、人民性精华"的主张，并没有也不可能构成对儒家法律思想的根本否定或革命。这些批判或改良主张，都是依据儒家的基本价值而提出的，其批判的武器仍不过是他们认为"真正的""未被歪曲的"儒家学说。这种情形，与上一个时期非儒思想对儒家学说的抗争及本时期之后一个时期（清末变革及其后）外来思想对儒家学说的批判、摧毁的情形，是不可同日而语的。

三、法律思想基本学说及命题的"固定套路化"

自唐至清末千余年间中国法律思想的定型化，还表现为儒家伦理法思想的基本价值、观念、学说、命题、主张成为千年间法律思想的"固定套路"，一直没有什么变化。

我们说中国法律思想在此一时期里定型，指的是定型于儒家的伦理法思想。这套法思想，以血缘宗法伦理为出发点、立足点或归依，以伦理法律化为推进及捍卫手段，以法律伦理化进而实现"仁道""王道"为目的。为了实现"仁"，必须"为政以德"，胜残去杀，实行仁政，约法省刑；必须以道德教化为主、刑罚惩儆为辅，即"德主刑辅""宽猛相济""德刑并用"。这就是儒家伦理法思想的目标和基本方略。围绕这一目标或基本方略，千年间人们几乎一直在几个固定的命题里打转转，几乎不涉足比较具体的法律科学问题和比较抽象概括性的法律哲学问题，也基本上不涉足从前未曾讨论过的新问题。千年之间，谈论法律和刑罚问题几乎千人一面，没有新话题新领域，也没有什么新鲜之见。

定型时期的法律思想，在法理、立法、执法、法律监督等四个方面的基本问题上，千余年间一直坚持某些定型的见解或主张，内容趋向僵化。

（一）在法理学说方面

定型时期的法律思想，其涉及法理问题的言论，几乎局限在以下几个问题上。

其一，德主刑辅，礼刑结合。这是儒家伦理法思想最典型的命题。董仲舒归纳儒家思想而提出的此一命题，自唐至清末一直在被复述。直到龚自珍、沈家本，仍未越出德主刑辅论之思路。[①]法即刑，法律仅仅是辅助德教的工具，没有独立存在的价值。这种观念直到清末仍未显著改变。

其二，贤人重于良法。这是儒家伦理法思想的最重要命题之一。自

---

①如龚自珍说："刑书者，乃所以为礼义也。出乎礼，入乎刑，不可以中立。"（上海古籍出版社1999年版《龚自珍全集》第3辑《春秋决事比自序》）。沈家本说："刑者非威民之具，而以辅教之不足者也。"（中华书局1985年版《历代刑法考·刑制总考》）

荀子"有治人无治法"，"法不能独立，类不能自行，得其人则存，失其人则亡"①之论断既出，所有论法与人的关系者必宗此论。直到明末清初，启蒙思想家王夫之虽对传统的"任法不如任人"之论进行了批判，但仍然坚持"择人而授以法，使之遵焉，非立法以课人，必使与科条相应，非是者罚也"。②黄宗羲虽然说过"有治法而后有治人"③的话，但他的"治法"仍是期盼"致治之人"（贤人）可以"有法外之意存乎其间"的"先王之法"，实际上所重视的仍是"治人"，还没有超出"治人优于治法"思路。清末改革派思想家魏源仍然强调："不汲汲求立法，而惟求用法之人。"④这种观念一直延续到20世纪之初。直到清末法制变革时，作为中国近代法学先驱的沈家本仍主张"有其法者尤贵有其人"。⑤

其三，关于犯罪根源与预防犯罪理论。儒家伦理法思想关于这一问题的理论不外是：人的本性中有种在外界不良引诱下随时滑向犯罪的原初质素，若不加控制，必致犯罪；预防犯罪之道不外两者，一是"富民"即"使民有恒产"，二是"教民"即道德教化。孟子认为人无"恒产"，就会无"恒心"，就会放辟邪侈；故要预防犯罪，就得先"制民之产"。⑥汉儒董仲舒创"性三品"说，认为"夫万民之从利也，犹水之走下，不以教化堤防之不能止也"⑦。唐以后学者多宗此说，几成"标准答案"。如白居易主张"富其人，崇其教，开其廉耻之路，塞其冤滥之门，使人内乐其生，外畏其罪"⑧。明人丘濬认为："天下之治乱，验

---

①《荀子·君道》。
②（明）王夫之：《读通鉴论》卷十，《三国》。
③（明）黄宗羲：《明夷待访录·原法》。
④《魏源集》上册，《默觚下·治篇四》。
⑤（清）沈家本《历代刑法考·刑制总考》卷四："法之善者，仍在有用法之人，苟非其人，徒法而已"，"有其法者尤贵有其人"。
⑥《孟子·公孙丑上》。
⑦《汉书·董仲舒传》。
⑧（唐）白居易：《白氏长庆集》卷六十五，《策林四·止狱措刑》。

于风俗之厚薄、衣食之有无。骨肉相残多，其风俗之偷也可见；盗贼之劫掠者众，其人之穷也可知。"因此，他主张要预防犯罪，必须先"养民""富民"。①直到清末，沈家本仍认为"政令之烦苛，而民生贫困"是犯罪的根源，富民教民才是"治本"之道，"止奸之道在于教养，教养之不讲而欲奸之格也，难矣哉"。②他还不能从"衣食不足—背弃伦理（没廉耻）—走向犯罪"的简单思想套路中走出来。

（二）在立法思想方面

定型时期的法律思想，在立法方面，几乎没有讨论具体的立法制度、立法技术、立法程序、立法监督、立法权、立法与执法司法的关系等问题，而仍是将讨论限制在一些老生常谈的话题上，大致为：主张法令划一，反对"法出多门"，以例破律；主张立法宽简，"约法省刑"；主张立法稳定，反对朝令夕改；主张立法公平，反对任私意立法；主张立法"权时而变"，反对过分因循守旧。此外，就是在应否恢复肉刑问题上争论不休。

在讨论这些问题时，自唐至清末，人们的主张几乎无变化，大多只是"点到为止"，并不深入讨论这些问题的根本原因及避免这些问题重演之道。

首先，如"法令划一"问题。宋人许应龙曾指出："有法之弊，有例之弊。法之弊易见，而例之弊难革。舍法而用例，此今日之大患也。"③他主张法、例统一，反对以例破律。明末清初思想家顾炎武指出，"昔之患在于用例破法，今之患在于因例立法。自例行而法废矣"④，也指出了法令不一之患。直到清末，沈家本也只是泛泛地说：

---

① （明）丘濬：《大学衍义补》卷一〇六，《详听断之法》。
② （清）沈家本：《历代刑法考》之《汉律摭遗》《刑制分考》。
③ （宋）许应龙：《东涧集》卷七，《论法例札子》。
④ （清）顾炎武：《日知录》卷八，《铨选之害》。

"法不一则民志疑……故欲安民和众，必立法之先统于一。"①他也只是提出了法令统一的主张。从唐至清末，关于这一问题的思想，没有深化发展，没有人讨论法令不一、法出多门、"奇请它比"、以例破律这些现象的根本原因，也没有人去探讨解决这一顽疾的根本之道。

其次，如"立法宽简"问题。唐太宗言："国家法令，惟须简约，不可一罪作数种条。"②魏徵主张"以宽仁治天下""务在宽简"，反对"以威刑肃天下"。③王夫之主张"法贵简而能禁，刑贵轻而必行"，立法应"宽以养民"，反对"密法"，认为"法愈密，吏权愈重，死刑愈繁，贿赂愈章"。④清人包世臣认为"立法恕……令而难行，宁勿令也"⑤。清人魏源也痛陈法令严苛之弊："强人所不能，法必不立；禁人所必犯，法必不行。"⑥这种主张，从唐至清末，虽不断重复，但就是没有人去进一步探讨当时立法烦苛、法网愈来愈密而残刻百姓的根本原因，更无人去探讨根除此弊的途径。

再次，如"立法稳定"问题。唐太宗说："法令不可数变，数变则烦"，"诏令格式若不常定，则人心多惑，奸诈益生"。⑦明人丘濬主张"法有定制"，"国家制为刑书，当有一定之制"，不仅"能施行于一时"，且应"为法于百世"。他主张立法应"经常"："盖经常，则有所持循而无变易之烦……以此立法，则民熟于耳目，而吏不能以为奸。"⑧清人这类主张亦甚多。这些讨论，仅仅点到了这种弊端现象，泛

---

① （清）沈家本：《寄簃文存·旗人遣军流徒各罪照民人实行发配折》。
② （唐）吴兢：《贞观政要·刑法》。
③ 《新唐书·刑法志》。
④ （明）王夫之：《读通鉴论》卷二十二《玄宗》，卷一《二世》。
⑤ （清）包世臣：《安吴四种·说储篇上》。
⑥ 《魏源集》上册，《默觚下·治篇三》。
⑦ 《资治通鉴》卷一九四《唐纪·太宗》；《贞观政要·刑法》。
⑧ （明）丘濬：《大学衍义补》卷一〇〇《总论制刑之义》；卷三《谨号令之颁》；卷二十三《经制之义》。

泛地说了其危害，并未深入地探讨这种"法令变易无常"之现象的根本原因及"治本"之道。

其他几个问题的讨论大致如此。

（三）在执法思想方面

定型时期的法律思想在执法方面同样是肤浅的。自唐至清末，就以下一些话题一直泛泛而谈、点到为止，命题简单重复，未曾深究。这些命题主要包括：恤刑慎狱，用法宽仁，罪疑从赦；用刑平等，不避亲贵；原心论罪，用法原情，情法交申；赏刑并用，赏刑必当，反对淫刑滥赏；主张从严治吏，严刑惩贪；宽严相济，惩大罪赦小过；持法以信，有法必依；主张慎赦，反对滥赦；君主须带头守法，不以意废法；等等。此外，还有关于应否宽赦复仇行为的争论。

这些问题，都是封建时代执法、司法中的重要问题，不可不讨论。但到底该怎么讨论？总不能老是只点出现象，简单提点主张了事，应当深究熟研，应有理论升华。可惜，千年间未有明显的理论升华。

首先，如"恤刑慎狱"问题。唐太宗和魏徵最担心的是执法官吏的职业病——"意渐深刻""利在杀人"，主张执法"务在宽平"。[①]但这种职业病根源何在、如何根治，他们并无深论。明人丘濬也主张："仁以存心，义以制事"，"存哀敬以折狱"，"治狱必先宽"，"罪疑从轻"。[②]清人沈家本认为，"一代之法，不徒在立法之善，而在用法之得其平"，执法应"心存平恕"，"恕心用则可寄枉直矣"，"恕心用三字，实为平刑审断之本。酷虐残暴之人习焉而不察者，皆由其心之不恕也，恕则仁心自生"。[③]他把司法残酷仅仅归结为执法者缺乏"恕"心，

---

① （唐）吴兢：《贞观政要》之《刑法》《公平》。
② （明）丘濬：《大学衍义补》卷一〇五《明流赎之意》；卷一〇八《谨详谳之议》。
③ （清）沈家本：《历代刑法考》之十一，《汉律摭遗·自序》。

　　明刑弼教：中国法律传统的基本精神

没有讨论执法官吏执法刻薄、利在杀人，及喜欢锻炼成狱、用重刑的根本原因及根治之道，使人觉得浅薄可怜。

其次，如"用刑平等"问题。在定型时期，许多人无数次重复自先秦以来的这种主张。魏徵主张，"不以贵贱亲疏而定轻重"，"一断于律"，要求法官"志存公道，人有所犯，一一于法"，主张"公之于法"，反对"私之于法"。①宋人范仲淹主张，"法者，圣人为天下画一，不以贵贱亲疏而轻重也"，"贵贱亲疏，赏罚惟一：有功者虽憎必赏，有罪者虽爱必罚"。②清人唐甄主张："善为政者，刑先于贵，后于贱；重于贵，轻于贱。"③沈家本强调："法之及不及，但分善恶而已，乌得有士族匹庶之分"，"使人但知士族匹庶之分，而不知善恶之分，此大乱之道也"。④至于用法不平等的社会根源、文化根源是什么，怎样从根本上防止"因人异法""贵贱有别"，怎样从根本上有效保障用法公平划一，自唐至清，人们都未深究。

再次，如"原情定罪"或"原心论罪"问题。自唐至清谈论了千年，但基本上仍是在重复董仲舒的主张。唐人柳宗元说："圣人之制，穷理以定赏罚，本情以正褒贬"，"校其供人之实，原本定罪，穷理辨刑"。⑤宋人朱熹主张，"凡听五刑之讼，必原父子之亲、立君臣之义以权之"，"凡有狱讼，必先论其尊卑、上下、长幼、亲疏之分，而后听其曲直之辞"，断狱甚至可以"屈法以申恩"。⑥明人丘濬主张，"论罪者必原情。原情二字，实古今谳狱之要道也"，"言刑者必与礼

---

① 《旧唐书·刑法志》，《全唐文》卷一三九魏徵《理狱听谏疏》，《贞观政要·公平》。

② 《范文正公集·政府奏议》卷下，《再奏雪张亢》；《范文正公集·文集》卷九，《奏上时务书》。

③ （清）唐甄：《潜书·权实》。

④ （清）沈家本：《寄簃文存》卷一，《旗人遣军流徒》。

⑤ 《柳宗元集》卷四《议辩·驳复仇议》；卷八《行状·柳常侍行状》。

⑥ 《朱文公文集》卷十四，《戊申延和奏札一》。

并"，论罪者"必主于经义"，随其情而权其轻重，"于经于律，两无违悖"。甚至在法礼二者相冲突时，他主张可以"制之以义，而不可泥于法"。[①]直到清末的张之洞，仍主张"原心论罪"，主张法无明文时可以援引比附经义。[②]一般说来，主张"原情论罪"者注重从案件事实中寻找可以适用情理（伦理）之处，主张"原心论罪"者注重从动机去论善恶（是否合乎伦理），总之二者都主张情理、伦理高于法律。这种论点不断重复，但没有人更深入地探讨伦理、情理与法律的内在关系，没有人深入地论述"原心论罪"的危害，没有人把讨论上升到成文法和理性法（自然法）的关系、成文法与习惯法的关系的层次，都仅仅是在做粗浅的表达。

此外，如关于"赏罚必当"的问题，同样是在不断地重复前人的主张。唐太宗认为："国家大事，惟赏与罚。赏当其劳，无功者自退；罚当其罪，为恶者咸惧。"[③]魏徵屡劝唐太宗："恩所加，则思无因喜以谬赏；罚所及，则思无因怒而滥刑。"[④]唐人陆贽主张："信赏必罚，霸王之资；轻爵亵刑，衰乱之渐。信赏在功无不报，必罚在罪无不惩。"[⑤]明人丘濬主张："赏必加于善，刑必施诸恶。"[⑥]清人包世臣言："赏罚者，为治之大柄也，今小民犯义则加罚，而行义者未获赏，是未使子民得仁义之利也。"[⑦]这些谈论，都只是重复前人的说法，只是简单地提出了赏罚必当、不淫刑滥赏之类的主张。至于正当的赏罚与淫刑滥赏之间的分界为何，滥赏淫刑的根源何在，如何在立法上防止之，在执法上有

①（明）丘濬：《大学衍义补》卷一〇八《谨详谳之议》；卷一〇二《定律令之制》；卷一一〇《明复仇之义》；卷一一一《简典狱之官》。
②（清）张之洞：《张文襄公全集》卷二一一，《议事以制说》。
③（唐）吴兢：《贞观政要·封建》。
④《旧唐书》卷七十一，《魏徵传》。
⑤（唐）陆贽：《陆宣公全集》卷五，《甄奖陷贼守节官诏》。
⑥（明）丘濬：《大学衍义补》卷一百，《总论制刑之义》。
⑦（清）包世臣：《齐民四术》卷四上，《礼一上》。

效监督制约之，这些问题一直无人深思。根本的理论研究及制度革新一直阙如。

在其他一些问题上也是如此，只有重复见解，缺乏学术理论升华和制度创新构想。思维方式、思想内容似乎一直困于囚笼中出不来。

四、定型时期中国法律思想发展的主要线索

定型时期的中国法律思想，实际上存在着三条纵贯的线索。

第一条线索：道统思潮，即从王通、韩愈的道统理论到宋代以朱熹为代表的理学、明代以王阳明为代表的心学。这一条线索是儒家主流法律思想的演绎线索，是法律思想理论的主线。这一线索，基本上代表着儒家原教旨性质的法律思想，以社会思想的固定套路化为使命。其全部努力就是建构某种永恒不变的不被怀疑的体系。

第二条线索：社会批判思潮，即从柳宗元的"法制人决论"，到陈亮、叶适的重实事、崇利功的"实学"法律观，再到明末清初以黄宗羲、王夫之、顾炎武、唐甄为代表的反对极端君主专制的法律思潮。这一条线索，实为儒家法律思想内带有批判倾向的一个支流，它以恢复儒家人本主义或人文主义传统为目标。即使是批判思潮，仍是在儒家的基本命题范围内打转转，仍是用原初纯粹的儒家思想反对后来被歪曲篡改的儒家思想，仍体现出某种固定套路的性质。

第三条线索：统治集团的法律观。这一条线索主要是从唐宋到明清历代君臣从政治法律实务的角度提出的一些法律主张，源自实务经验总结，具有很强的政策指导性质。他们的思想，甚至谈不上什么思想，只不过在探讨实务而已。他们探讨实务、分析问题的理论依据，实际上仍

是儒家正统法律思想，也就是那些其实已经僵化了的思想。

五、关于定型化原因的一点臆测

唐以后中国法律思想的定型化或日趋僵化，原因何在？

我认为，原因是复杂的、多层次的。首先，从浅层原因方面看，这是法律制度定型化影响的结果。从唐律到清律，除了增加某些罪条以外，几乎没有什么变革。除了主张适应当时的社会情况制定临时性法规（例、诏、指挥等）及主张法官执法时准酌情理以弥法之缺陷外，没有人能想到全面革新法律制度体系和价值体系。法律制度既没有变革也不能设想变革，那么法律思想观念当然也不会有什么真正进化。其次，从较深层原因方面看，君主专制主义中央集权体制早已僵化，国家政治活动也日趋僵化。在僵化的、高压的、沉闷的政治之下，学术思想环境恶化，法律思想也随之僵化。最后，从更深层原因方面看，生产方式和社会生活方式长期停滞不进，决定了中国法律思想在此千年间停滞不前。

第十九章

中国传统法律思想的发展轨迹

一、从原始法观念到"礼法"观

中国的法观念起源于何时，现已无从查考。一般说来，早在国家与法律产生以前，人们关于强制性公共规则及其执行的种种观念就已存在，这就是法观念的萌芽。人类社会最早的公共规则是浑沌一体的，它是图腾禁忌、原始宗教、习俗礼仪的混合体。最初的法观念，也是一种浑沌一体的法观念。中国的原始社会自不例外。

在原始社会成员的心目中，一切禁忌、习俗、礼仪、惯例都有某种强制性。不管强制性来自何处，反正在他们心目中这些东西都是只可仿行、不可违抗的。要原始人根据强制性大小或强制力来源，将浑沌一体的惯习性规则区分为法律、宗教、礼俗、道德、禁忌等，是不可能的。因为，在原始人看来，公共权力机关的强制力、氏族社会的舆论谴责力、氏族首领个人的道德威信、宗教迷信的威力等都是浑然不可分的。所以，原始社会的法观念，是以一切不得不仿行的惯例为"法"并虔敬谨守的观念，这是一种浑沌的法观念。

这种浑沌一体的法观念还表现在关于刑罚的观念方面。

关于刑罚，起初只有对一切制裁方式或手段不加区分的观念。在氏族部落之封闭社会里，荣誉刑、身份刑、资格刑、自由刑乃至肉刑都是浑然不分的。原始人分不清哪些制裁是道德制裁，哪些是法律制裁。由于社会的封闭性及成员的不流动性，后世视为纯粹道德制裁的手段，在那时也可能构成严厉的"法律制裁"。《尚书》所谓"象以典刑""画衣冠异章服而民不犯"的情形，《周礼》所谓"耻诸嘉石""以嘉石平罢民"的情形，在许多民族历史上是存在的，这正与原始人的浑沌刑罚观相适应。

因为没有后世那种令人恐怖的刀锯斧钺之刑去保障原始社会公共强制规则的实施，所以人们常常反过来说那时没有法律。应该说，那时虽然没有后世那样与道德、宗教、礼俗、禁忌等相对区分且以刑法为主的法律，但却有在原始社会生活里实际起作用的浑沌法律。正因为没有后世意义上的法律，后人才常说"伏羲女娲不设法度""神农无制令而民从"。①

后来，人们渐渐产生了"刑"的观念。"刑"仅指肉体刑及生命刑，氏族社会从前行之有效的羞辱刑、资格刑甚至自由刑，都不再被视为"刑"了。甚至，流放也不被视为"刑"，仅作为代替"五刑"的手段，此即所谓"流宥五刑"。

随着这种意义上的"刑"观念产生，"兵刑不分"的观念势必同时形成：对付外族敌人的"大刑"（"大刑用甲兵""大刑陈诸原野"）和对付本族叛贼恶徒的"大刑"（"其次用斧钺""小者致之市

_____

①《淮南子·览冥训》及《泛论训》。

朝"），没有什么本质的区别。①这也是一种内外不分、用兵与司法不分、法律与军令军纪不分的浑沌法观念。这种观念持续到了国家产生以后，直到东汉时，王充还说："刑人用刀，伐人用兵；罪人用法，诛人用武。武法不殊，刀兵不异。"②

原始人浑沌一体的法观念，也许还表现在司法上。在原始社会，一般没有专职司法机构和官吏。公共规则被违反，其审判和处罚，常常是氏族公众的共同公务。酋长虽主持审判，但是否有罪及如何处罚，常常由氏族公众以"按老规矩办"的方式做出决定并执行。《周礼》所谓"以三刺断庶民狱讼之中：一曰讯群臣，二曰讯群吏，三曰讯万民。听民之所刺宥以施上服下服之刑"③，《孟子》所谓"左右皆曰可杀，勿听……国人皆曰可杀……然后杀之。故曰国人杀之也"④，也许间接反映了当时的真实情形，间接记录了当时的人们以"全民司法"为正义的法观念。这种司法观念，是一种浑沌司法观。因为在司法还没有独立为一种专门职事或权威之时，人们是不会产生后世那样的清晰的司法观念的。

原始社会浑沌一体的法观念，在进入国家状态后发生了变化。这种变化表现在许多方面，对于华夏先民来说，尤为显著是"礼法"观的形成。

大约自夏代开始，旨在确立和维护宗法社会尊卑、贵贱、长幼、亲疏等级秩序的行为规范——"礼"，就从浑沌一体的原始习惯法中脱颖而出，受到了格外重视和强调。原始习惯法的其他部分渐渐被淡忘或抛弃了。夏有夏礼，商有殷礼，周有周礼，孔子认为前后相袭、变化

---

①《国语·鲁语上》。
②《论衡·儒增》。
③《周礼·秋官司寇》。
④《孟子·梁惠王下》。

不大,主要的东西是永不可变的。①自周代开始,号称"礼治","礼"的地位空前显赫。在当时人们心目中,礼之上者为"礼中之理"("礼义"),万世不易;礼之中者是行为之宜,是行为规范("礼法")之总和;礼之下者是仪式、礼节("礼仪")。三者合而言之,是当时社会的法律。这种观念,我们可以称之为"礼法观"。

在当时的人们心目中,礼不仅具有法的一切性质和作用,甚至"礼""法"二字(词)之义也是互通的。《礼记·礼运》:"政不正则君位危,君位危则……法无常,法无常而礼无列","礼行于五祀而正法则焉","诸侯以礼相与,大夫以法相序",这都显然以"礼""法"为同义语。"法"坏了("法无常")就是"礼"坏了("礼无列");"礼"贯彻了("礼行于五祀")也就是"法"正了("而正法则");规范诸侯们"相与"(交往)的"礼"与规范大夫们相处("相序")的"法"显然是一回事。这种"同义互文"式的修辞,表明他们认为"礼"就是"法"。《礼记》还说:"故天子适诸侯必舍其祖庙,而不以礼籍入,是谓天子坏法乱纪","古之礼,慈母无服。今也君为之服,是逆古礼而乱国法"。②这里举出了两条具体的礼法规范,直接以礼为法,违礼被定性为坏法乱法。

在"以礼为法"的观念背景下,人们也经常说到"刑"。在一些法律史的教材和著作中,论及夏、商、周三代时,往往认为有两个法的系统,一个是"礼系统",它们是夏礼、殷礼、周礼;另一个是"刑系统",它们是禹刑、汤刑、九刑,似乎是互不统属的。其实,刑在礼中,礼外无法,礼外无刑。刑仅仅是指用以维护礼的尊严的一种极端处

---

① 《论语·为政》:"殷因于夏礼,所损益可知也;周因于殷礼,所损益可知也。其或继周者,虽百世而可知也。"
② 《礼记》之《礼运》《曾子问》。

罚手段。《礼记·礼运》：“夫礼，先王以承天之道以治人之情，故失之者死，得之者生。”这实际上就是后来所谓的“礼去刑取”“失礼入刑”。违反礼，就可能受到刑罚制裁，那么这样的礼当然就是法。诚然，事实上也有失礼而不入刑的情形，这并不妨碍当时的人们把礼当成真正的国法，也不妨碍事实上礼就充当着国法。这与后世也有违法而不一定受法律制裁的情形一样。不过，“以礼为法”或礼法浑然一体时代的“刑”与礼法分离后的“刑”，其含义还是有所不同的。前者是辅礼（即礼法）之刑，后者是辅刑法之刑。因此，汉以后人们说“失礼入刑”“礼去刑取”，实际上是说“失刑法入刑”“法去刑取”。他们所说的礼仅仅是指已经纳入刑法之中的礼，而不是像春秋以前人们那样泛指一切礼。

二、礼法分合的历程

（一）法家倾向：礼法分离，独任“法治”

约自春秋中后期开始，与儒家代表的正统礼法观相对抗，法家开始了分离礼法的努力。他们把原来浑沌一体的礼法中的一部分——与国家治安及富国强兵目标关系最密切的那一部分——抽离出来，格外强调，并主张以比从前更加严峻的刑罚加以维系，又提出国君颁布的与此相关的政令比“礼”还重要。他们只把这一部分礼及政令称为“法”或“律”，有时也直接称为“刑”（因为他们常常刑法与刑罚不分）。

把法从礼法中分离出来的努力，始于法家先驱管仲、子产。管仲最先给“法”下了定义：“杀戮禁诛谓之法。”[①]这里讲到的“禁”，就是禁止性规范。禁止性规范与刑罚手段合起来称为“法”。这与礼法浑然

---

①《管子·心术上》。

一体时期人们观念中的法或礼的含义是大不一样的，也与主张以礼为法的观念是大不相同的。管仲又主张"法政独制于君而不从臣出"，"生法者君也"，"君臣上下贵贱皆从法"。[①]这都是在强调国君制定和颁布命令性、禁止性规范的权力和效力。在过去，在持礼法观的人们那里，这都是不被特别强调的，甚至都未曾单独谈论过。在管仲看来，在法之外，还有"礼义"，礼与法是相对独立的。

子产在郑国铸刑书、赵鞅在晋国铸刑鼎，就是要把他们特别强调的治安和耕战之类禁令单独以铸于鼎的方式突显出来，令民遵从，旨在确立法（刑法）的独立地位，或把法从礼法中分离出来，我们不应将其理解为公布成文法。叔向和孔子反对这两次铸刻刑书的活动，也不是反对公布成文法，而是从传统礼法观的立场出发，反对将法从礼法中抽离出来单独强调，反对礼法分离，维护礼法一体。他们担心，单独强调法，必然使人们忽视或遗弃礼，"将弃礼而征于书"；遗弃礼，必将导致"贵贱无序"。[②]但是，事实上，礼的本性就是追求"贵贱有等""长幼有差""亲疏有别"的等级秩序，而法天然追求的就是"不别亲疏，不殊贵贱，一断于法"[③]，"刑无等级"[④]。强调法，则对礼有威胁，这是显而易见的。所以管仲、子产在强调法的同时，也不忘强调礼。[⑤]这说明，作为法家先驱，管仲、子产并不因为法而绝对排斥礼。

自邓析以后，法家对礼采取了更加激烈的决裂态度。邓析"不法先王，不是礼义"[⑥]，明确地强调法而排斥礼。慎到主张"民一于君，事断

---

①《管子》之《明法解》《任法》。
②《左传》之《昭公六年》《昭公二十九年》。
③《史记·太史公自序》。
④《商君书·赏刑》。
⑤管子以"礼义廉耻"为"国之四维"（《史记·管晏列传》），子产称"礼"是"天之经也，地之义也，民之行也"（《左传·昭公二十五年》）。
⑥《荀子·非十二子》。

于法"①，实际上也是为了排斥礼的适用。申不害认为"明法审令"是政治的根本，明君应"任法"而不"任智"，即反对"礼义"。②商鞅更明确地以"礼乐"等为"国之虱"，主张"不贵义而贵法"，"使吏非法无以守"③，"苟可以利民，不循其礼"④。韩非更直称"礼乐"等为"国之蠹"，主张"以法为本"，"以法为教"，摒弃"礼义"和"仁恩"。⑤他们的这种激烈态度，都旨在将法真正分离或独立出来，以矫过去"以礼为法"使国家秩序无统一、稳定、公开、有力的标准之弊，以强化治安和贯彻耕战方针。

自商鞅变法至秦朝灭亡，以法排礼达到极端。"秦法繁于秋荼，而网密于凝脂"⑥；天下事无小大"皆有法式"，"皆决于法"⑦。这正贯彻了法家"独任刑法""唯法为治"或"以法治国"的主张。

（二）汉儒的反省：礼法结合，德主刑辅

法家的主张，立即受到了致命的打击。暴秦短祚而亡说明了"唯法为治""独任法治"的失败。汉初的儒生们对秦速亡之教训进行了认真反省，特别注意到"独任法治"的弊端："秦王置天下于法令刑罚，德泽亡一有，而怨毒盈于世，下憎恶之如仇雠"，"以刑罚治之者积刑罚，刑罚积而民怨背"，"驱之以法令，法令极而民风衰"。⑧

汉儒对秦政的反省持续了数十年，从陆贾、贾谊直到董仲舒，都一直在思索秦朝迅速败亡的原因。经反省，他们几乎一致认识到：过分摒弃礼和德教，独恃严刑峻法，是秦朝败亡的主要原因。基于这样一种清

---

① 《艺文类聚》卷五十四引《慎子》佚文。
② 《全上古三代秦汉三国六朝文》卷四引《申子》佚文。
③ 《商君书》之《靳令》《画策》《慎法》。
④ 《史记·商君列传》。
⑤ 《韩非子》之《饰邪》《五蠹》。
⑥ 《盐铁论·刑德》。
⑦ 《史记·秦始皇本纪》。
⑧ 《汉书·贾谊传》。

醒的认识，汉儒开始了在不排斥法独立存在的前提下重振礼乐、建构礼法结合的新思想体系和新政治秩序的工作。[①]

汉初最早致力于重振礼乐的是陆贾，"（陆）贾时时前说称《诗》《书》"，并著《新语》十二篇，特别指出了"独任法治"使"民知畏法而无礼义"的弊端，主张国家应特别注重"礼"——"正上下之仪，明父子之礼、君臣之义，使强不凌弱、众不暴寡"[②]。其后，贾谊更批驳"礼义不如法令"之说，主张"以礼治国"："以礼义治之者积礼义"，"礼义积而民和亲"。他主张首先恢复司法上的等级特权之"礼"，"廉耻节礼以治君子，故有赐死而亡戮辱。是以黥劓之罪不及大夫"[③]。对于百姓，他也主张"仁""礼"："人主仁而境内和矣"，"人主有礼而境内肃矣"。[④]到了董仲舒，首倡"罢黜百家，独尊儒术"，实际上仍不过是在用"过正"的方式来矫"独任法治""独任刑罚"之枉（弊）。他虽声称"为政而任刑，不顺于天"，主张"王者……任德教而不任刑"，[⑤]但这并不是否定或排斥刑或法，而只是反对"独任刑罚"。他首创"德主刑辅"之说，认为"庆赏刑罚"如天之春夏秋冬四时一样不可缺少，礼和法应像阴阳两者一样互相依存："阴者，阳之助也；德者，刑之辅也。"[⑥]简言之，他主张在"大德而小刑"[⑦]的前提下实现礼法结合。

自汉初甚至自荀子以来反对"独任法治"、主张重振礼乐、主张礼法结合的努力，到董仲舒时已基本完成使命。礼的地位得到了确定，但这不是旧日地位的简单恢复，而是在容忍有法并存的前提下获得比法

---

①这一工作实际上自荀子已经开始了。荀子主张"隆礼""重法"，认为"礼与刑"是"治之经"（《荀子·成相》），实际上是为矫正片面"重礼"之弊而提出的"礼法结合"主张。
②（汉）陆贾：《新语·道基》。
③《汉书·贾谊传》。
④（汉）贾谊：《新书·道术》。
⑤《汉书·董仲舒传》。
⑥《春秋繁露·天辨》。
⑦《春秋繁露·阳尊阴卑》。

更尊的地位。法或刑的地位没有因为再次崇礼而被否定，其为"副"为"辅"的地位已经确立。在人们的心目中，礼法又和合了。不过，这种和合，与从前的以礼为法、礼法浑沌一体已大不一样。现在是礼和法二者在明了性质、职责后，各自保有相对个性或独立性的结合，是在以礼为主的原则下的结合。结合的方式，与从前也大不一样。新形势下礼法结合观的形成，标志着中国正统法律观已开始形成。

正统法律观的形成与定型，与中国法律儒家化的过程是一致的。秦汉之法律为法家所制定，纯本于法家之精神。自汉初开始，本来鄙视法律的儒家也纷纷关注法律，以儒家礼教精神渗透和改造法律。中经魏晋南北朝的发展，完成于隋唐。到《唐律疏议》，人称"一准乎礼，而得古今之平"，就是说完全"合礼化"了。[1]在这一法律儒家化过程中，中国正统法律观逐渐形成、完善直至定型。

（三）法观念定型：礼主法辅，礼在法中，法外有礼

中国正统法观念的核心理念是德主刑辅、礼法结合、王霸并用，三者合而言之便是礼主法辅式的结合。德、礼、王道三者意义相通，泛指刑法和刑罚以外的一切道德规范、调处劝诫及仁义教化手段；刑、法、霸道三者意义亦相通，泛指刑事法律及刑罚威慑手段。德、礼、王道与刑、法、霸道，二者相互依赖、不可或缺，但以德、礼、王道为主为本，以刑、法、霸道为辅为末。这种观念，自董仲舒承荀子之绪大加倡导以后，逐渐占支配地位。

东汉时，桓谭主张"王霸并用""威德更兴""文武迭用"，认为"王道"优于"霸道"。[2]晋时，张斐主张"礼乐崇于上"，"刑法闲

---

① 瞿同祖：《中国法律之儒家化》，载《瞿同祖法学论著集》，中国政法大学出版社1998年版，第361—382页。
② 《新论·王霸》，《后汉书·桓谭传》。

于下"。①唐时，长孙无忌作《唐律疏议》，更将这一主流法律思想精义概括为："德礼为政教之本，刑罚为政教之用，犹昏晓阳秋相须而成也。"韩愈亦主张："以德礼为先，而辅之以政刑。"②宋时，朱熹认为，"故圣人之治，为之教以明之，为之刑以弼之"，"律所以明法禁非，亦有助于教化"，"有德礼而无政刑又做不得"③。明时，丘濬认为，"德、礼、刑、政四者，王道之治具也"，主张"礼教刑辟，交相为用"，"刑以弼教，论罪者当以教为主"。④直到清末，这种思想并未改变。如龚自珍说："刑书者，乃所以为礼义也。出乎礼，入乎刑，不可以中立。"⑤甚至到近代法律思想的开山鼻祖沈家本，仍认为"刑者非威民之具，而以辅教之不足也"⑥。

礼主法辅的礼法结合观，具体体现为许多方面的法观念。这些法观念，合为一个有机体系。在法律与贤人的关系上，主张以"任人"为主的"任人""任法"相结合，因为贤人是"德礼"或"王道仁政"的代表。在法律渊源和立法上，主张以礼的原则为法或引礼入律。在国家行政策略上主张赏刑并用；在司法上主张"应经合义""原心（原情、原本）论罪""情理法兼顾"，即主张引"礼"断狱、判决合"礼"。其他许多法律主张，如"约法省刑""先教后刑""恤刑慎狱""矜老恤幼""持法以信""慎赦"等等，几乎都是这一根本命题的推论。

自汉至清长期的礼法结合过程，大致是从两个方面进行的：一是将礼的原则化为法的原则，就是所谓"以礼率法"；二是将礼的条款纳入

①《晋书·刑法志》。
②《韩昌黎集》外集卷五，《潮州请置乡校牒》。
③《朱文公文集》卷十四《戊申延和奏札一》；《朱文公文集》卷五十八《答邓卫志》；《朱子语类》卷二十三《为政篇上》。
④（明）丘濬：《大学衍义补》卷一五八《圣神功化之极》；卷一百《慎刑宪》。
⑤（清）龚自珍：《春秋决事比自序》，载《龚自珍全集》，天津古籍出版社2016年版，第61页。
⑥（清）沈家本：《历代刑法考》卷一，《刑制总考一》。

法典，就是所谓"引礼入律"。但是，成文律典不可能将礼囊括无遗；能引入律的"礼"不是礼的全部，甚至达不到礼的大部分。事实上，许多官方和民间的礼仪、习惯、风俗、禁忌，以及大量的民事细故的处置方式，都无法悉数收入律条。因此，与夏商周三代有礼而无法不同，这一时期的礼法关系实际上是在礼法结合、礼在法中的前提下，礼法并存，法外有礼。

这样一个法思想观念体系，是小农经济的宗法社会生产及生活方式的结晶。经济基础和社会生活方式不变，这一观念体系也不会改变。

三、"取法泰西"与"中西会通"

（一）"取法泰西"思潮的兴起

鸦片战争以后，中国传统的小农生产方式及宗法社会组织生活受到了前所未有的冲击，中国人遇到了"三千年未有之强敌"，中国社会出现了"三千年未有之变局"。[①]在这样的危局下，先进的知识分子纷纷"睁眼看世界"，"痛思强国雪耻之道"。"道光咸丰以来，中国再败于泰西，使节四出，交聘于外。士大夫之好时务者，观其（西方——引者）号令约束之明，百工杂技之巧，水陆武备之精，贸易转输之盛，反顾赧然，自以为贫且弱也。于是西学大兴，人人争言其书，习其法，欲以变俗。"[②]一时间，关注西方、学习西法成为一种时代思潮。

各个阶层或利益集团的代表人物，都把目光集中到了中国传统制度和政治法律观的近代命运上。抗拒变革、率由旧章无益于时，甚至反而

---

① （清）李鸿章：《李文忠公全集》之《奏稿》卷七十九。
② （清）邵作舟：《邵氏危言》上卷，《总论下·纲纪》。

会加重危机，这已成为除朝中少数顽固保守分子以外所有朝野人士的共识。于是，学习西方、改良制度成为近代以来举国上下共同的主张。

最早提出学习西方主张的是地主阶级改革家。魏源最先提出"师夷长技以制夷"的口号，向国人发出了学习西法的倡议。他虽曾宣称"战舰""火器""练兵之法"为"西夷"之三大"长技"，[①]但他的认识实际上超过了此界限，"人但知船炮为西夷之长技，而不知西夷之所长，不徒船炮也"。除船炮练兵之外，魏源还特别注意到西方的政治法律制度的长处。他注意到了西方奖励工商业之良法，主张学习；[②]他注意到美国、瑞士"公举大酋（总统）"的民主制度及地方自治制度，大加赞扬；对"议事听讼，选官举贤，皆自下始"[③]，以及多数票决的议会民主制度大加称赞。他认为这种制度可长可久，"其章程可垂奕世而无弊"[④]，其主张师法西法之意已溢于言表，只是未敢明言而已。

在太平天国农民革命阵营，也发出了同样的学习西法的呼声。洪仁玕认识到欧美诸国强盛的原因在于"法制"。英国"于今称为最强之邦，由法善也"，俄国学习法国之"邦法……大兴政教，百余年来，声威日著，今亦为北方冠冕之邦也"。在他看来，西方各邦也有"纲常大典，教养大法"，值得正视。[⑤]他将西法之概旨编入《资政新篇》，意在学习、借鉴。

早期改良派更多地引介西方政治法律制度，郑观应、冯桂芬、马建忠、何启、胡礼恒等人较早向国人全面介绍了西方的国会制度、三权分立、君主立宪、新式监狱制度及司法审判等等。郑观应认为，西方

①（清）魏源：《海国图志·叙》，岳麓书社1998年版，上册，第1页。
②（清）魏源：《海国图志》卷三，《筹海篇三》。
③（清）魏源：《海国图志》卷五十九，《外大西洋墨利加洲总叙》。
④（清）魏源：《海国图志·叙》。
⑤（清）洪仁玕：《资政新篇》，江苏人民出版社1961年版《太平天国印书》第16册。

"治乱之源、富强之本，不尽在船坚炮利，而在议院上下同心，教养得法"[①]，他认识到西方宪政法制是强国关键，我们应当学习，在改革旧法中应使"西法参用乎其间"。不过，在处理西学与中学的关系问题上，早期改良派代表人物们的思想倾向大为不同。冯桂芬主张"以中国伦常名教为原本，辅以诸国富强之术"[②]。郑观应主张"中学其本也，西学其末也，主以中学辅以西学"[③]，把西方的宪政法制都当成"术"，视为"末"，仍固守中国传统法精神。何启、胡礼恒等人则不同，他们批评"中体西用"说，认为西学亦有自己的"体"和"用"，"朝廷政令可否皆决于议院"，"讼狱曲直皆判于陪审"，"上有清明之法度，下有平恕之民情"，此就是西学"富强之体"，[④]这实际上是主张学习西法之"体"即精神。

　　洋务派官僚们关于学习西法的主张，既显示了统治阶级内部开明派的改良愿望，又反映了中国资产阶级的最初成分即官僚资产阶级的一些主张。张之洞是其典型代表。他虽把"西政、西艺、西史"称为"新学"，但主张"旧学为体，新学为用"。[⑤]在西学之中，他认为"西艺非要，西政为要"[⑥]。他认为应学习"西学""西政"，"择西学之可以补我阙者用之，西政之可以起吾疾者取之"。[⑦]"西政"是什么？就是其法制。中国的法制是可以变革的。因此，应当"采用西法"，"整顿中法"。[⑧]具体应采用什么"西法"呢？在张之洞看来，不过就是关于外交交涉的"国际公法"和关于中外通商的"通商律例"，还有司法制度及监

---

①（清）郑观应：《盛世危言·自序》，辽宁人民出版社1994年版，第13页。
②（清）冯桂芬：《校邠庐抗议》卷下，《采西学议》。
③（清）郑观应：《盛世危言》卷一，《西学》。
④（清）《新政真诠》四编，《康说书后》，辽宁人民出版社1994年版，第247页。
⑤（清）张之洞：《劝学篇》外篇，《设学第三》。
⑥（清）张之洞：《劝学篇·序》，上海书店出版社2003年版，第2页。
⑦（清）张之洞：《劝学篇》内篇，《循序第七》。
⑧（清）张之洞：《张文襄公全集》卷五十三，《江楚会奏变法三折》。

狱制度。除了主张学习这些"西法"之外，他再也没有设想学得更多。相反，他竭力反对学习"西法"之精神，反对危及中国法传统价值的改革。任何改革，只要有危害"三纲五常"之可能，他就坚决反对。"夫不可变者伦纪也，非法制也"[1]，"知君臣之纲，则民权之说不可行也；知父子之纲，则父子同罪、免丧废祀之说不可行也；知夫妇之纲，则男女平权之说不可行也"[2]。为了维护"中学为体"，维护"国粹"，他反对罪刑法定，坚持援引比附论罪；反对司法独立，坚持行政官兼理司法；反对律师制、陪审制等等。清末修律所引进的西方刑法、诉讼法制度，大多被张之洞骂为"于中法本原似有乖违"，"坏中国名教之防"，"悖圣贤修齐之教"。[3]洋务派的另一大员劳乃宣更竭力反对清末修律中学习西法之举，主张"无夫奸""子孙违犯教令"等"义关伦常诸条"应"修入刑律正文"，以维风教。关于变法，他明确主张"中法为体，西法为用"。[4]事实上，一旦"中法为体"，则就没有多少"西法"可以采用了。

（二）"会通中西"的法制改革思潮

真正对彻底改造中国法传统及引进移植西法采取比较豁达、开放态度的，是以康有为、梁启超为代表的资产阶级改良派（立宪派）、以孙中山为代表的资产阶级革命派及以沈家本为代表的法律西化派。

在以康、梁为代表的资产阶级改良派眼中，中国旧法几无可称道者。在康、梁的著作中，除了在"托古改制"时偶尔称道一下中国旧时某些具体制度（如乡校制度）以外，几乎没有真心为中国君主专制法制及其精神辩解的文字。相反，他们全面深刻地介绍西方宪法、民主政治体制、以民权为核心的政治法律学说，超过近代史上其他思想派别，甚

---

[1]（清）张之洞：《劝学篇》外篇，《变法第七》。
[2]（清）张之洞：《劝学篇》内篇，《明纲第三》。
[3]（清）张之洞：《张文襄公全集》卷六十九，《遵旨复议新编刑事民事诉讼法折》。
[4]（清）劳乃宣：《新刑律修正案汇录》之二，《修正刑律草案说帖》。

至超过以孙中山为代表的资产阶级革命派。康有为主张中国应全面学习西法，"观万国之势，能变则全，不变则亡；全变则强，小变则亡"①。所谓"全变"，就是在经济、政治、法律、文化教育等各方面全面采用西法。他认为，变法须自国家根本大法起，"变法全在定典章宪法"，"采择万国律例，定宪法公私之分"②，"东西各国，成规俱存，在一采酌行之耳"③，主张对君臣伦纲为核心的国体进行改造，追从西方近代民主制度。康有为也主张，全面采择西法，以定我国相关法律："其民法、民律、商法、市则、舶则、讼律、军律、国际公法，西人皆极详明。……各种新法，皆我所夙无，而事势所宜，可补我所未备。故宜有专司，采定各律以定率从。"④梁启超亦认为："治旧国必用新法。"⑤即主张采用西方之新法。他不但主张采择西方各国国律、民律、商律、刑律，还特别呼吁研究、体会西方法律的精神，"律法之读尤重在律意"，"尽采西人律意"⑥，主张采择西方法制及其精神，而不是仅采皮毛。谭嗣同比康、梁更加明确地主张，中国变法要从摒除"三纲五伦"开始，要全面学习西法，应"仿之而全变"，应"画此尽变西法之策"。⑦

以孙中山为代表的资产阶级革命派在对待旧法传统、学习西法的问题上有所折衷。孙中山先生终生以"中西合璧"为其政治革命目标。他主张学习西方先进的政治法律制度，"取法乎上"，追赶各国先进潮

---

① （清）康有为：《上清帝第六书》，中国史学会编《中国近代史资料丛刊·戊戌变法》第2册。

② （清）康有为：《上清帝第五书》，中国史学会编《中国近代史资料丛刊·戊戌变法》第2册。

③ （清）康有为：《请定立宪开国会折》，中国史学会编《中国近代史资料丛刊·戊戌变法》第2册。

④ （清）康有为：《上清帝第六书》，中国史学会编：《中国近代史资料丛刊·戊戌变法》第2册。

⑤ （清）梁启超：《饮冰室文集》卷一，《变法通议·论不变法之害》。

⑥ （清）梁启超：《饮冰室文集》卷一，《变法通议·论译书》。

⑦ 蔡尚思等编《谭嗣同全集》，中华书局1981年版，上册，第226—227页。

流。他主张，从"主权在民""权力分立与制衡"的宪政制度到具体的民刑制度、教育制度、选举制度、地方自治制度，都全面地取法西方。同时，他又认为，中国传统制度中的"考试""监察"两权及相关制度，是中国传统制度的精华，应予保持。[①]"五权分立"是他"中西合璧"构思的一个范本。虽然他所设计的"五权分立"中的监察、考试两权实际上更近乎西方的弹劾制度、文官制度而不是中国旧时的台谏制度、科举制度，但他注意发掘中国传统制度之精华，注意中国国情及中西结合，而不是简单片面地仿效西方，显然采取了一种更为明智的态度。革命派的另一代表人物章太炎在这一方面的主张更加明确，他反对"横取他国已行之法"，即反对照搬西方法制，主张在学习西法过程中注意"中国旧有之美俗良法"[②]，力争合中西之精华。

中国法制近代化过程中法观念由旧到新的剧变及中西冲突，集中地体现在沈家本这位"媒介东西方几大法系成为眷属的一大冰人"[③]身上。沈家本主持清末修律，宣言要以"折衷各国大同之良规，兼采近世最新之学说，而仍不戾乎我国历世相沿之礼教民情"[④]"损益而会通"[⑤]为宗旨。但是，这一宗旨，沈氏并未真正贯彻。一方面，因本着一个急功近利的动机——收回治外法权，所以修律时"专以折冲樽俎、模范列强为宗旨"[⑥]。在已涉及的修律范围中，有"一意摹仿外国"之倾向，主要以不"授外人以口实""默收长驾远驭之效"[⑦]为念，动辄以"此最为外

---

① 孙中山：《五权宪法》，载《孙中山选集》，人民出版社1956年版，下卷，第580页。
② 汤志钧编《章太炎政论选集》，中华书局1977年版，下册，第532—534页，第537页。
③ 杨鸿烈对沈家本的评价。见杨鸿烈《中国法律发达史》，中国政法大学出版社2009年版，第492页。
④（清）沈家本：《修订法律大臣沈家本等奏进呈刑律草案折》，《大清光绪新法令》第19册，第26—28页。
⑤（清）沈家本：《寄簃文存》卷一，《删除律内重法折》。
⑥（清）沈家本：《奏请编定现行刑律以立推行新律基础折》，故宫博物院明清档案部编《清末筹备立宪档案史料》，中华书局1979年版，下册第852页。
⑦（清）沈家本：《寄簃文存》卷一，《删除律内重法折》。

人着眼之处，如必欲增入此层，恐此律必多指摘也"①为理由答辩。在此种指导思想之下，其所订新律，的确多有不合国情、过于超前之处。另一方面，因对西学西法缺乏深刻了解，动辄"举泰西之制，而证之于古"②，常常把西法与中国旧法混为一谈，混淆了君主专制之下的伦常之法与西方民主法制的内在精神。由于其思想实际上尚停留在礼法结合、明刑弼教的传统框架内，并未彻底否定中国君主专制法制的基本原则。其所谓"根本经义，推原祖制"，主要是依循《四书》圣言、《春秋》尊王大义及中国历代定制。所以，其领导的修律或法制变革，远未达到深入精切的程度，新旧两派都不满意。

中国近代法观念及法制度的变革历程，总起来讲，是一个曲折、坎坷、痛苦的历程。为了救亡图存、富国强兵，国人大多希望师夷长技，尽采西法，立收强国雪耻之效。激愤之中，觉得中国旧法一切都坏，西法一切都好；只有尽弃旧法、尽从西法，才是中国的出路。但是，由于几千年法观念及法传统的深刻影响，国人无法摆脱历史的局限，在许多方面与传统法藕断丝连，割舍不了。旧的法观念常常有意无意地阻碍国人真正全面深刻地理会西法之"法意"，也妨碍国人真正学到西方的精华。渐渐地，在近代化的痛苦碰撞中，明智之士认识到，酌采中外法制法理精华，追求中西会通、中西合璧才是中国法变革当循之正途。于是许多人为这一"会通""合璧"途径的探索付出了毕生精力。虽效果甚微，但这一追求无疑昭示了中国法制现代化的正确道路。

---

① （清）沈家本：《寄簃文存》卷八，《书劳提学新刑律草案说帖后》。
② （清）沈家本：《寄簃文存》卷六，《监狱访问录序》。

第二十章

伦理亲情与中国法律近代化

　　中国传统文明的首要特征，就是特重伦理亲情。这一点，在中国传统法律、道德、礼俗、宗教中都确凿无疑。特别是在法律上有淋漓尽致的表现，甚至可以说构成了一个持续两千年的顽固传统。19世纪末至20世纪初，在帝国主义列强的炮火和领事裁判权的威逼下，中国法开始了痛苦的转变，此即中国法的近代化。[①]在这一近代化过程中，中国法律传统并未如日尔曼法传统在英美、罗马法传统在法德一样得到继承、改造和更新，而是被疏远和废黜了。近百年的法制近代化努力，虽已实现法律规范体系的近代化[②]，但仍未实现法律观念的近代化。近代化的法律与社会生活及大众观念、心理之间，仍存在着严重的隔阂。近代化法律"肉身"已养成，然而近代化法观念的"灵魂"并未完全附体。此种尴尬局面，法学界早有共同认识。造成此种僵局的原因何在？我久久思索，发觉在于中国法律近代化过程本身。中国法律近代化本身的过分

　　　①西人讲modernization通常并不区分近代化和现代化。改革开放以来，国人讲"现代化"，常寓有如何因应现代工业社会及未来后工业社会变局之意。本书因意不在此，所以没有用"现代化"一词。本书所言中国法律近代化，主要是指中国法律走出中华法系传统格局与近代世界法制文明沟通、接近的过程。

　　　②本书所言中国法制近代化系主要以近百年间中国先后出现的两个近代化法律体系——"六法全书"和社会主义法制体系为参照系。

"西化"、过分反传统倾向，导致大众对新型法律的疏远，导致新法的"灵魂"在中国难以为大众所接受，难以在人民心中生根开花。仅以伦理亲情在法律（刑事法、官制法、诉讼法、民法）中的体现与保障这一问题为例，我们便可以从一斑窥全豹，去反省中国法律近代化的经验教训或得失。

中国传统法律，吾师俞荣根先生称之为伦理法，其主要特征之一即是重视体现和保护伦理亲情。中国法律近代化的努力，其主要内容之一即是伦理色彩的淡化（转而强调契约精神）。这一变革，是巨大而急剧的。变革之时，主要考虑的是"与万国同制"而不是创造性地继承传统。因而也就主要着眼于"外人指摘"和向国际社会"交卷"，而很少考虑社会实际发展状况及人心承受力。此种近代化过程，真得认真地反省。

所谓伦理亲情，就中国传统而言，不外三方面内容：首先是"爱"，即基于血缘、婚姻而产生的人类特殊之爱。其外在表现主要是供养和保护，其内在是一种情感、天性。其次是"别"[①]，即为此种爱的社会化表达而人为设定的秩序。或者说，"别"即是为亲属圈内特定亲属之间的特定关系设定的特殊内涵的"爱"及爱的差等。如兄弟之爱、夫妇之爱、姐妹之爱、父子之爱、叔嫂之爱等均有特定内涵及明显分界，不可混同。最后是"从"，就是亲属圈在人格或权利义务上被视为一个整体，一损俱损，一荣俱荣，权利义务可以互相替代行使，甚至可以自主地为亲属行使。此三者中，"爱"是最根本的、基础的、核心的，"别"和"从"是从属和派生的。

以下分别从上述三个方面回顾中国法律传统及近代变革，省思得失。

---

①《荀子·礼论》谓"礼"的功能一曰"养"，二曰"别"。亲属之"别"，仅仅是"礼"之"别"的一个方面。

一、从亲属之"爱"看传统与变革

亲属间特殊之爱，在传统中国法律中主要体现为五个方面：一是强调亲属之间"养"和"敬"，打击违背"养""敬"之道的言行。二是容忍亲属之间异常的、似乎有害的"爱"。三是在司法制度中照顾亲属之爱。四是避免亲属之爱的滥用。五是禁止有违人道的"孝"爱。

（一）关于亲属间异常且有害之爱的法律宽容

中国传统法在这一方面主要有五种规定：一是"亲亲得相首匿"，自汉律到唐律直到清律均有明确规定，即藏匿（窝藏包庇）有罪亲属一般不予惩罚。二是"漏泄其事及擿语消息"，即在犯罪亲属即将遭捕时向其通风报信令其得以逃走，唐律、清律均规定免罚。三是"与囚金刃解脱"即帮助在囚亲属脱逃，唐律、清律均规定免刑。四是"过致资给"，即在亲属犯罪及逃亡时提供生活资助之类，唐律、清律也规定免罚。五是为犯罪亲属向官吏行贿以求减免罪责，唐律、清律规定比常人行贿减轻处罚。

中国近代化法律在这一方面也有规定，主要体现在以下几点：一是藏匿犯罪，亲属间免刑；二是湮灭证据罪，为亲属而为者免刑；三是伪证罪，为利于亲属而为者免刑。此三点，自《大清新刑律》（1907）到《中华民国刑法》（1935），均有规定。四是顶替自首，即顶替有罪亲属自首并代其受刑，《中华民国暂行新刑律》（1912）及《中华民国刑法》（1928及1935）均有规定，均减轻或免于处罚。①五是知犯不举报，

---

① 这里涉及法典甚多，以下将《大清新刑律》、《中华民国暂行新刑律》、《中华民国刑法》（1928）、《中华民国刑法》（1935）分别简称为"清新律""北洋暂律""民国旧刑律""民国新刑律"。此外还有"民国民法""民国刑诉法"等，均指中华民国（南京）国民政府之法典。

　　　　　　　明刑弼教：中国法律传统的基本精神

"民国旧刑法"（1928）规定亲属间知犯不举免刑。六是放纵或便利脱逃，若为亲属而为者，"民国新刑法"（1935）规定减轻其刑。七是赃物罪，"民国新刑法"规定为亲属窝赃销赃可以免刑。

（二）关于忘忽、违悖亲属之爱的法律惩儆

中国传统法在这一方面规定极其多，可以分为两方面：一是关于违背亲属之爱的人身及财产伤害的规定，二是关于忘忽亲属之爱的道义伤害的规定。

关于前者，主要针对以下行为：一是谋杀故杀斗杀亲属；二是故伤殴伤亲属；三是咒骂或祝诅亲属；四是强奸亲属；五是和奸亲属而伤害其配偶之权利；六是略卖和卖亲属；七是强迫亲属通奸卖淫；八是遗弃或供养有阙；九是亲属相盗；十是亲属间恐吓取财；十一是诬告亲属；十二是费用亲属的寄放财物。自汉律、唐律至明清律，均有亲属间犯之刑罚不同常人的规定。其规律是，杀、伤、诬、咒、奸、弃等罪重于常人，略卖及财产犯轻于常人。

关于后者，主要针对以下行为：一是告言尊亲属或"干名犯义"；二是亲属被杀而私和；三是居丧嫁娶、主婚、预宴、作乐、释服从吉、生子、求仕、别籍异财；四是居父母囚嫁娶、作乐、延宴；五是匿父母及夫丧；六是诈称祖父母父母死；七是强迫子孙别籍异财及过继他人；八是弃亲之官；九是府号官称犯父祖名讳；十是子孙违犯教令；十一是媚妇居丧守志而强嫁之；十二是妻无义绝之状而出之；十三是夫妇于有"义绝"之状时拒不离婚；十四是内乱（亲属相奸）；十五是发亲属冢；十六是立嫡违法；十七是挟父祖尸诬告他人致蒸骨；十八是亲属杀待死罪囚；十九是纵容妻妾犯奸；二十是僧道不拜父母。关于上述二十种有违亲属间正常亲爱之义的行为，自汉唐到明清均有律治罪，主要用以维护子孙对父祖之"敬爱"（"孝"），也用以维护尊长对卑幼之

"慈爱"，亦用以维护夫妻之"恩爱"。

中国近代法在此一方面也有部分规定，但比之传统法，则大大淡化。这些规定主要有：（1）关于亲属间杀害，"清新律""北洋暂律""民国旧刑法"和"民国新刑法"均规定：谋杀或同谋杀害直系尊亲属、旁系尊亲属，刑罚远重于常人相杀。（2）关于亲属间伤害，上述各律均规定：尊亲属伤害卑幼，轻伤免刑；卑幼伤害尊亲属，未成伤亦处刑，重于常人。即过失致尊亲属死伤，罚仍重于常人。（3）教唆帮助尊亲属自杀自伤，罚亦重于常人。（4）关于非法捕禁尊亲属或妨害尊亲属自由，各律规定处罚亦重于常人。（5）关于遗弃，各律均规定遗弃尊亲属之刑重于遗弃卑亲属。（6）关于侵尸发冢，各律均规定犯尊亲属尸墓者罚重于常人。（7）关于诬告尊亲属，各律均规定比常人加重刑罚。（8）关于胁迫、诽谤、侮辱亲属，"清新律""北洋暂律"均规定罚重于常人。（9）关于和卖、强卖卑亲属，"北洋暂律"补充条例规定了特别处罚。（10）关于亲属间相盗、相侵占、诈欺取财、背信，各律均规定了特别处罚，但轻于常人间同类犯罪。（11）关于亲属强奸，"民国旧刑法"规定尊长强奸卑幼加重刑罚。（12）关于强制亲属卖淫，"北洋暂律"补充条例规定了特别处罚。（13）关于亲属相奸，各律均规定处罚远重于一般通奸罪。"清新律"和"北洋暂律"之附加条例均还规定了无夫妇女犯奸之罪。

（三）司法中保护亲属之爱的相关设计

中国传统法律在这一方面也有丰富的规范。主要有：（1）关于不得令亲属作证，自唐律至清律，均有明文规定。（2）关于亲属首告、捕送亲属到官（必须"相隐"情形除外），自唐律至清律均规定视同自首而予以减免刑罚。（3）关于存留养亲，自唐律至清律均规定了犯死罪和流放之罪而亲老无侍时可存留一人孝养父祖，甚至还有存留承祀（不绝香火）之规定。（4）犯流放之罪非缘坐时，准许妻子乃至父祖随迁至流所，甚至还规定不准趁此时离婚。（5）允许家人探视被囚禁者，自唐至清也均有明定。（6）囚取服辩令家人在场，一以亲情照护，一以避免诬服，唐律、清律均有明定。（7）许多亲属之间的犯罪（如相盗、相奸等）为亲告罪，如受害亲属不告则不究，此自唐至清皆如是，旨在利于亲属决定是否因"亲"之"爱"而宽恕、隐匿。（8）期亲以上尊长（即父母、祖父母、伯叔等）被劫质（绑架），允许"避质不格"，即允许顾忌人质安危而不与罪犯斗争（格斗）。（9）父祖被他人殴击而即时还击，因而致人死伤者，罪轻或免罪。凡此等等，均为照顾亲属之爱。

中国近代化法在此方面也有某些规定，主要有：（1）关于不得强迫亲属作证。清《各级审判厅试办章程》（第77条）、《大清刑事民事诉讼法》（第241条）均有规定。南京国民政府《刑事诉讼法》（第180条）也有规定，该法还规定亲属放弃拒绝权而作证时不得令具结（第186条）、司法官非于必要时不得讯问亲属（第191条）。（2）亲属间的犯罪（除严重者外）均为亲告罪，近代各刑法均有此规定。（3）关于允许亲人入视狱囚，现已有更严格的保障。（4）关于诉讼中应向亲属送达通知、判决书副本，通知到场之类，近代诉讼法已成定制。

（四）关于防范亲属之爱滥用的制度设计

中国传统法在此一方面主要有下列规定：（1）关于"亲亲相隐"方面限制"爱"的滥用。首先是谋反、谋叛、谋大逆等严重国事罪，唐律至清律均规定必须告发，告者免罪，亦免受所告罪株连。其次是嫡母、继母、养父母、慈母、所生母杀其父或生父母，听告，此唐至清均明定。再次是期亲以下尊长侵夺财产及殴伤其身，并听告（自理诉）。此亦历代明制。前两者是必须告，有义务；后者是可以告，有权利。设若无此三点限制，则不利于国家发奸止叛，亦不利于父权尊严，还不利于保护卑幼的应有利益。（2）关于听讼回避，自唐至清均规定，如案涉有服亲属及婚姻之家，审官必须回避。（3）关于任官回避，历代有制：近亲属不得同衙门。[①]（4）关于举贤及考选科举回避：历代规定举荐、考计、科举监试阅卷等必须回避亲属。

中国近代化法在此一方面也有许多规定。（1）关于"容隐"不许滥用，民国刑法即取消了漏泄捕摄消息、为开脱亲属之罪而行贿等方面的减免刑罚规定。新中国刑法则全面取消了类似容隐的规定。[②]（2）关于听讼回避，清、北洋、民国律均有详尽规定，《中华人民共和国刑事诉讼法》及《民事诉讼法》也均有明文规定。（3）关于任官、考计、举荐等回避，民国及新中国法律均有规定，不过尚待完善。关于这一方面的回避规定，表面上与亲情相逆，实际上是在保护亲情。[③]

二、从亲属之"别"看传统与变革

关于亲属之"别"，或曰不同的亲属之间"爱"的等差、区别、特殊性，在中国传统法中主要有以下几方面涵义。一是父（含母）子之爱有别于其他一切亲属之爱：父权或父的尊严是亲属之爱的基础或核心，子女对父母负有极端强制的、深重的敬爱（"孝"）义务。二是夫妇之

---

①如明清两代官制有"避籍""避官""避亲"制度，实际上均旨在避免亲属之爱滥用。任官回避原籍，是为避免官员上任后徇情亲朋故旧。任官回避特殊职岗（如一二品大员的子侄不得任监察官）是为防止高官与负有监督之责的台谏官员同流合污，共同欺瞒。一定范围的亲属不得任职同一衙门、同一省或州，也是为了防止有亲属关系者滥用亲情，相互勾结。

②2017年我国《刑事诉讼法》修订，增加了"不得强迫近亲属出庭作证"的规定，此是后话。——修订注。

③民国法学耆宿桂裕先生云："为全私起见，法律定有回避之条。……法律（于公务遇亲属之时——引者）不强求人因公而废私，亦犹如其不许人徇私而废公。公私不能两全时，法律许其回避，以全其私。"（《法律与忠恕之道》，载《法学论集》，台北，中国文化大学出版部，1983年版，第62页。）

爱不同于其他一切亲属之爱：一方面讲"齐""配"，似乎平等；另一方面讲"夫为妻纲"，夫权压迫。三是尊卑亲属、长幼亲属、贵贱亲属（如嫡出与庶出）之间的"爱"也有强烈的偏向性、片面性，即法律保护尊、长、贵的优势地位，强调卑、幼、贱的片面尊敬义务。四是男女亲属之间的爱（夫妻除外）有别于其他一切亲属之爱，男女有别，不可紊乱纲伦。总之，"别"非为疏远亲属，乃正所以确定特定的（关系各不相同的）亲属之间爱的内涵和分寸，以维护爱的合乎伦常的存续。如有"爱"无"别"，儒教视之为禽兽。

（一）关于父子之爱与别

儒家主张"父慈子孝"，但绝对没有"父不慈则子可以不孝"的双向义务之意，仅有子孝义务。是以中国传统法极其强调子孝之义务，过分强调父权。主要规定有：（1）尊长特别是父母祖父母在伦理名分上无条件地占有"理直"优势。自唐律至清律的"子孙违反教令"条即是保证尊长（父母）此种优势的典型规定。"天下无不是的父母"，甚至"父母控子，即照所控办理，不必审讯"。（2）尊长或父祖有"谒刑"或送惩权。如南朝宋律规定："母告子不孝欲杀者，许之。"清律规定，祖父母父母可以将违犯教令、忤逆不孝之子孙送官府请求惩处，最重者可请求充军。非经呈请人请求不能释回故乡。（3）尊长或父祖杀、伤卑幼，其刑罚远轻于常人相杀伤；而卑幼杀伤尊长，罪刑远重于常人。即同罪异罚，以突出家长对子孙的支配权和尊严。（4）尊长略卖、和卖子孙及子孙妻妾，尊长威迫子孙及子孙妻妾卖淫或与人通奸，其罪均轻于常人犯此罪。（5）尊长遗弃卑幼，在法律上甚至无罪。（6）父母或尊长有主婚权，成年卑幼须服从父祖，不得私定。（7）对居父母丧、囚而嫁娶、作乐、预宴、求仕的处罚规定，亦旨在维护父家长尊严，打击藐视父权者。

中国近代化法在此一方面也有某些规定。如：（1）"清新律"、"北洋暂律"补充条例均明文规定："行亲权之父或母得因戒惩其子女请求法院施以六个月以下监禁处分。"（2）"清新律"及"北洋暂律"补充条例还规定：对于尊亲属，不得正当防卫。（3）"清新律"至"民国新刑法"均规定：诬告尊亲属，杀害、伤害尊亲属，帮助或教唆尊亲属自杀伤，捕禁尊亲属，对尊亲属犯掘墓毁尸，遗弃、胁迫、诽谤、侮辱尊亲属等，刑罚重于常人之犯。（4）关于主婚权，民国民法亦规定虽达法定婚龄但未满21岁者结婚须经父母或监护人同意。

（二）关于夫妇之爱与别

中国传统法既强调夫权统治，妇女须"三从"，但有时也强调对妇女的某种道义保护。主要规定有：（1）妇女以夫为天。法律规定妻子告言、骂詈、殴、杀害、伤害夫者，罪刑基本等同于子孙犯祖父母父母。（2）"七出（去）"，法律规定无子、淫佚、不事舅姑、口舌、盗窃、妒忌、恶疾等七种情形构成丈夫休妻的理由。但也有"三不去"对"七出"有所限制，防止丈夫喜新厌旧和过分伤害妇女。唐律至清律均有对妻无"七出"及"义绝"之状而擅出者处刑之规定。（3）夫妻犯义绝（如有妻谋害夫之尊长情节）者，法律强制其离婚，即使两相和谐而不离者，唐至清律均有罚。（4）禁止有妻更娶及以妾为妻、妻妾失序。唐至清均有明制，其旨不在打击重婚，而在赋予家里原配夫人即正妻在道义和法律上的优越地位，以稳定封建家庭。（5）法律规定，妻虽被休出，仍可以因其子的官爵而受荫庇。此也为对已为人母的妻子的道义保护。

中国近代化法在此方面基本上淘汰了男女不平等的规定，增加了保护妇女的某些规定。如民国民法亲属编规定的十条离婚理由，均是男女双向适用。但是也有某些不平等，如规定妻以己姓冠以夫姓，妻以夫之住所为住所，亲权一般由父行使，子女一般从父姓，妻之财产一般由夫管理，等等。其得失尚无定论。

（三）关于男女亲属之间的爱与别

中国传统法律特别强调男女亲属之间的忌或别。"男女有别""男女之大防""男女授受不亲"落实为法律，在亲属之间尤为重要，主要规定有：（1）关于亲属间和奸、强奸。血缘亲属间的任何性关系视为"内乱"，姻亲辈分不等者之间的性关系亦视为"内乱"，入"十恶"不赦之列，其刑罚显重于常人之间的奸淫行为，多有死罪。（2）亲属间之婚禁。自唐至清均严厉禁止尊卑（辈分不等）姻亲之间、异父异母兄弟姊妹及收养形成的兄弟姐妹之间、旁系血亲之间的婚姻，违者以奸论。甚至禁止兄亡收嫂、弟亡收弟妇，违者亦科罪。特别禁止娶尊亲属妻妾。

中国近代化法在这一方面也有规定。（1）"清新律"至"民国新刑法"均规定了亲属相奸特别是血亲相奸之罪，其刑重于常人通奸。（2）"民国旧刑法"还规定尊亲属强奸卑幼加重刑罚。"民国新刑法"也规定尊亲属奸淫卑幼罪刑重于一般亲属和奸。（3）民国民法亲属编也规定了相当严格的亲属间婚禁，如旁系血亲及旁系姻亲八亲等或五亲等内辈分不同者之间，姻亲关系消灭后的"前姻亲"亲属之间，收养形成的拟制血亲之间（及收养解除后），均不得结婚。关于上述三方面，新中国刑法、婚姻法（除直系血亲及三代以内旁系血亲婚禁外）均无规定。

（四）关于其他尊卑、长幼、贵贱亲属间之爱的特殊性

在这一方面，中国传统法也有规定，例如：（1）规定父母、祖父母以外的尊长在法律上的优越地位。（2）规定兄弟（长幼）在法律上的不同地位，兄友弟恭，弟必从兄。（3）规定立嫡之法。兄弟之于父母，嫡出者贵，庶出者贱。在嫡长继承制下，若越嫡立庶或越兄（长）立弟（幼），均要受罚。

中国近代化法，从"清新律"到"民国新刑法"和民法，及新中国法，均有了重大变革。不过在民国法律中，尚有私生子女（非婚生子女）与婚生子女权利不平等之遗制，受人诟病。这一点，新中国法的革命更彻底。

三、从亲属之"从"或"连"看传统与变革

关于亲属间之"从"或"连"，即因亲属关系而产生或设定的权利义务的从属性、连带性，中国传统法律也有相当的体现。这种"从"或"连"，出自两大理由：一是亲属之间有"爱"的义务，因爱而生"从"或"连"；二是亲属之间有"教"的义务（尤其是尊亲属对卑亲属），不教而纵其犯罪则连带受罚。由此二者，中国传统法律从以下五个方面体现了"连"和"从"：第一，在亲属团体中，父家长是团体的代表，对外时行使的家长权几乎等于整个家之权利。子孙在人格及权利上从属于家长。第二，亲属间诉讼权利及其他人身、财产权利可以代为行使、相互继承，甚至可以独立行使（即非原有此权利的亲属独立拥有此权并可自由自主行使）。第三，亲属间财产及财产权利一体化或准一体化，"亲属不分财"。第四，亲属间荣誉及政治利益的连带即"恩荫"。第五，亲属间刑罚的株连。

（一）父家长的"法人"代表权及子孙服从家长之义务

在这一方面，中国传统"礼法"规定甚多，如孔子说对于父的错误行动可以三谏，三谏仍不听，则"号泣以随（从）"。《春秋》言，父报仇，子必须追从之。根据这样的"礼法"，中国传统刑法相应主要有以下规定：（1）关于"坐率"的规定：子孙可因父祖之"率"而坐罪，

而父祖只有谋反大逆等才可从子孙连坐。此即以家长犯罪为全家犯罪。（2）父祖在世时子孙不得对外擅自代表家与人立契约或为自己及子女订婚主婚等。"父祖在，子孙无自专之道。"（3）尊长驱率子孙犯罪仅坐尊长，卑幼不坐。

中国近代化法于此也有规定。如民国民法亲属编有"家"制度，"以家中最尊辈者（尊辈同者以年长者）为家长"，"家务由家长管理"。又如父母对子女（未成年）婚姻的同意权。但大大淡化了父家长专制的色彩。

（二）人身、财产、诉讼权利的亲属代行及独立行使

中国传统法于此也有许多规定。如：年老笃疾之人除谋反叛逆及告子孙不孝外，可令同居亲属代告；官吏婚姻、钱债、田土之诉听令家人代告。又如死因家属可以代诉称冤、请求推鞫。中国近代化法在此方面规定得更加详尽。如民国民诉法规定，被告的法定代理人或配偶，得为被告之利益独立上诉；被害人无行为能力或限制行为能力时，得由法定代理人、直系血亲或配偶提起自诉；受判决人的法定代理人、配偶或（在其死亡后）直系血亲、三亲等内旁系血亲、二亲等内之姻亲或家长家属，均可提出再审申请。新中国刑事诉讼法也有此类规定，不过亲属范围较小。

（三）亲属间财产或财产性利益的一体化

中国传统法律于此规定甚多。主要体现在：（1）同居共财，不得擅自别籍异财，惩罚子孙擅自别籍异财者。（2）亲属间的财产犯罪，尽量减轻或免予处罚，如亲属相盗、卑幼擅用私财、亲属间恐吓取财、诈欺取财、擅自费用亲属寄放财物等等，其处罚都比常人间犯同样的罪要轻得多。

中国近代化法在此方面也有规定。如自"清新律"到"民国新刑

法"均有亲属相盗、亲属相侵占、诈欺取财、赃物罪等减轻或免刑的规定。新中国刑法的司法解释中也不把亲属间盗窃等作为正式盗罪处罚。[1]

（四）亲属间荣誉的连带即"荣荫"

中国传统法在此方面的规定不胜枚举。一方面，一人封官得爵，荫及妻、子或父母、祖孙，使他们亦可荫得官、爵、特权等；[2]另一方面，父祖妻子等即使未得子、孙、夫官爵之荫，仍可在犯罪时因其子、孙、夫官爵享有议、请、减、赎、免之类的法定特权。

中国近代化法在此方面并无直接规定。但民国法中因一人功勋（特别是战死者）而使父母妻子受荣誉称号、享受某些特权是常有之事。新中国重褒"英雄之父母""烈士之妻子"也并非完全由于受褒者本人之功。在中华苏维埃共和国时期，据说还有战斗英雄、劳动英雄本人及其妻子儿女可以减刑的规定。

（五）亲属间的罪刑连带即株连

中国传统法在这一方面的规定更是不胜枚举。几乎所有称得上重大犯罪如谋反、谋叛、谋大逆、降敌等等，都株连亲属。此种株连与"恩荫"是一物两面，必然互相依存，不可独存。

中国近代化法主张彻底废除株连，自清末即如此，也有可观的成就，但不尽如人意。国民党时代以法西斯法迫害共产党人和进步人士时大兴株连。现实生活中活生生的株连法，将那时文字上的禁止株连法否定得一干二净。新中国极左时期司法中也有株连，不过正式立法上再无此类规定。

---

[1]关于此点，最高人民法院和最高人民检察院在2013年发布《关于办理盗窃刑事案件适用法律若干问题的解释》，有所改进。该《解释》规定："偷拿家庭成员或者近亲属的财物，获得谅解的，一般可不认为是犯罪;追究刑事责任的，应当酌情从宽。"——修订注。
[2]《孟子·万章上》："身为天子，弟为匹夫，可谓之亲爱乎?"孟子的本意是：舜封其弟象为诸侯是完全合理的。如果不封，就不符合亲属之爱。这是后世恩荫制度的理论依据之一。

本章结语

这是一个极其严肃而有意义的题目：中国近代法律变革，是否继承、改造、弘扬了传统，主要系于此（伦理亲情）；中国法变革是否保留了"封建主义遗毒"，也主要系于此。甚至中国法变革能否创造合乎国情、合乎民心、有民族根蒂的近代化法，也主要系于此。通过上述变革前、后的法制比较，虽然得出更大的结论为时尚早，但至少有下列几点体会是可以形成的：

第一，重视和强调伦理亲情，并不必然是农业社会的要求，并不必然违逆工业社会、商业社会的原则；工商社会仍是人的社会，仍有某些不变的亲情。

第二，重视和强调伦理亲情，并不必然与封建主义、专制主义相连结，反封建不是反对伦理亲情。

第三，法律如果在平等（长辈与幼辈平等）原则下对伦理亲情予以不同于寻常人际关系的规范和维护，完全可以体现现代民主社会的人格独立、自由、人权、平等原则，有利于民主法治。

第四，对伦理亲情善加立法调整和保护，有助于保护人民权益，限制国家权力的过度使用。用亲属之爱介入和监督司法，有助于司法的廉洁公正和人道化。亲属若不免于作证义务，则难免株连。

第五，法律上重视伦理亲情，能对社会道德风俗产生正面影响：尚厚朴、重信用、重廉耻、推爱及人。反之，立法违逆或无视伦理亲情，易使世风暴戾、人心狡伪、寡廉鲜耻。

第六，重视伦理亲情并不必然损害国家利益和社会利益，不过要在立法时善加疏导、防范和利用。

原版后记

这本书的内容，大多是据以前发表过的论文整理而来的，但也有一小半是新作。关于旧作整理，主要指以下工作：第一，因时光流逝、事态变迁、史料发现，已被证明为"谬见"或至少谈不上有"真知灼见"者，坚决删去。第二，当年发表时被编辑以篇幅缘故（非以禁忌缘故）删节，我自己又觉得原本与全文浑然一体者，不忍割舍，适当恢复。第三，因学识所限，在原文写作之时，关于某些重要问题的讨论不当缺漏而缺漏、不当回避而回避者，现硬着头皮强装有学问地略微补充之。第四，当年我自己和编辑们都没有注意到的某些用语错误、逻辑错误、校对错误，现被发现的，均一一改正。光是这些工作，前前后后花了我大半年业余时间。关于新作，主要指第二章、第三章、第四章、第五章、第十五章、第十八章、第十九章，这七章都是从前没有的，是最近半年内赶写出来的。特别是第二、三、四、五章，之所以能写出来，完全是朋友督促的结果。原来仅仅只有几千字的"构思"，谢晖兄要我放大了放开了来写，于是斗胆写成了洋洋六七万言。若不是谢晖兄的"驱迫"，恐怕连原来那些构思都烟消云散了。能成文成书，得特别感谢谢晖兄！不无抱歉的是，谢晖兄认为，为了全书总体内容上的完整性，应

明刑弼教：中国法律传统的基本精神

该有一章讨论"中华法系的式微及其原因"，但我没有写出来。因为我感到写这样一章有些力不从心。不过，没有这一章，全书的各章之间还是互为补充、互为发明、自成体系的。

细心的读者可能已经注意到，我近年就中西法律文化比较问题所发表的全部文章，都未收入这本书。这是因为我打算另行整理成一本《中西法文化的暗合及差异》，对我近十年间关于这一方面的研究做一个初步总结。

这本书能出版，还要感谢山东人民出版社编辑李怀德先生。整理加工这么一部书，竟花了一年多时间。承诺的交稿期限屡屡被我拖延，以致后来一听山东来电话就有点心虚怕接。感谢怀德先生的无限耐心，不然就没有这本书了。暑假前，我实在不好意思再拖延了，于是给怀德写信立下"军令状"："如果暑假结束时仍未完成，您给我寄一颗子弹来得了！"活儿常常就是这样逼出来的。感谢怀德耐心督促，感谢有暑假，现在总算大致完工了，总算不必自裁谢罪了。回想起来，深感愧疚！

感谢中南财经政法大学的领导们为我安排了良好的生活条件、工作条件，特别感谢吴汉东校长、李汉昌副校长给我的关照。感谢陈景良、童之伟、徐国栋等朋友在与本书相关的问题上给我的一些启发。感谢法学院研究生侯猛、刘自正两位同学为书稿所作的仔细校对工作。最后，也得感谢我妻子的帮助（这句话如果不写，也许不免"红颜震怒"。所以尽管落入了文人著述后记之最大"俗套"，仍不遑回避），生活改善是个人科研的有力保障。

范忠信

2000年8月31日

于武昌南湖东岸茶山刘村三族斋